应用型法律人才培养系列教材

GUOWAI
GJIAOZHENG ZHIDU

# 国外矫正制度

主　编　李朝霞

副主编　张传伟　李文静

撰稿人　（按编写章节先后顺序）

李朝霞　李文静　张传伟　姜　敏

张　劲　赵　爽　赵福刚　蒋　琪

张家瑞　孙文立

中国政法大学出版社

2020·北京

**图书在版编目（ＣＩＰ）数据**

国外矫正制度/李朝霞主编. —北京：中国政法大学出版社,2020.8

ISBN 978-7-5620-9595-8

Ⅰ.①国… Ⅱ.①李… Ⅲ.①监督改造－世界－高等学校－教材 Ⅳ.①D916.7

中国版本图书馆CIP数据核字(2020)第142812号

---

| 出　版　者 | 中国政法大学出版社 |
| --- | --- |
| 地　　　址 | 北京市海淀区西土城路 25 号 |
| 邮　　　箱 | fadapress@163.com |
| 网　　　址 | http://www.cuplpress.com (网络实名：中国政法大学出版社) |
| 电　　　话 | 010-58908435(第一编辑部) 58908334(邮购部) |
| 承　　　印 | 保定市中画美凯印刷有限公司 |
| 开　　　本 | 720mm×960mm　1/16 |
| 印　　　张 | 22.75 |
| 字　　　数 | 420 千字 |
| 版　　　次 | 2020 年 8 月第 1 版 |
| 印　　　次 | 2020 年 8 月第 1 次印刷 |
| 印　　　数 | 1~5000 册 |
| 定　　　价 | 59.00 元 |

# 序

党的十八大以来，以习近平同志为总书记的党中央从坚持和发展中国特色社会主义全局出发，提出了全面建成小康社会、全面深化改革、全面依法治国、全面从严治党的"四个全面"战略布局。全面依法治国是实现战略目标的基本方式、可靠保障。法治体系和法治国家建设，同样必须要有法治人才作保障。毫无疑问，这一目标的实现对于法治人才的培养提出了更高的要求。长期以来，中国高等法学教育存在着"培养模式相对单一"、"学生实践能力不强"、"应用型、复合型法律职业人才培养不足"等诸问题，法学教育与法律职业化的衔接存在裂隙。如何培养符合社会需求的法学专业毕业生，如何实现法治人才培养与现实需求的充分对接，已经成为高等院校法律专业面临的重要课题。

法学教育是法律职业化的基础教育平台，只有树立起应用型法学教育理念才能培养出应用型卓越法律人才。应用型法学教育应是"厚基础、宽口径的通识教育"和"与社会需求对接的高层次的法律职业教育"的统一，也是未来法学教育发展的主要方向。具体而言，要坚持育人为本、德育为先、能力为重、全面发展的人才培养理念，形成培养目标、培养模式和培养过程三位一体的应用型法律人才培养思路。应用型法律人才培养的基本目标应当是具备扎实的法学理论功底、丰厚的人文知识底蕴、独特的法律专业思维和法治精神、严密的逻辑分析能力和语言表达能力、崇高的法律职业伦理精神品质。

实现应用型法律人才培养，必须针对法律人才培养的理念、模式、过程、课程、教材、教法等方面进行全方位的改革。其中教材改革是诸多改革要素中的一个重要方面。高水平的适应应用型法律人才培养需求的法学教材，特别是"理论与实际紧密结合，科学性、权威性强的案例教材"，是法学教师与法科学生的知识纽带，是法学专业知识和法律技能的载体，是培养合格的应用型法律人才的重要支撑。

本系列应用型法律人才培养教材以法治人才培养机制创新为愿景，以合格应用型法律人才培养为基本目标，以传授和掌握法律职业伦理、法律专业知识、法律实务技能和运用法律解决实际问题能力为基本要求。在教材选题上，以应用型法律人才培养课程体系为依托，关注了法律职业的社会需求；在教材主（参）编人员结构上，体现了高等法律院校与法律实务部门的合作；在教材内容编排上，设置了章节重难点介绍、基本案例、基本法律文件、基础法律知识、分析评论性思考题、拓展案例、拓展性阅读文献等。

希冀本系列应用型法律人才培养教材的出版，能对培养、造就熟悉和坚持中国特色社会主义法治体系的法治人才及后备力量起到绵薄推动作用。

是为序。

李玉福

2015 年 9 月 3 日

# 前 言

　　历史上不是有了监狱就有了对罪犯的矫正。矫正罪犯的理念属于意识形态领域，属于思想体系中的观念上层建筑。它是随着生产力发展、社会文明进步、刑罚目的发生变化而产生的。"矫正"是一个舶来词，其萌芽于资本主义的兴起时期，资本主义打破了封建传统的生产方式，建立了以工业化大生产为主的生产方式，劳动力成为重要的商品，刑罚不再以剥夺生命和残害身体为主要的手段，监狱成为自由刑执行和组织罪犯劳动的场所，能够让罪犯安心服刑和劳动就成为监狱矫正罪犯的最初思想。

　　矫正主义代表了人类文明的行刑方向。自矫正主义思想诞生后，世界各个国家都进行了深入而广泛的探索和研究。从19世纪70年代到20世纪70年代的一百年间，以矫正作为重要目标的监狱改革一直是刑罚学家追求的价值标准，各种方案、制度、建议层出不穷，对各种矫正技术、方法是否有效的争论也此起彼伏。刑事古典学派从慈善和宗教思想的角度研究罪犯矫正，刑事人类学派和刑事社会学派用实证分析的方法研究犯罪人的矫正，独居模式、医疗模式、教育模式、更新模式等从不同的角度强化了矫正在监狱行刑领域的地位。第二次世界大战后，随着行刑社会化的国际化趋向，人们寻找到了更好的矫正罪犯模式，社区矫正成为与监狱矫正并行的矫正模式，罪犯矫正开始由监狱向社区推进。在联合国的推动下，社区矫正成为一种行刑趋势。让犯人在社区服刑，对于恢复家庭关系、保持犯人与社会联系、获得教育与职业机会有很大的帮助。

　　现代化矫正制度建设需要多元思维。不同的社会形态，不同的国家，不同的时代，矫正制度的形式不尽相同，它由各自所处的社会历史条件所决定，为发展当时的社会生产力服务，同样也受社会生产力发展状况的制约。每个国家矫正制度的建立都同这个国家的历史、文化、经济、社会背景相关，并且其矫正制度体系在一定时期内会保持连续性，而在另一个时期会呈现其动荡性。刑罚史的历史实践表明，当社会趋向安定、富裕的时候，刑罚就会呈现其文明与矫正罪犯的一面；当社会战乱动荡、积贫处弱的时候，刑罚就会呈现其报应与惩罚的一面。惩罚与矫正不是必须对立的两面，矫正的方法也不限于单一性，在犯罪现象日益复杂的当今社会，惩罚与矫正有机结合，罪犯矫正的方法越来越呈现多样性。构建一国矫正制度体系，需要多元思维，防止盲目攀比，刻意模仿。

一个国家罪犯矫正体系的建立需要国际化视野。21世纪是矫正"全球化"时代，矫正罪犯的实践难题直到现在还没有找到一条根本的解决途径，各国监狱的实践者们直到现在还很难找到一条能够恰当地协调监狱根本任务和根本目的之间固有矛盾的途径。现在接力棒交到新一代警官手中，该如何运用矫正这一科学工具，如何完成矫正罪犯这一重要使命都是摆在现代人面前的重要问题。开设《国外矫正制度》这门课程，有助于学生加深对国外刑罚思想、行刑理念和矫正制度的理解，"他山之石，可以攻玉"，借鉴国外已有的现成经验，可以更好地建设我国的罪犯矫正体系。

在本教材写作过程中，我们对于教材的定位进行过反复思考，定位于《中外矫正制度比较研究》会显得体系庞杂，国内的改造和国外的矫正难以区分而不利于突出国内国外各自的特色。因此，本教材定位于单纯地介绍国外矫正制度，目的是让同学们学习到国外罪犯矫正的理论与实践的本来面貌，在介绍国外各个国家制度时着重介绍其典型的有特色的制度体系，该制度体系能够代表该国家罪犯矫正的主流和发展方向。通过开拓国际视野，学习各个国家最新和最有特色的矫正制度，有利于吸取国外有益的经验和文明成果，探索我国现代化文明监狱的改革方向，为建设中国特色社会主义法治体系提供国外最新理论支持，这样才能更好地提炼我国矫正罪犯成功的理论特色和实践特色，构筑我国的更加完善的矫正制度体系，以巩固我国在罪犯矫正领域的领先地位，为推进我国的学科体系建设贡献力量。写作过程中经常因国外资料的缺乏而苦恼，由于资料和视野的限制，呈现的或许不是最新的国外矫正制度的全貌，难免会有疏漏与问题，还望专家学者批评指正。

特别感谢参加本书编写的组成人员，他们放弃休息时间，利用假期收集资料，辛勤写作，才有这集成之作。参加编写的人员有（按编写章节先后顺序）：李朝霞、李文静、张传伟、姜敏、张劲、赵爽、赵福刚、蒋琪、张家瑞、孙文立等。其中，李朝霞编写第一、二、三、四、五、六、八、九、十、十八、十九、二十、二十一章，李文静编写第七、二十二章，张传伟编写第十一章，姜敏编写第十二章，张劲编写第十三章，赵爽编写第十四章，赵福刚编写第十五章，蒋琪编写第十六章，张家瑞编写第十七章，孙文立编写第二十三章。

　　特此鸣谢！

李朝霞

2020 年 7 月 26 日

# 部分国际法律文件中英文和简称对照表

| 中文译称 | 英文原称 | 书中简称 |
|---|---|---|
| 阿尔巴尼亚刑事诉讼法典 | Criminal Procedure Code of the Republic of Albania | |
| 埃尔米拉教养院法令 | Elmira Reformatory Act | |
| 奥地利刑法典 | Criminal Code of the Republic of Austria | |
| 德国刑法典 | German Criminal Code | |
| 德国刑事诉讼法典 | German Criminal Procedure Code | |
| 德国自由刑和剥夺自由的矫治及保安处分执行法 | Act Concerning the Execution of Prison Sentences and Measures of Rehabilitation and Prevention Involving Deprivation of Liberty | 德国刑罚执行法 |
| 俄罗斯联邦刑法典 | Russian Criminal Code | |
| 法国刑事诉讼典 | Criminal Procedure Code of the French Republic | |
| 荷兰监狱原则法案 | Penitentiary Principles Act of the Netherlands | |
| 荷兰最低工资法案 | Minimum Wages Act of the Netherlands | |
| 加洛林纳刑法典 | Constitutio Criminalis Carolina | |
| 加拿大个人信息保护和电子档案法 | The Personal Information Protection and Electronic Documents Actof Canada | |
| 加拿大矫正与有条件释放法 | Corrections and Conditional Release Actof Canada | 矫正与有条件释放法 |
| 加拿大心理学家道德准则 | Canadian Code of Ethics for Psychologists | |
| 美国加利福尼亚州刑法典 | California Penal Code of the United States | 加州刑法典 |
| 捷克斯洛伐克刑法典 | Code of Criminal Procedure of Czechoslovakia | |

续表

| 中文译称 | 英文原称 | 书中简称 |
|---|---|---|
| 美国暴力犯罪控制与执行法 | Violent Crime Control and Law Enforcement Act of the United States | |
| 美国霍斯—库珀法令 | Hawes-Cooper Act of the United States | |
| 美国联邦公平劳动基准法 | Federal Fair Labor Standards Act of the United States | 联邦公平劳动基准法 |
| 美国联邦刑事诉讼条例 | Federal Rules of Criminal Procedure of the United States | |
| 美国量刑改革法 | Sentencing Reform Actof the United States | |
| 美国模范刑法典 | Model Penal Code of the United States | |
| 美国萨姆纳斯—阿什赫斯特法令 | Sumners-Ashurst Act of the United States | |
| 美国统一犯罪报告 | Uniform Crime Reports of the United States | |
| 美国在监人重返社会法 | Formerly Incarcerated Reenter Society Transformed Safely Transitioning Every Person Actof the United States | |
| 美国综合控制犯罪法 | Comprehensive Crime Control Actof the United States | |
| 蒙古刑事诉讼法典 | Criminal Code of Mongolia | |
| 瑞士联邦刑法典 | Swiss Criminal Code | |
| 意大利监狱法 | Italian Prison Administration Act | |
| 意大利刑事诉讼法典 | Italian Code of Criminal Procedure | |
| 英国惩役法案 | Penal Servitude Act of the United Kingdom | |
| 英国犯人健康法 | Prisoners Health Act of the United Kingdom | 犯人健康法 |
| 英国监狱法 | Penitentiary Act of the United Kingdom | |
| 英国监狱规则 | The Prison Rules of the United Kingdom | |

续表

| 中文译称 | 英文原称 | 书中简称 |
|---|---|---|
| 英国教养法 | Gaols Act of the United Kingdom | 教养法 |
| 英国青少年犯罪人矫正所规则 | Youth Custody Centre Rules of the United Kingdom | |
| 英国释放囚犯法 | Prisoners Release Act of the United Kingdom | 释放囚犯法 |
| 英国刑事司法法 | Criminal Justice Actof the United Kingdom | |

# 部分国际公约中英文对照表

| 中文译称 | 英文原称 | 发布时间/<br>文件号码 |
|---|---|---|
| 第一届美国监狱大会《原则宣言》 | Declaration of Principles on the First National Correctional Congress | 1870 年 |
| 国际劳工组织强迫劳动公约 | Forced Labour Conventionof International Labour Organization，1930（No. 29） | 1930 年/第 29 号公约 |
| 联合国非拘禁措施最低限度标准规则 | United Nations Standard Minimum Rules for Non-Custodial Measures | 1990 年/第 45/110 号决议 |
| 公民权利和政治权利国际公约 | International Covenant on Civil and Political Rights | 1966 年/第 2200（XXI）号决议 |
| 囚犯待遇最低限度标准规则 | Standard Minimum Rules for the Treatment of Prisoners | 1955 年 |
| 世界人权宣言 | Universal Declaration of Human Rights | 1948 年/第 217 A（Ⅲ）号决议 |

# 目录CONTENTS

# 第一编　矫正制度通论

# 第一章 矫正制度概述

## 第一节 矫正制度的概念与内涵

**一、矫正制度（Correctional System）概念**

"矫正"（Correction）一词起源于西方，主要在英语国家使用，有人将其作为技术应用于监狱或社区服刑的犯罪人，还有人将其作为名称应用到刑罚执行有关的部门、机构、人员直至学科领域。在"矫正"一词通用之前，人们大量使用"监狱"这一概念。在"监狱"主导时代，刑罚强调对被判决犯罪人的惩罚，相应地，每当提到"犯人"，一般都使用"Prisoner"（监狱人、囚犯）；"矫正"一词的使用，反映了人们对待违法者的态度，已经由惩罚为主转为对有罪者的矫正，随着越来越多的"矫正机构"代替"监狱"，相应的对"犯人"的称谓也由原来的"Prisoner"改为"Inmate"（犯罪人，被收容在特定机构的犯罪人）。最早使用矫正术语的国家是美国，其适用范围最早指"监狱矫正"。即使在美国，这个术语也是比较新的，20世纪50年代以前，美国通用"刑罚制度"和"监狱制度"这样的术语，19世纪末20世纪初，当时由于自然科学的发达，人类认识自身及自然的能力增强，自然科学实证的研究方法影响到行刑领域，刑事近代学派也纷纷采用"实证"的方法进行犯罪领域的研究，即以确定的事实为依据，探究犯罪原因，又根据不同的犯罪原因，矫正行刑领域产生了不同的行刑模式。如医疗模式、康复模式、处遇模式、教育模式、回归模式等一系列改造罪犯的新方法、新举措，其目的都是着眼于矫正罪犯，预防犯罪。但在当时，由于各学派行刑思想和行刑模式的不同表达，其在用词上极不统一，有Treatment（治疗、处遇），Rehabilitation（康复），Correction（矫正），Reformation（改造）等。直到20世纪50年代，教育刑思想取代了报应刑占据了刑罚思想的主导地位，"矫正"这一概念才代替其他概念确立其核心地位。教育刑思想的代表人物德国刑法学家弗朗斯·冯·李斯特（Franz von Liszt）[1] 提出：犯罪人之所以犯罪，是因为在他们身上有"主观恶性"。要想使刑罚真正地发挥作用，就必须去努力消除这一主观恶性。因此，刑罚的真正对象不是犯罪行为而是犯罪人，是犯罪人身上的主观恶性。刑罚过程，应该是消除犯罪人主观恶性的过程，而这一过程就是所谓的"矫正"。但"矫正"这一概念被广泛应用，是在 1954 年美国监狱协会（American Prison Association）更名为美国矫正协会（American Correctional Association）时，才真正将这一概念固定下来，通行美国至整个世界。同时，矫正的范围也不局限于监狱，而是扩展到社区矫正领域。二次世界大战后，以美国为代表的西方国家，犯罪激增，重新犯罪率居高不下，监狱人满为患，监狱矫正罪犯的有效性受到社会广泛质疑，尤其是短刑犯监狱监禁的负面影响较大，行刑社会化的呼声越来越高，罚金刑、缓刑、社会刑等非监禁刑成为刑罚主流，刑罚体系的变革带来行刑方式的变革，社区矫正逐渐成为一种刑罚执行的潮流。"矫正"这一概念能更客观地概括监狱行刑和社区行刑的目的，与教育刑思想提出的更新罪犯并让罪犯重新回归社会的观念一致，这一概念被固定下来并被美国、英国、加拿大、澳大利亚等西方国家广泛适用。首先，从比较研究的视角看，国外对矫正制度的研究视野远远宽于我国的监狱学研究对象，这种宽视野是与国外矫正制度的现状相对应的。例如，加拿大矫正制度具有"大矫正"模式的特色，具体表现为以下三个方面：一是机构矫正与社区矫正一体化；二是审前矫正与判后矫正一体化；三是违法矫正与犯罪矫正一体化。[2] "矫正"一词的内涵与外延要远比"监狱"一词丰富，这也许正是国外通常使用"矫正"一词的原因之一。[3]其次，从矫正制度发展演变的历史来看，"矫正"代替了"监狱""惩罚""治疗""教育""改造"等，成为一个接近中性但又含义广泛的词汇，它包含了对罪犯思想上的、心理上的、行为上的劝善、规训、惩罚、治疗、教育、改造多种意蕴。在美国，矫正是作为国家刑罚基本执行方式运行的，几乎是刑罚的同义词。西方国家现在普遍将"监狱"改称为"矫正机构"，很多大学和学院中也开设以"矫正"为名称或者包含这种内容的课程；还有以"矫正"为名称或者包括这种内容的学术团体或者行业组织；出版发行以"矫正"为名称的论文、著

---

[1] 弗朗斯·冯·李斯特（Franz von Liszt, 1851~1919），是德国著名刑法学家，刑事社会学派的创立者，教育刑论是其刑罚理论的核心。1882 年，李斯特在马尔堡大学以题为"刑法的目的思想"所作的演讲中，阐释了其目的刑思想。

[2] 姚建龙："加拿大矫正制度的特色与借鉴"，载《法学杂志》2013 年第 2 期。

[3] 姚建龙等：《矫正学导论：监狱学的发展与矫正制度的重构》，北京大学出版社 2016 年版，第 3 页。

作和学术刊物。一些东方国家也陆续使用"矫正"这一概念，但现在大多还局限于学术研究领域，如 1979 年成立的"亚太矫正管理者大会"（Asian and Pacific Conference of Correctional Administrators），日本"矫正协会"（Correctional Association），都使用了"矫正"一词作为与行刑有关的学术团体的名称。

关于矫正制度的概念，《中国劳改学大辞典》中概述为：矫正制度指纠正罪犯不良心理倾向和行为习惯的行刑制度，主要指通过监禁隔离、教育感化、心理治疗和技术培训等措施，使罪犯逐步适应社会生活而进行的活动。[1] 这一概念由于时间较早，主要是指监狱内罪犯的矫正，不包括社区矫正和罪犯的刑后社会保护等内容。美国学者克莱门斯·巴特勒斯（Clemens Butlers）在《矫正导论》中解释"矫正制度"这一术语时认为，矫正制度是指法定有权对判有罪者进行监禁或监控机构及其所实施的各种处遇措施。其范围涵盖了监禁机构矫正和监控机构矫正两个方面的内容。美国教科书采用的矫正定义为："矫正是指由社会指导的惩罚罪犯、保护社会民众不受罪犯侵害、改变罪犯行为并在某些情况下尽可能补偿受害人的制度和有组织的工作努力。"[2] 因此，矫正是一个宽广的领域，包含了在不同的机构中对犯罪人进行各种不同的矫正活动及其目标、方法和措施。

关于矫正制度（Correctional System）的概念，首先要理解矫正的范围、对象、目的、任务。在当代西方国家，特别是在美国，通常所指的矫正包括两大部分内容：一是监狱内矫正，又称机构性矫正，包括监狱管理和对监狱内罪犯监管和矫正等，其基本制度就是传统的或者严格意义上的监狱制度；二是监狱外的矫正，又称非机构性矫正，是我们通常所说的社区矫正，其刑罚执行和罪犯矫正都是在社区进行的，其所遵循的基本制度称为社区矫正制度。矫正的对象无论是监狱矫正还是社区矫正都是针对正在服刑的犯罪人，基本任务是完成刑罚执行、管理罪犯、矫正罪犯，目的是使罪犯能够重新回归社会不再危害社会。可见，矫正制度是国家司法机关和工作人员在刑罚执行过程中，使犯罪者得到思想上、心理上和行为上的转化，从而重新融入社会所使用的各种手段和措施，是为服刑犯人建立的监狱矫正制度和社区矫正制度的总称。

**二、矫正制度概念的科学内涵**

矫正制度的概念，是研究矫正制度一个首要的、基础性的问题。矫正制度，特别是现代矫正制度，是一个内容广泛、含义丰富的概念。矫正制度发展至今，

---

〔1〕 《中国劳改学大辞典》，社会科学文献出版社 1993 年版，第 621 页。

〔2〕 王志亮译著：《美国矫正制度概要》，苏州大学出版社 2014 年版，第 3 页。

从其涵盖范围来看至少具有三级内涵。[1]

（一）第一级内涵的矫正制度

第一级内涵的矫正制度，是指在某个时期行刑思想的指导下所形成的指导刑罚执行的基本模式，指一种社会形态或一个国家（地区）或某一时代的包括所有各种矫正要素在内的整个矫正制度体系。此种含义的矫正制度涵盖范围比较广泛，可以是某种社会形态的，如社会主义矫正制度、资本主义矫正制度、封建社会矫正制度等；可以是某一国家和地区的，如中国矫正制度、日本矫正制度、亚洲矫正制度等；也可以是指某一时代的，如古代矫正制度、近代矫正制度、现代矫正制度等。它包括所有的、全部的矫正要素在内的整个矫正制度体系，是一个大范围的涵盖所有矫正现象的总称。建立和使用这一概念有利于对矫正现象进行整体性研究，促使某个时代、某个国家建立特色鲜明的矫正体系，也有利于对矫正现象进行整体性研究和整体性比较。宏观的矫正制度一般是在某个时期行刑思想的指导下所形成的，指导监狱行刑的基本制度模式，又称为行刑模式。如报应主义思想指导下的惩罚模式，预防思想指导下的感化模式，教育刑思想指导下的矫正模式、社会化模式。如以美国为代表的西方国家推行的矫正模式，反映当代西方矫正制度，中华人民共和国成立以来一直推行的"劳动改造模式"，反映我国以改造为宗旨的矫正制度，这些都属于第一级内涵的矫正制度。

（二）第二级内涵的矫正制度

在这个定义域中，矫正制度指在行刑模式的指导下，完成刑罚基本职能，即刑罚执行、管理和教育改造罪犯时所建立和运用的基本程序和次级运作模式，属于中观意义上的矫正制度。这一定义的基本点主要体现在以下两个方面：①刑罚思想指导监狱行刑模式的定位，为实现行刑模式需要监狱在刑罚执行过程中实际操作和步步落实，这就要有实打实的操作方式、操作程序，并通过规范的制度保证基本程序的程序公正。②这里的"矫正制度"指的就是基本的操作程序。自由刑的行刑过程由原来的消极主义到后来的积极主义，由原来的单纯的惩罚为主到后来的矫正为主，监狱行刑不再是消极待日，而是将行刑过程变成一个可控的教育矫正过程，在这个意义上，通过什么方式使执行过程可操作、可控制，经过实践，中观意义上的监狱制度就成为完成刑罚执行、狱政管理及教育改造罪犯最有效的操作程序。例如，为了完成惩罚模式的要求，刑事古典学学派主张对自由刑实行严格剥夺自由，由此产生了分房制、沉默制的监狱制度；为了完成预防犯罪的目的，澳大利亚和爱尔兰采用激励机制，由是产生了分级制、点数制、累进

---

〔1〕　王泰：《现代监狱制度》，法律出版社 2003 年版，第 5 页。

处遇制,美国采用了不定期刑制、假释制度;行刑社会化模式下又产生了开放处遇制度、循证矫正制度。中观意义上的监狱制度,是研究监狱制度发展的最有效的部分,凝聚了监狱改革者们对监狱制度改革的大量智慧,通常所说的监狱制度改革都集中于这一层面,这是监狱制度中最活跃的部分。

(三) 第三级内涵的矫正制度

在这一定义域中,矫正制度指监狱内部监管改造工作中各种具体的行为规范与规章、规则的总和。这种意义上的监狱制度含义包含两个方面的内容:①是指在监管改造实际工作中,为使工作顺利进行以及工作标准化、规范化而制定的具体的细节性的约束和规定;②是指它的基本形式是各种各样的具体的狱内行为规范和各种各样的具体的狱内规章制度。

监狱的第三级内涵包括与执行刑罚有关的一切具体的方法和制度,包括刑罚执行制度、狱政管理制度、教育矫正制度。其中刑罚执行制度包括收监制度,狱内的监禁、戒护制度,刑罚变更执行制度(减刑、假释、暂予监外执行等);狱政管理制度又包括劳动制度、生活卫生制度、罪犯行为规范、会见通信制度、计分考核制度等;教育矫正制度包括罪犯教育制度、罪犯教诲制度和罪犯心理矫治制度等具体的操作制度。另外,为保障监狱的正常运转,还需要一些具体操作标准,这些都是三级意义上的监狱制度,如《监狱建设标准》《安全生产管理规范》《监狱基本经费支出标准》《监狱侦查工作规定》《狱务公开执行办法》。

矫正制度概念的三级内涵的建立,标志着我们对矫正制度认识的深化和细化。矫正制度的三级内涵实际上代表了矫正制度研究的三个领域。第一级内涵代表了矫正制度研究的第一个领域,着重于矫正的大系统、大体制、大机制研究,促使整个国家建立具有鲜明特色的矫正体系。第二级内涵所对应的研究领域,涵盖了矫正制度运作的科学化、规范化,对于发挥刑罚的效益和矫正的作用起到很好的引领作用。第三级内涵,代表了矫正制度研究的第三个领域,着重于矫正管理中出现的具体规范和约束,使矫正的实质工作更有保障,有条理,有秩序,有效果,从而达到良好的管理状态。

本书对矫正制度的研究,首先,着眼于机构内矫正,即监狱矫正[1],关于社区矫正不过多地展开论述。其次,主要研究机构内矫正的第二个领域,罪犯矫正的可行性制度研究,即中观意义上的矫正制度,研究这一领域的矫正制度,对于我国的现代化监狱建设制度改革创立有积极的推进作用。

---

[1] 下文对于机构内矫正一律称为"监狱矫正",对于机构外矫正称为"社区矫正"。

### 三、矫正制度概念的哲理性内涵

（一）矫正制度受社会生产力发展状况的制约

矫正制度属于思想体系，属于观念上层建筑，属于意识形态领域。不同时期的矫正制度由当时的社会历史条件决定，为发展当时的社会生产力服务。同样，作为一种上层建筑，矫正制度也必然受社会生产力发展状况的制约。例如，在自然经济条件下，产生了以死刑、肉刑为主的刑罚体系，以关押、惩罚为主的监狱制度。在商品经济条件下，产生了以自由刑为主的刑罚制度，感化、教育、处遇等矫正制度。人类社会的生产方式在很大程度上决定和影响着人类社会的活动方式和制度形成。由于分类矫正体现着现代监狱工作的专门化、专业化，因而它是工业化社会条件下监狱矫正罪犯的必然选择。

（二）矫正制度受各国客观条件的制约

不同的国家有不同的政治、经济、法律、文化、社会环境，矫正制度的产生和适用必须客观上尊重基本国情。推行一项新的矫正制度，必须密切联系本国的实际情况，坚持实事求是，从实际出发和由实践来检验的原则。《囚犯待遇最低限度标准规则》提出：鉴于世界各国的法律、社会、经济和地理情况差异极大，并非全部都能够到处适用，也不是什么时候都适用，这是显而易见的。因而，它的目的仅在于以当代思潮的一般公意和今天各种最恰当制度的基本构成部分为基础，说明什么是人们普遍同意的囚犯处遇和监狱管理的优良原则和惯例。[1]

（三）矫正制度是一个动态的发展过程

矫正制度是一个动态的领域，它绝不会停留在一个水平上，或终止在一个样式上，矫正制度处于一个不断发展和完善的过程中。矫正制度的发展与社会生产力的发展密切相关，除此之外还与刑罚制度、刑罚思想的演变密切相关。不同的历史阶段的刑罚制度、刑罚思想下产生不同的监狱制度，但矫正制度最终是受社会生产力发展状况的制约，它的发展经历了古代、近代，形成了矫正监狱制度。现代矫正制度广泛吸收了现代管理科学、社会学、心理学、教育学等方面的科学成果，同时也广泛应用着医学、电子学、建筑学等方面的自然科学技术，从而使矫正制度的内容更加丰富，科学性更强。

### 四、监狱制度与矫正制度的关系

（一）二者都研究刑罚执行问题

无论是监狱制度还是矫正制度都研究刑罚执行的问题，包括刑罚执行的组织

---

〔1〕 中华人民共和国司法部编：《外国监狱法规汇编》，社会科学文献出版社 1988 年版，第 1 页。

体系和人员、执行刑罚的具体制度、执行刑罚的机构与设施等问题。[1] 传统上监狱曾经居刑罚执行的主导地位，社区在刑罚执行中的作用极弱。到了当代，世界上许多国家都规定了社区矫正制度，社区矫正呈扩大趋势，在美国等国家甚至已经超过了监狱矫正罪犯的人数，监狱矫正与社区矫正成为刑罚执行之两翼，共同完成刑罚执行任务。

（二）二者都以罪犯的矫正为目的

不能将监狱制度与罪犯的矫正割裂开来，将矫正制度与罪犯的惩罚割裂开来，也不能认为监狱制度以惩罚为主矫正为辅，矫正制度以矫正为主惩罚为辅，这样的理解都是片面的。二者的任务相同，目的也相同，都是为了完成刑罚执行的任务，并在惩罚中完成对罪犯矫正的目的，离开惩罚单纯谈矫正这就偏离刑罚的本质。

（三）二者是从属与包含关系

监狱制度和矫正制度所研究的范围大不相同，监狱制度从属于矫正制度，二者是包含关系。监狱制度的适用范围仅限于监狱，主要研究和监狱有关的刑罚执行、罪犯管理和罪犯矫正，很少涉及监狱外部的其他问题，这是监狱制度的局限性。罪犯的矫正是一个十分复杂的系统工程，不应仅限于监狱内，例如罪犯出狱后的出狱人刑后保护也是一个十分重要的应当十分重视的方面，但很难将其纳入到监狱制度的研究范围当中。而矫正制度的研究范围要比监狱制度大得多，它不但研究监狱制度还研究社区矫正制度和罪犯刑后保护制度。在当代西方国家，特别是美国，通常将矫正分为机构性矫正和非机构性矫正，其中机构性矫正一般指监狱矫正，而非机构性矫正大部分都是在社区内进行的，所以又称为"社区矫正"。所以从含义范围来看，西方国家的矫正制度包括监狱制度。我国的现实情况是，我国的社区矫正才刚刚起步，监狱矫正和社区矫正还没有形成统一的矫正制度体系，矫正一词更多是在社区矫正领域应用，监狱机构、制度、人员还没有统一到矫正体系当中来，形成监狱制度与社区矫正制度并存的现状。但这并不影响在理论界研究西方的矫正制度，正是由于其理论与实践的差异性与互补性，我们应对其取长补短，借鉴吸收。

（四）二者使用的区域不同

在微观领域，对于同样在监狱内作为剥夺自由的刑罚执行制度而言，虽然各个国家的刑罚执行的目的基本一致，都是为了矫正罪犯，但不同的地域、不同的国家使用的名称并不统一。以美国为代表的英语语系国家，包括联合国，多使用

---

〔1〕　吴宗宪：《当代西方监狱学》，法律出版社 2005 年版，第 7 页。

矫正制度；而一些欧洲国家如德国、法国，则习惯于使用监狱制度；在亚洲，日本、韩国，无论是学术界还是实务界都大量使用矫正制度这一术语，而中国、印度等国家则使用监狱制度。

## 第二节　矫正制度的萌芽

### 一、矫正制度产生的背景

西方近代矫正的兴起与解决流浪汉、懒汉、乞丐等所谓"流民"问题密切相关。16 世纪英国"流民"的成分比较复杂，其中有一些是由于懒惰而不愿意劳动的乞丐，这部分流民历朝历代都有，他们不是 16 世纪英国流民的主要成分。16 世纪英国"流民"的主要成分是农民，是"圈地运动"[1] 中大批失去土地的农民。16 世纪欧洲纺织业蓬勃发展，随着英国历史上著名的"圈地运动"，资本主义开始了资本的原始积累阶段，欧洲其他国家也紧随其后发生了相应的事件，大批农民失去了土地，成了流浪汉和乞丐，涌入大城市和小城镇。这些人的存在导致很多犯罪的兴起，如盗窃、抢劫、滋事。"流民"中也有少数是失业的手艺人和曾经经营小手工业的破产工匠，面对经济大潮的冲击，阶级关系的变化，下层市民的贫困化现象也日趋严重，导致许多人流浪街头。1517 年伦敦市以对有乞讨资格的人发放乞食徽章允许佩戴者沿街乞讨为由，在全城每个选区逐个进行调查登记，开列了一份全市共有 1000 名流民的名单，但实际的流民数量应该远远超过这个数字。1569 年英国枢密院在全国实行秘密监视和搜查"流民"的计划，当时正是社会化大生产时期，资本家工厂需要大量的手工劳动者，这样充斥街头的流浪汉和乞丐，不仅严重影响着社会治安，而且妨碍着新兴资本主义生产方式的顺利进行。在这种情况下，政府就将这些人收容起来，在限制他们自由的同时，组织他们进行社会化劳动，并对其进行职业教育。这个时期的"流民"以失业农民为主，被捕的"流民"一般是身强体壮者。法令规定："年老、体弱无劳动能力的属于救济之列，而非惩罚对象。"根据英国档案的记载，在 1569

---

〔1〕 英国的圈地运动：15 世纪末以后（中世纪后期），随着新航路的开辟，英国对外贸易大发展，羊毛出口和毛纺织业兴旺发达，羊毛价格上涨，养殖业获利丰厚，于是在工商业发达的东南部农村地主开始圈占土地，许多农民土地被圈占，只能流离失所。在欧洲大陆很多地区都出现过地主圈占土地的现象。英国的圈地运动最为典型，规模也最大。英国新兴的资产阶级和新贵族通过暴力把农民从土地上赶走，把强占的土地圈起来，变成私有的大牧场、大农场，资本主义农场大量出现。地主圈占土地后，或自己雇佣经营农场，或租地给其他农场主经营。直到 1845 年，英国的圈地运动才逐渐结束。

年~1572 年的逮捕活动中，18 个郡才有 750 名"流民"被逮捕，而在 1631 年~1639 年的逮捕活动中，37 个郡共有 2.6 万人被逮捕。

**二、英国布莱德威尔感化院**（Bridewell Detention Center）

西方国家近代监狱的设立就是从收容这些流浪汉和乞丐开始的，这一时期称为西方矫正史上的感化院时期。1550 年一批新教士重组了伦敦医院，用来收容有过失的青少年和流浪者，开始了对有劳动能力的流民的收容。随后，1557 年英国王子爱德华六世批准，感化院在一座旧宫殿上建起了著名的布莱德威尔感化院，专门收容流浪汉、懒汉及乞丐，并对其进行强制劳动和感化训练。[1] 通过组织劳动，感化院在创造一定财富的同时，使他们养成劳动的习惯，以便将来能够重返社会。由于这所感化院非常成功。1576 年英国议会要求英国的每个县都要建一所这样的感化院，在这一时期英国共建立了 200 所与布莱德威尔类似的感化院。可见，在布莱德威尔感化院，犯人劳动被有意识地作为教育手段来使用，而不再被视为身体的痛苦和折磨。

**三、阿姆斯特丹矫正院**（Amsterdam Detention Center）

英国的感化院制度影响到欧洲，许多国家纷纷效仿，先后建立许多此类机构，其中对世界现代矫正制度的影响最大，并在矫正史上有着重要地位的是 16 世纪末在荷兰建立的阿姆斯特丹矫正院，以至于 200 年后各国的狱政管理及其狱规仍与当年阿姆斯特丹矫正院的情形相差无几。1595 年，阿姆斯特丹建立第一所男犯矫正院，1596 年，又建立第一所女犯矫正院。男犯矫正院称"锉房"，主要劳动是将一种含有染料的树木锉成粉末，制作染料，以满足蓬勃兴起的纺织印染工业的需要。女犯矫正院称"织造所"，以纺纱为主，兼做织布、缝纫。[2] 矫正院最初的本意是收容那些具有劳动能力的流浪汉和乞丐。鉴于刑事犯罪的增多，只好将那些因贫穷犯罪的妓女、少年盗窃犯和犯有轻罪的犯人送往矫正院进行劳动改造。

（一）矫正院的宗旨

矫正院的宗旨是通过劳动来教育和矫正在押人员。[3] 阿姆斯特丹矫正院是根据基督教改革派的要求设立，在宗教改革旗帜下发展起来的。人文主义已形成一股社会思潮，称为人道主义思想。主张以人为中心，反对以神为中心，重视人的价值，是资产阶级的世界观，推动了近代资本主义矫正制度的形成。

---

〔1〕 李贵方：《自由刑比较研究》，吉林人民出版社 1992 年版，第 14 页。
〔2〕 潘华仿主编：《外国监狱史》，社会科学文献出版社 1995 年版，第 295 页。
〔3〕 潘华仿主编：《外国监狱史》，社会科学文献出版社 1995 年版，第 295 页。

（二）矫正院成立的理论依据

根据当时加尔文教派的观点，就业是对付贫困和由此而产生的犯罪的最佳手段。"孜孜不倦的劳动是免下地狱并使心灵得到永久安宁的唯一办法，谁没有这种追求目标的努力，就只能采取适当的强制措施挽救他们的灵魂，以使得他同上帝遭到破坏的关系重新恢复正常。"这是 16、17 世纪初风靡欧洲的矫正院成立的理论依据。[1]

**四、近代矫正制度的萌芽**

根据教育和挽救在押人员的宗旨，阿姆斯特丹矫正院还建立了一套奖惩严格的管理制度。矫正院的最高领导机构是由社会名流组成的理事会，日常行政工作由监狱长负责，监狱配有医生和教员。犯人基本生活可以得到保障，一日三餐配给食物量能满足犯人的生活需求。阿姆斯特丹矫正院还注重对犯人的精神感化和职业辅导。阿姆斯特丹妇女矫正院的墙上标语写着："勿怕，我并非对你的恶行加以报复，而是将你导于善；我的手虽严，但我的心仍慈善。"犯人平时参加劳动，但饭前必须进行祷告，星期日要做礼拜。少年犯除参加劳动外，还要定期听教员讲课，其他犯人则学习《圣经》，《圣经》人手一册。表现突出的要奖励，如果触犯监规纪律，要受到严厉惩罚。[2]

由于阿姆斯特丹矫正院有一套完整的矫正制度体系，又产生在尼德兰资产阶级大革命末期，因而它的意义和深远影响是伦敦感化院所无法比拟的。阿姆斯特丹的经验被当时许多国家效仿，对自由刑的产生和发展有着深远的影响。通常荷兰的阿姆斯特丹矫正院被认为是西方近代自由刑和近代监狱的开端。从 17 世纪开始，矫正院开始收容一般犯罪人，最后演变为纯粹的监狱。

受英国、荷兰矫正的影响，特别是在阿姆斯特丹矫正院的影响和推动之下，到 17 世纪初，类似于矫正院的机构在欧洲的法国、德国、波兰等国家都纷纷建立起来了。在德国许多大城市也都建立起了近代矫正院。1609 年在不莱梅，1613 年在卢比克，1615 年在汉堡，1617 年在柏林，1622 年在卡塞尔，1629 年在但泽都先后建立了阿姆斯特丹式的矫正院。莱比锡、法兰克福和慕尼黑矫正院的建立较晚，分别在 1671 年、1679 年和 1682 年。到 1786 年为止，德国至少已有 60 所矫正院。[3] 需要指出的是，16、17 世纪在欧洲盛行一时的矫正院并不是现代意义上的监狱或矫正机构，这是由于当时资产阶级革命刚刚起步，封建势力仍

---

〔1〕 潘华仿主编：《外国监狱史》，社会科学文献出版社 1995 年版，第 295 页。

〔2〕 潘华仿主编：《外国监狱史》，社会科学文献出版社 1995 年版，第 296 页。

〔3〕 潘华仿主编：《外国监狱史》，社会科学文献出版社 1995 年版，第 296 页。

很强大，社会政治经济的发展还未达到近代监狱的要求。但矫正院时代是西方自由刑发展史上的一个里程碑，监狱与刑罚有机的结合，赋予自由刑以新的含义。自此以后，监狱与自由刑的执行结下了不解之缘。刑罚执行职能的这种变化，使得监狱不再仅仅考虑隔离、安全、强制，而是要在此基础上集中考虑如何保证刑罚执行的完成与完善。这时候矫正制度这一角色真正登上历史的舞台，发挥它在管理罪犯中的作用。

## 第三节　矫正史上近代监狱改良

### 一、监狱改良背景

从 17 世纪开始，西方国家的自由刑刚刚建立便陷入困境。1618 年~1648 年，欧洲爆发了以德国为主要战场的宗教战争，战争中成年男子在战场上战死，许多儿童成为孤儿，老人无人赡养、流离失所、无家可归。于是政府便把这些人关进监狱，从而使西方国家的自由刑执行刚刚步入正轨又受到严重挫折。首先，监狱以接受具有劳动能力的犯人为主的原则受到破坏，矫治犯人的宗旨无法实现。除执行刑罚外，监狱同时具有"疯人院""贫民救济院"和"孤儿院"的性质，这种相互矛盾的目的和任务，常常使监狱工作陷入全面瘫痪。其次，战争结束后，经济萧条，财政困难，监狱经费更加紧张，生产难以为继，犯人的基本生活需求得不到保障。所谓的"穷人法则"和"苦役劳动"，就是在这个时期诞生的。当时的监狱对犯人施行"穷人法则"，要求监狱犯人的生活应比最穷的贫民窟还要差，当时流行的口号是："只要有人饥饿，犯人就不能吃饱。"监狱的生活准则是："艰苦的劳动，粗陋的食物，坚硬的床。"[1] 苦役劳动是这个时期监狱的特色，将最苦、最累、风险最大的差事分配给犯人去做，得到的却是非人的待遇，绝大多数犯人由于劳累过度而失去生命。犯人们常常被驱赶到矿山或筑路工地，身带镣铐，从事繁重的体力劳动，纯粹以折磨犯人为目的。

这一时期在监狱管理上还沿袭中世纪囚犯交付管理费用的办法。英国自中世纪以来，建造和维护监狱建筑的费用由政府拨给，日常经费则由监狱自行解决。监狱管理人员的薪俸来源于监狱从犯人手中收取的手续费。[2] 包括入狱费、出狱费及其他费用。其他费用指的是犯人的单间牢房费、床位费和伙食费，犯人购

[1]　潘华仿主编：《外国监狱史》，社会科学文献出版社 1995 年版，第 299 页。
[2]　潘华仿主编：《外国监狱史》，社会科学文献出版社 1995 年版，第 28 页。

买监狱出售的生活用品的价格要比监狱外边的商店高出很多。英国一些法学家认为，监狱是当时英国最腐败的政府部门。

到18世纪中叶，由于社会上犯罪人数骤增，以及死刑适用的逐步减少，监狱人满为患，而受到物质条件的限制，监狱设施却得不到改善和增加。监狱状况惨不忍睹，监狱破旧、潮湿、阴暗，老幼同房，男女同席，交叉感染严重，瘟疫疾病流行。1733年、1755年英国监狱连续发生了大规模的传染病，由于得不到及时治疗，犯人大批死亡。西方近代监狱蜕化变质及黑暗的状况终于在18世纪引发了一场在监狱史上具有重要意义的监狱改良运动。

**二、近代矫正史上监狱改良运动**

关于近代监狱改良的萌芽，比较公认的是始于18世纪意大利罗马教皇克里门斯十一世（Clemens PP. XI）。1703年罗马教皇将圣·米歇尔教堂的一部分改造成未成年人监狱，收容20岁以下的未成年罪犯及不良少年，这是世界上第一所少年监狱。这所监狱实行矫正主义的管理方式，对罪犯实行教育感化。采用分房制，白天在沉默下集中在一起劳动，晚上则将他们单独监禁。此举由教会出面组织，也具有明显的慈善性质，还很难说是形成国家矫正制度。由于圣·米歇尔少年矫正的管理方式对后来的矫正制度影响较大，被尊称为近代狱制改良的发端之一，同时也奠定了克里门斯十一世在世界矫正史上的地位。[1]

最著名的监狱改良运动是由英国的慈善家、监狱改革家约翰·霍华德（John Howard）[2] 发起的。1755年霍华德在去葡萄牙首都里斯本地震救援的途中不幸被法国当作战俘送进法国监狱，亲身经历的法国监狱的惨状深深刺痛了霍华德悲悯救赎的慈善之心，从而萌发了其监狱改良的决心。

1773年他被任命为英国贝福德郡的司法行政长官。他在视察群达福特监狱的时候，发现狱吏都没有薪水，只是从囚犯身上收取费用，囚犯若在释放时没有缴清规费，马上就会因债务关系而仍然拘押于监狱之中。从中世纪起，英国监狱在管理方面，实行囚犯交付费用的办法，以增加王室的财政收入。在中世纪，从

---

〔1〕 王泰：《现代监狱制度》，法律出版社2003年版，第56页。

〔2〕 约翰·霍华德（John Howard, 1726~1790）1726年出生于英国伦敦郊外一个资本家家庭，从小家境富裕，父亲经商，母亲从事慈善事业，霍华德从小深受母亲影响，乐善好施，但不幸的是霍华德17岁时父母先后去世，从此他把自己拥有的7000英镑以及给妹妹代管的8000英镑的遗产都用于慈善事业。为了探求监狱的改良方法，霍华德从1775年至1790年的15年间，6次出国考察监狱状况，涉足法国、德国、意大利、荷兰、丹麦、瑞士、瑞典、挪威、俄国、波兰、匈牙利、奥地利、比利时、葡萄牙、西班牙等15个国家，行程135 000公里。他把自己的全部财产毕生精力献给了监狱改良事业，被尊称为监狱学鼻祖。

名义上讲，英国所有的监狱都是属于国王的，但实际上监狱却成了看守的私人财产，他们可以把监狱连同看守服务转卖给他人，也可以由其亲属继承。监狱连同看守职务被看作是可以出售和继承的私有财产。霍华德建议政府免除囚犯规费而支付狱吏薪水，但是政府以没有先例为由不予批准。为此，霍华德毅然辞职自费考察国内监狱寻找先例，两年时间里走遍了英国本土监狱，结果不仅没有找到先例，反而接触到更为出乎意料的事情。他从未想到监狱竟是如此黑暗，狱中犯人的生活条件令他震惊。从霍华德所作的调查报告中可以看出，当时囚犯的处境和待遇以及矫正的条件极为恶劣，监狱污秽不堪、臭气熏天，囚犯所得到的食物和饮水不仅数量很少，而且腐烂发臭，以致监狱附近的商店的营业受到不利影响，商店老板向伦敦议会提出抗议和请愿，要求议会进行干预。监狱建筑往往破漏不堪，根本不适于囚禁罪犯，监狱中过分拥挤，每一个小单房中挤着 20 个人。与监狱的黑暗、狱吏的贪鄙相比，是否向犯人收取规费反而变得无足轻重了，霍华德坚定了监狱改良的决心。他将调查报告报告国会，引起国会的注意，国会委托霍华德负责监狱改良之事。[1]

霍华德还在 1775 年、1777 年先后访问了欧洲其他一些国家。1775 年霍华德第一次出游欧洲大陆，考察了法国、德国、意大利等国家，发现这些国家的监狱管理状况与英国基本相似，其中尤以法国和意大利监狱的惨状给他的印象最为深刻。到了比利时，了解到威廉十四世政府的监狱之后，才看到一线希望，有所收获。比利时子爵威廉十四世在荷兰阿姆斯特丹矫正院的影响下，于 1772 年开始建立新监狱——根特监狱，该监狱于 1775 年建成。采用圣·米歇尔少年监狱的管理方法，但收押的是成年罪犯，并且开始分类管理罪犯，但 1783 年监狱作业因资本家的反对而被取消，根特监狱的管理方法对后世监狱的影响较大。

1777 年霍华德第二次游历各国，发现荷兰的监狱状况令他大受鼓舞和启发。荷兰自摆脱西班牙的统治之后，锐意狱制改革，取得很重要的成果，以至于给约翰·霍华德留下了深刻的影响，霍华德考察欧洲各国监狱的时候发现与英国监狱的状况基本相似，唯独荷兰监狱给他留下了较好的印象，霍华德承认，他在荷兰的几座监狱里没有看到在其他地方发生的暴虐悲惨的景象。当时荷兰监狱提出了监狱改良三原则：①须使未成年罪犯养成劳动习惯；②罪犯宜以劳动教养的方法感化之；③表现好的罪犯应予缩刑，以资鼓励。应当说，这三条原则对后世的狱制改良给予了深刻的影响。

回国后霍华德于 1777 年出版了《英格兰及威尔士监狱状况》一书，揭露监

---

〔1〕 王志亮：《刑罚学研究——欧美刑罚观、监狱观的演变》，苏州大学出版社 2016 年版，第 98 页。

狱惨状，批判当时监狱制度、监禁方法的弊端，在书中，他提出改良监狱的众项措施：①监狱应建在沙漠附近空气流通的地方；②为维护监狱的严格纪律和防止犯人之间的疾病传染，主张实行隔离监禁；③日间监督劳动，夜间单独监禁；④发挥基督教的训诫作用；⑤对不同的犯人，特别是女犯、少年犯应分别隔离；⑥为犯人提供沐浴及灭虱设备，监舍必须每天清扫。1790 年，霍华德第六次出国考察，在考察乌克兰监狱时，为了深入了解囚犯的情况与囚犯同吃同住，不幸染上斑疹伤寒患病逝世，终年 64 岁，使英国失去了一位具有很大影响、为监狱改革大声疾呼、出谋献策的著名人物，这使英国狱政改革的思潮陷入了低谷。与英国隔海相望近在咫尺的法国，在 1793 年爆发了震惊世界的资产阶级大革命，英国统治者惊慌失措，害怕英国的统治制度受到威胁，以皮特为首相的英国政府将所有的改革都搁置一边，狱政改革也不例外。[1]

由约翰·霍华德等人推动的这场监狱改革运动，虽然旨在改变监狱的状况，但同时也改变着自由刑观念及整个刑罚观念，初步建立了符合资本主义发展要求的监狱制度。在改革初期，改革只涉及监狱的物质条件，减轻刑罚、保障罪犯健康、防治传染病，但很快就发展到倡导以人道和理性的原则及严格的纪律对待囚犯并引入了矫正罪犯的理念。约翰·霍华德倡导的监狱改革运动及思想深深影响了欧洲诸国监狱的发展方向和自由刑的走向，因此他被称为"近代监狱改革之父"。

## 第四节 近代矫正制度产生

霍华德对当时英国监狱的黑暗内幕进行揭露和批判，不仅得到了一般人的支持而且得到当时英国著名的政治家辉格党（Whig Party）下院领袖查尔斯·詹姆斯·福克斯（Charles James Fox）[2] 等人的支持，促使法院和地方机构的态度发生了变化，加强了对监狱管理工作的关注，从而促使议会成立各种改革委员会，

---

〔1〕 王志亮：《刑罚学研究——欧美刑罚观、监狱观的演变》，苏州大学出版社 2016 年版，第 99 页。
〔2〕 查尔斯·詹姆士·福克斯（Charles James Fox，1749~1806），英国辉格党资深政治家，自 18 世纪后期至 19 世纪初年任下议院议员长达 38 年之久，是皮特担任首相期间的主要对手。福克斯年仅 19 岁的时候就已经打破议会规例晋身下院。他的早期言论及主张虽然倾向保守，但很快就随着美国独立战争的爆发，以及受埃德蒙·伯克的影响而愈趋激进，其激进程度在当时的英国议会中可谓无人可及。福克斯在议会中积极提倡政治改革、宗教容忍，此外又努力捍卫自由和少数异见人士的权益，到晚年还推动废除奴隶贸易，颇受称誉，对当时的政治发展具启发性影响。

以讨论和增加对监狱的财政开支。英国的一些法学家认为，议会的各种改革委员会的活动推动了各郡对地方监狱管理的变革。

**一、宗教训诫**

在霍华德的建议下，1773 年英国国会通过一项监狱改革法案，法案规定由高等法院法官指派英国教会的牧师到郡监狱中对犯人做宗教训诫，以此来感化犯罪人，使其改邪归正。根据有关法规条款的明确规定，牧师有权检查所长和其他管理人员的工作；牧师在履行自己职责时，服从管理管委会的监督，牧师有权把他认为值得引起注意的问题直接呈送管委会，就他认为对矫正囚犯有利的任何事情和监所改革事宜向管委会提出建议，管委会下达的对牧师的指示不通过监所长，而直接由监狱秘书交给牧师。监所牧师的职责和权力极为广泛，牧师处于一种非常有影响的地位。

在 18 世纪中期以前，各个监狱的作用虽然各不相同，但总起来看，它们仍然是对刑事犯实施惩罚的机构，对囚犯实施的宗教训诫活动是非常有限的。除了一些著名监狱，如布莱德威尔感化院、纽盖特监狱等有任命的专职牧师外，在其他的监狱里，牧师只是偶尔光临一下。在 18 世纪中期，当时的监狱管理当局并未把改造犯人作为监狱的一项任务，因此许多监狱的牧师都是作为点缀，由教会的牧师兼任。直到 1773 年英国议会才根据霍华德的建议进行了实质性的改革。

**二、制定保护罪犯权利和健康的法律**

1774 年，国会又在听取霍华德关于监狱收费和罪犯医疗调查报告的基础上，通过了两项有关狱政的法律：《释放囚犯法》和《犯人健康法》。《释放囚犯法》规定："被释放的囚犯不再向郡政府支付手续费，但仍然要向监狱支付膳食和食宿费。"由此各郡政府为被释放的犯人支付他们在狱中的费用，每个犯人支付 13 先令。《犯人健康法》授权郡法院法官拟定犯人的健康标准。同年议会还通过了《监狱预防疾病法》，从此以后，监狱雇佣医生的制度才趋于正规化，但医生的薪金和医药费用在许多监狱仍然是由慈善团体支付的。

1778 年，霍华德与英国著名法学家布莱克斯顿·伊登联合起来向议会提出了一项建立国家教养所的法案，英国议会通过了《教养法》法案。霍华德为起草这项法案阐述了几项主要原则：建筑安全宽敞，环境卫生整洁，以预防犯罪为目的，看守有固定薪金，由监所外的一个社团实行经常定期的监察。由中央政府直接管理，囚犯要进行经常性的劳动并接受系统的宗教训诫，使他们有可能养成勤奋的劳动习惯和良好的品德。对囚犯的处遇实行三级累进制，第一阶段囚犯的劳动最为艰苦，监管最为严格，表现良好者逐步进入第二阶段，劳动的强度与监管的严格也随级别上升而逐渐减轻和放松。但这个法案并未真正实施，1784 年该法案被废除。

### 三、颁布监狱法

1779 年，英国国会根据霍华德的建议通过了《英国监狱法》，提出了监狱改革的四项原则：①安全卫生的建筑结构；②系统的监控措施；③取消犯人的费用；④建立监狱体制。

当时流行于监狱的口号是："是监禁判决而不是监狱待遇构成刑罚，是判决长度而不是服刑条件表明刑罚的严厉性。"有人批评：沉重、烦闷的苦役劳动是邪恶的、没有意义的，应该用有益的工业劳动来代替。这样，经过改革之后的西方自由刑出现了三个方面的新特点：①监禁只意味着剥夺自由，不包括苦役和肉体折磨，监禁与服刑条件分开；②采取了包括劳动在内的各种监狱措施，废苦役劳动为工业劳动；③刑罚不是为了报应，而是为了减少犯罪和矫正罪犯。

约翰·霍华德倡导的监狱制度改革也波及了大洋彼岸的美国，并催生了对现代监狱管理和自由刑执行影响至深的两项监狱制度：宾州制（Pennsylvania System）和奥本制（Auburn System）。自此以后，作为 18、19 世纪监狱改革运动的直接成果之一，现代自由刑在世界各国的刑罚体系中得以正式确立并成为刑罚体系的核心，世界刑罚史由此掀开了以自由刑为中心的新的一页，这也使得日后一系列矫正罪犯制度的产生成为可能。

**思考题：**

1. 如何理解矫正制度的三级内涵？
2. 怎样理解矫正制度受各国客观条件的制约？
3. 自由刑什么时间诞生的？其诞生以何为标志？当时刑罚思想处于什么阶段？
4. 霍华德倡导的监狱改良的初衷是什么？最后达到了什么样的效果？

# 第二章 矫正制度的理论基础

## 第一节 报应刑理论

　　报应是人类社会一个十分古老的刑罚概念和社会伦理，体现着原始朴素的正义，"杀人偿命，欠债还钱"是报应刑思想最通俗的表述。随着宗教的出现和发展，宗教哲学极大地影响了刑罚思想。在西方，天主教、基督教、伊斯兰教都强调信奉上帝，遵守宗教教义，违背上帝的旨意就要遭到报应。"因果报应"是宗教思想中的重要主张，它的基本理念深刻地影响了刑罚思想，因而有了刑罚中的"因果报应"主张，强调刑罚的不可避免性。报应刑论主张刑罚的本质是对犯罪的报应，这种主张以实现正义为基本理性，刑罚就是为了实现正义。

### 一、刑罚人道主义代替刑罚威慑主义报应思想

　　由恶有恶报，衍生出了封建社会的"威吓主义刑罚观"。整个封建时代都是以威吓为刑罚的基本理性，奉行重刑威慑主义，威慑主义其实是人类社会刑罚史上最黑暗的时期。威慑为主的刑罚制度，无一不是以剥夺生命、摧残身体、彻底诋毁人的尊严和人格为主要特征。中世纪的欧洲是神权统治下的社会，教会成为社会控制的重要机构。宗教不仅支配人们的精神生活，而且还可以对越轨者施以残酷的惩罚。

　　为了打碎神权统治的枷锁，14~16世纪欧洲掀起了一场旨在反对封建神权、讴歌人性的"文艺复兴"运动，提出世界的本质不在于神，而是人本身，要求发展人的个性，尊重人的权利，维护人的尊严，保证人们思想与意志的自由。[1] 15、16世纪资产阶级启蒙思想家，更进一步提出"天赋人权""自由平等"的主张，要求发展人的个性，尊重人的权利，提倡人道主义。18世纪法国资产阶级革命，把人文主义思想具体化为"自由""平等""博爱"等口号，形成了资本主义世界观和历史观的人道主义思想。

　　〔1〕 许崇德、张正钊主编：《人权思想与人权立法》，中国人民大学出版社1992年版，第139页。

人道主义思想直接影响了刑罚和监狱行刑领域，大批资产阶级启蒙思想家对以死刑和肉刑为中心的刑罚体系的残酷性作了淋漓尽致的揭露与猛烈的抨击，使人们在思想观念上感到了抛弃以死刑和肉刑为中心的刑罚体制的必要性与迫切性，为自由刑的诞生提供了观念上的契机。[1]

**二、罪刑均衡报应理论**

受资产阶级启蒙思想家"天赋人权""自由平等"思想的影响，刑事古典学派[2]极力主张"罪刑均衡""刑罚人道"等先进理念，主张以较缓和的刑罚代替封建主义的残酷刑罚，给犯人以人道待遇，使刑罚的报应逐渐趋向理性。1764年意大利著名的刑法学家切萨雷·贝卡利亚（Cesare Beccaria）[3]发表《论犯罪与刑罚》（*On Crimes and Punishment*）一书。书中提出刑罚的限度是达到安全有序的适当目标，超过限度就是暴政。他认为，刑事审判的效力来自刑罚的确定性，而不是残酷性。他根据人性论和功利主义的哲学观点分析了犯罪与刑罚的基本特征，明确提出了后来为现代刑法制度所确认的三大刑法原则：罪刑法定原则、罪刑相适应原则、刑罚人道化原则；并且呼吁废除刑讯和死刑，实行无罪推定。在监狱管理上贝卡利亚呼吁以更人道的方式对待囚犯，呼吁改革法律和改善监狱环境。他认为：刑罚应当是宽和的。"对于犯罪最强有力的约束力不是刑罚的严酷性，而是刑罚的必定性，这种必定性要求司法官员谨守职责，法官铁面无私、严肃认真，而这一切只有在宽和法制的条件下才能成为有益的美德。"[4] 只要刑罚的恶果大于犯罪所带来的好处，刑罚就可以收到它的效果。除此之外的一切都是多余的，因而也就是蛮横的。残酷的刑罚不容易使犯罪与刑罚之间保持实质的对应关系。一种对于人性来说过分凶残的场面，只能是一种暂时的狂暴，决不会成为稳定的法律体系。

罪刑均衡报应理论又分为等量报应与等价报应两个派别。在近代刑罚思想史上，报应论经过了等量报应到等价报应的升华。

〔1〕邱兴隆、许章润：《刑罚学》，群众出版社1988年版，第191页。

〔2〕刑事古典学派产生于18世纪后期，真正形成是以贝卡利亚的《论犯罪与刑罚》为标志。其主要代表人物有卢梭、孟德斯鸠、贝卡利亚、边沁、费尔巴哈、黑格尔，他们从不同角度追问国家对犯罪人实施刑罚的正当性和合理性。

〔3〕切萨雷·贝卡利亚（Cesare Beccaria, 1738~1794），意大利刑事古典学派的创始人。1738年3月15日生于米兰的一个贵族家庭，1758年毕业于帕维亚大学，学习期间攻读法律专业。1764年完成著作《论犯罪与刑罚》，并于当年出版，一举成名，奠定了其刑事古典学派创始人的地位，被称为近代资产阶级刑法学鼻祖。

〔4〕［意］切萨雷·贝卡利亚：《论犯罪与刑罚》，黄风译，北京大学出版社2008年版，第62页。

（一）等量报应

等量报应，指刑罚给犯罪人所造成的损害应与犯罪给被害人所造成的损害对等。量上的对等，强调在损害形态上相等同为必要，也称等害报应。

伊曼努尔·康德（Immanuel Kant）[1]为等量报应的代表人物。如康德认为："谋杀人者必须处死，在这种情况下，没有什么法律的替代品或替代物能够用他们的增减来满足正义的原则。没有类似生命的东西，也不能在生命之间进行比较，不管如何痛苦，必须死，处死他，但不能对他有任何虐待，使得别人看了恶心和可厌，有损于人性。"由此可以看出来，康德提倡等害，但反对酷刑，提倡刑罚人道。

（二）等价报应

近代等价报应的代表人物是德国古典哲学家格奥尔格·威廉·弗里德里希·黑格尔（Georg Wilhelm Friedrich Hegel）[2]。黑格尔对康德的等害报应理论提出质疑。黑格尔认为："刑罚的报应是一种等价报应。'等价'首先意味着刑罚的强度必须和犯罪行为的危害程度相适应。其次，'等价'意味着刑罚与侵害行为的等同不是在特种性状方面，而是在价值上等同。如果强调对犯罪所处的刑罚必须与犯罪行为特种性状方面的相等同，在规定刑罚时势必就会遇到不可克服的困难，人们不可能对任何形式的具体犯罪都能找到与其主客观性状完全相同的刑罚；同时，这样的等同势必使刑罚出现以窃还窃、以盗还盗这种同态报复的荒诞不经。"[3]黑格尔认为，所有犯罪在对社会的危害性这一点上具有共性，只不过在危害量上有多少之分，这就构成了不同犯罪进行比较的价值基础。当然，尽管从理智角度而言，人们可以找到犯罪与刑罚进行比较的价值基础，但落实到规定刑罚，面对的仍然是各种各样表现形态的犯罪，如何将刑罚与犯罪在价值上的等

---

〔1〕 伊曼努尔·康德（Immanuel Kant，1724~1804），是德国唯心主义哲学的创始人，是启蒙运动时期的最后一位哲学家，被认为是继苏格拉底、柏拉图和亚里士多德之后，西方最具影响力的思想家之一。16岁进入哥尼斯堡大学，大部分时间攻读数学、物理等自然科学，他对自然学、哲学、法学都有研究。有关法律思想的著作都是他晚年所作。如《法律哲学》《政治权利原则》《永久和平》等。1755年获硕士学位并在哥尼斯堡大学任教。1786年任哥尼斯堡大学校长。终年81岁，一生中除了曾去但泽旅行一次外，从未离开过哥尼斯堡。几十年如一日过着独居的、有规律的书斋生活。

〔2〕 格奥尔格·威廉·弗里德里希·黑格尔（1770~1831），是康德的学生，是继康德之后德国又一著名的唯心主义哲学家，也是刑事古典学派的代表人物之一。1821年出版的《法哲学原理》也是他后期的著作，系统地阐明了他的政治法律思想观点。他一生学识渊博，兴趣广泛，从自然科学到社会科学、哲学、逻辑学、历史、美术、宗教学、政治学、法律学都取得了丰硕成果。1818年任柏林大学校长。恩格斯称赞黑格尔："不仅是一个富于创造性的天才，而是一个学识渊博的人物，所以他在每一个领域中都达到了划时代的作用。"

〔3〕 马克昌主编：《近代西方刑法学说史略》，中国检察出版社1996年版，第130页。

同体现在对多种多样的犯罪规定相应的刑罚上也是一个问题。这就是要理智地经常对犯罪行为和刑罚方法设定更多界限，也就是按照一定的标准，对犯罪进行不同种类的划分，规定众多刑罚方法，以便针对不同种类的犯罪规定相应的刑罚方法。这种种类划分得越多越细，现实的犯罪与刑罚的等同距它们存在的等同关系也就越接近。[1] 黑格尔将其辩证法中的否定之否定规律运用于刑罪关系的考察，提出犯罪是对社会和法律的否定，刑罚是对犯罪的否定，即否定之否定。罪与刑之间质的联结是一种必然的因果联结，由这一质的联结，必然派生出刑与罪在法律上的量的关系在价值上的等同，刑罚的价值只有或只要与犯罪的价值相当，就可以或便足以构成对犯罪的否定。

罪刑均衡报应理论是资产阶级刑事古典学派在反对封建社会刑罚的野蛮性、残酷性的基础上产生的。无论是康德的等量报应还是黑格尔的等价报应都反对残酷刑罚，主张刑罚的人道性，给犯人以人道待遇；主张以比较缓和的刑罚代替封建时代的严酷刑罚；主张公正的、均衡的报应。

## 第二节　预防刑理论

**一、预防刑思想的理论基础**

报应刑论在西方刑法史上一直处于统治地位，直到 19 世纪的后半叶，资本主义社会高重新犯罪率说明了刑事古典学派报应刑理论的失败，自由刑的执行需要新的理论上和制度上的突破，预防理论被重视并应用到罪犯矫正的实践中，使矫正制度开始萌发了新的生机与活力。

（一）毕达哥拉斯（Protagoras）[2] 理论

作为预防思想的理论基础，有些名家早有论述。古希腊时期的哲学家毕达哥拉斯就说过："谁要是以理智来处罚一个人，那并不是为了他所犯的不法，因为并不能由于处罚而使业已发生的事情不发生。刑罚应该为着未来而处罚，由此，再不会有其他的人，或者被处罚者本人再犯同样的不法行为。"[3]

---

〔1〕　马克昌主编：《近代西方刑法学说史略》，中国检察出版社 1996 年版，第 131 页。

〔2〕　毕达哥拉斯（Protagoras，约公元前 580～公元前 500 年），公元前 572 年，毕达哥拉斯出生在米利都附近的萨摩斯岛（今希腊东部的小岛），是古希腊著名的数学家和哲学家。

〔3〕　王泰：《现代监狱制度》，法律出版社 2003 年版，第 36 页。

（二）切萨雷·贝卡利亚理论

作为一种比较系统的刑法理论，预防理论是意大利学者贝卡利亚提出来的，贝卡利亚是预防思想的奠基人。

1. 贝卡利亚对报应刑论持彻底否定的态度。贝卡利亚在他 1764 年的成名作《论犯罪与刑罚》中写道："刑罚的目的既不是要摧残折磨一个感知者，也不是要消除业已犯下的罪行。"[1] 意思是，刑罚的目的并不是要使人受到折磨和痛苦，也不是要使正实施的犯罪成为不存在。

2. 贝卡利亚提出"双面预防"理论。贝卡利亚主张刑罚目的仅在于预防犯罪。他说："刑罚的目的仅仅在于：阻止罪犯再重新侵害公民，并规诫其他人不要重蹈覆辙。"意思是，刑罚的目的，只是阻止有罪的人不再使社会遭受危害并制止他人实施同样的行为。贝卡利亚这里所表达的特殊预防思想"阻止有罪的人不再使社会遭受危害"，尚未重视通过刑罚的教育功能使犯罪人不再危害社会的价值，而主要是从"隔离"的立场出发"阻止有罪的人不再使社会遭受危害"，强调剥夺犯罪人危害社会的客观条件，使其无法再危害社会。"制止他人实施同样的行为"则是指刑罚的一般预防，在其双重预防目的中，贝卡利亚更强调一般预防的价值。尽管"一般预防"和"特殊预防"的概念是由贝卡利亚之后的英国刑法学家杰里米·边沁（Jeremy Bentham）提出来的，但贝卡利亚已经清楚地表达了这两个层次的思想。为了区别后来者边沁对"一般预防"和"特殊预防"概念创立的贡献，我们把贝卡利亚的预防理论称为"双面预防"理论。

二、刑事近代学派的诞生

刑事近代学派，又称实证分析学派，是反映资产阶级刑法思想和刑事政策的刑法学派。由于它晚于古典学派，相对于古典学派而言，称为近代学派。当时由于自然科学的发达，自然科学实证研究的方法影响很大，近代学派也都采用"实证"的方法进行研究，即以确定的事实为依据进行研究，所以又称为实证分析学派。根据他们对犯罪原因不同的追问，刑事近代学派又有刑事人类学派和刑事社会学派之分。

（一）刑事人类学派

刑事人类学派重视犯罪的生物学原因。创始人为意大利人切萨雷·龙勃罗梭

---

〔1〕 ［意］切萨雷·贝卡利亚：《论犯罪与刑罚》，黄风译，北京大学出版社 2008 年版，第 29 页。

（Cesare Lombroso）[1]，主要代表人物还有意大利的恩里科·菲利（Enrico Fer-ri）[2]和拉斐尔·加罗法洛（Baron Raffaele Garofalo）[3]。由于这一学派的代表人物都是意大利人，所以又称意大利学派。龙勃罗梭用生理学和隔世遗传的原理解释犯罪的成因，主张犯罪的原因在于犯罪人先天的身体构造异于常人，提出"天生犯罪人"理论。菲利为了系统论述犯罪、刑罚和犯罪人原理，首先着眼于对犯罪人和监狱的调查。为此，他来到都灵和龙勃罗梭一起研究，参观监狱、精神病院和实验室。当时龙勃罗梭任都灵大学的法医学教授，在都灵大学建立了完备的犯罪人类学实验室，收集了大量的犯罪人类学标本资料，同时，龙勃罗梭也兼任都灵一座很大的未决犯监狱的狱医，这为菲利提供了进行实际调查和实证研究的良好条件。他不完全同意龙勃罗梭的犯罪人类学理论，他认识到龙勃罗梭的研究大多局限于习惯性犯罪人和精神病犯罪人，而且龙勃罗梭的理论也只能解释很小一部分犯罪问题。"尽管菲利将其思想体系中的许多观点归功于龙勃罗梭的启发，但是他仍然是促使龙勃罗梭的概念与社会学家的概念相互转化的酶体，并且他对龙勃罗梭思想的演变绝不是毫无影响可言。"[4]因此，当菲利在法国收集了大量统计资料并对它们进行分析之后，他提出了犯罪原因三元论，认为犯罪是由人类学的、自然的和社会的三类因素相互作用而产生的，社会因素在犯罪的产生中起重要作用。[5]1884年菲利的代表作《犯罪社会学》出版，奠定了其在刑事社会学派创始人的地位，尔后与德国刑法学家李斯特一起，成为刑事社会学派的主要代表。

加罗法洛提出了自然犯罪观。自然犯罪是相对于法定犯罪提出来的。他认为

---

〔1〕 切萨雷·龙勃罗梭（Cesare Lombroso，1836～1909），意大利资产阶级犯罪学家、精神病学家、刑事人类学派的创始人及主要代表人物，近代刑事实证分析学派的代表人物之一。他生于意大利东北部的维罗纳城犹太人家庭，1858年在帕维亚大学获医学博士学位，次年从军作军医。1862年至1871年任意大利帕维亚大学教授，研究精神病学，以后任意大利都灵大学精神病学、法医学教授及精神病院院长。1872年任狱医，使他有机会到意大利各地的监狱从事实地考察，接触各种各样的犯人、监狱保存的罪犯档案以及丰富的犯罪统计资料，为他后来的理论奠定了坚实的基础。有"现代犯罪学之父"之称。1876年出版代表作《犯罪人论》。

〔2〕 恩里科·菲利（Enrico Ferri，1856～1929），意大利犯罪学家，龙勃罗梭的学生，曾为刑事人类学派的代表人物之一，后成为刑事社会学派的主要代表。1874年进入西方法学中心波伦亚大学学习，1877年获法学博士学位。1879年归国，入都灵大学，师从犯罪学鼻祖龙勃罗梭，研究犯罪学。

〔3〕 拉斐尔·加罗法洛（Baron Raffaele Garofalo，1852～1934），意大利犯罪学家，龙勃罗梭的学生，刑事人类学派的代表人物之一，其思想和龙勃罗梭一脉相承，但在许多方面又突破了龙氏理论的框架，形成自己独到的见解。其提出了自然犯罪观理论。

〔4〕 马克昌主编：《近代西方刑法学说史略》，中国检察出版社2004年版，第183页。

〔5〕 吴宗宪：《西方犯罪学》，法律出版社2006年版，第161页。

法定犯罪是法律规定予以禁止的行为，只说明法律认为什么是犯罪行为，是由于某些国家的具体情况而规定的，并非普遍地被认为是犯罪。自然犯罪是真正的、本质的犯罪。他认为获得社会学犯罪概念的方法只能是抛开对事实的分析而对情感进行分析，犯罪不仅是一种有害行为，而且是一种伤害全人类道德感的行为。这种道德感包括正义、诚实、怜悯、贞洁、荣誉等。自然犯罪的本质是恶劣的，法定犯罪的本质不一定是恶劣的。他认为，自然犯罪是实质性的、真正的犯罪行为，从而也是犯罪学唯一的研究对象。

（二）刑事社会学派

刑事社会学派重视犯罪的社会原因。刑事社会学派是于19世纪后期诞生的，主要代表人物是德国刑法学家弗朗斯·冯·李斯特（Franz von Liszt）。李斯特是刑事社会学派的核心代表人物，刑事社会学派是从社会学的角度研究犯罪原因和控制犯罪的思想流派。李斯特以实证主义和决定论的哲学理论为基础，运用社会学的观点和方法研究刑法，在批判、吸收意大利学派理论的基础上，发展了刑事社会学派刑法理论。在李斯特的刑法理论中，对犯罪原因的探析占有十分重要的位置。他批判地吸收了犯罪因一切社会关系所发生，以及刑事人类学派主张的犯罪系行为者生来资质上必然产物的犯罪原因一元论和菲利提出的个人、自然和社会的犯罪原因三元论，提出了社会因素和个人因素的犯罪原因二元论主张。李斯特在承认生物学因素对人的行为的重要影响的同时，特别强调了社会因素在犯罪原因中的特殊重要性，犯罪形成过程中还是社会因素具有决定性作用。[1] 如失业、恶劣的居住条件、贫困等。他认为，大众的贫困是培养犯罪的最大基础，也是遗传素质所以质变的培养液。改善劳动阶级境况是最好的和最有效的刑事政策。其名言是，"最好的社会政策，也就是最好的刑事政策"。

菲利被看成是刑事社会学派的创始人和主要代表人物之一，他似乎更重视犯罪的社会因素和对犯罪的社会控制，更强调对犯罪进行社会学探讨，从而创立了《犯罪社会学》学科，并逐渐形成刑事社会学派。菲利把实际调查作为社会学乃至整个科学研究中的方法论原则，促进了社会学方法在犯罪研究中的应用。

**三、特殊预防理论**

特殊预防论产生于18世纪末，风行于19世纪和20世纪前半叶，属于刑事近代学派的核心理论。19世纪中叶以后，由于资本主义经济的发展，资本家竞相采用新技术，提高劳动生产率，扩大生产规模，吞并中小企业，以致逐步形成垄断。随着产业革命的完成，社会矛盾的尖锐化，犯罪率尤其盗窃之类的财产犯

---

〔1〕 马克昌主编：《近代西方刑法学说史略》，中国检察出版社2004年版，第205页。

罪率急剧上升，累犯、常习犯显著增多，少年犯大量增加，在急剧增长的犯罪面前，刑事古典学派的刑法理论表现得无能为力，刑罚的惩罚作用逐渐引起人们的怀疑，刑罚的重心由对犯罪的报应、威慑转向对犯罪人的矫正。

关于罪犯能否矫正，有三种不同的观点。一种观点认为，罪犯不能够被矫正。刑事人类学派创始人龙勃罗梭认为，促使罪犯犯罪的决定因素是遗传因素，罪犯的犯罪具有天生性，因而对罪犯谈不上矫正，只能采取包括流放罪犯于荒岛或者用医学的方法切除前额叶等方法剥夺其犯罪的能力。后来龙勃罗梭的学生、意大利法学家菲利也认为生物原因是罪犯犯罪的重要原因，如脑异常、颅骨异常、主要器官异常、感觉能力异常、反应能力异常等。[1] 第二次世界大战后，也有学者根据自然科学研究成果提出："内分泌失调理论""染色体异常理论"，以此说明罪犯不能被矫正，只能被治疗。第二种观点认为，有的罪犯可以被矫正，有的罪犯是不能被矫正的。如德国刑法学家李斯特认为："矫正可以矫正的罪犯，不能矫正的无使为害。"持这种观点的还有德国、荷兰、挪威等欧洲国家学者，他们从人道主义与防卫社会的愿望出发，认为应当对罪犯进行矫正，但是对有些罪犯能否被矫正持怀疑态度，放弃对罪犯的矫正效果的追求。第三种观点认为罪犯都具有矫正的可能性。如美国和苏联。美国等西方国家是基于人性解放和对人性的深刻认识，也是基于生理学、心理学、行为学等科学原理的指导实践。苏联等社会主义国家，主要是根据辩证唯物主义认识论，马克思主义认识世界、认识社会、认识人类的自然规律的基本原理。马克思主义认为，整个自然界、社会和人的思想都处在不停地运动、变化、发展之中。运动变化是物质存在的形式和根本属性，绝对静止和不变的事物是不存在的。具体到人的认识领域，马克思主义认为："人的意识随着生活条件、社会关系和社会存在的改变而改变。"马克思从辩证唯物主义认识论出发，认为罪犯的思想意识和行为恶习，也是随着特定的社会条件和客观环境的变化而变化的，认为大多数罪犯都是可以矫正的。列宁在十月革命胜利后也指出："要改造可以改造好的人""在理论上不存在不能改造的罪犯"。毛泽东一贯坚持对敌人和罪犯都要实行改造的政策。

（一）关于剥夺犯罪能力的理论

切萨雷·龙勃罗梭提出"生来犯罪人"的概念。生来犯罪人指具有犯罪生理特征的人，对这些人刑罚的威慑不起作用。因此，刑罚不能以一般预防为目的，应重视刑罚的特殊预防功能，刑罚应以天生犯罪人为适用对象。他认为，犯

---

〔1〕［意］恩里科·菲利：《犯罪社会学》，郭建安译，中国人民公安大学出版社1990年版，第42页。

罪并非犯罪人趋利避害自由选择的结果，而是一种由于遗传或返祖而产生人“犯罪病”的现象，即“天生犯罪人”在一定条件具备时必然发生的现象。他提出犯罪人之所以犯罪，是由于大脑退化到了人类进化前的水平。他在监狱最先考察了100个死刑犯人的头骨，后来又对1000名犯人进行了人类学的测量和外貌观察，从而形成了他的天生返祖类型的犯罪人的观点。为了防卫社会，龙勃罗梭提出了相应的救济措施，主张对天生犯罪人根据不同情形分别采取以下措施：对尚未犯罪但有犯罪倾向的实行预防性刑事制裁措施，预先使之与社会隔离，起到预防犯罪的作用；对生来犯罪人应通过医疗措施如切除前额、剥夺生殖机能等来消除犯罪的动因；对危险性很大的人流放荒岛，终身监禁乃至处死。

龙勃罗梭的犯罪原因思想，经历了一个由单一到复杂的发展过程。他在早期的著述中，主要注意遗传等先天因素对犯罪的影响。作为一名监狱医生，他对几千名犯人作了人类学的调查，并进行了大量的尸体解剖。1870年12月，在意大利帕维亚监狱，龙勃罗梭打开了意大利著名的土匪头子维莱拉尸体的头颅，发现其头颅枕骨部位有一个明显的凹陷处，它的位置如同低等动物一样。他通过研究得出的结论是：这种情况属于真正的蚓突（Vermis）肥大，可以说是真正的正中小脑。这一发现触发了他的灵感，由此他认为，犯罪者与犯罪真相的神秘帷幕终于被揭开了，原因就在于原始人和低等动物的特征必然要在我们当代重新繁衍，从而提出了他的天生犯罪人理论。[1] 天生犯罪人成为龙勃罗梭早期著作中一个核心命题。龙勃罗梭对天生犯罪人的生理特征作了如下的描述：额头突出，眉骨隆起，眼窝深陷，颌骨、颊骨同耸，齿列不齐等。

龙勃罗梭的“生来犯罪人”理论一经传播，马上遭到来自各方面的抨击。英国犯罪学家查尔斯·巴克曼·格林（Charles Buckman Goring）经过12年的工作，领导一项研究计划，根据96种特征考察了3000名以上罪犯，个人还进行了1500次观察，并作了300次其他补充观察。他指出：“事实上，无论是在测量方面还是在犯罪人中是否存在身体异常方面，我们的统计都表现出与那些对守法者的类似统计有惊人的一致。我们的必然结论是，不存在犯罪人身体类型这种事情。在科学验证的事实之上，格林断言不存在天生犯罪人类型，犯罪不是由遗传而来的。”[2] 他呼吁犯罪学家把心理特征，特别是智力缺陷作为犯罪行为的原因来加以研究。

---

〔1〕 王璐："龙勃罗梭：天生犯罪人论"，载法律图书馆网，http://m.law-lib.com/lw/lw_view.asp?no=6404&page=3，最后访问时间：2016年10月1日。

〔2〕 孟庆华："龙勃罗梭天生犯罪人理论的评价与借鉴"，载《中国犯罪学年会论文集》2010年。

龙氏剥夺犯罪能力的理论，把刑罚改造成消除犯罪人肉体的手段，其反科学性不言而喻，即使龙氏本人也不得不在其后期思想中改变自己的观点，缩小所谓生来犯罪人的比例。从一开始只注重犯罪的遗传等先天因素，到把犯罪原因扩大到堕落等后天因素的影响，而这种堕落是与一定的心理环境与社会环境分不开的。因此，龙勃罗梭分别研究了心理与社会因素对犯罪的影响，强调心理因素与政治、经济、人口、文化、教育、宗教、环境等社会因素与自然因素的作用，"天生犯罪人"在罪犯总数中的比例也一再降低。在 1893 年出版的《犯罪：原因和救治》一书中，天生犯罪占 33%，由此形成综合的犯罪原因论，并将犯罪人主要划分为四种类型：天生犯罪人、精神病犯罪人、激情犯罪人、偶发犯罪人。并开始承认犯人的意识是可以改造的，赋予刑罚以矫正的目的。龙勃罗梭实证分析的方法和主张以及通过治疗改善犯罪人的方法却被继承下来，后来实证分析的方法开启了刑法学实证研究的先河，近几年实证研究成为我国法学界最为推崇的一种研究方法。

（二）教育刑论

1. 教育刑论的理论基础。教育刑论是德国刑法学家李斯特的刑罚理论的核心。他认为犯罪既非犯罪人自由意志的选择，也不是天生固有的，而是不良社会环境的产物；国家对犯罪人适用刑罚并不是单纯为惩罚而惩罚，在报应之外，刑罚应该还有另外的目的，即用刑罚教育矫正犯罪人，使其尽快回归社会，达到预防犯罪的目的。

（1）犯罪原因论。犯罪原因论是李斯特的重要学说。李斯特明确指出，任何人要想同犯罪作有效的斗争，都应首先认识犯罪的原因。为了宣传自己的学术观点，李斯特于 1880 年创办《综合刑法科学杂志》。1889 年又创建国际刑法学家联盟，主张联合各国不同学派的学者，对犯罪进行多学科的、综合性的研究，在国际范围内调查犯罪的原因和研究控制犯罪的方法。李斯特一方面批判了龙勃罗梭的犯罪原因一元论（生物遗传论）——生来犯罪人理论；另一方面，李斯特也不同意菲利的犯罪原因三元论，认为菲利所说的犯罪的自然原因，实际上是社会原因的一种，不能将这类原因与犯罪的个人原因等量齐观。李斯特把犯罪原因归结为两类，即社会原因和个人原因。李斯特指出："犯罪一方面是犯罪人的个人特征的产物，另一方面，也是犯罪当时犯罪人周围的社会关系的产物。"这就是所谓的犯罪原因二元论。[1] 李斯特认为，社会原因是犯罪的主要原因。他把因环境因素影响而犯罪的人称为偶发犯罪人，他们的犯罪行为并不是由犯罪人

<hr>

〔1〕　吴宗宪：《西方犯罪学》，法律出版社 2006 年版，第 162 页。

内在的性格上的因素引起的，而是由外在的环境因素造成的。他针对犯罪的社会原因提出"最好的社会政策，也是最好的刑事政策"这一控制犯罪的方法的论断，由此奠定了李斯特在刑事社会学派的核心地位。对于因个人原因的犯罪人，李斯特称其为"状态犯罪人"，主要指那些存在内在不良性格倾向而犯罪的人，其犯罪主要是个人自身因素引起的，是个人内在的不良性格倾向的表现。他们有着严重的犯罪倾向，只要有一定的条件或者机会，就会实施犯罪行为。李斯特从预防犯罪的角度将状态犯罪人进一步分为可改善犯罪人和不可改善犯罪人两种类型。可改善犯罪人，是指那些虽然具有先天的或后天的犯罪倾向，但是还没有恶化到难以矫正的犯罪人。对于这类犯罪人，通过在矫正机构内过有组织的集体生活，有可能使他们得到矫正。不可改善犯罪人，指那些道德极端败坏，难以进行矫治的犯罪人，即使进行大量的矫正工作，也很难使他们得到矫正。

（2）刑罚目的论。刑罚目的论是近代资产阶级刑事社会学派所主张的一种理论。刑罚目的论认为，刑罚本身没有什么意义，只有为了实现一定的目的才有价值。"为了没有犯罪而科处刑罚"是刑罚目的论的经典表述，刑罚目的论认为刑罚的目的在于预防犯罪。李斯特是刑罚目的论的典型代表，其目的刑论认为，刑罚的主要目的不是对已经发生的犯罪行为进行报应，而是以预防再犯和保卫社会为必要。1882年，李斯特就任德国马尔堡大学教授时，曾发表了题目为"刑罚的目的思想"演讲，提出刑罚不应该从本能的、原始的、冲动的报应观念出发加以使用，而应该从保护一定的社会利益出发，有目的、有意识地使用刑罚，阐释了其目的刑思想。李斯特认为，刑罚的目的有两个，一是预防再犯，国家不应惩罚犯罪人，而应用刑罚来教育改造犯罪人，刑罚的本质应该是教育而非是惩罚；二是防卫社会，刑罚目的不应只是报应犯罪人，而应是如何使犯人能够再度适应社会共同生活而成为有用的社会组成人员。

2. 教育刑论的内容。教育刑理论认为：如果刑罚只停留在对昨天行为的追究上，只注意对已然行为的报应或均衡，那么刑罚实在是太消极了。犯罪人之所以犯罪，是因为在他们身上有"主观恶性"。要想使刑罚真正地发挥作用，就必须去努力消除这一主观恶性。因此，刑罚的真正对象不是犯罪行为而是犯罪人，是犯罪人身上的主观恶性。刑罚过程，应该是消除犯罪人主观恶性的过程，而这一过程就是所谓的"矫正"。李斯特认为：刑罚是一个自然而然的必需的矫正的过程，刑罚的主要目的，应该是对犯罪人作合适的影响，以达到犯罪人适应社会不再犯。如果要预防犯罪，应追溯犯罪的原因，并从犯罪根源着手预防犯罪。

国家不应惩罚犯罪人，而应该用刑罚来矫正犯罪人，刑罚的本质应该是教育，而不应是惩罚。李斯特把刑罚归结为教育，掩盖了刑罚的真实性质，实践证明离开了刑罚惩罚与强制，片面强调教育，刑罚很难发挥其应有的作用。但是李斯特教育矫正罪犯的思想却一直成为监狱行刑的指导思想，成为现代监狱刑罚执行的重要内容。

## 第三节  综合刑理论

西方各国的刑罚思想经历了威吓主义、均衡报应主义、预防主义，最后都以失败告终，充分说明刑罚价值取向上单一的选择是注定要失败的。20 世纪 70 年代美国马丁森报告提出的更新无效论，引发了人们对教育刑思想指导下的行刑模式的思考，而犯罪率激增、累犯率居高不下、社会治安状况持续恶化的社会现实又为人们的怀疑提供了"合理"而又"充分"的根据。由此导致了美国 20 世纪 70 年代以后刑事政策向主张惩罚和威慑效应的新古典主义转向，综合刑思想成为美国主导的刑事政策。

**一、综合刑理论**

综合刑理论（又称折中理论、一体化理论），产生于 20 世纪中期，是在个别预防理论遭到失败时产生的。个别预防旨在防止和减少重新犯罪，但实际上，重犯率却成倍增长，这就迫使人们重新审视个别预防的科学性。这样，早已被人们抛弃的报应论与一般预防论受到重视，并与个别预防的合理因素，汇成了西方刑罚理论的主流。

综合刑理论是具有多面性的刑罚概念，它是建立于报应与预防两个思想的权衡与调和的基础之上的。一方面，惩罚，希望通过对于犯罪人的刑罚，来均衡其所犯的恶害，并满足社会大众的正义需求。同时矫治，利用刑罚执行机会来从事犯人的矫治工作，以使其重返社会而不再犯罪。另一方面，一般预防，希望通过刑罚对有犯罪危险性的人发生威慑作用，以预防其犯罪，这是综合理论的基本论点。在这一基本论点的前提下，各国学者的主张又有所不同。

**二、综合刑理论学说**

（一）分配性的综合理论

分配性的综合理论又称分配论，这是综合理论的一种特殊形式，这种综合不是在总体上的综合，而是在分配的基础上的综合，它把各种不同的刑罚理念，分配到刑罚的不同阶段，从局部看，各个阶段只有一种刑法理念，但从总体看，即把刑事过程看作一个整体，在不同的阶段体现各种不同刑罚理念的一种综合。

这种综合理论以英国学者赫伯特·哈特（Herbert Hart）[1]为代表，哈特提出，刑罚的依据应视刑事活动的阶段性而定，刑事活动分为立法、裁判与执行三个阶段，与此相适宜，刑罚存在的正当性依据在不同的刑罚阶段有所不同：在立法阶段，刑罚主要取决于一般预防的需要，重罪重罚，轻罪轻罚，罪刑法定；在审判阶段，刑罚裁量则以报应为根据，只对已经犯罪的人才适用刑罚，根据罪责刑相适应原则，对具体犯罪人所处的刑罚分量应该与其犯罪的严重相适应，罚当其罪；在执行阶段，刑罚应以个别预防为根据，即应与教育改造犯罪人的需要相适应，目的是让罪犯能够重新回归社会。

以日本的福田平、大冢仁为代表的一些大陆法学者，虽然也主张刑罚的根据应视刑事活动的阶段而定，但他们认为，在立法和审判阶段，刑罚的存在都是以报应为依据的，只有在行刑阶段，刑罚的存在才以个别预防为宗旨。[2]

**（二）报应性的综合理论**

报应性综合理论认为，报应、特殊预防、一般预防应当是刑罚同时加以追求的目的，但报应具有绝对主导功能。刑罚只有以报应原理为基础，才合乎公平正义，才会对犯罪人和社会大众的理性产生作用，产生一般预防和特别预防的效果。

我国学者认为，适用刑罚的目的是有顺序的，首先是对犯人的报应，其次才是对犯人的影响教育及对具有相同犯罪倾向者的威吓。在此情况下，不能为了刑罚的一般与个别预防的目的，而轻易牺牲刑罚的报应本质；相反地，也不能为了报应，而忽视了刑罚一般预防和特殊预防的目的。原则上，报应与预防两者之间具有先后顺序关系，即在通常情况下，报应须在预防之先，国家在行使刑罚权的基础上，再探讨预防的目的，不可轻易牺牲正义与均衡罪责的报应而获得以威吓或保安的效果所促成的预防目的。

**三、综合理论实践**

综合理论是一种更为现实的、客观的刑罚理论，它适应了现代化刑事实践的需要，为当今大多数国家的刑事实践所采用，是一种更为科学的行刑理论，它集中了报应论和预防论的优点，防止了片面性。它运用折中的方法，结束了刑罚理

---

〔1〕　赫伯特·哈特（Herbert Hart，1907~1992），英国著名法哲学家、新分析法学派的重要代表人物。哈特是英国牛津大学著名的法理学教授，长期从事法理学的教学和研究工作，是西方20世纪70年代形成的新分析法学派的创始人，也是二次世界大战后西方法学界最有影响的人物之一。他的著述颇丰，主要有《法哲学的定义和思想》《法、自由和道德》《惩罚与责任》。

〔2〕　杜宇："报应、预防与恢复——刑事责任目的之反思与重构"，载《刑事法评论》2012年第1期。

论界旷日持久的新旧学派互争的局面，使两大理论有机地结合在一起，发挥它应有的生命力。使刑罚理论步入了一个新的时代。

鉴于综合刑理论的上述优点，在 20 世纪中期，综合刑理论被世界许多国家采用，特别是大陆法系国家，如瑞典、瑞士、两德、意大利、西班牙、葡萄牙等国均采用综合刑理论。例如，1962 年西德的刑法草案中就明确规定，刑法的定义与目的在于：①罪责的均衡，也就是报应；②法秩序的维护；③威吓犯罪人与社会大众；④引导犯人重返社会，重新再适应社会，也就是犯人的再社会化；⑤防止社会不为犯罪所侵害。以上几点明显地表现出综合行刑理论具有多元性和复杂性的特点。[1]

20 世纪 70 年代，美国反对康复模式的倾向达到了高潮，康复模式失去了许多支持，许多监狱放弃康复模式，主要是因为虽然矫正机关进行了大量的矫正工作，但不能减少重新犯罪率。报应主义在美国重新被采纳，刑罚价值取向单一的教育刑宣告失败，综合刑理论被采纳。1984 年美国颁布《量刑改革法》，首次明确地将报应、威慑、重返社会、剥夺再犯能力共同规定为刑罚的目的，主张用确定刑取代不确定刑，坚持刑罚的严厉性和确定性，主张适用较长的刑期并将犯人与社会相隔离，以此告诫人们犯罪的严重后果。90 年代起，加利福尼亚州实行了三次暴力犯罪予以终身监禁、不得假释的措施，这些都增长了刑罚中报应的成分。

**思考题：**

1. 报应思想指导下的监狱行刑有无对罪犯的矫正？

2. 预防思想指导下的监狱行刑为什么会失败？

3. 哪种思想是科学的刑罚思想？矫正罪犯与惩罚罪犯是否矛盾？监禁罪犯与罪犯社会化是否矛盾？

---

〔1〕　韩轶："西方国家的刑罚目的观及其对我国刑罚目的界定的启示——兼论惩罚犯罪应界定为我国刑罚目的"，载《安徽大学法律评论》2001 年第 0 期。

# 第三章　罪犯矫正模式

　　模式（Pattern）是解决某一类问题的方法，把解决某类问题的方法总结归纳形成一定的程序或者结构，那就是模式。矫正行刑模式又称矫正行刑程序或结构，指在一定的刑罚思想指导下所建立的比较典型的、稳定的矫正程序或结构，在此标准程序或结构的指导下，可以推广到其他同类矫正使用，并能够取得事半功倍的效果。矫正行刑模式是矫正改革家们在长期矫正实践中不断总结、改良而逐步形成的，了解行刑模式的发展及其规律，对于学习矫正制度有重要意义。

## 第一节　监狱矫正模式

　　在早期的监狱行刑格局下，监狱以单纯的惩罚为目的，但是随着预防刑思想的产生和发展，刑罚执行开始由"犯罪本位"向"犯罪人本位"过渡，实证分析学派也更多地关注犯罪人的更新矫正，刑罚执行的目的也转变为以努力消除罪犯的主观恶性为核心，以此为基础，矫正行刑的模式呈现出多样化，出现了惩罚模式、康复模式、自治模式、学校模式、更新模式等多种形式。

### 一、惩罚模式

　　报应的本质是惩罚，自由刑诞生之后，惩罚模式是报应思想指导下监狱刑罚执行的最初模式。在罪刑均衡报应理念下，报应刑逐渐转向理性，罪刑由等量到等价，体现了罪刑均衡原则，避免了刑罚的无限升级，由此减轻了刑罚的严酷程度，监狱制度也日渐理性和人道。在此种惩罚模式下，监狱被作为剥夺犯人人身自由的工具，如美国的宾州制与奥本制，独居监禁是一种惩罚方式，剥夺其与社会的交往，让犯人感受到痛苦，进而使罪犯懂得刑罚的可怕和自由的可贵。在独居的环境下，让犯人有充分的机会忏悔和反省自己犯下的罪行，这是自由刑执行之初矫正罪犯的最初思想。当时虽然允许罪犯参加劳动，但劳动尚未上升到作为改造人的途径的理念，至于对罪犯的教育与矫正，则尚未作为自由刑的内容予以规定，因此刑罚的个别预防作用得不到发挥，这是报应刑的局限性所决定的。

### 二、康复模式

　　该模式又称医疗模式，其宗旨是把监狱当作治疗罪犯恶疾的医院，帮助犯人消除产生犯罪的恶念，解决驱使其犯罪的潜在的思想冲突，从而使犯人得到治疗。在这一模式中，往往借用医学上的术语来表示矫正方面的概念。例如，以"病人"来代替"犯人"，以"处遇"代替"行刑"。罪犯的社会情况调查、心理学病理检查和精神病学检查，都可以用来判定犯人心理上的特征，并将他们分配到适合其需要的方案中进行治疗。心理疗法、交往分析、现实疗法、行为矫正和集体治疗等是较盛行的几种疗法。

康复模式产生于20世纪30年代的西方国家，与医学科技的发展以及受奥地利弗洛伊德[1]精神分析理论的影响有关。刑事社会学派用实证分析的方法认识罪犯，认为犯罪行为的产生是由犯罪者心理和生理的疾病与障碍所导致的，而这些疾病和障碍是可以治疗的。实证分析学派的代表菲利认为："罪犯是一个在一定程度上可以医治的道德病人，我们必须对他适用医学的主要原则。针对不同的疾病适用不同的治疗方法。"[2]二战后最初的几年，美国、挪威、瑞典、芬兰和荷兰等国都先后发展了矫治严重违法者的新的模式。医疗模式主张对罪犯的治疗，重视对服刑罪犯矫治的实证研究，将服刑罪犯视同患者，将监狱视同医院，服刑期间视同患者在医院治疗期间。不规定具体的刑期，犯人何时出狱视其治疗的状况而定。在1930年到1974年间，医疗模式得到了发展。1930年美国国会授权新成立的联邦监狱局开始对罪犯实行分类管理和建立带有治疗性质的监狱。许多州的政治家在讲演时一改过去的观点，把治疗作为监狱工作的目的，而把惩罚视为陈旧、过时的概念。医疗模式强调对罪犯的个别化处遇，因此，有必要加强对罪犯的分类，以便于帮助心理学、精神病学和社会学工作者开展工作。如罪犯的心理矫治制度，就是根据医疗模式设定的，心理专家应用心理学的知识、方法和技术对心理有问题或心理异常者进行的治疗，帮助他们消除心理障碍，建立心理预防，恢复心理健康。

但是该模式至20世纪70年代后期，支持者明显减少。主要原因在于[3]：①该模式中的心理疗法等方式不能为下层社会犯人所接受，他们所关心的只是释放，犯人们也不愿把自己当作病人进行治疗。②该模式认为犯人能在强制环境中接受治疗的认识是错误的，而且过高估计了专家的能力。③该模式建立在强制性、惩罚性环境基础之上，难以实现其设想的目的。④该模式对减少累犯并无显

〔1〕西格蒙德·弗洛伊德（1856～1939），奥地利精神病医生、心理学家，精神分析学派的创始人。

〔2〕［意］恩里科·菲利：《犯罪社会学》，郭建安译，中国人民公安大学出版社1990年版，第153页。

〔3〕潘华仿主编：《外国监狱史》，社会科学文献出版社1995年版，第229页。

著效果。

### 三、自治模式

自治模式，是在监狱管理人员的辅助、指导和监督下，让罪犯自己管理自己的日常事务，自行维持矫正秩序，充分发挥罪犯的能动性和相互监督与督促的功能，使其自我管理、自主成长的管理结构。自治制度起源于美国少年教养院，后逐渐推行于矫正系统。1913 年美国纽约州奥本监狱长莫特·奥斯本（Mott Osborne）在该监狱内创立自治同盟，开始实行自治制度。他将监狱视作一个小社会，每个罪犯都是这个社会的公民，依照孟德斯鸠的"三权分立"学说，将监狱内的所有罪犯组织成一个自治团体，设立最高权力机关自治委员会，和负责处理日常事务的理事会，以及负责处罚罪犯违反监规纪律的裁判机构，各机构由罪犯选举产生的人员担任领导，对监狱内罪犯教育、卫生、劳动、纪律等内部事务进行管理。自治模式的优点有：①有助于培养犯人的自尊心。犯人自治制把矫正犯人的任务交给犯人自己，由犯人自我管理，掌握自己的命运，防止犯人自暴自弃，有益于培养犯人的积极主动精神，克服非自治制度下犯人的被动状态和对立情绪。②有利于犯人复归社会。旧的管理制度不仅使犯人与社会完全隔绝，而且矫正内部的生活与外部也根本不同，犯人如同进入了另一个世界，极不利于罪犯将来复归社会、适应社会生活。而自治制把监狱变成了类似社会的共同体，使犯人的思想始终不脱离社会，有利于犯人复归社会。③有利于犯人养成互助的习惯。犯罪人大部人是出于利己的动机而犯罪，这一制度使犯人养成集体生活的习惯，明确自己在集体中的地位、权利和义务，从而树立起集体观念，排除以自我为中心的思想。④可以保证监内纪律的遵守和秩序的稳定。自治制把违反纪律的犯人的处罚权交给犯人自治组织，发扬犯人的民主，在处罚不轨犯人时，不易产生抵触情绪，容易达到处罚效果。

据奥斯本在一份矫正报告中说，自治制度施行以后，对于犯人自由范围放宽，逃跑的犯人逐渐减少，劳动收入增加一倍以上，累犯率降到 15% 以下，其效果极为显著。自美国实施自治制度收效后，欧亚各国也相继模仿，随后采用自治制度的有德国的汉堡监狱、日本的久留米和冈崎等少年监狱。

### 四、学校模式

20 世纪以来，预防思想特别是特殊预防思想进一步发展，德国著名刑法学家李斯特提出了以防卫社会为目的的教育刑思想，强调通过教育矫正实现预防犯罪的目的，认为刑罚的本质是教育而非惩罚。这种模式主张变监狱为学校，变刑期为学期，行刑过程彻底变成教育过程。1870 年美国第一届监狱工作代表大会在俄亥俄州的辛辛那提举行，这次会议的中心议题是罪犯更新，教育刑成为监狱行刑的指导思想。最早将这一思想付诸实施的是美国的埃尔米拉感化院（Elmira Reformatory），埃尔米拉感化院院长泽布伦·布罗克韦（Zebulon R. Brockway）认为，对罪犯矫正和更新的关键是教育。因此，他试图把监狱建成一个具有学校氛围的机构，较多地强调矫正青少年罪犯，对其进行文化的、职业的和道德的教育。应该说这种主张给我们现代矫正制度以很大的积极的影响，有力地推动了现代矫正制度的发展。1960 年 10 月，毛泽东同美国著名作家斯诺谈话时说道："我们的监狱不是过去的监狱，我们的监狱其实是学校，也是工厂，或者是农场。"[1] 根据毛泽东提出的"我们的监狱其实是学校"的思想，从 1982 年到 1998 年，我国全国办成特殊学校的监狱已达 655 个，占全国矫正总数的 94.8%。[2]

**五、处遇模式**

处遇模式是指以处遇为手段，力图在行刑过程中在矫正设施内通过对罪犯予以不同的待遇，激励罪犯完成矫正的目的。在自由刑的实际执行过程中，监狱制度改良的第一步，主要集中在羁押方式、监禁方式的改进上，目的是使监禁本身成为某种有效的刑罚。但是由于分房制的副作用较大，例如，罪犯身心损害严重，容易导致精神疾患，长期囚禁使罪犯重返社会的能力大大减弱，而成为所谓的"监狱人"，以及罪犯重返社会后的重新犯罪问题，一直困扰着人们对监狱行刑有效性的认识。人们开始认真思考，不能白白放过监狱行刑这段宝贵的时间，无所作为地消极等待罪犯的自然改善，应当有效地利用这一时间与空间，主动地开展工作，变消极行刑为积极行刑。那么以什么手段来完成设施内的罪犯矫正呢？人们首先想到的是行刑者对罪犯的态度和处置，即罪犯的处遇问题。所以狱制改良的第二阶段，人们集中考虑设施内罪犯处遇激励，如分级处遇、差别处遇、累进处遇、开放处遇等，来达到刺激、鼓励罪犯改过从善的目的，这就是所谓的处遇矫正主义。

现代矫正注意开发处遇的激励能量，往往将处遇作为一种激励罪犯的有力手段，在这个过程中累进处遇制发挥了重大作用，所以在比较发达的国家矫正中都实行了罪犯累进处遇制度，借此来提高对于矫正罪犯的效能。

**六、劳动改造模式**

劳动改造模式是俄罗斯和东欧等一些社会主义国家所采用的模式。马克思、恩格斯最先创立"劳动创造人类本身"的基本理论，在这一理论的基础上，马克思在《哥达纲领批判》（*Critique of the Gotha Programme*）中提出："改造犯人的

---

〔1〕 王本群主编：《山东监狱教育改造工作发展战略研究报告》，法律出版社 2012 年版，第 16 页。

〔2〕 王雪峰："中国教育改造工作的四个重要理念"，载《中国司法》2012 年第 12 期。

唯一手段，是生产劳动，并在劳动中受到教育""体力劳动是防止一切社会病毒的消毒剂"，把劳动作为改造罪犯的基本手段。这一模式创建于俄罗斯苏维埃政权成立的初期，其1918年颁布的《关于作为刑罚方法的剥夺自由及执行这种刑罚方法的程序的暂行指令》中规定了对犯人进行劳动改造的矫正方法，这种方法就是组织罪犯进行有益的生产性劳动、政治教育和丝毫不带侮辱人格性质的管理制度。其劳动改造分为"普通管束""加强管束""严格管束"和"特别管束"四种劳动改造营，以及过失犯劳动改造村，根据犯罪的严重程度和危险程度划分到不同的服刑单元实行强制程度不同的劳动改造。劳动改造集法律强制性、刑事惩罚性和教育改造性于一体，不但能够矫正罪犯恶习、养成劳动习惯，还能学会生产技能，为释放后的再就业创造有利条件。在我国毛泽东根据马克思"劳动创造人类"的基本观点，认为应当把组织罪犯进行生产劳动作为改造罪犯的一个基本手段，并创立了"劳动改造罪犯的理论"，中华人民共和国成立后的矫正模式即是劳动改造模式。

在西方国家，罪犯从事生产劳动也较为普遍，把劳动作为对罪犯进行改造的一种手段是世界许多国家的通常做法。许多国家法律以及联合国文件中都对组织犯人从事生产劳动提出了明确的要求。

### 七、更新模式

更新模式是刑事社会学派在批判刑事人类学派的基础上产生的行刑模式，认为犯罪并非完全是行为人心理的、生理的疾病和障碍所导致的，主要是由于行为人没有经历一个正常的社会化过程，所以应着重对他们进行重新社会化的塑造。美国矫正制度向纵深发展，一直是沿着行刑社会化的方向艰难运动着，罪犯的自新更生成为矫正行刑的目标。更新模式的重点不是放在服刑罪犯的惩罚和治疗上，而在于如何使服刑罪犯重新适应社会生活，回归社会不再重新犯罪。其包括：①监狱内的行刑社会化训练，以保持或者培养罪犯的社会化人格，进行社会化属性的训练，如适应社会生活的训练和职业训练等；②建"中间监狱"，收容即将释放的罪犯，集中进行释放前训练，一般实行开放式处遇，使其提早适应社会；③通过假释出狱，实行社区矫正。对没有社会危险性的罪犯，在服刑一定时间之后，如果经过评估其没有再犯的危险，可以通过假释，让其提早出狱，重返社会。

20世纪初期刑事社会学派在美国颇为流行，美国为了帮助罪犯顺利回归社会设置了许多诸如重返社会训练所之类的机构。1817年马萨诸塞州监狱委员会率先设立的重返社会训练所是为那些释放出狱的犯人建立的临时收容所，目的是帮助释放人员克服困难，直到他们在社会中妥善地安排好自己的生活为止。重返社会训练所，能为即将步入社会的罪犯提供必要的、人道的帮助，包括衣服、食物、居所等，让罪犯更好地适应社会，建立与家庭的关系，接受一定的训练和就业指导。20 世纪 20 年代，被人们誉为"希望之家"的重返社会训练所在众多的州内发展起来。二战以后到 20 世纪 70 年代中期，以"罪犯更新"为核心的行刑社会化思想倾向在行刑实践中占据了主导地位，重返社会训练制度与 20 世纪 20 年代的初始形态相比，内容更加丰富，包括释前训练、劳动释放、教育释放、归假制度、中途之家和社会扶助制度等。但是，到了 20 世纪 70 年代美国反对更新模式的呼声强烈。因为监狱虽然进行了大量的矫正工作，但不能有效降低重新犯罪率。而支持更新模式的人们认为：虽然一些矫正项目只适用于特定的罪犯，虽然从总体来看重犯率没有降低，但不能否认大量的更新改造项目还是收到了积极的效果。更新改造是对罪犯应尽的道德的和人道主义的社会责任。重新犯罪率涉及整个的刑事政策、刑罚制度以及许多复杂的社会因素，不能把责任都归于监狱。

### 八、综合模式

#### （一）更新模式失败

在实施更新模式后，美国的暴力型罪犯比例不断上升，其实践中根本无法达到积极预防犯罪的作用：改造成本过高，收效却甚微，高投入低产出使得人们对康复理念能否降低"双高"产生疑虑。美国社会学家马丁森和他的两名同事，对自 1945 年至 1967 年之间完成的一千多项有关矫正的研究重新加以检验，最终认为只有 231 个矫正项目符合传统社会科学研究标准。在对这 231 项成果的有效性进行考察评价后，马丁森在 1974 年发表的《有什么效果？关于检验改革的问题与答案》[1] 报告中提出："除了少数的项目有一定的积极影响外，更新的努力不能对重新犯罪率产生可以看到的效果。"[2] 该篇文章针对更新理念提出的质疑激起了社会上的极大反响，史称"马丁森炸弹"。马丁森报告提出的"更新无效论"引发了人们对康复模式和更新模式指导下的美国矫正实践的效果的怀疑，而犯罪率激增、累犯率居高不下、社会治安状况持续恶化的社会现实又为人们的怀疑提供了"合理"而又"充分"的根据。据 1968 年的美国统一犯罪报告，在所有被判刑的罪犯中，至少有 2/3 是累犯；1970 年美国建立的罪犯历史档案载有

---

〔1〕 Martinson R.: *What Works-Questions and Answers About Prison Reform*, （1974）The Public Interest, pp. 22~54.

〔2〕 ［美］理查德·霍金斯、杰弗里·P. 阿尔珀林：《美国监狱制度》，孙晓雳、林遐译，中国人民公安大学出版社 1991 年版，第 250~256 页。

68 914 名犯人，其中累犯为 47 197 名，累犯率为 68%；据 1975 年的《统一犯罪报告》，在 4 年之内，刑满释放后又犯罪的占总数的 74%。[1] 这一系列的研究和舆论导致了美国 20 世纪 70 年代以后刑事政策向主张惩罚和威慑效应的新古典主义转向，综合刑思想成为美国主导的刑事政策，在更新模式上又加强了对严重罪犯的惩罚。

（二）综合模式形成

综合模式是指惩罚与矫正相结合的行刑模式，是以犯罪行为能通过更多地使用监禁和严格监督以及其他形式而得到控制的设想为基础的矫正模式。[2] 该模式在 20 世纪 70 年代中期以后成为在综合刑思想影响下世界各国通用的行刑模式。在此模式下，首先要实现对犯罪进行控制与惩罚，强调惩罚要与犯罪的严重性相适应，罪犯应该得到他们应受的惩罚。由此美国根据罪犯犯罪的严重程度分别设置了安全警戒等级不同的监狱，或在同一监狱设行政隔离区加强对危险性极大罪犯的惩罚，但美国也并没有放弃罪犯更新的努力，只是更新已不作为监狱工作的主要目的。

## 第二节 社区矫正模式

第二次世界大战以后，犯罪现象在世界许多国家大量增加，欧美国家犯罪增长尤其迅猛，监狱人满为患，累犯现象普遍，监禁刑尤其是短期监禁刑暴露的问题日益严重，行刑社会化的呼声越来越高，逐渐成为一种刑罚执行的潮流。基于回归社会、预防犯罪、减少行刑成本、提高刑罚效益的现实需要和功利做法，社区矫正便发展起来。从发展角度观察，国外社区矫正大致经历了 20 世纪初期的政府、社区及非政府组织三方作为主导模式，到 20 世纪 80 年代的整合发展模式，出现了公众、志愿者、私人部门等多方力量参与的新局面。

**一、政府主导模式**

政府主导模式是政府主导、社区居民参与、自上而下开展活动的社区矫正模式。在这一模式下，政府在社区矫正运行中占有支配地位，政府对社区矫正的法律规定、刑事政策、组织体系与机制提供具体细致的计划与方案，并在资金上给予充分保障，社区内非政府组织与居民仅作为执行者根据政府的规定与计划实施

---

〔1〕 潘华仿主编：《外国监狱史》，社会科学文献出版社 1995 年版，第 205 页。
〔2〕 王志亮译著：《美国矫正制度概要》，苏州大学出版社 2014 年版，第 45 页。

矫正活动或者积极配合矫正活动。在社区矫正的具体操作中，政府行为与社区行为直接而具体地结合，政府在社区中设立专门的矫正派出机构，行政色彩较为浓厚。新加坡是政府主导模式的典型代表。新加坡的社区领导人不是全部由居民选出，而是由居民选举的国会议员委任或者推荐。政府通过两种方式实现对社区矫正的影响：一是政府设立专门的社区矫正机构，司法部门具体负责全国社区矫正事务。二是内阁成员或者政府公务员到人民协会直接担任领导职务，通过人民协会实现对基层社区组织的领导。

## 二、社区主导模式

社区主导型模式，又称社区自治模式，是指政府仅以立法形式间接干预与规范矫正官、矫正组织、社会工作者、志愿者、社区家庭与社区居民个人的行为，至于具体的矫正行为则完全实行社区居民的自主治理。政府对社区矫正发展的作用主要表现在提供制度规范，基本不涉及组织与计划方案，也不直接干预矫正活动。社区自治在社会发展中处于中心地位，社区层面的组织及居民按照自治原则，处理矫正事务。实行社区自治模式的典型国家，如美国，一般是那些实行分权制的联邦国家。这些国家在社会管理上坚持政府最小化，政府只是起主导作用，其余的工作由社会承担，一般做法是政府、公司与非政府组织三大力量协同合作，政府对社区矫正实行间接控制，由政府制定司法政策与具体项目；由联邦政府、州政府和地方政府负责评估和修改矫正政策。此外，各级政府还积极鼓励与建立政府、社区、非政府组织与公司之间的合作伙伴关系，通过建立伙伴关系，公共部门不断与社区组织协作，帮助决策并提供资金支持。整体而言，美国是通过政府支持社区组织执行矫正项目，最终实现国家的犯罪矫正目标。美国政府的社区发展拨款计划（Community Development Block Grant）是政府推行社区自治模式的典型体现。[1] 非政府组织是美国社区矫正的重要力量。美国的非政府组织已有两百多年的历史，形成了成熟的运作模式。据统计，美国目前有非政府组织 150 余万个，约占美国各类组织的 6%。这些组织可以概括为三种类型：一是传统的社区服务机构，如慈善机构；二是为了解决邻里生活问题而建立的社区服务组织，解决诸如越轨青少年问题、无家可归者带来的社会问题等；三是满足生活与工作中的新需要而建立的组织，如职业培训机构等。社区矫正与上述三类机构均有联系。[2]

1999 年，美国非政府组织通过公开募捐、接受个人或公司捐助、基金会和

---

〔1〕 胡伟："美国社区发展的 CDBG 计划"，载《国外社会科学》2001 年第 1 期。

〔2〕 丁元竹："美国社区建设的几个问题"，载《宏观经济研究》2002 年第 3 期。

政府资助以及服务收费，共募集 6700 多亿美元，用于支付社区矫正工作人员工资以及提供各种服务，平均每 12 个就业人员就有 1 个人为非政府组织服务。[1]

美国非政府组织发达的重要原因，一方面是社区居民对社会服务及参与犯罪矫正的关注度高；另一方面，由社会主导而不是政府主导，是美国治国哲学的重要理念。美国政府一直主张由第三方机构完成社会服务的大部分工作，政府则主要通过向其购买服务的方式实现自己的管理职能；政府在非政府组织发展过程中采取了免税与资金支持等有力措施扶持其发展；政府虽不直接参与社区矫正，但从法律上加以规制，建立项目评估制度，进行有效的监督。在美国，非政府组织充当了政府与国民之间的中介，帮助政府提供包括犯罪人矫正在内的各种社会服务，实现了社会资源的优化配置。另外，由于政府不主导，非政府组织形成了自我独立管理的运行机制：由出资人、社区居民代表、政治人物和社会工作者组成董事会，其职责是制定矫正方案、确定目标与招募人员；董事会可以任命执行总裁，由其负责执行董事会决定、管理组织资源、争取社会捐助、考核评估雇用人员；执行总裁聘任带薪职员，由其负责协助总裁开展日常工作，进行人员培训、对雇员进行评估与监督。[2]

志愿者服务在美国社区矫正中也起到相当大的作用。美国有超过 100 万个志愿者组织。1999 年美国所作的关于"美国义务捐献和志愿者行动"的调查显示：1998 年，美国 18 岁以上的成年人，近 56% 的人加入了志愿者行列。志愿者平均每周工作 3.5 个小时，41% 的志愿者不定期到非政府组织工作，39% 的志愿者定期到非政府组织工作，每周、每两周或每月的固定时间做同样的服务；而且据统计，文化程度越高的居民，参与志愿者活动的比例越高。估计每年有 1.09 亿人次的志愿者共计贡献了 199 亿小时工作时间，每年捐赠时间的价值约为 2250 亿美元。[3]

美国社区矫正部分属于社区教育服务的范畴。例如，对实施越轨行为的少年儿童和成年人开展矫正服务，但实际服务的对象以青少年为多。美国 18 岁以下青少年发生越轨行为由青少年法庭裁决，法庭认定越轨这种轻微行为属于犯罪，并负责让其改正错误。法庭通过要求父母监管或寄养在其他家庭或福利机构中，帮助他们改过自新。

---

〔1〕　侯玉兰："非营利组织：美国社区建设的主力军——美国非营利组织的调查与思考"，载《北京行政学院学报》2001 年第 5 期。

〔2〕　蒋льн基："美国社区非政府组织的运行情况及其启示"，载《浙江社会科学》2002 年第 4 期。

〔3〕　谢芳：《美国社区》，中国社会出版社 2004 年版，第 59 页。

### 三、混合模式

混合模式是政府与社区处于双重主导地位，二者互济共生，官方指导与社区自治交织在一起的社区矫正发展模式。澳大利亚是混合模式的典型代表，澳大利亚各级政府给予社区矫正政策引导、财政保障，以推动社区矫正发展。其特色在于：一是国家对社区矫正发展提供强而有力的财政支持，体现了国家对社区矫正的重视。二是依靠政府和社会两支力量的互动，在社区服务需求与存在问题方面具有运作的高效率。[1] 三是社区矫正活动内容丰富，但政府不直接执行项目，而是通过购买，依靠市场化运作。四是政府部门及公务员提供便利条件，培育社区在矫正领域的自治能力。五是澳大利亚政府鼓励社区居民参与社区的决策、自主解决社区问题，社区矫正也不例外。[2] 居民参与热情与参与机制相对比较健全。

日本更生保护制度应属于"官民协作，以民为主"矫正混合模式。在日本，更生保护制度旨在将犯罪者或者有不端行为者作为健全的社会人看待，在平常的社会环境中通过接受指导、帮助使其实现更生。[3] 日本更生保护制度起源于18世纪后半期的出狱人的保运动，最初形态是私人或民间团体以慈善保护为宗旨的活动，其对象包括一般法人、犯罪人和刑满释放人员。日本更生保护制度意义的特点有：①以社会自治为基本根基，在此基础上政府干预与社区自发力量彼此有机结合。日本这一运行机制的特点在于，由于长期以来日本政府与社区居民之间的官民协作关系一直较为稳定与融洽，更生保护的慈善目的深入人心，呈现稳步发展的趋势。从深层次上讲，日本社区矫正运行机制的特点与亚洲社会结构不过分强调国家与市民的二元对立以及政治哲学的儒家传统有相当的联系，这一点对我国社区矫正制度的发展具有重要的借鉴意义。②日本的保护司制度在选任方面颇具特色。保护司是不拿国家薪俸的民间志愿者。据1994年的数据，全国所配备的保护观察官的编制配置近1000人。除了这些专职的保护观察官之外，还有近5万名保护司，他们是由全国50所保护观察所下属的50个保护司会选拔、地方委员会推荐、法务大臣亲自任命的。实际上，保护司制度并非日本独有，韩国、泰国、新加坡等亚洲国家，瑞典、芬兰、挪威等北欧国家，均设有与此称谓有别，但实质相似的制度。一般国家在保护司选任问题上较多采用公开募集的方式，而日本采用由各个社区的保护司会推荐选任的办法。公开募集方式的出发点

---

〔1〕 孟庆海："鸟瞰澳大利亚的社区建设"，载《社区》2001年第11期。

〔2〕 李建国："澳大利亚'大社区'印象"，载《社区》2003年第19期。

〔3〕 鲁兰：《中日矫正理念与实务比较研究》，北京大学出版社2005年版，第173页。

是通过在社会上公开竞争的方法寻找能够代替保护观察官的人员，而日本的推荐方式则另有新意。"这个考虑就是高度重视保护司人选在当地（社区）的影响力或者对当地有贡献的知名人士，通过被处以保护更生的对象指名自己所需要的保护司，建立以被保护观察者和保护司之间的轴心联系，在社区内人为地形成援助对象者的系统，实现与社区的再整合的目的，因而各地保护司会的作用之一，就是将社区内的这些人物挖掘出来。"[1] 日本维持着保护观察官1000人和保护司5万人的协作队伍比例，所以是"官民协作，以民为主"的混合模式。保护观察官是法务省的政府官员，往往被要求具有一定程度的心理学、医学、教育学、社会学及其他与更生保护相关的专业知识，从事并指导保护司对各类社区保护观察对象进行保护观察、人格考察等更生及预防犯罪工作，日常工作场所在地方假释委员会。[2] 值得一提的是，日本更生保护委员会的保护观察官与保护司不仅要像其他国家类似职位那样承担被矫正对象的社区矫正工作，还要承担所有刑务所罪犯出狱后归住环境的调整工作。

**思考题：**

1. 监狱在封闭的环境下矫正罪犯存在什么困难？
2. 惩罚与矫正是否存在矛盾？
3. 社区矫正对罪犯的惩罚表现哪些方面？

---

〔1〕 鲁兰：《中日矫正理念与实务比较研究》，北京大学出版社2005年版，第183页。
〔2〕 王珏、鲁兰："日本更生保护制度"，载《中国司法》2007年第11期。

# 第二编　国外矫正制度

# 第四章 独居制度

## 第一节 分房制

　　自 1790 年美国宾夕法尼亚州的费城东部监狱开始实行独居制以来，真正意义上的或完整意义上的监狱制度才算真正形成。因其发端于美国的宾夕法尼亚州，故亦称宾夕法尼亚制或"宾州制"。虽然其仍为报应刑思想指导下的严厉惩罚，但是能被社会广泛接受并且第一次通过立法形式开始改革，为世界上自由刑的执行提供了样板。

　　分房制，在监狱史上具有重要的位置，由于长期以来监狱囚禁罪犯的方式多半都是混同杂居制，所以说"分房制"被认为是监狱发展史上最早形成的监狱制度，监狱成为执行自由刑的专门机关，强调精神改善和组织罪犯参加集体劳动更是为自由刑注入了新的内涵。分房制通过绝对隔离罪犯，促使他们悔罪改过，这是报应刑思想在监狱制度中的具体体现。

### 一、制度背景

　　18 世纪末期，欧洲的刑罚和监狱改革运动，影响和鼓舞了美国的监狱改革家。他们也开始积极地从事监狱改革运动，对美国监狱的状况作了许多调查工作，发现美国监狱的恶劣状况和不良管理，同霍华德在他的著作中所描述的情形极相类似。最先发起监狱改革运动的是 1786 年美国宾夕法尼亚州的教友派组织，其极力主张改革狱制，提出了"以宗教精神改善狱制"的思想，主张依照教堂忏悔室的格局，建立"悔罪院"式的监狱（细胞式隔离房间）。为了促进监狱改革工作的顺利开展，刑罚和监狱改革家们于 1787 年 5 月成立了"费城监狱改良协会"，这是美国第一个专门从事监狱改革活动的组织。该协会的目的是，为改善监狱的不良状况而努力。主要职责为，每一周检查各州监狱，调查犯人的境况，报告虐待和侮辱囚犯者，以及考察监禁或刑罚对社会有何影响和作用。该协会建立的第二年，在本杰明·拉什（Benjamin Rush）的领导下，向宾夕法尼亚州议会提出建议，要求改革"杂居制"，实行"独居制"。1790 年宾州议会通过决议批准了这一建议，决定正式采用新狱制，并开始建筑新监狱以适应新狱制的需要。[1] 于是，独居制开始在宾州监狱实行，很快为其他各州所仿效。在此后的将近四十多年的时间里，有许多国家学习采用这种新的狱制。由于其发端于宾夕法尼亚州，所以常被人称为宾州制。

**二、监狱设计**

分房制，因为是由宗教组织发起设计的监狱建筑设施，因此将分割关押犯人的方法落实到了最小的细节，每人一室，其格局颇似教堂里面的忏悔室，据说所以设计成这样，根据就是为了使服刑罪犯便于在静默中增加向上帝忏悔的机会。[2]

宾州费城东部州监狱由 J. 哈维兰（John Haviland）设计，是典型的分房制监狱，是监狱建筑结构的最早创新。监狱建筑结构呈"辐射状"（如图4-1），七排监舍以中心监视塔为核心向周围辐射状排列建筑。采用外向型结构，即每间监舍门都向外开，外面都带有封闭的放风场地。[3]

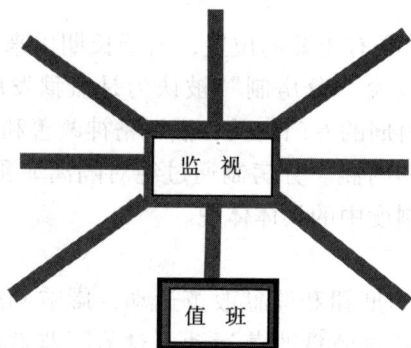

图4-1　宾州费城"辐射状"监狱

**三、管理制度**

（一）严格剥夺自由

新收罪犯进入监狱后要戴上眼罩，令其失去方向后送入监室，犯人看不到整个监狱的布局，不知道自己被关在哪个监室，又无法同其他犯人见面，不知道周围关的是谁。即使在放风的时候，犯人也见不到其他人，每一监房前都有一个单

---

〔1〕　王泰：《现代监狱制度》，法律出版社2003年版，第79页。
〔2〕　王泰：《现代监狱制度》，法律出版社2003年版，第80页。
〔3〕　王泰：《现代监狱制度》，法律出版社2003年版，第80页。

独的小空场，允许犯人每天两次短暂时间的放风。当囚犯离开牢房时，也会戴上眼罩，处于与其他人隔绝的状态。参与宗教活动时，每个人的座位就像竖起来的婴儿车，面向着牧师，看不到其他犯人。犯人都在自己的监房内劳动，一般从事做鞋、纺线、编织和整理纱线的手工活。

（二）保持绝对的沉默

犯人在完全剥夺自由的状态下生活，每时每刻都必须保持沉默，在沉默中让犯人有充分的机会忏悔和反省自己所犯的罪行，同时也能防止和避免犯人之间相互影响，包括恃强凌弱和交叉感染。对违纪者的惩罚措施包括：减食、禁止阅读、停止通信会见、取消放风、终止牧师接见、加戴戒具、关禁闭等方式。

分房制的本意在于通过隔离、独居，不但能够达到自由刑剥夺自由的目的，还能避免犯人之间互相传染恶习和恃强凌弱，改进旧监狱非人道的做法，并使犯人在孤寂沉默中反省，以达到悔罪的目的。但是这种独居制使犯人终日在苦闷无聊中度日，精神上备受折磨和痛苦，经常发生发疯、变态、自杀等事件。同时，这种对犯人所实行的"冷酷的感化"也没有取得实际的效果。因此，宾州制在美国流行的时间不长，即被以后产生的沉默制取而代之。

## 第二节　沉默制

沉默制，亦称奥本制（Auburn System），属于宽和独居制，是一种与宾州制有所区别的新的监管制度。奥本制对宾州制进行了改进，力图避免宾夕法尼亚制的严重缺陷并继承独居制的优点。纽约州的奥本监狱建于 1816 年，自 1823 年开始实行一种与宾州制有所区别的新的监管制度，称为奥本制。[1]

### 一、基本制度

犯人夜晚单独监禁，白天则在狱内或场地上集中劳动。劳动中要保持绝对沉默，禁止相互交谈，即使是姿势、手势、眼神交谈也在禁止之列。一方面，在一定程度上缓和了独居制给犯人带来的巨大精神痛苦；另一方面，这一制度的实行较宾州制更为经济，犯人的集中劳动还会带来较多的物质财富。[2]

### 二、监狱设计

于 1816 年至 1820 年建成的奥本监狱，采用了"内向式的监舍结构"。建造

---

〔1〕　潘华仿主编：《外国监狱史》，社会科学文献出版社 1995 年版，第 155 页。
〔2〕　潘华仿主编：《外国监狱史》，社会科学文献出版社 1995 年版，第 155 页。

的主要动机之一是经济利益的考虑，因此没有采用造价昂贵的辐射状单人监舍，由于采用昼间集体活动的方式，监舍只是用来晚上睡觉，而不必像宾夕法尼亚制那样要兼作活动室和劳作室。为了节省，监室的面积很小，只有 3.5 英尺×7 英尺（约合 1.07 米×2.14 米）。光线和空气通过监狱外墙的小铁窗进入。[1] 虽然奥本监狱的内向式的建筑设计为以后许多州监狱以及欧洲一些国家所仿效，但这种房间缺陷也很多：只有一张单人床大小的监室面积，令人难以居住，加上夏季闷热，冬季寒冷，因而受到政府人士的严厉批评。

**三、管理制度**

为了保证罪犯沉默，监狱制定了一整套严格的规章制度来维持秩序，包括：①齐步行进。罪犯在狱中活动，采用了一种鱼贯齐步的行进法，以便在调动犯人时迫使他们保持沉默。这种行进不但速度缓慢，效率极低，而且由于每个犯人都必须把头转向右侧，一只手始终搭在前面犯人的肩上，还容易造成行进中错误，致使差错不断。②背向静坐。罪犯在食堂就餐时采取"背靠背"的座位方式。并规定吃饭时要保持沉默，如果饭菜吃不了，就举起左手；如果饭菜不够了，就举起右手。③违规惩处。发现有人说话，就毫不客气地用棍棒或者皮鞭殴打，或者受到单独监禁、降低饭食标准、戴戒具等其他残酷的惩罚，借以保持沉默的局面和秩序。

沉默制实施后，美国的许多州监狱都加以仿效。美国当时广泛采用沉默制，而非采用分房制，其主要原因在于：①美国是一个新生的国家，随着人口的增长，越来越多犯人被关进监狱。宾州制的那种带有各自的小空场的大监房造价太高，不切实际。②奥本制容许犯人在一个大房间里一起吃饭、劳动，这就无疑较宾州制只让犯人在自己监房里劳动更能提高劳动效益。③奥本制的拥护者们认为，犯人在这种制度中受到的职业训练，可以为他们返回社会后获得工作机会提供更充分的准备。[2]

沉默制创立之初很受欢迎，得到高度评价，欧洲各国包括英国，纷起效尤，派员考察，积极推广，推广很快，延续时间很长，历时一百五十余年，风行于欧洲很多国家，如比利时、法国、德国、意大利、荷兰等。但事实上犯人在一起劳动不可能完全保持沉默，一旦交谈又会遭到严厉的威吓和惩罚，这必然会引起犯人抵触和反抗的心理。因此，沉默制违背人的本性，消极的成分多。

---

〔1〕 潘华仿主编：《外国监狱史》，社会科学文献出版社 1995 年版，第 155 页。
〔2〕 潘华仿主编：《外国监狱史》，社会科学文献出版社 1995 年版，第 156 页。

## 第三节 独居制的现代应用

**一、独居制改革的评价**

（一）积极的评价

1. 完成对罪犯剥夺自由的惩罚。宾州制的出现及其运作立意，首先是通过改革监禁方式，完成对罪犯剥夺自由的惩罚设计，其着眼点仍然在于惩罚犯罪人。自由刑成为刑罚制度的主要刑种以后，监狱成为执行自由刑的场所。对于自由刑如何执行，如何剥夺罪犯自由，怎么剥夺，剥夺多少，这是在自由刑执行之初，对监狱刑罚执行提出的新的挑战。独居制的出现，为已经实行自由刑却苦于缺乏自由刑执行模式的国家提供了样板。宾州监狱创立的分房制和奥本监狱的沉默制，基本上都是绝对隔离罪犯，严格剥夺自由，这是报应刑思想在监狱自由刑执行制度中的具体体现。

2. 促使罪犯在沉默中反省。宾州制和奥本制，两种矫正观点都产生于18世纪末19世纪初期，虽然两者在表现形式上有所不同，但其本质则是相同的，是建立在静默和忏悔的观念之上，并以此来预防犯罪，促使犯人改悔。独居制的改革颇具宗教特色，认为一个人在绝对的沉默静寂之中，能够自动完成精神改善，故有的资产阶级学者称其为精神改善为主的制度。二者都看到了通过后期的服刑可以达到让罪犯悔罪的目的，不容置疑的是这些制度已经在一定程度上注意到了矫正犯罪人的问题。

3. 最有效地防止罪犯间交叉感染和恃强凌弱。杂居制的最大问题是罪犯之间的交叉感染和恃强凌弱问题。这在监狱关押时代不是什么大问题，因为监狱关押时代，多以生命刑和身体刑为主，罪犯在监狱停留的时间相对较短，所以罪犯的交叉感染问题没有人重视。但是到了以剥夺自由刑为主要刑罚的时代，刑罚预防思想，特别是特殊预防思想的诞生和发展，使得刑罚不单是惩罚已然的犯罪，还要预防犯罪人的重新犯罪。这时，预防罪犯之间交叉感染和恃强凌弱问题就成为一个重大问题，它直接关系到刑罚的效能。如果一个服刑罪犯在监狱内经历了一段时间的刑罚执行后，不但没有悔改，反而学习了许多犯罪"本领"，由一面手变成多面手，由初偶犯变成了累惯犯，那么刑罚不仅没有效果，反而成为罪犯的犯罪技能或恶习的"培训期"，监狱成了罪犯的训练所，反而起到恶性放大和行为强化的作用。这样一来，从预防犯罪的角度讲，罪犯还不如不到监狱服刑了。同样，罪犯杂居关押，其中必有势强者和势弱者之分，如果长期居住在一起且管理不当，就会出现恃强凌弱的现象，在监狱里称之为"牢头狱霸"。倘若如此，罪犯中的弱者就会受到双重管制，苦不堪言，不利于其人格培养。独居制的设计最能克服监狱作为刑罚执行机构之后所面临的如恶习感染、恃强凌弱等重大问题，设计者们试图通过专门设计独居监室这一监狱设施，建立一种新型的监管模式，来解决监狱问题，建立监管秩序。这种主要依靠特制的"设施硬件"来完成罪犯监管任务的方式，在监狱管理科学上被称为"设施管理阶段"，是监狱管理发展历程中的一个重要阶段。[1]

（二）消极的评价

1. 损害身心健康。严格的独居容易损害罪犯的身体健康，尤其容易引起精神疾病。独居制度的本意是通过绝对隔离完成剥夺自由的刑罚执行，并使罪犯在隔离中反省悔罪。这种制度施行的结果却事与愿违，除了避免犯人之间互相传染恶习外，独居制并没有带来超过杂居制的文明，它使犯人终日在苦闷无聊中度日，精神上备受折磨和痛苦，因而经常发生发疯、变态、自杀等事件。

2. 违背回归社会的目的。不符合现代监狱行刑的目的，增加罪犯回归社会的困难。长期的囚禁使罪犯的社会能力大大减弱，成为所谓的"监狱人"。独居监禁的副作用明显不利于罪犯保持社会化的人格和将来顺利回归社会重新适应社会，为现代行刑理念所不容。

3. 增加监狱建设费用。实行独居制，每位服刑罪犯都需要一间监室，建筑监狱和管理监狱设施经费巨大，监狱所需财力、人力巨大，不利于提高刑罚的效益。

4. 难以组织社会化生产。无论是宾州制保持严格的隔离还是奥本制的保持沉默制度，都不利于组织罪犯从事集体的、有规模、有效益的社会化大生产，罪犯劳动效益低下，管理难度加大。这样一来，增加了监狱行刑的成本，罪犯劳动缺乏社会效益。

5. 减损集体教育优势。最有效的教育应当是因材施教，即对罪犯进行个别谈话、个别教育。但对于关押人数较多的监狱来说，个别教育很难普及到每一位犯人。所以通常是将相同类型的罪犯集中起来进行集体教育，以提高教育的效率。独居制没有考虑到对罪犯教育的内容，独居制度的设计不利于对罪犯进行集体教育。

**二、独居制的现代应用**

在现代监狱管理的实际运作中，独居制仍然被取其所长地在一些方面应用

---

[1]　王泰主编：《狱政管理学》，法律出版社 1999 年版，第 7 页。

着，只是没有作为主要的监狱制度而已。

（一）在短刑犯的管理中使用

短刑犯的管理和矫正一直是自由制的一个难题，有相当多的国家对短刑犯实行独居制。首先，对短刑犯既要让其体会到刑罚惩罚的作用，又要防止其监狱化，更要防止其被交叉感染，防止交叉感染是行刑管理的重点。由于罪犯在监狱里的时间较短，难以开展系统的教育矫正活动，甚至教育矫正的效果尚未出现，刑期已到，罪犯还没来得及改好，就会被释放回社会。所以不能保证罪犯在监狱改好，起码也要保证罪犯不致继续变坏，要保持审判阶段适用刑罚时产生的有效作用。因此，独居制由于在预防交叉感染方面的独特作用，而成为管理短刑犯的首选方式。虽然独居制在罪犯身心健康方面有明显的副作用，但这种副作用往往只在关押相当时间之后才会出现，由于短刑犯关押时间比较短，这些副作用尚未出现，刑期就已经满了。另外，独居制下犯罪有足够的时间和空间进行反思，有利于罪犯觉悟悔过。

（二）对初入监的罪犯使用

初入监罪犯是指法院移送到监狱中交付监狱执行刑罚的罪犯，他们包括初偶犯，也包括累惯犯。多数国家对初入监罪犯管理的通常做法都是将其集中管理一个时期，或者由专门的机构设施（例如所谓的"分类中心"）来进行管理教育。在这个阶段对初入监的罪犯实行独居制，会有许多有效的作用。其一，对于初偶犯，独居制代表严厉剥夺，可以让罪犯感受到失去自由的痛苦，发挥刑罚的威慑作用，并在独居的环境中反省自己，达到悔罪目的。其二，对于累惯犯而言，能有效防止"不良服刑体验"的传播。所谓"不良服刑体验"，是那些累惯犯所特有的。他们再次来到监狱，会先入为主地为初偶犯介绍监狱里边的人、事、物、行刑程序和内容，传播一些服刑经验甚至不良体验，不利于监狱干警对罪犯进行正规的入监教育。其三，能够便于对初入监者实行个别观察。初入监阶段是监狱对罪犯实行观察、了解和认识的阶段，要进行类似"诊断"的工作，所以许多国家的监狱在这个阶段都要对罪犯实行心理测试，要想得到比较真实、准确的心理测试结果，就要防止罪犯之间相互干扰、串通和模仿，从而保证测试结果的准确、客观、真实。

除此之外，独居制还可用于保护观察和优越条件的独居制等方面，用于恶性隔离和狱内纪律处罚，但这种隔离要以保证健康为要义，要在一定的监护下进行，并且要有一定的时间限制。

**思考题：**

1. 独居制时代的刑罚思想是怎样的？

2. 独居制时代有无矫正罪犯的思想？谈一下具体体现。

3. 独居制有何弊端？

4. 独居制在现代监狱制度中有哪些应用？

# 第五章 不定期刑制度

19 世纪中期，在刑罚改革中所创立的宾州制和奥本制相继宣告失败，促使刑罚和矫正改革家努力探索和寻求一种改造犯人和管理矫正的新方式。这一时期，刑罚思想发生了巨大变化，以教育刑为目的的刑罚观取代了始终在刑罚中占统治地位的报应刑观。近代科学技术的迅速发展，实证主义思想的普及，使人们不仅看到了教育刑的必要性，而且看到了教育刑在实际中的可行性。在这种教育刑思想的影响和作用下，艾尔米拉教养院应运而生，自此，矫正制度的发展进入感化制时期，这一时期所推行的矫正制度就是不定期刑制度。

## 第一节 不定期刑的理论依据

### 一、治疗说

1870 年，来自美国 24 个州和加拿大、南美洲等国家的 130 多名代表在俄亥俄州的辛辛那提参加了第一届美国监狱工作大会。会议通过了具有深远意义的《原则宣言》，其中指出："犯罪是一种道德疾患，而惩罚是治疗这种疾患的良药。治疗的效果问题是一个社会性的治疗学的问题。惩罚的对象是罪犯而不是罪行，从而在罪犯的灵魂中重新树立正常的道德观念，使其得到新生，成为遵纪守法的新人。因此，监狱行刑的最终目的是矫正罪犯，而不是对其施以报复性的惩罚。"根据这一理论，罪犯如同患者，入狱即如住进医院。医院的目的是治疗，监狱行刑的目的也是根治服刑罪犯的"主观恶性"。如果事先由法院宣布固定的刑期，就好像在医院的门诊部就决定患者在住院部的住院日期，这是不科学的。刑期未完，人已改好，为何不早日回归？或者刑期已到，仍未见悔改，为何要放出去继续危害社会？正因为如此，应当像医院要将病人医好而不计住院日期一样，监狱不应当以刑期来限制对服刑罪犯的矫治。

### 二、行刑目的说

近代学派认为刑罚不是对犯罪的报应，而是追求一定的目的。首先，李斯特认为，刑罚的目的是保护个人的生命、身体、财产、自由、名誉的利益和保卫国家的存在和统治利益，换言之，刑罚是以预防再犯、防卫社会为目的。[1] 日本学者久礼田益喜概括目的刑主义时指出："刑罚不单是作为对犯罪的报应而科处之，要考察犯人的性格及围绕犯人的社会情况，为了使该犯人将来不再犯罪而科处之。"[2] 近代学派目的刑思想所主张的刑罚的目的，只是特别预防，即对犯罪人科处刑罚为了避免他再次犯罪。龙勃罗梭、菲利、李斯特等人都对犯罪人进行了分类，主张对不同的犯罪人适用不同的刑罚，以预防再犯罪并达到防卫社会的目的。其次，李斯特还认为，刑罚的另一个目的在于教育和矫正犯罪人，消除其危险性，使之重返一般市民生活之中。认为刑罚的目的是对有罪者的再教育，是犯人的改善。按照这种理论，服刑罪犯的主观恶性程度不一，矫正难易程度也不一样，因此，矫正每个犯人所需要的时间并不能预先设定。易于矫正的，虽然犯罪行为严重，但在监狱内短期服刑就可收到矫正效果；而不易矫正的，虽然犯罪行为并不严重，但也可能在监狱内长期矫正而没有效果，重新犯罪的可能性极大。定期刑难以完成行刑目的，也难以达到行刑个别化。

**三、彻底防卫社会说**

这种学说认为：定期刑对于犯罪意识牢固、恶习深重、恶行成癖者，效果不大甚至毫无效果。有限的一段刑期过后，又被迫放回社会，显然对社会治安相当不利。特别是由于监狱的实际矫正功能低下，结果是被释放的人中有高达50%～70%的人还会继续危害社会，甚至其恶性变得越来越大。既然如此，不如实行不定期刑，将这些可能重新犯罪的人，限定期限地长期关押在监狱内，严格与社会隔离，彻底防止其再度危害社会。

不定期刑的理论依据还有若干种，例如"自律说"，刑期的不确定实际上是以罪犯的服刑表现来确定刑期的变化和幅度，使服刑罪犯以自律来实际操纵自己的刑期和命运，从而大大强化罪犯的自我改造动机；等等。

## 第二节 不定期刑制度的起源

随着报应刑思想让位于教育刑思想，矫正被当作改造更新犯人的工具，也被当作保护公众的手段，刑罚思想家探讨刑罚执行的新方案，不定期刑进入矫正学家的视野。一般认为，不定期刑制起源于美国，最早见于1869年，在纽约州的

---

〔1〕 马克昌主编：《近代西方刑法学说史略》，中国检察出版社2004年版，第160页。
〔2〕 马克昌主编：《近代西方刑法学说史略》，中国检察出版社2004年版，第160页。

埃尔米拉感化院，所以又被称为"埃尔米拉制"。

该感化养院于 1876 年建立，由著名监狱改革家、美国监狱协会的主要负责人泽布伦·布罗克韦担任该教养院的监狱长。其教养对象主要是 16 岁~30 岁的青少年初犯。这个教养院在建筑结构上类似于奥本监狱，采用的是内监房式样，夜晚独居监禁，白天集体劳动、接受教育和训练。该教养院是美国第一所具有教育矫正性质的矫正机构，是美国早期矫正模式的典范。

"埃尔米拉制"的主要做法有：

1. 实行不定期刑。法院的判决中不宣告具体刑期，但是规定执行刑期的上限，不得超过所犯罪行大小应科的最高刑。执行刑期的长短完全由"监内委员会"确定，该委员会有委员 5 人~7 人，由州议会选举，州长任命。

2. 严格限制收容的适用对象。埃尔米拉感化院中的收容者都是年龄在 16 岁~30 岁的初次犯罪的服刑罪犯，并且恶性较轻，有悔改表现的，否则不收。由此可以明显看出埃尔米拉制的试验性质，同时也等于宣布，它不能成为完整的监狱行刑制度。

3. 强化监内制度管理。监内管理按照陆军编制，管教人员称为"教官"，实行严格的军营式生活，以行为训练和体格训练为主要训练内容。埃尔米拉感化院设有天主教牧师和犹太教牧师，实行宗教教诲。有文化教育，办有狱内学校和狱内报纸。设有习艺训练所，习艺训练有 29 个工种供服刑罪犯自愿选择。服刑罪犯的处遇分为三个等级，第一级为优越处遇级，初入监者位于中间级（第二级），第三级为罚级，违反监规纪律的，按具体规定罚款。每月被罚款达到一定数目以上者，为"品行不完全"。相反，累计 6 个月的"品行完全"就可以获得升级。到第一级后再连续 6 个月"品行完全"，即可获得假释资格。但是学习成绩不及格、习艺不合格者需要加期。获假释资格者，经监狱长和委员会认可，于本月 20 日以后放出，假释考验期为 6 个月。

4. 服刑罪犯生活自理。罪犯的基本生活需要自理，罪犯在服刑期间的伙食、囚服需要交费。不定期刑制因埃尔米拉感化院的试验成功而引起世人的注目，美国的相当一些州纷起效尤，对 30 岁以下至 16 岁的初犯适用这种做法。国际监狱协会 1910 年的华盛顿会议和 1925 年的伦敦会议，都曾向各国推荐这种制度。

## 第三节 不定期刑制度

### 一、不定期刑制度概念

所谓不定期刑，是指审判机关在判决刑罚时对犯罪人给以不确定的刑期，而由行刑机关根据罪犯在服刑期间的具体悔罪表现，决定何时予以释放的制度。

### 二、不定期刑的种类

（一）不定期刑宣告制度

指法院在审判阶段，判决时给以不确定时间的刑罚的制度。不定期刑宣告制度又分为绝对不定期刑和相对不定期刑二种，由于绝对不定期刑在实践中很难适用，本节所适用的是相对不定期刑。

绝对不定期刑指审判机关在判决时只宣告罪名和判处自由刑，不宣告具体的刑期，罪犯所服刑期完全由行刑机关根据罪犯的服刑改造表现，来具体决定其执行刑罚的期限和释放的时间。

相对不定期刑有以下三种情况：

1. 法院作出有罪判决并裁量给予剥夺自由刑后，只明确了剥夺自由刑刑期的上限，例如最多 10 年；

2. 法院作出有罪判决并裁量给予剥夺自由刑后，只明确了剥夺自由刑的下限，例如最少不能少于 1 年；

3. 法院作出有罪判决并裁量给予剥夺自由刑后，规定剥夺自由刑的刑期的上限和下限，如 1 年以上 15 年以下。

（二）不定期刑执行制度

指监狱在行刑阶段，根据罪犯的服刑表现来决定其何时出狱的制度。行刑时间的长短由监狱决定，行刑时间的不确定性或可伸缩性是不定期刑执行的合理内核。本节内容侧重矫正行刑时间的不确定性。

### 三、不定期刑的实践

进入 20 世纪，美国的大部分州已经以各种形式采纳不定期刑制度，但是做法不尽相同，主要在于最低刑与最高刑之间幅度规定有差异。有的州如缅因州规定的刑期幅度小，上限为 7 年，下限为 5 年；但另外一些州例如加利福尼亚州规定的刑期幅度相当大，从半年到 15 年，从 1 年到 20 年，甚至还有从 1 年到终身监禁刑。

实行不定期刑的本意和目的，是更加关注犯罪人，而不是他们所犯的罪行。

他们会综合考虑造成犯罪的各种因素，以及仔细观察犯罪人在狱中的表现，在犯人以自己的行动证明做好返回社会的准备时将他们释放。一方面将能否缩短刑期的责任完全交给了犯人，促使犯人为达到早日出狱的目标而检点个人言行约束自己；另一方面，这一制度使矫正机构拥有了对犯人的绝对控制权，因为犯人都是按最高刑期入狱的，能否缩短刑期，从理论上讲完全取决于犯人自己，但实际上最终仍须由狱方进行鉴定和认可才行。这种不定性，可以使犯人神经经常处于紧张状态，对犯人能够起到强大的心理约束和控制作用。自 1870 年起，美国各地监狱对不定期刑制度的热情一直盛而不衰，其奥妙就在于这一制度使狱方如获至宝，即对犯人拥有了无可争议的绝对的控制权。不定期刑制度从它产生和适用的初期直到 20 世纪 70 年代，100 年的时间内确实矫正了不少的犯罪人，但美国监狱的状况也不容乐观，监狱人满为患、高重新犯罪率、监狱暴乱等一直都是美国监狱难以解决的弊端。

**四、不定期刑存在的问题**

不定期刑从理论上看，似乎最合乎现代刑罚目的，最有利于服刑罪犯矫正的实现和完成。然而它却没有被普遍接受和大面积推广，这一客观事实，证明它有着一些致命的问题。

（一）与刑法罪刑法定原则相冲突

罪刑法定，是人类社会刑罚史上的一大进步，它体现出人类社会对刑罚的质的控制以及对刑罚的量的控制。如果实行不定期刑，一方面使刑罚的量的控制由公开转为隐蔽，谁也说不清将会服多长时间的刑；另一方面，打乱了自由刑的烈度指标[1]和量的控制性，使自由刑成为伸缩性极强的刑罚，即为执法者的随意性提供了机会，从而可能导致新的刑罚擅断和司法漏洞。

（二）破坏刑法罪刑相适应原则

罪刑相适应原则也是刑法的基本原则之一，是指刑罚的轻重应当与犯罪分子所犯罪行和承担的刑事责任相适应。意思是：犯了多大的罪，就应承担多大的刑事责任，法院也应判处其相应轻重的刑罚，做到重罪重罚，轻罪轻罚，罪刑相称，罚当其罪。罪刑相适应的观念最早可以追溯到原始社会的同态复仇和等量报应，"以眼还眼，以牙还牙"是罪刑相适应思想最原始的表现形式。罪刑相适应成为刑法的基本原则，也是 17、18 世纪的资产阶级启蒙思想家倡导的结果。刑事古典学派的创始人切萨雷·贝卡利亚（Cesare Beccaria）在《论犯罪与刑罚》一书中指出："犯罪对公共利益的危害越大，促使人们犯罪的力量越强，制止人

---

〔1〕　自由刑的烈度指标：自由刑的烈度是指自由刑的严厉程度，其烈度指标一般用刑期来衡量。

们犯罪的手段就应该越强有力。这就需要刑罚与犯罪相对称。"[1] 贝卡利亚还独具匠心地提出了罪刑阶梯论，试图确定一个与犯罪轻重相适应的刑罚阶梯，以实现罪刑均衡的思想。资产阶级革命胜利后，罪刑相适应原则被写进法律，一直到现在都是各国刑法的基本原则。不定期刑提出行为人中心论和人身危险性的理论，用实证分析的方法证明不同犯罪人特质需要不同的矫正时间。对于人身危险性大的在规定刑期内不能矫正好的犯罪人可以实行保安处分，延长矫正时间；对于人身危险性小益于矫正的罪犯则可以提前出狱。不定期刑使传统的罪刑相适应原则受到了挑战。

刑罚与犯罪如果失去均衡，则为社会伦理所不容，而刑罚一旦失去社会的支持，就会极大地影响刑罚的社会存在价值及社会作用。假设一个民愤极大的罪犯入狱服刑，入狱后却可能因为他"老实听话"而获得管理人员的青睐，他以前的犯罪行为对执行阶段的执法者只是耳闻，而狱中的表现却可以是直接感受的，因而监狱管理人员多半考虑的是他目前个人的人生悲剧，出于怜悯而倾向于让他早日回归社会，但是这样的人很快就从监狱里出来，往往会引起社区的不安甚至愤慨，失去对监狱行刑的信任。也可能相反，一个被境遇所迫或出于义愤而令人同情的罪犯，却因为性格暴戾或直接与监狱管理人员有矛盾而导致长期滞留在监狱里不得释放。传统的刑罚所针对的是服刑罪犯的犯罪当时的所谓"一时行为"，而行刑的不定期，却指向服刑罪犯在狱内的"日常行为"，二者相去甚远，性质不同。

（三）刑罚本质受到质疑

刑事社会学派强调特殊预防的作用，李斯特的教育刑论更是强调国家不应惩罚犯罪人，而应该用刑罚来教育改造犯罪人，刑罚的本质应该是教育，而不应是惩罚。不定期刑从特殊预防的思想出发，关注犯罪人的矫正效果，期望其不再危害社会，但美国的重新犯罪率一直保持在较高的比例，不定期刑并没有解决罪犯的重新犯罪问题，也没有达到防卫社会的效果。事实证明，刑罚的本质仍然是惩罚，离开惩罚谈教育是片面且不合实际的。

如果刑罚完全只是教育问题，国家只需多多开办一些学校就可以了，为什么又是侦查、起诉、调查、辩护，又是审理、判决直至执行呢？还要设立严格的程序，实行刑罚权的多方分割，岂不是多此一举？然而事实证明，刑的本体价值在于"罚"，是与犯罪相抗衡的国家强制措施。失去这个意义把刑罚完全看成是教育，至少是属于理想主义而与社会实际脱离太远。刑罚借助于教育以完成高层次

---

[1] ［意］贝卡利亚：《论犯罪与刑罚》，黄风译，中国大百科全书出版社1993年版，第65页。

的惩罚，其目的仍然是控制社会、预防犯罪。虽然教育有助于惩罚得以科学、文明地完成，有助于刑罚目的预防犯罪的实现，所以它能够成为刑罚的一部分，但是教育却不能取代惩罚。国家需要惩罚，无论从控制论、管理学还是从激励理论来看，都是如此。

（四）导致刑罚权的滥用

采用不定期刑制，监狱行刑权骤然扩大，审判机关实际上只起"印证"犯罪的作用，而刑罚的大小烈度，实际上全归到监狱行刑。监狱行刑权的落实，又往往取决于罪犯的直接管理者，直接管理者说这个罪犯"改造表现好"，他就好，说他坏，他就坏。倘若直接管理者的素质有问题，则枉纵和冤狱的现象就会大量发生。同时，罪犯也慢慢会知道这个环节，或以利益诱之，或以报复相威胁，反而制约住了监狱管理人员，那么就不仅是刑罚制度被严重破坏，至少是监狱管理徒增艰难，而使矫正告吹。所以不定期刑除了容易导致刑罚权的滥用以外，没有达到预想的实际效果。

（五）实施基础存在困难

矫正以服刑罪犯有良善的服刑表现为终结，不定期刑的日常行为表现难于考核。不定期刑是以服刑罪犯的日常行为表现决定是否完成对其的矫正，但服刑表现在监狱行刑实践中的检测和评价很难完善，究竟怎样才能证明服刑罪犯已经得到有效的矫正，缺乏科学的、量化的标准，往往只能靠对"日常行为"的良否来判断，以出狱后是否再犯做确证。但是日常行为往往存在着假象，而出狱后是否再犯的原因十分复杂，既不能全归功于监狱，也不能全诿过于监狱。但从罪犯的重新犯罪率的比例来看，不定期刑所预想的效果并没有达到。事实也正是如此，罪犯在狱内当时表现好的，出去以后可能重新犯罪；当时表现不好因而推迟释放的，出去以后也很有可能不再犯罪。

虽然不定期刑制存在着不少问题，但是它也同时存在着不少的合理之处，各国监狱行刑也都在不同程度上注意吸收它的精华，在实际中也有各种形态的应用。如实行小幅度的不定期刑，对未成年犯实行不定期刑制，在相当于无期徒刑的意义上使用不定期刑制。

**思考题：**

1. 不定期刑产生的理论依据有哪三种？
2. 你认为不定期刑的不合理之处有哪些地方？
3. 不定期刑的现代应用表现在哪些方面？

# 第六章 假释制度

## 第一节 假释制度的产生

### 一、假释制度产生的背景

16、17 世纪，欧洲各国政府还纷纷采用向殖民地放逐罪犯的方法来缓解本土监狱人满为患的困境，通过流放，把那些危害社会的罪犯流放到新大陆并告诫他们永远不得返回。它的主要目的是保持本土政局稳定，保障掠夺来的财富安全，保证后院不能起火，以利于放心出击侵略、掠夺或奴役他人。因此，当时各殖民地采用了一项十分特别的刑事政策，即向海外殖民地大批调犯，以保障本土安全。

早在 1717 年，英国就开始向北美 13 州殖民地流放罪犯，1776 年美国独立后，罪犯被流放到澳大利亚大陆。因此，澳大利亚也被戏称为"囚犯创造的国家"。其他国家也纷纷效仿。法国向法属圭亚那调犯，向新卡里多尼亚调犯；葡萄牙向北非、巴西向佛得角调犯；西班牙向海地岛[1]调犯；丹麦向格陵兰岛调犯；荷兰向东印度群岛调犯；俄国向西伯利亚调犯；等等。一时间，形成历史悠久的"调犯热"。英国的调犯由于开始时政策较为宽松，在向北美调犯的初期，大部分调犯都以"契约奴仆"的形式，交给来自欧洲的移民按契约监管。调犯的合同期满之后，可以分得土地，然后自食其力。所以调犯进行得比较顺利，每年都可以送去 300 人~2000 人。但是美国自从独立战争和 1776 年《独立宣言》之后，断然拒绝再从英国接受调犯。因而英国只好转向澳洲调犯。从 1776 年至 1875 年的百年时间里，大约共向澳洲调犯 135 000 人。调犯之初，澳大利亚的自然条件异常恶劣，据说那些被暂缓执行死刑的人由于还得继续活着而悲哀地哭泣，而那些注定要被处死的罪犯则跪着感谢上帝让他们得到了解脱。服刑罪犯被

---

〔1〕 海地岛又名伊斯帕尼奥拉岛（英文：Hispaniola；西班牙文：La Española；或译西班牙岛），是加勒比海中第二大岛。1492 年 12 月 5 日，哥伦布首次踏足此岛，并以西班牙的国名命名其为西班牙岛。1493 年，哥伦布在该岛建立了欧洲人在美洲的第一个殖民地。

送到万里之外的海岛上服刑，极易产生自暴自弃的思想，常常导致监狱骚乱的发生，暴力镇压只会激化矛盾，解决不了实际问题。

**二、假释制度的萌芽**

这一制度创始于澳大利亚（1822 年）。我国学者丁道源认为，亚瑟·菲利普（Arthur Phillip）[1] 被任命为澳洲新南威尔士州州长，赴任之初，英国政府授以假释之权，以解决流放地重刑犯的反抗、逃亡、暴力等问题。[2] 日本学者吉永丰文认为：1792 年亚瑟·菲利普在新萨维斯推行假释票制度。需要解释的是，亚瑟·菲利普推行的不是假释制度，而叫"假释票"制度，是一种附条件赦免制度。英国当时没有假释制度，所以英国政府也不可能授予亚瑟·菲利普假释权。[3] 我国台湾地区学者张甘妹认为：累进处遇制于 1822 年最初在当时为英国殖民地的澳洲产生之后，更为英国本国所采用，英国政府授予菲利普行使的应当是赦免权才是顺理成章的事，但一般的赦免都是没有任何附加条件的，菲利普的最大贡献在于对赦免权的行使做了一些必要的变通，即把赦免与罪犯的行为表现联系在一起，只有行为表现良好的罪犯才可以获得赦免，菲利普在赦免权具体做法上与现代假释制度不谋而合。

有关假释制度起源的另外一种非常有影响的观点是亚历山大·马克诺奇（Alexander Maconochie）在诺福克岛管理罪犯的实践。1839 年，英国政府任命马克诺奇担任流放罪犯监禁地诺福克岛的监狱主管，让他在那里实践自己的监狱改革计划。马克诺奇首先将罪犯服刑为两部分：刑期的前 1/2 阶段和后 1/2 阶段。刑期的前 1/2 为刑罚惩罚阶段，刑期的后 1/2 又分为三个等级的阶梯，通过对罪犯的服刑表现情况进行考核计分来进入不同的等级阶梯，达到第三级阶梯，获得假释资格。[4] 1853 年，英国国会颁布了《英国惩役法案》（*Penal Servitude Act*）采用了囚犯在有条件释放前，必须服过最低限度的刑期，并且已被释放的囚犯也必须遵守特别的行为准则，虽然当时并没有方法能确保那些限制犯人行动的准则

---

〔1〕　亚瑟·菲利普（Arthur Phillip, 1738~1814），英国海军上将。生于英格兰富勒姆，曾参加过七年战争、西葡战争（1776~1777）和美国独立战争。之后被派往澳大利亚新南威尔士州建立罪犯流放地。他率领的第一舰队于 1788 年到达新南威尔士，挑选悉尼建立一个殖民点。后任第一任新南威尔士总督。1792 年返回英国。1814 年在巴斯逝世，时年 75 岁。

〔2〕　柳忠卫：《假释制度比较研究》，山东大学出版社 2005 年版，第 47 页。

〔3〕　张佳："假释制度基础理论微探"，载《法制与社会》2013 年第 7 期。

〔4〕　王泰：《现代监狱制度》，法律出版社 2003 年版，第 132~133 页。

能够付诸实施。[1]澳大利亚议会也大量采纳了马克诺奇的假释制度。[2]马克诺奇的行刑改革以假释为中心，其试行的假释制度有程序也有考核标准，具备了现代假释制度的基本轮廓。正是从这个意义上，不少学者将马克诺奇称为"假释之父"。[3]

### 三、假释制度的确立

沃尔特·克拉夫顿（Walter Crofton）是 19 世纪英国著名的监狱改革家，他于 1853 年受命考察爱尔兰的监狱状况，1854 年被任命为爱尔兰蒙乔伊监狱的主管。[4]克拉夫顿对马克诺奇在诺福克岛上的实践非常了解和熟悉，他们改造罪犯的观点也很相近。他认识到马克诺奇的假释制度并建立起相应的假释犯释放后监督制度，罪犯假释与真释放没有什么区别。因此，其在借鉴吸收马克诺奇改革经验的基础上，创立了对后世各国监狱影响至深至远的罪犯矫正方案——爱尔兰制。他改进了马克诺奇的假释制度，并创立了对假释罪犯至关重要的假释监督考察制度。假释是一种附条件释放制度，对假释犯是否遵守假释条件的监督考察是假释制度的重要组成部分。克拉夫顿的方案中，不但有对假释犯是否遵守释放条件的监督，而且规定了对不遵守假释条件的罪犯的处理——撤销假释服完余刑的新设程序。这是对假释制度最有价值的完善，也是克拉夫顿对假释制度最值得称道的历史性贡献。

在乡村地区，由警察对他们进行监督。但在都柏林地区，则由市民雇员进行监督，他们的头衔是"释放罪犯监督员"。监督员与警察合作工作，但他有确保持释放票的人被雇佣的责任。监督员要求被假释的罪犯定期报告自己的情况，每两个星期对罪犯进行一次家访，并确认他们的职业。这些监督员实际上就是现代假释官的先驱者。假如罪犯的行为不符合释放条件所规定的内容，那么在原定刑期的范围内，这种释放可在任何时候予以撤销。[5]

### 四、假释制度的近代展开

#### （一）美国

美国在建国之前一直沿用英国的监狱制度，马克诺奇、克拉夫顿将假释制度创立和试验成功以后，受到美国刑罚和监狱改革学家的极力推崇和赞赏，原因包

---

〔1〕 ［美］克莱门斯·巴特勒斯：《矫正导论》，孙晓雾等译，中国人民公安大学出版社 1991 年版，第 145 页。

〔2〕 ［美］克莱门斯·巴特勒斯：《罪犯矫正概述》，龙学群译，群众出版社 1987 年版，第 133 页。

〔3〕 James A. Inciardi, *Criminal Justice*, Harcourt Brace & Company, 1993, p. 649.

〔4〕 吴宗宪：《西方犯罪学史》，警官教育出版社 1997 年版，第 125 页。

〔5〕 潘华仿主编：《外国监狱史》，社会科学文献出版社 1995 年版，第 132 页。

括：一是因为教育刑思想的推动。二是美国的分房制和沉默制缺乏效率和效益，管理难度大，罪犯没有积极性。因此，英国的爱尔兰制试验成功以后，美国也迫切要求在美国的监狱中实施。1870 年，在美国俄亥俄州的辛辛那提召开了全美监狱工作会议，来自美国 24 个州和加拿大、南美洲等国家的 130 多名代表参加了会议。密歇根州著名的刑罚学家泽布伦·布罗克韦在向大会提交的论文中，论述了爱尔兰制、不定期刑思想和假释制度的可能性。当时与会的改革者们一致敦促纽约的埃尔米拉教养院采用布罗克韦的建议。1876 年，埃尔米拉教养院成立以后，布罗克韦被任命为教养院院长。在布罗克韦的倡导和主持下，纽约州议会于 1876 年制定了《埃尔米拉教养院法令》（*Elmira Reformatory Act*），这既是第一个不定期刑的立法，也是第一个假释制度的立法。[1] 埃尔米拉教养院的改革对美国监狱行刑制度的影响持久而深刻，其实行的假释制度也成为其他各州热衷效仿的模板。马萨诸塞州率先在肯可得教养院（Concord Reformatory）全面采用不定期刑和假释制度，宾夕法尼亚、密歇根和伊利诺伊等州则在全部罪犯或部分罪犯中试行假释和不定期刑制度，俄亥俄州和加利福尼亚州于 20 世纪初颁布了假释法令。1900 年，美国有 20 个州通过了假释立法。

（二）法国

法国的假释制度适用的时间比美国要早，与澳大利亚马克诺奇的改革同步。他是由 19 世纪最有影响的刑罚改革家德·马尔桑吉（Bonneville de Marsangy）发起的，马尔桑吉对假释和不定期刑在法国的发展做出了巨大的贡献，其假释制度的有力推行影响了整个欧洲，被尊称为"欧洲假释之父"。1846 年，马尔桑吉在兰斯的民事法庭开庭期间所做的演讲中，就论述了一种假释制度，他称之为"预备释放（Preparatory Liberation）"或"附条件释放（Conditional Release）"。他改革的计划完整，思路清晰，措施到位。他指出，假释是完全赦免和刑罚执行完毕之间的一个中间期限，如果犯人在监狱表现良好，法院就可以附条件地将犯人暂时释放，在此期间犯人如果受到有根据的指控，那么犯人就必须回到监狱。马尔桑吉认为，假释是促进罪犯自我改造的有力动因，是能够检验和维持犯人良好的行为的一种有益制度，有助于促进犯人的道德改善和在社会中的重新生活，也能增加国家的经济收入。[2] 马尔桑吉的假释制度可以分为两个阶段：①准释放阶段（Quasi-Release）。在这个阶段，安排犯人从事工业或农业劳动。犯人可以在国有工厂或农场中劳动，也可以为私人工作。犯人白天在开放的市场上工作，

---

〔1〕 潘华仿主编：《外国监狱史》，社会科学文献出版社 1995 年版，第 168~169 页。

〔2〕 吴宗宪：《西方犯罪学史》，警官教育出版社 1997 年版，第 127 页。

晚上住在监狱中。这样做的意图在于让犯人为自由劳动的竞争和重新适应社会生活做好准备。②附条件释放阶段。在这个阶段，将犯人假释，置于假释官的监督之下，由假释官给予指导、约束和帮助。

（三）日本

日本的假释制度是以法国为样本而进行改革的，其 1880 年制定、1882 年颁布施行的《日本刑法典》（旧刑法）首次规定了假释制度。该法第 53 条规定："凡遵守狱规，有改悔之情况时，其刑期经过 3/4 之后，得以行政处分核准假释出狱。无期徒刑经过 15 年以后亦可。"该法还规定，假释的核准权归于内务、司法首长，假释出狱人在假释期间要受到特别的监视，即必须置于警察署的监视之下，限制其行动；假释期中犯罪者，撤销其假释；对违反监视的，不但要撤销假释，而且要以违反假释监视罪处理。[1] 1907 年制定、1908 年实施的《日本刑法》第 28 条对旧刑法有关假释的规定进行了修改，即将有期徒刑的执行期间由原刑期的 3/4 改为 1/3，无期徒刑执行的刑期由 15 年改为 10 年，并废除了警察监视制度。[2] 1908 年制定的《日本监狱法》对被假释者作了如下规定：①务正业保持善行；②接受警察官署的监督；③移居及进行 10 天以上旅行的场合，得有监督者的许可。[3] 1931 年司法省训令《假释审查规程》还规定了对罪犯进行假释审查的内容：即应当结合罪犯的犯罪事实、个人情况、保护关系及其他事项。综合来看，第二次世界大战前日本的假释制度有两个特点：一是在制度设计上采用以法国为代表的欧洲模式，在内容上也尽量模仿《法国刑法典》；二是在观念上把假释当成一种例外的恩惠，只对极少数所谓保持善行者使用。

此外，还有不少国家于 19 世纪末开始引入了假释制度。如德国是 1870 年，瑞士是 1871 年，匈牙利是 1878 年，意大利是 1890 年。[4] 在 19 世纪中、后期，世界多数国家以单行法形式（假释法）或在刑法典中，实现了近代假释制度的建制。1928 年伦敦的万国监狱会议以后，假释便成为世界各国无不采用的行刑制度。

**五、假释制度的现代适用**

（一）国外假释制度的适用率普遍较高

假释是被世界各国广泛采用的一项刑罚制度。目前，美国、英国、澳大利

---

〔1〕 柳志卫：《假释制度比较研究》，山东大学出版社 2005 年版，第 131 页。

〔2〕 《日本刑法典》，张明楷译，法律出版社 1998 年版，第 16 页。

〔3〕 ［日］大谷实：《刑事政策学》，黎宏译，法律出版社 2000 年版，第 266 页。

〔4〕 柳志卫：《假释制度比较研究》，山东大学出版社 2005 年版，第 26 页。

亚、加拿大、法国、意大利、德国等国家监狱罪犯出狱的形式均以假释为主，假释人数约占 50%~60% 不等。尽管近年来以英美两国为代表的部分国家对假释采取了严格限制的政策，甚至美国有些州废除了裁量假释，但假释适用率总体上看依然较高。与欧美相比，亚太地区的假释适用相对比较审慎和保守，但从统计数据看，假释的适用也相当普及。日本的假释率近年来一直保持在 50% 以上。[1] 除了适用率高，国外假释制度在减少重新犯罪方面也取得了相当的成效。据统计，2011 年美国约 63% 的假释犯未违反假释规定，再犯新罪者不到 10%，这一数字低于未假释者的再犯率。[2] 加拿大在 2008 年~2013 年的 6 年间，约 90% 的假释犯在假释考验其间没有重新犯罪，99% 的假释犯未犯暴力型犯罪，在新的犯罪记录当中，只有 1‰ 的案件是由假释犯涉及的。[3]

（二）裁量假释和法定假释并行

从世界范围来看，假释主要有裁量假释和法定假释两种类型。裁量假释是指假释机关对假释决定因素进行详细考察后，决定提前予以释放的一项制度。法定假释则是根据法律的规定，犯人服完一定比例的刑期后必须强制提前释放，而不需要假释机关作出裁定的一项制度。现在大多数国家实行的都是裁量假释制度。近年来，裁量假释由于其主观随意性较强在国外受到批评，而转而适用法定假释。数据表明，美国州一级监狱的裁量假释的比例从 1990 年的 69% 下降到 2010 年的 29%，而法定假释在各种释放中所占的比例从 1990 年的 29% 上升到 2010 年的 51%。[4] 2001 年，美国 15 个州废除了假释委员会，对所有的罪犯都实行法定假释，而不再使用裁量假释，另外还有 5 个州对暴力罪犯不再使用裁量假释。此外，德国、加拿大、俄罗斯等国家，也摒弃了传统单一的裁量假释制度，而采用裁量假释与法定假释并行的假释模式。如《加拿大刑法》规定："刑期 2 年以上的重刑罪犯，除凶杀、恶性犯罪等高风险罪犯不得假释外，经监狱的心理学专家心理矫正、风险评估后，服完 1/3 刑期，罪犯可以申请有条件假释，服完 2/3 刑期，可以申请法定假释。终身监禁的，服完原判设定的或者经申请可改判 10 年至 25 年禁止假释期后，罪犯可以申请法定假释。"德国也规定对终身犯实行必

---

〔1〕 ［日］大谷实：《刑事政策学》，黎宏译，法律出版社 2000 年版，第 258 页。

〔2〕 Laura M. Maruschak and Thomas P. Bonczar, *Probation and Parole in the United States*, Buerau of Justice Statistic December 2013.

〔3〕 杨诚译："加拿大联邦矫正系统的概况"，载《上海警苑》2000 年第 3 期。

〔4〕 Laura M. Maruschak and Thomas P. Bonczar, *Probation and Parole in the United States*, Buerau of Justice Statistic December 2013.

要的法定假释，最低服刑期为 15 年。[1]

（三）假释适用体现两极化的政策倾向

关于罪犯要执行原判刑期的多长时间才能适用假释，各国规定不尽一致，但大多数国家都根据行刑个别化的原则，对不同的罪犯予以不同的刑期标准，以体现"轻轻重重"两极化的刑事政策。①对未成年犯、女犯和老年犯的假释规定了相对宽松的条件。如《美国联邦刑事诉讼条例》规定，少年犯无论判决刑期的长短，均可随时适用假释，而不像成年犯那样有执行期限的限制。青少年犯剩余刑期不超过 2 年的，必须予以假释。[2] ②对于重刑犯人严格限制假释条件。美国、日本等许多国家都对假释制度作了限制性规定，对累犯和再犯社会危害性大的罪犯规定了更加严格的假释条件。如美国 1994 年出台的《暴力犯罪控制与执行法》，对三次再犯重罪的罪犯，加重其法定刑至 25 年终身监禁，且不得假释的规定。日本 2004 年新修订的《日本刑法》规定，将有期徒刑的上限由 15 年提高到 20 年，将有期徒刑中的数罪并罚、累犯及死刑或者无期徒刑罪犯假释后的刑罚，其上限由以往的 20 年提高到 30 年。[3] ③许多国家选择逐步扩大假释的适用范围和比例。尽管世界各国都对某些罪行严重的犯罪分子适用假释持谨慎态度，对累犯罪和严重暴力犯规定了更加严格的限制条件，但大多数国家并未绝对禁止对累犯适用假释，仍然为罪犯的个别化处遇留有余地。少数在刑法中规定了假释禁止性规定的国家，也大都在修改刑法时取消了这些规定。如，1960 年《苏俄刑法典》规定"特别严重的累犯和许多因严重犯罪而判刑的人不适用假释"，但 1996 年《俄罗斯刑法典》规定取消了所有对假释适用形式条件上的限制。法国和德国刑法典原来也有无期徒刑不得假释的规定，但现在这些也都取消了。[4]

（四）注重对假释犯的监管

为了巩固假释的效果，降低重新犯罪率，各个国家都制定了较严格的对假释犯的监管制度。这些监管制度并非只是原则性的规定，而是更加注重制定实际的、可操作的、细化的措施。例如，《美国模范刑法典》对假释犯的限制性规定有 10 条之多，各个州还有自己的假释特别规定。内容有定期报告、在限制区域

---

[1] 张明楷：《外国刑法纲要》，清华大学出版社 2007 年版，第 422 页。

[2] 李贵方：《自由刑比较研究》，吉林人民出版社 1992 年版，第 359 页。

[3] 张婧："国外减刑、假释制度的发展现状及其对我国的启示"，载《犯罪与改造研究》2014 年第 6 期。

[4] 柳忠卫："对假释适用的例外性规定和禁止性规定的理性剖析"，载《政法论丛》2006 年第 1 期。

内活动等一般性规定，还包括根据个别犯人特殊需要使用的，旨在降低或管理其危险性的一些特殊规定，如承担所指定的家庭义务、专心从事某项职业、回避某些人、完成治疗计划以及遵守与犯罪有关的其他额外条件等。[1] 除了对假释犯进行积极地管束，国外十分注重对假释犯进行必要的治疗，通过为假释犯提供戒酒、戒毒、疾病治疗和各种矫正项目，有效地管理和规范假释犯的行为，减少他们重新犯罪的机会，帮助其顺利度过出狱后的危险期。

（五）帮教保护措施到位

要想让罪犯顺利回归社会，仅有外在的监督和管束是不够的，更重要的是对其进行引导和帮助，协助他们解决家庭、工作等方面面临的困难。因此，许多国家都建立了假释人员的帮助保护制度，如美国的《在监人重返社会法》、德国的《重返社会法》、日本的《更生保护法》都对被假释的罪犯保护作了专门的规定。并且，为了减轻假释犯适应社会的困难，许多国家开始实施中间处遇制度。例如美国、德国等国家建有中途之家和释放前辅导中心，这些机构不仅为犯罪人提供重返社会所需要的条件，如帮助犯罪人摆脱毒品和药物依赖，掌握谋生的劳动技能，还会为犯罪人提供个人矫正计划，为犯罪人提供精神支持。

## 第二节　假释制度的理论基础

### 一、矫正罪犯

教育刑理论提出刑罚的目的是矫正罪犯使之重新回归社会。因此罪犯能够早日离开监狱重新回归社会是假释制度产生的理论基础。罪犯在监狱里通过各种手段和方法进行教育矫正，包括转化思想、改正恶习、增长知识、掌握技能都是为重新回归社会做准备。因此，刑罚的目的在假释制度中能够得到很好的诠释，正是罪犯矫正这一概念的引入才使得假释制度的确立找到了一个理论上的支撑。假释制度的理论预设就是罪犯是可以矫正的，并且现行世界各国立法大都以罪犯有确悔实据作为实质要件之一而加以规定，可以说罪犯矫正观念是假释制度的主观基础，对于假释制度合理性的说明具有至关重要的意义。从罪犯矫正的角度看，假释是激励罪犯改造的一种措施或手段，正如教育刑论的力主者们所指出的那样，只要与犯人的特性相适应并适合使其成为社会人，教育刑的方法就没有限

---

〔1〕张婧："国外减刑、假释制度的发展现状及其对我国的启示"，载《犯罪与改造研究》2014年第6期。

制。对于正在服刑的罪犯而言，早早离开矫正是最具有诱惑力的，即使这种自由是一种受限制的自由。因此，在教育刑论者看来，假释无疑是激励罪犯改造的最有效的手段之一，因而在教育刑占主导地位的时期和国家假释受到热烈的追捧也是很自然的事情。

**二、罪犯再社会化**

现代刑罚理论普遍认为，罪犯之所以犯罪是因为其没有很好的社会化，是人的社会化失败的结果。一般认为，人的社会化就是指一个人学习适应社会的过程中认同他所生活其中的那个社会长期积累起来的知识、技能、观念和规范，并把这些知识、技能、观念和规范内化为个人的品格和行为并在社会生活中加以再创造的过程。[1] 社会学从人的社会化过程的角度把人的社会化过程分为三种形式[2]：①基本社会化，即人从"自然人"向"社会人"转化的过程，在时间上表现为从婴幼儿至成年的年龄的增长，在内容上主要是学习基本知识、技能和社会规范。②继续社会化，是指完成了基本社会化的成年人为了适应社会的变化和发展及为了自身向更高层次发展而学习、接受新的知识技能和适应角色变化的过程。继续社会化过程其实是一个人自我完善、自我发展并向更高目标行进的过程。从某种意义上讲，这个过程要贯穿人的一生。③再社会化，是指在基本社会化过程中失败的人所接受的重新社会化的过程。再社会化的基本特点是：改变对象原有的世界观、价值观及其生活方式和行为方式，接受主流社会的思想观念、生活方式和行为习惯。罪犯再社会化是再社会化的基本的和主要的形式。矫正学理论认为，犯罪是行为人社会化过程失败的结果。行为人在基本社会化的过程中，受社会和个人双重因素的影响，没能完成基本知识和技能的学习过程，特别是没有接受主流社会的正常的人生观、世界观、价值观，从而形成了病态的、甚至反社会的人格，使个人社会化过程偏离了正常轨道，导致了社会化的失败。实施犯罪行为是行为人社会化失败最极端、最明显的表现。而为了使罪犯能重新适应社会，就必须强制对其进行再社会化。国家有关机关通过各种手段和方法矫正其恶习，改善其人格，帮助其学习知识和技能，培育其对社会主流文化的认同感，养成遵规守纪、奉公守法的良好行为习惯，从而完成再社会化过程，顺利适应社会生活。

在美国、英国、日本等西方发达国家，行刑社会化的形式多种多样，内容丰富充实，假释则被认为是行刑社会化的最重要的措施之一，因而对于罪犯的再社

---

〔1〕　刘豪兴、朱少华：《人的社会化》，上海人民出版社 1993 年版，第 8~9 页。

〔2〕　柳忠卫：《假释制度比较研究》，山东大学出版社 2005 年版，第 117 页。

会化的实现有着极为重要的作用。假释对于罪犯再社会化一方面表现为促进作用，即通过激励罪犯积极改造而加快其再社会化的进程，使罪犯的再社会化进程逐渐地由被迫转向自愿，而由罪犯主动配合、参与进行的再社会化过程显然要比强制、被迫进行的再社会化进程要快得多，也容易得多。假释对于罪犯再社会化另一方面的作用是"软着陆"，即引导罪犯逐渐适应社会生活。一般而言，假释为长期徒刑罪犯而设，被假释的罪犯经过长期的监禁生活，突然进入隔绝多年的正常社会，必然存在着种种的不适应。因为一方面长期的监禁生活使罪犯在各个方面深深印上了矫正化的烙印，另一方面在其服刑期间社会的政治、经济、文化等各方面都在发生着巨大的变化，这种巨大的反差使罪犯不可能刚一出狱便能自然地与社会融为一体。假释则通过特定机构和专门人员的监督和保护，强化其对社会主流规范、文化、生活和行为方式的认同感，排斥社会消极因素对其的不良影响，以巩固改造成果，帮助其适应社会生活。逐渐放宽自由的假释制度使得罪犯的再社会化成为一种循序渐进的过程，使得罪犯以渐进的方式慢慢融入普通社会之中，顺利实现对社会的回归。

**三、刑罚个别化**

刑罚个别化是指根据犯罪人的个人情况，有针对性地规定和适用相应的刑罚，以期有效地教育改造罪犯，预防犯罪的再次发生。不同的犯罪，不仅在犯罪原因、犯罪性质、犯罪情节、主观恶性等方面有差异，而且罪犯的年龄、性别、性格、生活经历、社会背景也会不同，这就决定了罪犯的人身危险性程度是不同的，因而其改造难度也各不相同。基于以上差异，对于不同的罪犯显然不能采用一种方法进行矫正，也不能基于一个模式将所有的罪犯一同改好，更不能在同一时间内改好。刑罚个别化思想是近代学派在批判古典学派刑罚普遍化思想的基础上发展起来的。龙勃罗梭、菲利、李斯特等近代学派的学者们虽然没有直接提出刑罚个别化的概念，但在他们对犯罪人的分类及以此为基础的罪犯处遇的论证中，却蕴含着丰富而深刻的刑罚个别化思想。因而，刑罚个别化是近代学派重要的理论观点之一。

在当代，刑罚个别化已成为各国刑法中的一项基本的刑罚原则。从内容和层次上看，现代刑罚个别化也体现为刑罚立法上的个别化、刑罚裁量上的个别化和刑罚执行上的个别化。刑罚执行个别化则指刑罚执行机关在充分考虑实现对罪犯的报应的基础上，根据犯罪人的具体状况，运用各种方式、方法、手段矫治、教育犯罪人，促使其早日复归社会。这包括罪犯管理的个别化、罪犯教育的个别化、罪犯矫正的个别化、罪犯奖惩的个别化。如各国刑法对有期徒刑和无期徒刑的假释规定不同的服刑期限和考验期限，许多国家对累犯、惯犯规定了特别的假释条件。有的国家甚至规定，终身自由刑的罪犯不得假释。在刑罚执行上，行刑个别化主要表现为在分类的基础上，对不同的罪犯实施不同的处遇，并根据改造表现的变化对处遇模式进行调整。就目前而言，各国普遍实行的累进处遇制度是行刑个别化在矫正内最为理想的载体和实现形式。作为累进处遇的最高级形式，假释可以说是行刑个别化的结果，它反映了行刑个别化的实践成效。

## 第三节 假释的决定机关和决定适用程序

### 一、假释的决定机关

通过立法的形式对假释决定机关进行规定，反映的是对假释权性质及归属的认识。由于法律传统的差异，英美法系国家认为假释权属于行政权，一般由行政机关或者由隶属于行政机关的专门委员会决定假释。大陆法系国家一般都认为假释是司法权，因而大都由法院决定假释。但这只是一个基本的或概括的区分，在此之外还有特例，如日本在法律传统上属于大陆体系，但《日本刑法》第 28 条却规定由行政机关行使假释决定权。从世界各国立法例来看，关于假释决定机关的规定大致有三种模式，现分述如下：

（一）司法机关决定模式

这实质上就是由法院行使假释决定权，大陆法系国家基本上都属于这种模式。在德国，假释由法院决定，并于 1975 年建立了矫正法院，专门负责假释事务，包括决定假释和假释的撤销。同时对假释程序作出具体的规定：一般 2 年以下监禁刑者的假释由独任法官审理，2 年以上以及刑期更长的案件，由 3 人小组审理。[1] 在波兰，根据《波兰共和国刑事执行法》第 78 条的规定，假释裁量由惩治法院做出，法院会议在教养所举行。[2] 在意大利，假释由监督法院批准。《意大利刑事诉讼法典》第 682 条第 1 款规定，监督法院就假释的准予和撤销作出决定。[3] 另外，俄罗斯、土耳其、奥地利、巴西、阿根廷等国家都在其法律中将法院设定为假释决定机关。

---

〔1〕 李贵方：《自由刑比较研究》，吉林人民出版社 1992 年版，第 315 页。

〔2〕 中华人民共和国司法部编：《外国监狱法规条文分解》（上册），社会科学文献出版社 1990 年版，第 250 页。

〔3〕 《意大利刑事诉讼法典》，黄风译，中国政法大学出版社 1994 年版，第 243 页。

（二）行政机关决定模式

行政机关决定模式又包括三种不同的情况，有的由专门的委员会决定，有的由行政机关或行政长官决定，有的则规定为行政机关和专门委员会都有权决定。

1. 假释委员会决定。美国是专门委员会决定假释模式的典型代表。美国假释委员会的组成有 3 种模式。第一种是监狱系统模式。这种模式下委员会的成员全部由监狱系统的工作人员组成，其优点在于监狱系统的工作人员比较熟悉犯人矫正的具体情况，能对不同类型的罪犯作出比较准确的评价，其不足之处在于监狱工作人员更注重罪犯对监规纪律的遵守，对于罪犯出狱后能否重新犯罪则判断不足，罪犯的服刑表现有时容易掩盖其内在的本质。当然，对罪犯具体情况的熟悉也容易使得矫正人员在作出假释决定时带有个人感情色彩。第二种模式称为独立模式。[1] 这种模式要求建立一个独立于监狱机关的委员会，避免监狱工作人员受主观意志的影响，由监狱外不直接行使管理权的人对假释做出决定，因此更为客观。这种模式建立的假释委员会成员由州长直接任命。该种模式下的假释委员会成员一般是由社会各界人士兼任，其不能对监狱的矫正计划、政策、条件进行全面了解，因而做出的假释决定也常常与客观情况不符甚至与监狱当局发生冲突。第三种模式是联合模式。该种模式的假释委员会设在州监狱局，将假释的决定权赋予比监狱高一层次的机构，但仍独立行使权力，假释委员会的委员们可以保持相对的独立性，能客观地作出决定。这一模式把假释看成是矫正罪犯的继续，将所有的矫正工作和服务（社区矫正、假释及假释后的监督管理）统一由州矫正局管理，仍隶属于矫正系统，便于保持矫正工作的连续性。

2. 行政机关或行政长官决定。在瑞士，根据《瑞士联邦刑法典》第 38 条的规定，是否同意犯人附条件释放，由主管机关依职权决定之。在阿尔及利亚，根据《阿尔及利亚民主人民共和国矫正组织和改造法》第 180 条的规定，假释由司法部长批准。在泰国，根据《1937 年内政部条例》第 91 条的规定，假释要经过下列委员会同意和厅长批准：由监狱长（任主席）和由政府专员任命的两名科级以上官员组成的地方矫正委员会；由厅长任命的不少于 3 名科级以上官员组成的中央矫正委员会。[2]

3. 专门委员会和行政长官共同决定英国的假释决定是由假释委员会提出建议，国务大臣决定，这是典型的专门委员会和行政长官共同决定模式。英国的假

〔1〕 刘强编著：《美国刑事执法的理论与实践》，法律出版社 2000 年版，第 216 页。
〔2〕 中华人民共和国司法部编：《外国监狱法规条文分解》（上册），社会科教文献出版社 1990 年版，第 291 页。

释委员会包括中央和地方两个层次。中央假释委员会的任务是在英格兰和威尔士的范围内决定对囚犯的假释和对被假释者进行监督。地方假释委员会被称作地方复查委员会，其任务是复查符合假释条件的有期徒刑和无期徒刑犯的案件，以及向国务大臣报告这些囚犯适于释放。地方复查委员会以监狱为单位配备，由监狱长和其他由国务大臣任命的4人以上的成员组成，其中包括1名不负责矫正事务的缓刑官，1名监狱视察委员会成员，2名既非缓刑官又非视察委员会成员的人员。[1] 在英国，国务大臣和假释委员会的关系较为特殊，国务大臣拥有假释批准权和决定权，但基本是程序上的。假释委员会拥有假释建议权，但却是实质性的。因为，根据英国矫正法规的规定，未经假释委员会建议，国务大臣无权批准假释，而从理论上讲国务大臣可以拒绝假释委员会的推荐，实际上却很少这样做。因而在英国，假释委员会拥有实质性的假释权力，而国务大臣拥有的是形式上的假释权力。

（三）行政长官与法官联合决定模式

法国对假释决定权的行使采用的是这种模式。根据《法国刑事诉讼法典》第730条的规定，当一个犯罪人被判一种或几种剥夺自由刑，吸收成为一种监禁刑，从关押之日起其总的剥夺自由的刑期不超过5年，在征求了刑罚实施委员会的意见后，由刑罚执行法官做出予以假释的决定。当一个犯罪人被判处一种或几种剥夺自由刑，吸收成为一种监禁刑，从关押之日起其总的剥夺自由的刑期超过5年的，由刑罚执行法官建议，在征求了刑罚实施委员会的意见后，由司法部长做出予以假释的决定。[2] 表面上看，这种模式在理论上似乎是对假释权性质问题争论的一种调和，在实践上是对假释权在行政与司法之间的一种分配。但这种做法恰恰使得假释权性质问题在理论上变得更加含混不清，在实践运行中也不顺畅。相比较之下，美国的假释委员会制度是比较合理的，特别是其第三种模式——联合模式则更值得称道。假释委员会工作的独立性可以确保其不受干扰地审理假释案件，从而确保假释的公正性；假释委员会对矫正工作和罪犯的了解又有助于提高他们假释决定的准确率，以确保公众安全。可以说这是一个兼顾了公正与功利的假释决定模式。

**二、假释决定的适用程序**

程序是正义的守护神。在现代法治国家，程序的重要性已与实体并驾齐驱甚

---

〔1〕 中华人民共和国司法部编：《外国监狱法规汇编》（二），社会科学文献出版社1988年版，第180~183页。

〔2〕《法国刑事诉讼法典》，余叔通、谢朝华译，中国政法大学出版社1997年版，第284页。

至有超过实体的势头。在美国法律中，重视程序法、轻视实体法乃是公认的事实。在刑事司法活动中，特别强调程序上的合法性，强调程序上的保障措施，在有些情况下甚至忽视了被告人是否有罪。美国各大学的法学院对程序问题最为强调，法学院学生在一年级时必须学习民事程序，并被要求牢记这样一个说法："程序是法律的心脏。"[1] 在刑事诉讼中，程序性的违规或违法有时会导致整个案件的重新审理，即使该案件从实体法角度看是完全正确的。从这个意义上说，程序正义是实体正义的前提和基础。假释程序属于刑事执行程序，其对于假释的意义主要体现在三个方面：①它是假释决定公正性的前提，有利于实现对所有罪犯的公平对待；②它是假释决定正确性的基础，有利于保护社会秩序；③它有利于防止假释委员会滥用假释权力，侵害罪犯的合法权利。但在各国的司法实践中，假释程序的严格性与完善性与其他的诉讼程序相比大为逊色。正如美国学者所指出的，假释决定过程是刑事司法过程中最不严谨且最少受到法律约束的程序之一。[2] 而英国法律则规定，正当程序的合法条件要求地方复查委员会和假释委员会公正地履行其法定职责，但假释委员会在拒绝对某犯假释时，没有解释的义务。[3] 这说明即使在西方发达国家，假释程序也并没有受到足够的重视，其确保假释决定公正、公平的功能并没有得到应有的发挥。因而对于假释程序问题，确实有研究和探讨的必要。

（一）假释的申请或建议

假释的申请或建议是假释程序的第一步，假释申请或建议的提起主要有以下几种形式：

1. 由刑罚执行机关提出假释建议。这是世界上绝大多数国家的通行做法，笔者认为由刑罚执行机关提出假释建议是合理的，因为它最了解罪犯在矫正期内的表现情况，对罪犯人身危险性消失的状况所出具的意见也很有权威性。在日本，监狱长在受刑者达刑法所规定的假释期限时，必须将此情况通报地方委员会。少年院的在院人达到 6 个月期限后，其院长也具有同样的通报义务。假释的申请主要由罪犯所在监狱的监狱长向当地的地方更生保护委员会提出。《比利时监狱法规则》第 206 条规定，监狱长可根据犯人的个人情况提出假释建议。《波兰刑事执行法》第 78 条也规定，教养所所长可以提出实行假释的建议。

---

〔1〕［美］毕汝楷：《美国联邦监狱探秘》，中国检察出版社 2004 年版，第 204、206 页。

〔2〕［美］大卫·E. 杜菲：《美国矫正政策与实践》，吴宗宪等译，中国人民公安大学出版社 1992 年版，第 576 页。

〔3〕中华人民共和国司法部编：《外国监狱法规汇编》（二），社会科学文献出版社 1988 年版，第 184 页。

2. 由专门委员会提出假释建议。在英国，地方复查委员会在对案件进行复查后，可以向国务大臣提出假释建议。

3. 由刑罚执行法官提出假释建议。根据《法国刑事诉讼法典》第 730 条第 3 款的规定，在刑罚超过了 5 年的情况下，有关假释的建议由刑罚执行法官征求刑罚执行委员会的建议之后，向司法部长提出。

4. 罪犯及其利害关系人和执行机关都可以提出假释的申请或建议。阿尔巴尼亚规定，假释申请人可以是被判刑人、他的法定代理人、被判刑人服刑地方的负责人或机关。[1] 美国也规定罪犯本人可以直接向假释委员会提出假释申请。阿尔及利亚规定，犯人可以直接提出假释申请，或者根据分类与教育委员会的意见，由刑罚执行官或矫正长提出假释建议。

像阿尔及利亚、阿尔巴尼亚和美国那样直接赋予罪犯本人以假释申请权具有特别的意义，因为这种做法表明法律不是把罪犯当作行刑的客体，而是作为行刑的主体，把获得假释的主动权交到罪犯手中，当其认为自己符合假释条件，就可以提出假释申请，这对于充分调动罪犯的改造积极性无疑是具有重要作用的。这也是假释权利说在立法上的直接表现。

（二）假释申请的审查

罪犯是否符合假释的条件，应当从形式要件和实质要件两个方面进行审查判断。从理论上讲，假释决定机关也要从这两个方面进行审核。由于假释的形式要件法律规定得非常明确，且假释建议一般由刑罚执行机关提出，因而对假释形式要件审查不是假释决定机关的工作重点，绝大多数国家的法律对此也未有明确的规定。但也有个别国家对假释形式要件的审查作出规定。如《波兰刑事执行法》第 78 条第 3 款规定，被判刑人或其辩护人在未达到刑法第 91 条第 1 款和第 2 款规定的假释期限时，或在判处刑罚不满 2 年而作出拒绝假释裁定尚不满 3 个月时，或者在判处刑罚超过 2 年而作出拒绝假释裁定尚不满 6 个月时，提出的假释要求，惩治法院均不予受理，直至规定的期限届满或者超过规定的日期为止。

对罪犯是否符合假释实质性要件的审核是假释决定机关判断罪犯是否符合假释条件的关键和核心，许多国家的法律对此作出了详细而明确的规定。

在美国，法律规定假释委员会在审查罪犯是否符合假释的实质要件时，主要应考虑下列事项：①罪犯的人格，包括其成熟程度、安定性、责任感及促进或妨害遵守法律之人格上的特性。②罪犯假释后生活计划之适当性。③罪犯承担义务履行责任之能力。④罪犯之技能与训练。⑤罪犯在家庭中之地位，关心罪犯家属

---

〔1〕《阿尔巴尼亚人民共和国刑事诉讼法典》，文英麟、刘晋棠译，法律出版社 1957 年版，第 79 页。

之有无。⑥罪犯之履历、职业上之技能及过去就业之安定性。⑦罪犯计划居住之住所、近邻或社区之性格。⑧罪犯施用烟毒之过去记录及饮用酒精之过去记录。⑨罪犯身心状态包含导致不能遵守法律之缺陷或障碍。⑩罪犯之犯罪记录包含过去犯罪之性质、情状、时期、频度。⑪对法律及权威之态度。⑫罪犯在设施内之行为尤其是否有活用设施之处遇计划所提供之改善自己的机会，假释之讯问或再审议之前有否因不正行为而遭受处罚，在拘禁刑之执行中，其缩短之刑期有否被剥夺。⑬至讯问或再审议为止被剥夺之缩短刑期有否回复。⑭罪犯以前曾受保护观察或假释时，其行为与态度以及此等处分之时期。[1]

日本对假释实质条件的审查由两个层次组成，即假释申请时的审查和假释决定时的审查，假释申请时的审查由矫正机关首长组织实施，其内容包括：①处遇关系事项，包括守法精神、身体状况、学习意愿、工作意愿等事项。②身家关系事项，包括精神状况、身体状况、生活经验及家庭环境等事项。③犯罪或非行关系事项，包括犯罪或非行之状况及其动机与原因、刑期或收容期间、损害赔偿之状况、被害人之感受、社会之观感及共犯之状况等事项。④保护关系事项，包括出狱后接纳人之状况、归居地邻居之感情、交友关系、脱离不良帮派之可能及出狱后之学业或职业状况等事项。假释决定时的审查由地方更生保护委员会实施。地方更生保护委员会在作假释决定时，必须全面考虑本人的秉性、生活经历、在矫正设施内的生活状况、将来的生活计划、归住后的环境等。同时，假释出狱应综合判断以下规定，并认为本人在保护观察所已有相当程度的改善更生时，方得准许：①有悔悟的感情；②有更生的欲望；③无再犯之虞；④社会舆论对假释出狱的认可。[2]

加拿大国家假释委员会的政策要求成员们对犯人被释放而给社会带来的危险性进行系统的审查。这种审查也分两个步骤进行：初审与再审。初审是假释委员会成员审查犯人现有的全部相关资料，对犯人作出最初的危险性评估。审查的内容包括罪行，犯罪记录，诸如酗酒或吸毒、家庭暴力等社会问题，精神状态（特别是影响以后犯罪的可能性），早期释放的表现，犯人的工作关系和工作资料，心理或精神报告，来自原住民长老、法官、警察等专业人士和其他人的意见，从被害人处获得的信息和其他表明犯人的释放是否对社会造成潜在危险性的信息。假释委员会也考虑犯人重新犯罪的概率。他们考察那些处于指控下的犯人的特征

---

〔1〕　萧榕主编：《世界著名法典选编》（刑法卷），中国民主法制出版社1998年版，第90~91页。

〔2〕　中华人民共和国司法部编：《外国监狱法规汇编》（二），社会科学文献出版社1989年版，第412页。

和历史相似的犯人群体再次犯罪的频率。在初步评估以后，假释委员会将考虑以下具体因素：矫正表现；来自罪犯的表明其改变的证据、对犯罪行为的洞察力和对危险性因素的管理的情况；犯人从矫正项目中获得的益处，这些项目有戒毒咨询、生活技能训练、原住民的精神指导和长者提供的咨询、文化培训、工作、社会和文化项目以及帮助犯人处理家庭暴力问题的项目；关于心理障碍的治疗项目；犯人的释放计划。[1]

（三）假释审理或听证

在法院决定假释的国家，法院要对案件进行审理。但这种审理与定罪判刑时的审理有很大的不同。一是法律对这种案件审理的程序规定得不是很详细和具体，执行起来也不是很严格；二是在许多情况下并不进行开庭审理，而只进行书面审理。如《蒙古刑事诉讼法典》第436条规定，关于假释的申请，由法院自收到申请书之日起1个月内审理；审理时应当传唤检察长、被判刑人、提起申请的人和机关的代表、被判刑人执行刑罚所在的机关首长和代表人到庭。但上述人员不到庭的时候，不应停止对申请的审理。[2] 这样象征性的审理对于保证罪犯的权利和确保假释的公正性是极为不利的。

在由假释委员会决定假释的国家里，假释听证是审理假释案件的一个非常重要的程序，也是令许多罪犯心驰神往的时刻，"那些还被关押在矫正里的囚犯们总是想象他们出现在假释委员会面前时的情景，他们都考虑着如何使假释委员会感到满意，他们猜想委员会将会问什么问题以及如何应答"。[3] 在美国，虽然罪犯假释时一般要举行听证会，但最高法院并没有为假释听证会制定程序。在1979年格森霍尔特诉犯人一案[4]中，美国最高法院否决了联邦上诉法院的判决，坚持各州如愿意可以自己执行假释，无需让犯人参加假释委员会的听证会，或是告知犯人不予假释的理由。最高法院否决了第八巡回法庭（the Eighth Circuit）的一个判决，该判决要求凡审查待假释的犯人，都应举行全面的听证会，且必须在听证会前3天通知犯人。否定假释后的一定时间内，还必须向犯人说明理由。最高法院以5∶4的票数裁定：假释委员会的听证会不必保证正当程序。首席法官伯格在记录了多数人的意见后说："州所提供的假释可能性，不过是使犯人可能得到某种利益的希望。在这种意义上讲，这种可能提供的利益并不比犯人希冀不

---

〔1〕　王增铎等主编：《中加矫正制度比较研究》，法律出版社2001年版，第179~180页。

〔2〕　《蒙古人民共和国刑事诉讼法典》，黄永魁译，法律出版社1957年版，第83页。

〔3〕　［美］克莱门斯·巴特勒斯：《矫正导论》，孙晓雳等译，中国人民公安大学出版社1991年版，第144页。

〔4〕　Greenholtz v. *Inmates of the Nebraska Penal and Correctional Complex*, 442 U. S. 1 (1979).

要被转送到另一个监狱的愿望更有实际价值，这是一种不受正当程序保护的希望。"[1] 由此可见，在美国，假释听证并没有得到应有的重视，最高司法机关也认为假释听证程序是不必要的，由此导致了假释委员会在做出决定时的随意性，并常常受到社会公众的攻击。

相比较之下，加拿大对假释决定的听证程序规定得较为细致和完备。加拿大的假释听证会通常在监禁该罪犯的矫正中举行。在听证会上，委员会成员和犯人或协助犯人的人员一起审查犯人的档案。随后，委员会将根据法律规定的标准作出决定。委员会成员在听证会上会告诉犯人他们作出该决定的原因。一些决定是在审查假释案件档案的基础上作出的。犯人也可能选择别人作为助理人员出席听证会。该助理人员可能向犯人提供建议并以犯人的名义出席听证会。助理人员可以是犯人的朋友、亲戚、律师、神职人员之一、长者或以后的雇主等。[2]

（四）假释释放决定

在通过一系列的申请、调查、审核、听证等程序之后，一般接下来就应对是否核准假释申请作出决定。如何作出这种决定，各国法律规定得很笼统，也很不一致。日本地方更生委员会作出假释决定的程序是：主查委员对所提供的书面资料审查完毕以后，应制作审查结果报告书，提出由委员三人（含主查委员）所组成之合议体会议，依下列程序决定是否准许假释：①主查委员报告审理结果；②讨论；③各委员陈述意见；④评决。合议体之决定应做成决定书。决定许可假释，由地方更生保护委员会对本人告知生效。按以往常规，美国假释委员会是到各个机构调查卷宗并当面考察犯人以确定是否准予假释，但由于这种假释过程过于草率和仓促，因而全国刑事司法标准与目标委员会建议改进假释委员会的作用。即假释委员会雇佣调查员到各机构调查，查阅档案材料，与犯人会谈，并得出建议。而委员会则主要在办公室经过审慎的研究后作出决定。委员会在一般的假释决定上应按检查员的意见办，而把主要精力用于对特殊情况的处理上。[3] 但目前许多假释委员会仍按原来的工作方法决定假释。在法国，刑期不到 5 年的监禁刑的假释决定由执行法官直接作出。刑期超过 5 年的监禁刑的假释虽由司法部长作出，但假释咨询委员会的意见具有极为重要的意义。在推荐犯人假释时，与会委员中至少有 4 名享有表决权的委员，委员会方可进行有效表决。委员会的

---

〔1〕 ［美］克莱门斯·巴特勒斯：《矫正导论》，孙晓雳等译，中国人民公安大学出版社 1991 年版，第 151~152 页。

〔2〕 王增铎等主编：《中加矫正制度比较研究》，法律出版社 2001 年版，第 178 页。

〔3〕 ［美］大卫·E. 杜菲：《美国矫正政策与实践》，吴宗宪等译，中国人民公安大学出版社 1992 年版，第 571 页。

表决采取无记名投票方式，在赞成票与反对票对等时，主任所投票具有决定作用。

（五）对假释决定的救济和监督

"有权利，必有救济"，当权利受到侵害时，就应有法律救济的方法，这就是权利的本质。当罪犯实质上具备了假释的条件而决定机关不予批准时，其实就构成了对罪犯假释权的侵犯，因而应当允许罪犯通过合法途径如上诉、申诉等得以救济，不少国家的法律对此作了规定。美国联邦矫正系统和全国 27 个州都有上诉制度，对最初假释决定不服的人可以上诉，要求审查这一决定。[1]《阿尔巴尼亚刑事诉讼法典》第 355 条第 2 款规定，假释的请求被驳回的，可以在 6 个月以后再请求。但服 3 年以上监禁刑的，在这一请求被驳回后，要经过 1 年，才可以再请求。《土耳其共和国刑罚执行法》第 19 条规定，对于法院裁决，犯人、犯人代理人、律师或检察官可以提出上诉。《波兰刑事执行法》第 79 条第 2 款规定，对拒绝实行假释的第二次裁定及其以后的裁定，被判刑人有权提出申诉。而对第一次裁定，只有在教养所行政部门支持的情况下，才有权提出申诉。但也有国家法律规定对假释裁定不能上诉，如《蒙古刑事诉讼法》第 436 条规定，法院关于假释的申请作出的裁量是最终的裁定，不能上诉。[2]

权力必须受到监督或制约，否则极易滋生腐败和被滥用，假释决定权亦是如此。为防止假释决定机关滥用假释权力，确保假释的公正性和正确性，有些国家规定了对假释决定的监督，其方式一般是由检察机关以抗诉的方式实施。在法国，执行法官作出的有关假释的决定被视为一种司法行政措施。共和国检察官可以在检察官出席的情况下，在执行法官作出假释决定后的 20 日内，就该决定向轻罪法院提出抗诉，或者在执行法官的假释决定通知检察官起 20 日内提出抗诉。共和国检察官的抗诉具有中止执行假释决定的效力。[3]《德国刑事诉讼法典》规定，对于法院所作的假释裁定，检察官有权提起抗告，该抗告有延缓假释的效力。《波兰刑事执行法》第 79 条也规定，对假释决定，检察员有权在 3 日之内提起抗诉，抗诉将在 7 天之内审理。

---

〔1〕［美］大卫·E. 杜菲：《美国矫正政策与实践》，吴宗宪等译，中国人民公安大学出版社 1992 年版，第 577 页。

〔2〕《蒙古人民共和国刑事诉讼法典》，黄永魁译，法律出版社 1957 年版，第 84 页。

〔3〕［法］卡斯东·斯特法尼等：《法国刑法总论精义》，罗结珍译，中国政法大学出版社 1998 年版，第 641 页。

## 第四节 假释的监督考察与撤销

### 一、假释考验期

假释是附条件的提前释放。所谓"附条件",是指罪犯应当遵守和履行法律或有关机关规定的条件和义务,只有在一定期间内遵守这些条件或履行相关义务,期间经过以后,才意味着刑罚执行完毕。法律规定或假释决定机关设定的罪犯应当遵守假释条件或履行相关义务的期间就是假释考验期,假释考验期是特殊的刑罚执行期间。各国关于假释考验期的规定各不相同,大致有以下三种模式:①绝对确定主义,即司法毫无裁量余地。此又分为两种:第一种是有期徒刑考验期为余刑,不加任何限制;第二种是有期徒刑考验期为余刑,但同时规定最高限与最低限。②相对确定主义,即立法规定一个幅度,在此幅度内由司法机关裁量决定。③绝对不确定主义,即立法不作规定,完全由司法裁量。[1] 现根据各国的不同情况进行介绍。

#### (一) 残刑期间主义

残刑期间主义是指假释考验期以尚未执行的残余刑期为准,假释考验期间采用残刑期间主义的典型是日本。日本现行刑法没有规定假释考验期间,但按照学者通说和实务界的见解,假释出狱后应理解为刑期仍在进行,因而被判处有期徒刑假释犯的假释考验期当然应与残余刑期相等。而无期徒刑者的假释考验期为出狱后之终身。[2] 加拿大《矫正与有条件释放法》第 128 条第 1 款规定,获得假释、法定释放或无陪护暂时离监的罪犯,在获准脱离监管期间,视为继续服刑,直到其刑期依法届满为止。同时,被判处终身监禁刑的犯人假释后,对这类假释犯的监督期限是终身的,除非这类假释犯由于假释违规行为或新的犯罪行为被监禁。美国、澳大利亚的一些州也有规定无期自由刑的假释考验期为终身的立法例。[3]

#### (二) 考验期间主义

考验期间主义是把假释考验期视为与残余刑期无关的一个期间,即抛开余刑,另定考验期间。《捷克斯洛伐克刑法典》第 34 条第 1 款规定,实行假释时,应规定 2 年以上 10 年以下的考验期间。根据现行《德国刑法典》第 57 条第 3

---

[1] 陈兴良:《本体刑法学》,商务印书馆 2001 年版,第 865~866 页。

[2] 柳忠卫:《假释制度比较研究》,山东大学出版社 2005 年版,第 130 页。

[3] 李贵方:《自由刑比较研究》,吉林人民出版社 1992 年版,第 327 页。

款、第 56 条 a、第 57 条 a 的规定，有期自由刑的假释考验期间为 2 年以上 5 年以下，不得少于残余刑期；终身自由刑余刑的假释考验期间为 5 年。1996 年修订的《瑞士刑法典》第 38 条第 2 项规定，主管机关为附条件释放者规定一个考验期间，在该考验期间内，被附条件释放者可处在监督保护之下。考验期间最低为 1 年，最高为 5 年。被判处终身重惩役的犯人被附条件释放的，其考验期间为 5 年。

（三）折中主义（Eclecticism）

折中主义一方面以残刑期间主义为基准，兼采考验期间主义作为修正；另一方面对于超越残刑期间的监督保护，又设立一定期间的限制，即以残刑期间为原则，并加入考验期间主义的精神。[1] 综观各国立法例，假释考验期折中主义的立法模式主要有下面两种类型：

1. 绝对折中。有期徒刑的绝对残余刑期主义与无期徒刑的考验期间主义相结合。即法律明确规定有期徒刑的假释考验期间为残余刑期且无任何限制，无期徒刑的假释考验期是一个固定的期间。如《意大利刑法典》第 177 条规定，在所判处的时间全部经过以后，或者自假释决定之日起经过 5 年后，如果属于被判处无期徒刑的人，在没有发生任何导致撤销假释的原因的情况下，刑罚消失。另外，《阿根廷刑法典》第 13 条规定，假释考验期间是定期判决期满之前，在终身判决的情况下，有效期间为 5 年。[2]《韩国刑法》第 76 条规定，被判处假释后，无期徒刑满 10 年，有期徒刑所余刑期终了，而假释未失效或者未被撤销的，视为刑罚执行完毕。[3]《阿尔及利亚监狱组织与改造法》第 188 条规定，无期徒刑的救助及监督期限，为未执行完毕的刑期；无期徒刑的救助及监督期限为 10 年。[4] 还有很多都有类似的规定。

2. 相对折中。有期徒刑的相对残余刑期间主义与无期徒刑的考验期间主义相结合。即在有期徒刑的情况下，假释考验期以残余刑期为基础，并加以一定的限制；在无期徒刑的情况下，规定一个固定的假释考验期。这种折中主义的立法模式比较复杂，主要是由于对有期徒刑残余刑期限制的不同所致，而对无期徒刑的规定都是一个固定的期限，只是具体期限的长短不同而已。下面笔者主要以有

〔1〕 柳忠卫：《假释制度比较研究》，山东大学出版社 2005 年版，第 131 页。
〔2〕 最高人民法院刑事审判第二庭编：《减刑、假释工作必备——中外减刑、假释法律法规选编》，人民法院出版社 1992 年版，第 410 页。
〔3〕《韩国刑法典及单行刑法》，[韩] 金永哲译，中国人民大学出版社 1996 年版，第 13~14 页。
〔4〕 中华人民共和国司法部编：《外国监狱法规汇编》（一），社会科学文献出版社 1988 年版，第 295 页。

期徒刑的规定变化为依据，对这种类型的折中模式进行进一步细致的划分。

（1）规定假释考验期间为残余刑期，但同时规定考验期间的上限和下限。如《奥地利刑法》第48条规定，自由刑之假释以剩余刑期为考验期间。其期间最少1年，最多不得逾5年，无期自由刑假释之考验期间为10年。

（2）规定假释考验期间为残余刑期，但同时规定不得低于或不得高于某期间，即规定考验期间的下限或上限。如《丹麦刑法》第40条规定假释考验期间至少必须是2年；而《希腊刑法》第109条原则规定假释考验期间不得超过3年。

（3）规定假释考验期为残余刑期，且可以视具体情况延长，但对这种延长进行一定的限制。根据《法国刑事诉讼法典》第732条的规定，有期徒刑假释的，辅助、监督管理措施的期限为没有执行完毕的刑期。此期间可以延长，但延长期不得超过1年。有期徒刑假释的辅助、监督管理措施的期限，最长不得高于10年。在无期徒刑的情况下，辅助、监督管理措施的期限，不得低于5年，不得高于10年。哥伦比亚也规定假释考验期为余刑，但允许增加不超过余刑的1/3，特殊情况下，还可以再延长。[1]

（4）以残余刑期的长短不同为标准，规定不同期限的假释考验期间。如《挪威矫正法》第39条规定，假释考查期至少1年，最长不超过3年。如果余刑超过3年，则假释考查期不得超过5年。瑞典刑法也规定了两种考验期，当余刑为3年以下时，考验期为1~3年，当余刑超过3年时，为5年。

**二、对假释犯的监督指导**

对假释犯的监督指导主要是通过监督假释犯遵守假释条件和履行相关义务的方式实施。从笔者目前掌握的资料看，各国关于假释犯遵守条件和履行义务等方面的规定十分复杂，在立法模式、规定内容和名称等方面都极不一致。主要有以下几种规定模式：

（一）禁止性规定

禁止性规定是立法者在相关法律中明确规定假释犯在假释期间不得为某些行为。各国立法对假释犯的禁止性规定主要有：①不得从事犯罪活动；②不得拥有枪支、弹药或其他危险武器；③不得购买、拥有、使用或服用大麻、麻醉药或其他成瘾性或危险性药物；④不得饮用或过量饮用酒精饮料；⑤不得与有犯罪记录的人或从事犯罪活动的人交往，特别是共同实施犯罪行为或出谋划策的同案犯；⑥不得出入某些特定场所，如酒店、竞技场、娱乐场所以及非法销售、分发、使

---

〔1〕 李贵方：《自由刑比较研究》，吉林人民出版社1992年版，第327页。

用大麻、麻醉药物或其他成瘾性或危险性药物的场所；⑦不得参与赌博；⑧不得驾驶交通法禁止驾驶的交通工具；⑨不得从事在进行该职业活动中或进行该职业活动时实施了犯罪的那种职业活动。

（二）命令性规定

命令性规定是立法者在相关法律中规定的假释犯在假释期间必须为某些行为的规定。从各国的立法规定看，命令性规定的内容主要有以下几类：①假释后在特定时间内向假释监督保护部门或人员报到；②居住于特定地区、特定社区或特定住宅；③定期向假释监督部门或人员汇报或报告；④遵守法律；⑤进入醒酒、戒毒、戒除药癖的机构进行治疗，或者接受与身体性攻击相联系的治疗处分或戒除治疗；⑥从事正当的职业或工作；⑦出国、迁居、离开所居住的司法管辖区应得到假释监督保护部门或人员的批准；⑧工作、职业、婚姻状况的变化应及时向假释监督机关或人员报告；⑨接受假释监督保护人员的召见或来访、检查；⑩因犯罪或违反假释条件而被逮捕或受到指控时，应当在特定时间通知假释监督保护部门或人员。

（三）义务性规定

这里的义务性规定主要指立法者在相关法律中对假释犯规定的履行民事义务方面的规定。大多数国家都是把义务性规定与禁止性规定和命令性规定混杂在一起，但《德国刑法典》第56条（b）却单独为假释犯设定了"狭义"的义务。其规定：①法院可规定受审判人在缓刑期间的义务，以补偿其实施的违法行为。但不得要求其不可能实现的义务。②法院可规定受审判人履行下列义务：尽力补偿由犯罪行为所造成的损害；向公益机构支付一定的金额；提供其他公益劳动或者向国库支付一定金额。只有受审判人不能对其造成的损害进行补偿时，法院始可规定前述义务。③如受审判人自愿以承担适当的工作来补偿其所造成的违法行为，且其愿望能够实现的，法院原则上不规定义务。[1] 综合各国立法例，义务性规定的内容主要包括以下几个方面：①判刑后结清所欠国库款项；②结清所欠违法行为的受害者或他的合法代理人款项；③承担对家庭的责任，履行赡养、抚养和扶养义务；④尽力补偿由犯罪行为所造成的损害；⑤参加社区公益劳动。需要指出的是，《法国刑事诉讼法典》第535条第3项和阿尔及利亚假释程序都规定了假释犯服兵役的义务，这是其他国家所没有的。并且《法国刑事诉讼法典》还把服兵役作为取得假释资格的条件之一。从理论上说，罪犯也有服兵役的义务。现代许多国家都把服兵役规定为公民的一项基本义务，罪犯虽然犯了罪，但

---

〔1〕《德国刑法典》，徐久生、庄敬华译，中国法制出版社2000年版，第61页。

他仍是国家公民，要履行一个公民应当履行的基本义务。特别是当外敌入侵，国家处于紧急状态时，让罪犯履行服兵役的义务也是具有现实意义的。但在和平时期，国家处于正常状态下，是否让罪犯履行服兵役的义务则是很值得商榷的。

（四）限制性规定

假释犯在假释期间需要遵守一定条件，履行相关义务。这既是对他的一种惩罚，也是对他日常行为的一种约束和规范，以防止其再次危害社会。但罪犯作为犯了罪的公民，仍享有未被法律剥夺的所有权利。在监禁状态下，罪犯的有些权利虽未被法律剥夺，但由于自由被剥夺，因而这些权利实际上无法行使，处于名义上享有但实际上停止的一种状态。但假释犯与处于监禁状态中的罪犯不同，虽然其仍是罪犯身份，但已不处于监禁状态中，而是有了一定程度的自由。这就使得假释犯具备了行使在监禁状态下无法行使的法定权利的条件。因此，在对假释犯进行监督的过程中，应注意不能侵犯其合法的权利，这就要求对监督条件的设定进行一定的限制。从各国现行立法来看，大多数国家在规定假释监督条件时都没有规定限制条件，但也有少数国家注意到了这个问题，规定了对设定假释监督条件的限制。如《奥地利刑法》第51条第1项规定，为防止罪犯再犯罪而应由其遵守之命令或禁止事项，均可作为应遵守事项之内容。应遵守事项被认可对罪犯之人格权或生活过分干涉而超过一般之程度者，不允许之。《德国刑法典》第56条（b）第1项规定，法院可规定受审判人在缓刑期间的义务，以补偿其实施的违法行为，但不得要求其履行不可实现的义务；第56条（c）第1项规定，为防止受审判人重新犯罪需要给予指示，法院可指示其在缓刑期间应遵守的事项。对受审判人在生活上不应提出不可能实现的要求。

**三、假释撤销的程序**

在20世纪70年代以前，虽然在理论上不少学者都认为撤销假释需要有正当程序，但在司法实践中假释撤销程序仅仅是一种形式化的东西，假释撤销的随意性较大，撤销的理由也五花八门，罪犯的权利得不到应有的保障。

在美国，情况也是如此。虽然有许多人认为假释的撤销涉及假释犯权利的重大变化，因而合法的正当程序在保障假释犯在假释撤销审理中的权利以及审理的公正性是必要的，但美国宪法中并没有假释犯权利的规定，而以前美国联邦最高法院也没有为假释听证会规定必要的程序，而假释程序中很少的一些规定和要求都是由假释委员会自由采用或由州法律规定。1972年，美国发生了一起改变假释撤销程序历史的经典性案例，这就是美国最高法院裁决的莫里西诉布鲁尔

案[1]，这是假释犯宪法权利方面的一个里程碑式的案例，该案件的具体情况是：[2]

1967 年，约翰·莫里西（John Morrissey）因伪造支票被爱荷华州的一家法院判处 7 年监禁，于 1968 年 6 月被假释。1969 年 1 月，莫里西的假释官听说，在假释期间，莫里西使用假名字购买了一辆汽车并且无证驾驶，还用假名字获得信用卡，在一件轻微的汽车事故中向保险公司提供了虚假信息。此外，莫里西还给了假释官一个假的住址。莫里西因此而被拘留在其所在地区的看守所里，假释官找莫里西谈话，并撰写了撤销假释的建议报告。假释官建议撤销假释的理由是：莫里西承认购买了汽车、获得了假的身份证、用欺骗手段获得了信用卡，并承认卷入了汽车肇事。莫里西声称自己患病，认为这种疾病使其无法与假释官继续保持接触。但假释官认为，莫里西有一种"继续违反规则"的习惯，其假释应予撤销。假释委员会采纳了假释官的建议，于一周后撤销了莫里西的假释，并将其送回距其居住地 100 英里的爱荷华州立矫正机构服刑。在整个撤销假释的过程中，莫里西的律师没有出席假释撤销程序，莫里西本人也没有机会指证不利于他的证据，没有人书面通知对他的指控，没有出示指控他的证据，没有允许莫里西提供有利于本人的证据，也没有给出撤销假释的理由。莫里西则抱怨说，从来未为他举行过听证会，并因此而向爱荷华州最高法院上诉，但被驳回。出人意料的是，美国联邦最高法院受理了他的上诉，推翻了爱荷华州假释委员会的决定，并裁决在假释撤销程序中，应有必要的正当程序保障罪犯的合法权利，并且否决了爱荷华州立法中假释是赋予犯人的宽大，而不是犯人的基本权利的观点。

在对该案的裁决中，最高法院采取了这样一种观点，假释可以无原则地被准许或拒绝。但是，假释一旦被准许，就受到防止被随意撤销的保护。有条件的自由不能被任意地取消，一旦被给予有条件的自由，犯人就具有真正地受到宪法第五和第十四修正案保证的自由权利。撤销是一个严重的损失，撤销程序必须符合某些应有的正当程序标准。[3] 关于假释撤销中的正当程序标准，美国联邦最高法院指出："我们的任务仅仅限于决定正当程序的最低需求。这里包括：①宣布违反假释决定的通知；②向假释犯宣布指控他的证据；③提供假释犯听证的机会，提供证人和出具书面证词；④假释犯享有对质和盘问不利于自己的证人的权

〔1〕 Morrissey v. Brewer, 408 U. S. 471（1972）.

〔2〕 吴宗宪等：《非监禁刑研究》，中国人民公安大学出版社 2003 年版，第 448~449 页。

〔3〕 ［美］大卫·E. 杜菲：《美国矫正政策与实践》，吴宗宪等译，中国人民公安大学出版社 1992 年版，第 577、263 页。

利，除非听证官员提出不允许对质的具体和充分的理由；⑤像传统假释委员会那样'中立和客观'的听证组织，其成员不必是司法官员或律师；⑥调查有关作为裁决依据的证据和撤销假释所依据的理由和书面报告。"[1]

这样，通过对莫里西案的判决，美国联邦最高法院确立了假释撤销的基本程序，它应当包括两个阶段：[2] 第一个阶段：初次听证会（Preliminary Hearing），也称为现场听证会（On-Site Hearing）。该听证会在逮捕和拘留时举行，地点通常是在看守所，目的在于确定假释犯是否真正实施了假释违规行为。假释犯可以请能够提供有关信息的人出席听证会。听证会的听证员（Hearing Officer）不一定是律师或法官。假释犯应当提前收到有关资料，包括有关调查的问题、调查的目的、被指控的违规行为等。听证员应当摘要记录有关可能的理由的证据，指出假释委员会决定扣留假释犯的理由。第二个阶段：撤销听证会（Revocation Hearing）。如果在初次听证会上确认存在着假释违规行为，就接着举行撤销听证会。在撤销听证会上，更多地涉及确认假释犯是否构成假释违规，从而确定是否应当撤销假释的问题。

美国最高法院在莫里西案中确立的假释撤销正当程序的规定对美国的司法实践产生的影响是广泛而深远的，许多州针对此判决所做出的改革远远超过了最高法院的要求。如最高法院虽然没有规定罪犯在假释撤销中享有辩护权，但规定罪犯有辩护权以及向其提供辩护的做法在许多州都已经普及了。全国咨询委员会和某些制定标准的组织也主张撤销假释要有严格的程序，并使更多的犯人参与这一程序。[3]

除美国外，其他国家的立法中也有关于假释撤销中假释犯权利的规定。如《英国监狱法》规定，因撤销假释而被重新收监的犯人可以提出有关重新收监的书面申述，必须通知其被重新收押的理由，告知其有申述的权利。《波兰刑事执行法》也规定，法院在就撤销假释问题作出裁定之前，应听取假释人员及其辩护人的意见，检察员有义务实行监督。对法院的裁定，被判刑人有权提出申诉。但实事求是地说，目前不少国家并没有像美国那样通过立法或判例的方式为假释撤销规定合理的正当程序，对假释撤销中假释犯的权利也缺乏相应的规定。因此，从健全法制的角度来说，对假释撤销中正当程序的追求和罪犯权利的保护仍是不

---

〔1〕［美］克莱门斯·巴特勒斯：《矫正导论》，孙晓雳等译，中国人民公安大学出版社1991年版，第153页。

〔2〕吴宗宪等：《非监禁刑研究》，中国人民公安大学出版社2003年版，第449~450页。

〔3〕［美］大卫·E. 杜菲：《美国矫正政策与实践》，吴宗宪等译，中国人民公安大学出版社1992年版，第578页。

少国家需要完善和努力的目标。

**思考题：**

1. 假释制度的基本特征有哪些方面？

2. 为什么亚瑟·菲利普的"释放票"制度还不是假释制度？

3. 称亚瑟·菲利普的"释放票"制度为假释制度的萌芽，是因其具有了假释制度的哪些特征？

4. 马克诺奇对假释制度进行了哪些创新？还有哪些不完善的地方？

5. 克拉夫顿对假释制度进行了哪些完善？

6. 通过对莫里西案的判决，美国联邦最高法院确立了一个什么程序？该程序是如何规定的？

# 第七章 减刑制度

## 第一节 减刑概述

### 一、减刑的概念

减刑是一种刑罚变更执行制度,是由有关权力机关基于罪犯在服刑期间的良好表现而减轻其依照原判决还未被执行的刑罚量。刑罚量包括刑罚的强度和长度。广义的减刑,包括减短罪犯的服刑期限和改变刑种。如将罪犯从惩戒程度高的矫正设施中移转到低惩戒设施中。[1] 狭义的减刑,仅指缩短罪犯刑期的长度。

### 二、减刑的种类

#### (一)一般减刑和特殊减刑

一般减刑主要基于遵守监规、表现良好而给予减刑,如《美国联邦刑事诉讼条例》第 4161 条规定,罪犯的行为表现证明他们能老老实实遵守监规,而并未受到处罚,就有资格从其判决开始生效之日起得到减刑。特殊减刑是基于罪犯社会技能的提升而给予减刑,如罪犯获得学历和职业培训认证。如《法国刑事诉讼法典》第 721-1 条之规定。[2] 或者因监狱拥挤需要控制监狱人口数量时使用减刑。如在美国,当监狱人口达到一定的高位,对囚犯额外的刑期折抵就将适用。除非囚犯又犯新罪或有虐待、乱伦、猥亵或其他下流的行为将不得适用。《意大利共和国监狱法执行细则》第 71 条规定,在劳动中特别努力,在课程学习和职业培训中特别努力并取得特殊成绩,在组织和开展文化、娱乐和体育活动中积极合作,特别积极热心帮助其他囚犯,在处理个人问题遇到困难时得到精神鼓励等,予以特别减刑。

#### (二)绝对减刑与相对减刑

绝对减刑又称无条件减刑,是指法律规定只要囚犯没有坏行为,就应该予以

---

〔1〕 〔俄〕Н. Ф. 库兹捏佐娃、и. М. 佳日科娃主编:《俄罗斯刑法教程》(总论)下卷,黄道秀译,中国法制出版社 2002 年版,第 800 页。

〔2〕《法国刑事诉讼法典》,罗结珍译,中国法制出版社 2006 年版,第 566 页。

减刑的立法方式。如《美国模范刑法典》第305-1条规定由于保持善行刑期之缩短的比例时间，受最高超过1年之不定期拘禁刑宣告之罪犯，保持善行且忠实履行义务时，按刑期每1月缩短6日之比例缩短其刑期。对为特别值得称赞之行动或对义务之履行达到特别成果之罪犯，得按拘禁1月不超过6日之比例缩短刑期。[1] 相对减刑又称为有条件减刑，是指由减刑权力机关审查罪犯若符合减刑条件，才对其予以减刑的方式。如《中华人民共和国刑法》第78条、第79条及《中华人民共和国刑事诉讼法》第273条第2款之规定，罪犯必须确有悔改表现或立功表现等情形，才能予以减刑。

（三）普通减刑和特别减刑

特别减刑是指国家考虑到区别犯罪行为社会危害性程度和犯罪人人身危险性程度的需要，对不同的罪犯给予不同的减刑政策。如对于终身监禁和非终身监禁、暴力犯罪和非暴力犯罪、少年犯和成年犯、累犯和初犯适用不同的减刑政策和方法。如：在美国，某些州对于被终身监禁的谋杀者拒绝给予善行折减，并认为立法如此规定并不违反国家和州宪法下的平等保护原则。

**三、减刑的性质**

（一）恩赐说

该说认为，减刑是国家利用刑罚权对服刑中表现良好的罪犯减轻刑罚的"恩赐"。如英国学者评论在监狱内实行减刑以达到监管目的的重要性时提出："担心失去减刑机会的风险，已成为对付懒惰和犯错误的强有力的威慑力量。在这一有益的规定影响下，罪犯们的言行和举止上有着明显的改进。"1907年，英国诺赛姆普顿矫正所的典狱长在其报告中提出减刑有助于帮助典狱长维持纪律，有选择地对罪犯施以刑罚。[2]

首先，恩赐说是早期减刑的典型理论，不论是美国纽约州的减刑法还是澳大利亚的狱分制，都视减刑为国家的恩典，让罪犯免于应服而未服的刑罚。其次，恩赐说与古典学派的道义责任论相契合，主张刑罚是对犯罪的报应，行刑是罪犯向国家和个人赎罪的过程。最后，刑罚减刑和宪法意义的赦免理论同一，也就导致了刑罚减刑和赦免减刑界限的模糊。

将减刑作为恩赐催生了减刑制度，在以报复为中心的刑罚制度中开辟了新的形式，客观上奠定了现代减刑制度的基础，引发了人们对罪犯权利的思考，但其也具有较大的历史局限性。主要表现在：①在恩赐说的支配下，罪犯完全沦为了

---

〔1〕《美国模范刑法典及其评注》，刘仁文等译，法律出版社2005年版，第13页。

〔2〕 鲍圣庆编著：《减刑、假释的理论与实践》，吉林人民出版社1992年版，第123页。

客体，是国家施刑的对象，罪犯的权利随着审判行刑而被剥夺，罪犯的被动特征必然影响改造的主动性。②恩赐说隐含着国家减刑权力的"不可对话"。权力恣意的属性，一旦侵害到个人的权利将无从救济。③减刑恩赐的出发点重在对监内秩序的维持，因而看重罪犯的外部行为表现，对罪犯内心的矫正和向善关注不够，从这个意义上说，与教育刑目的的理论相悖。因此，恩惠说曾被视为近代减刑的核心论点，但在现代减刑制度本质中已不占主导地位。

（二）奖励说

该观点认为，减刑是因罪犯达到了矫正机关的阶段性改造要求，矫正机关给予罪犯的一种奖励。之所以将奖励说单列，是因为奖励实质上处于恩赐和权利的中间状态。相比恩赐以维持监内秩序为动机，奖励更为关注罪犯改造的主动性，对罪犯的良好表现进行褒奖，为罪犯树立矫正行为目标，更为契合教育刑的目的。

从恩赐说将罪犯视为机械客体到奖励说开始思考刺激罪犯的改造热情，具有进步意义。但同时，奖励说对罪犯的权利仍然是漠视的，奖励是权力机关单方给予，罪犯没有参与权利，缺乏主动性。我国现行的减刑制度理论就停留在奖励说阶段，认为减刑是对罪犯表现良好的刑事奖励。

（三）权利说

该观点将减刑视为罪犯的权利。国家与受刑者传统的单向关系变成了权利义务的双向关系。国家有对罪犯施用刑罚的权力，也有对他们施以扶助、挽救的义务；罪犯有依法接受国家刑事惩罚的义务，也有请求扶助、挽救的权利。[1] 减刑权利论真正将罪犯置于主体地位，罪犯权利具有了与国家刑罚权力相对应的位置，权利能够与权力进行博弈。此外，罪犯可以对自我行为进行调控，以真正实现教育矫正的目标。同时，权利论本身也是刑罚理论纵深发展的结果。《世界人权宣言》《囚犯待遇最低限度标准规则》等国际公约都推动了减刑权利论的发展。

减刑权利论的基点是减刑是罪犯基于良好表现应该获得的成果，是罪犯权利的实现，而非国家的恩赐。事实上，美国早期善行折减中出现的"减刑是对表现良好的罪犯的报酬"的论调就已经蕴涵了权利的种子，使罪犯权利的浪潮得以进一步推进。权利说是现今较为进步的观点，代表了减刑制度的发展趋势。

---

〔1〕 柳忠卫：《假释制度比较研究》，山东大学出版社 2005 年版，第 17 页。

## 第二节 减刑权的主体及属性

减刑权是指在减刑过程中的各种权力的构成，主要包括减刑提请权和减刑决定权，本节所涉及的减刑权特指减刑决定权。减刑决定权的归属是减刑程序中的重要问题，英美法系和大陆法系国家存在很大区别。从世界各国立法情况来看，主要存在法院裁决的司法模式和监狱执行机关具体是减刑、假释委员会决定的行政模式两种。

### 一、减刑权的主体

#### （一）英美法系国家

《美国模范刑法典》第303-8条规定，短期拘禁刑由于善行之刑期之缩短，受逾30日之定期拘禁刑之宣告或为其执行而被收容之罪犯，保持善行、忠实履行义务时，按每月缩短5日之比例缩短刑期。典狱长或其他设施之行政长官，依据矫正局之规则得取消、保留或回复刑期之缩短。[1] 依照其第305-1条的规定对罪犯准予减短监禁刑刑期的权力应当由监狱长（或负责处遇部门的副监狱长）行使。只有当机构内的改正委员会（或者类似委员会）建议时，才可对行为特别值得称赞或者履行义务的优秀罪犯以减短刑期。第305-4条第1款规定了因行为良好而减短期间的剥夺、中止或恢复。机构内的改正委员会或者纪律委员会召开听证后，监狱长或负责处遇部门的副监狱长可以剥夺、中止、恢复因行为良好和忠实履行义务而减短的刑期。但是罪犯获得假释后，不得剥夺或者中止其减短的刑期。第305-5条规定了准予、剥夺、恢复减短刑期的报告内容。监狱长或负责处遇部门的副监狱长应当向矫正局局长定期报告所有因行为良好和忠实履行义务而准予的刑期减短，以及刑期减短的剥夺和恢复。第305-19条第1款规定了因行为良好而减短期间的决定和假释决定的终局性。除法律规定的获得听证的权利被否决外，任何法庭都无权审查或者撤销矫正局或假释委员会的有权官员作出的中止、剥夺、拒绝恢复因行为良好而减短刑期或者假释考验期的决定。[2] 由此可见，美国减刑决定权主要由监狱长或负责处遇的副监狱长行使。

加拿大法律规定，犯人一入狱就获得1/4的减刑，因是强制减刑，故由狱方直接决定。只有在狱中又犯新罪才没收减刑，其他情况不没收，被没收减刑的罪犯，可以在一定时间内申请恢复被没收的减刑。同时规定，没收30天以下的减

---

〔1〕《美国模范刑法典及其评注》，刘仁文等译，法律出版社2005年版，第13页。
〔2〕《美国模范刑法典及其评注》，刘仁文等译，法律出版社2005年版，第259页。

刑由狱方决定；没收 30 天以上的减刑，由地区法官决定；没收 90 天以上的减刑，由假释委员会决定。因此，加拿大采取的是混合模式，监狱、法院、假释委员会三方均有不同权限的减刑权力。《英国监狱条例》规定，服监禁刑的囚犯，在实际执行刑期超过 5 天后，根据其劳动和行为，有特殊表现的可被减刑。英国囚犯的减刑由国务大臣及监狱长决定。[1]

（二）大陆法系国家

《法国刑事诉讼法典》第 712-1 条、第 712-3 条、第 712-5 条及第 712-16 条等详细规定了执行法庭和执行法官的权力。[2]《法国刑事诉讼法典》第 721 条规定由罪犯及检察人员提出减刑请求后执行法官具有是否给予被判刑人减刑的权力。就减刑的撤销而言，被判刑人获得释放后，如果在减刑时间内，又因实行重罪或轻罪再次被判处自由刑，不与新的有罪判决判处的刑罚混同。故在在押被判刑人表现不好的情况下，执行法官应具有应监狱机构或检察官的请求，撤销减刑或主动听取执行委员会的意见后撤销减刑的权力；同时，执行法官具有对罪犯状况的复查权。在法国，执行法官和执行法庭是管辖刑罚执行的一级刑罚执行法庭，由其负责按照法律规定的条件确定剥夺自由之刑罚或某些限制自由之刑罚的主要执行方式，并引导和监督这些刑罚的执行条件。但考虑到法庭并不熟悉矫正工作的具体情况，同时规定设立刑罚执行委员会或被判刑人社会回归与考验事务委员会，减刑或撤销减刑裁定的作出，法官需听取前后两者的意见。[3]

《德国刑法典》第 49 条规定了法定的特别减刑理由。同时，法院也可依据适用于本条规定的法律酌情减刑，将刑罚减至最低刑，或以罚金刑代替自由刑。[4]《德国刑事诉讼法典》第 451 条规定，刑罚的执行由检察机关负责监督，检察机关之间可以互相委托，以符合受判决人的利益，经刑罚执行庭所在地检察院同意为限。[5] 由此可见，在德国，法院具有减刑权，检察机关是刑罚执行的指挥者。

《意大利监狱法》第 70 条规定了"监察厅的职权和决定"，即在各上诉法院管区和各上诉法院巡回法庭管区设立专门的监察厅，它负责管理交社会服务站考验、提前撤销保安处分、半自由管制、减刑提前释放等事宜。因此，监察厅的职能包括两点：一是监督监狱的机关，二是审理刑罚执行中的变更事宜。《意大利刑事诉讼法典》第 666 条规定监察厅法官需根据公诉人、关系人或辩护人的要求

---

〔1〕 徐静村主编：《减刑、假释制度改革研究》，中国检察出版社 2011 年版，第 35 页。
〔2〕 《法国刑事诉讼法典》，罗结珍译，中国法制出版社 2006 年版，第 535~543 页。
〔3〕 徐静村主编：《减刑、假释制度改革研究》，中国检察出版社 2011 年版，第 36 页。
〔4〕 《德国刑法典》，徐久生、庄敬华译，中国方正出版社 2004 年版，第 18 页。
〔5〕 《德国刑事诉讼法典》，李昌珂译，中国法制出版社 1995 年版，第 168 页。

进行诉讼。该法典第 681 条详细规定了减刑的请求权人包括被判刑人、他的近亲属、共同生活人、监护人、保佐人、律师、特别代理人等主体，减刑建议需由纪律委员会主席签署，并向监察厅提出，由监察厅法官准予减刑。另外，监察厅法官也可以在未提出请求或建议的情况下裁决减刑。由此可见，监察厅法官具有决定减刑或撤销减刑的权力。[1]

在西班牙，劳动减刑（Reducing of the Sentence Through Work）措施于 1944 年被引入西班牙法典，见诸《西班牙刑法典》第 100 条。《西班牙监狱组织法》第 76 条规定：执行法官的职责是执行对犯人的判决，保护犯人的权利，对于在实施监狱制度中出现的滥用权力和各种偏差予以纠正。执行法官的具体任务包括采取必要的措施执行判决，履行审判法官和法院的责任，处理对犯人的假释建议、处理犯人通过申诉手续对监狱纪律处分的申诉、视察监狱等。[2] 西班牙由执行法官裁决减刑，这样往往更能保证决定的公正性，较附属于刑罚机制的管理人员作出的决定更为可取。[3]

此外，葡萄牙对正在服刑的罪犯的减刑，一般由执行机关、当地政府和社会团体等向执行地的法院提出减刑请求，由法院审查裁决。在俄罗斯，原苏俄刑法第 53 条规定，减刑由被判刑人服刑地点的法院根据主管执行刑罚的机关和地方代表苏维埃委员会所属监督委员会的共同建议加以适用。日本的减刑是日本刑罚"恩赦"制度的方式之一，由宪法规定，属内阁的权限。刑务所向法务部提请，法务部部长决定。[4]

综上所述，各个国家对减刑权的规定并不一致。以美国为首的英美法系国家减刑权大多由监狱等行刑机关行使，例如：英国的减刑决定权由内务大臣或内务大臣授权的监狱长行使。而以中国为首的大陆法系国家减刑的批准机关是法院，即如果犯人在服刑期间表现良好符合减刑条件，由监狱等行刑机关向法院提请减刑，由法院裁定是否批准减刑。

**二、减刑权的属性**

关于减刑权的属性，国内外学者众说纷纭。主要有：

1. 行政权说。理由主要是：监狱的行刑权是行政权，减刑是在行刑的狱政管理活动中产生的，对罪犯人身危险性的直接评价者是监狱管理人员，致力于矫

---

〔1〕 《意大利刑事诉讼法典》，黄风译，中国政法大学出版社 1994 年版，第 239 页。

〔2〕 中华人民共和国司法部：《外国监狱法规汇编》（一），社会科学文献出版社 1988 年版，第 383 页。

〔3〕 谢望原：《欧陆刑罚制度与刑罚价值原理》，中国检察出版社 2004 年版，第 109~111 页。

〔4〕 徐静村主编：《减刑、假释制度改革研究》，中国检察出版社 2011 年版，第 37 页。

正工作降低罪犯人身危险性及减刑后继续改造罪犯的机关均是监狱，因此，减刑权当然归属于行刑机关。另外，监狱程序意义上的行刑权包括收押、减刑、假释、释放，减刑与其他刑罚执行活动之间并无二致。减刑权包含于行刑权中，因此具有行政属性。

2. 刑事执行权说。理由是：刑事执行权是刑事行政权，既不是司法权，也不是一般的行政权，而是具有刑事属性的特殊行政权。[1] 将减刑权视为刑事执行权，意在突出减刑的阶段性和刑事执行的独立意义。[2] "刑事执行权说" 的最终落脚点是认为减刑权系行政权，应由刑罚执行机关行使。减刑的实质是在承认法院终审判决的既判力的基础上对刑罚的变通方式，而不是对原刑事判决的更改，既不是 "审"，也没有 "判"，明显属于行刑的手段。[3]

3. 司法权说。首先，减刑属于刑罚变更，不同于一般的刑事执行，是变更行为而非执行行为，因此属于审判权范畴，尽管一般的执行活动并不属于司法裁判范畴，但是执行中涉及的行刑方式的变更等事项却完全可以被列入司法裁判的范围之中。[4] 其次，减刑改变了原判决内容，应由审判机关为之，将减刑权定位于司法权，能更好地对监狱活动实施监督，维护司法判决的权威和既判力。[5]

减刑之变更首先是判断问题，其次才产生执行问题，判断性质决定了它与一般执行权的不同。关于这个判断是否具有司法性，英美法系和大陆法系具有不同的认识：英美法系强调司法的被动性，既然没有具体的诉争，只有各方认识一致的矫正目的，这个权力就不属于法院的权限。而大陆法系国家强调法院的职权性，基于对审判权的固守和对既判力的维护，以及对罪刑法定、罪刑相适应以及犯罪报应的根深蒂固的观念，加上国家分权的 "机械性"，故认为减刑权属于司法权。[6] 将减刑权归属于司法权存在一定的优势：①行政权重效率，司法权重公正。②行政权受政治因素的影响大，司法权独立性强。③行政权重执行、主导性强、易侵权，司法权消极被动，重权利救济。④行政权是命令—服从式的，司法权是权利—义务式的。⑤行政权要接受司法权的审查。⑥司法权的行使必须有发生利益争端的双方的参与，具有多方参与性和法官亲历性，司法权运作的结果是产生对争端最终和最权威的解决方案，而行政权的行使所得出的结论不一定是

〔1〕 邵名正、于同志："论刑事执行权的性质及理性配置"，载《中国监狱学刊》2002 年第 5 期。
〔2〕 徐静村主编：《减刑、假释制度改革研究》，中国检察出版社 2011 年版，第 21 页。
〔3〕 陈卫东主编：《模范刑事诉讼法典》，中国人民大学出版社 2005 年版，第 654~657 页。
〔4〕 陈瑞华："司法权的性质——以刑事司法为范例的分析"，载《法学研究》2000 年第 5 期。
〔5〕 徐静村主编：《减刑、假释制度改革研究》，中国检察出版社 2011 年版，第 20 页。
〔6〕 徐静村主编：《减刑、假释制度改革研究》，中国检察出版社 2011 年版，第 22 页。

最终的。[1]

就我国现行减刑权的行使，虽由法院进行裁决，但尚存在一系列问题，尤其是减刑案件审理程序亟待改革。具体而言，可以从以下方面展开：

1. 应厘清司法权与审判权的关系。司法权从其内部结构来看，其由一系列的子权力构成。在这些子权力中，审判权居于核心地位，其他权力都是从审判权派生出来的。因此，司法权并非单一的裁判权，而是一个权力体系。司法权不仅包括审判权，还包括与审判权相关的或用于辅助审判权的一系列权力。[2] 而在减刑中，与减刑权密切相连的是审判权。

2. 被害人应参与减刑程序。参与裁判是实现程序公正的重要环节。罪犯是减刑程序的被审理对象，罪犯参与该程序有利于事实的发现和罪犯的改造。因此，我国减刑案件的审理无论从立法上还是司法上都保障了被减刑罪犯的参与。被减刑罪犯参与减刑程序所享有的权利包括：知悉权、申请回避权、参与法庭调查权、最后陈述权、对减刑裁定的申请复查权等。另外，减刑程序的设计也应当保障被害人的参与。尽管减刑是基于罪犯服刑期间的表现，似乎与其以前的犯罪事实无关，与被害人关系不大，但应考虑的是：刑罚的重要功能之一是安抚功能，通过对罪犯适用刑罚，在一定程度上能满足被害人要求惩罚犯罪的强烈愿望，平息犯罪给其造成的激愤情绪，使其精神创伤得以抚慰，尽快从犯罪给其造成的悲痛中得以解脱。基于此，对已决罪犯减轻其原判刑罚，当然应让被害人知情，让被害人知晓给罪犯减刑不是因为先前认定的案件事实发生了变化，而是罪犯在服刑期间的表现，以消除其顾虑。

3. 建立专业的减刑裁决法庭。减刑工作并非只是判断是否符合法定条件那么简单，而是一项融刑法学、生理学、心理学、社会学、矫正学、精神病学等学科为一体的十分复杂、专门化程度极高的系统，应由多学科的专家、学者参与审理。如意大利专门负责处理行刑事务的监察法庭就由监察法官和从事心理学、教育学、社会服务学、临床犯罪学、精神病学等专家人员组成，合议庭包括法庭庭长、1 名监察法官和 2 名专家。

4. 普遍实行公开开庭审理形式。法院在审理所有减刑案件时，应全部采取公开开庭的审理方式，杜绝之前的书面审理，以保障减刑的裁定只来源于法庭。法官只有在法庭听取各方意见的基础上，认真审查罪犯"确有悔改"或"立功表现"的具体事实，才能保证裁判结果的公正性，从而实现对罪犯和被害人的

---

〔1〕　徐静村主编：《减刑、假释制度改革研究》，中国检察出版社 2011 年版，第 21 页。

〔2〕　俞静尧：《刑事执行权机制研究》，群众出版社 2005 年版，第 50 页。

公平。

## 第三节　减刑制度

减刑制度产生于近现代的资本主义国家。奴隶制社会和封建制社会时期，只规定了依据犯罪人的身份在量刑时可减轻刑罚，在刑罚执行中并不减刑；如果需要减刑，则不依诉讼程序而由君主本人发号施令通过赦免而实施。资产阶级革命时期，针对封建社会的罪刑擅断，资产阶级的启蒙思想家提出了法制原则，确立罪刑法定、罪刑相适应。在18世纪占绝对优势的报应刑思想认为，刑罚是对犯罪进行报应的手段，刑罚的轻重与犯罪的轻重应当等价，因此，只有原判刑罚不折不扣地执行完毕，才能认为将犯罪人所犯的罪赎完了，才能认为对犯罪人判处刑罚的目的实现了，如果刑罚执行中减刑，那么刑与罪之间就是不等价的，失去了平衡，所以在这种背景下不可能产生减刑制度。随着目的刑理论的出现，认为刑罚并不仅仅是为犯罪人所犯之罪的报应与惩罚，还应该是矫正犯罪人的一种特殊手段。鉴于此，刑罚不再被认为一经法院判决就不能更改了，只要犯罪人的邪恶行为经过刑罚被矫正过来，对社会没有危害了，那么就达到了刑罚的目的，刑罚无须一定执行完毕。于是，减刑、假释制度应运而生了。

### 一、各国减刑制度

#### （一）美国的减刑制度

"善行折减"（Good-Time Credit）制度在美国矫正改革史上占有重要地位。1817年纽约州通过了一项善行折减法律，规定监狱当局有权在犯人服刑5年后给予减刑，至多可以减去原判刑期的1/4。"善行折减"就是犯人在服刑过程中因为表现良好而得以提前出狱，犯人由于看到了今后能够争取早日获取自由的希望，增加了自我改造的主动性。由于善行制在改造罪犯中效果良好，后为各州纷纷效仿。

善行折减制度的产生代表了在行刑实践中出现的刑罚思想由报应刑向教育刑转变的征兆。这一制度在矫正史上的价值还在于，它是著名的"狱分制"的先导。狱分制实际就是"善行"定量化和数据化，用数值来测定善行。而狱分制又是被西方学者和刑务学家誉为集一切进步的行刑制度之大成的"累进处遇制（Progressive Execution of Penalty）"的前身。现在的美国的"善行折减制"仍然是"累进处遇"的关键性的组成部分——由于善行而获得提前出狱的机会。目前，善行折减制度在美国各州的具体执行方法上互有差异。有的州规定"1日善行折抵1日刑期"，有的州规定"3日善行折抵1日刑期"，有的州把善行分等，例如"A等善行"是1日折抵1日，"B等善行"是3日折抵1日，"C等善行"是10日折抵1日，等等。纽约州的规定是，善行折减在定期刑判决中作为减刑适用，但总计不得超过法院宣告的定期刑的1/3；善行折减在不定期刑判决中作为有条件释放的依据，总计不得超过法院宣告的不定期刑判决上限的1/3。如果善行折减的累计时间达到与所判刑期的余刑相等时，则必须提前释放犯人，但是释放之后在一个固定时期内还应受假释委员会的监督。假释委员会有权批准监狱提出的善行折减，也有权扣除或者撤销善行折减。

（二）英国减刑制度

在英国，减刑是行刑过程中因表现良好而进行的一种宽赦。1952年《英国监狱条例》规定，服监禁刑的囚犯的劳动和行为表现可作为其减刑的根据；减去部分监禁刑期后实际执行刑期不得少于总刑期的1/3；终身监禁者的减刑，20年后才予考虑；接受减刑提前释放的罪犯不满21岁被判一年半以上监禁者，即使减刑释放，在原判刑期届满前应按假释释放待遇对待。

（三）法国减刑制度

法国法律规定减刑有一般减刑与特殊减刑两种形式：①一般减刑。《法国刑事诉讼法典》第721条规定，每一个被判刑人均可享有减刑待遇，可以享有减刑待遇的时间，第一年最高为3个月，以后每一年最高可减刑2个月以及每个月最高可减7日。但是，如果罪犯在减刑后的服刑期间有不良行为表现，可以全部或部分撤销已缩减的刑期。法国行刑实践中，一般减刑的适用面较广，甚至占在押犯的90%以上。②特别减刑。《法国刑事诉讼法典》第721-1条规定，被判刑人通过大学或职业培训考试，增强了适应社会生存的能力，可按第721条规定的程序和方式给予特别减刑，但特别减刑的适用率相当低。

（四）俄罗斯减刑制度

1997年1月1日生效实施的《俄罗斯联邦刑法典》规定了"将未服完的部分刑罚改判为较轻的刑种"的特殊减刑制度。这种不同于其他国家的减刑制度，有的学者称之为"易科较轻的刑罚制度"，但其仍符合减刑的实质特征。"对由于实施轻罪和中等严重犯罪而已在服剥夺自由刑的被判刑人，法院可以根据他在服刑期间的表现将尚未服完的那部分刑罚改判为较轻的刑种。在这种情况下可以完全或部分免予服刑。"将未服完的部分刑罚改判为较轻的刑种的根据是被判刑人的改造达到了可以不再剥夺自由，而在另一种更轻刑种的服刑条件下仍能得到改造的程度。这种可能性取决于被判刑人的表现和他履行义务的态度以证明他改造过程的顺利，这种改造过程即使在比剥夺自由更少惩罚的条件下服刑也能继续。根据《俄罗斯联邦刑法典》，其刑罚种类包括从罚金到死刑共13种，其中属剥夺自由刑的由轻到重依次是拘役、军纪营管束、一定期限的剥夺自由和终身剥夺自由。这种减刑既可改判为较轻的剥夺自由刑，也可改判为限制自由、劳动改造、强制性工作、限制军职等非剥夺自由刑，而且服较轻刑种的期限不得超过尚未服完的那部分刑期，也不得超过该较轻刑种的法定上限。

（五）意大利减刑制度

为避免监禁刑的种种弊端，《意大利监狱法》规定了一些在行刑阶段适用的替代性措施，减刑即为其中的一种。《意大利监狱法》第54条规定了提前释放中的减刑，即对被判处监禁刑的罪犯，如果确已接受再教育，为使其更有效地重返社会，可以每服6个月监禁刑减刑20天。如在获得该优待后的行刑期间犯非过失之罪而被判刑，则意味着应撤销该优待。意大利的减刑制度充分体现了其刑罚执行的再教育目的和个别化原则。

**二、国外减刑制度的共通之处**

（一）对减刑普遍持慎重态度，适用率远低于假释

减刑是一项在中国普遍适用的刑罚执行制度。国外许多国家和地区在刑法上并没有减刑的规定，但有类似于减刑的刑罚制度，只是在名称、内容、性质上都与我国存在很大不同，例如：美国称为"善时制"、英国称为"良好表现的减刑"、加拿大称为"赦免"。另外，以美国、英国为首的英美法系国家，尽管对假释都十分重视，却对减刑适用持慎重态度，减刑的适用比例远远低于假释。德国、日本等国实行的是单一的假释制度，俄罗斯实行的是假释为主、易科减刑为辅的制度，没有哪一个国家实行的是单一的减刑制度。究其原因在于，在国外，人们普遍认为假释是一项比减刑更加优越的制度。假释相较于减刑，不仅可以延续矫正的进行，更主要的是能够解决直接刑满释放的弊端，为罪犯安排一个再社会化的过渡性阶段，以遏制和降低重新犯罪率。再加上假释原本就是基于国外行刑社会化思想而发展起来的制度，在许多国家有着根基深厚的司法实践传统和社会基础，所以，从一开始就有压倒、逐步替代减刑制度的发展趋势。

（二）减刑与假释紧密衔接

在国外，兼有减刑与假释的国家往往会将减刑与假释结合适用，即罪犯虽然获得了法定幅度的减刑，但一般是以假释或有条件的释放形式出狱。例如在美国，减刑与假释制度是紧密相联的。减刑通常是确定假释日期的一种客观标准，即所判刑期减去善行折减期，便是假释出狱日期。在实行裁量假释的各州，更倾向于把减刑作为假释的补充，在这些州，减刑的范围一般与假释相同。如果一个

犯人几次被假释委员会否决，但是行为表现符合减刑的规定，就可以考虑被释放。

（三）严格规范减刑条件

1. 减刑条件明确。在国外，减刑是一项必须基于明确理由而实行的制度。这些理由：一类是犯罪人的行为表现，如美国规定的"表现良好而减去刑期"；另一类是犯人参加矫正计划的情况，例如意大利要求"积极参加再教育活动"。与中国不同的是，其他国家对罪犯是否应当得到减刑，既不要求有量上的积累和人员比例的平衡，也不需要对罪犯是否有悔改表现作出主观判断，而只要罪犯在服刑期间，其行为符合法定的理由，即可以获得减刑。

2. 减刑标准严格。国外对于减刑的幅度、限度多采取比例缩减制、递进缩减制或混合制。例如法国法律规定对于被判处较短监禁刑的罪犯，其判处的刑期如果为 1 年，则折减刑期不超过 3 个月，被判处刑期为 1 个月的，折减刑期不得超过 7 天。英国法律规定，有期徒刑罪犯减刑后，其减刑不得超过总刑期的 1/3，而无期徒刑的罪犯必须在服刑 20 年后才可以减刑。相比我国的减刑制度，其他国家和地区的减刑制度规定的计算方式和结果比较明确，可预测性强，这就大大减少了司法人员从中徇私舞弊、违法减刑的机会。总的来说，国外的减刑幅度、减刑期限相比我国要严格。

（四）减刑的决定权大多由刑罚执行机关行使

减刑、假释决定权的归属是减刑、假释程序中的重要问题。从世界各国立法情况来看，主要存在法院审查的司法模式和通常是减刑、假释委员会审查的行政模式两种。在减刑裁决权的归属上，大多数则由司法行政机关来行使，只有意大利、法国、俄罗斯等少数国家由司法机关来行使裁决权。各个国家和地区的减刑决定权也各有差异。但从总体上看，由刑罚执行机关决定减刑要显著多于审判机关。

（五）减刑撤销规定的普遍性

尽管规定减刑的国家较少，但规定减刑的国家大多数都有撤销减刑的规定。例如，《法国刑事诉讼法》规定：在给予减刑的年度时，被关押的犯人具有不良行为，在征求了刑罚实施委员会的意见后，刑罚执行法官可以全部或者部分恢复被减掉的刑期。《意大利刑法》对此也有明确规定，减刑的罪犯在以后的刑罚执行过程中再犯非过失性犯罪，则撤销减刑。国外减刑撤销制度的显著特点是：①减刑可以全部撤销，也可以部分撤销；②对再次服刑的罪犯应当撤销其获得的减刑；③被撤销的减刑可以全部恢复。而无论是撤销减刑制度还是减刑撤销再恢复制度都是为了督促罪犯最大可能地接受改造。[1]

**思考题：**

1. 减刑包括减刑期和减刑种两种类型，试问由无期徒刑减为有期徒刑是哪种性质的减刑？

2. 世界上有无单纯实行减刑制度的国家？

3. 减刑的理论根据有哪些？

4. 减刑可否被撤销？我国有无减刑撤销制度？

---

[1]　张婧："国外减刑、假释制度的发展现状及其对我国的启示"，载《犯罪与改造研究》2014 年第 6 期。

# 第八章  分类制度

分类制（Classification System）是现代矫正制度中罪犯矫正制度中的重要制度，分类是对罪犯进行有针对性处遇和矫治的前提。西方各国对罪犯分类制度非常重视，在可见的资料中，当代主要国家的矫正制度中几乎无一例外地都实行了分类制。

## 第一节  分类制的概念和起源

### 一、分类制的概念

虽然分类制是一项重要的矫正制度，但是迄今为止对它的研究仍然略显落后，首先在概念表述上就十分不统一。在学术界，有将分类制概念界定为"按不同的标准对犯人进行分类监禁的行刑制度"，[1] 有将分类制概念界定为"指对罪犯之性别、姓名、刑期、罪质、年龄、罪数、职业、身份、性情等资料加以斟酌，而分别予以监禁之矫正制度"，[2] 还有将分类制界定为"根据一定标准将犯人分成若干类别，实行分别处遇的矫正制度"。[3] 为了澄清和统一对分类的认识，1950 年在荷兰召开的第 12 届国际刑法和刑务会议上，通过了关于分类概念的决议。该决议中提出："分类这一用语，在欧洲语言中意味着首先按照年龄、性别、前科、精神状态等因素将不同的犯人分别集中关押在特殊的矫正内，然后再在各个矫正内将犯人细分成不同小组。与此相反，其他国家，特别是美国各州在行刑理论和实践中所用的分类一词，主要是作为犯人的诊断评价、指导和待遇的专门用语。"[4] 这个决议对分类的概念进行了梳理，实际上归纳了两种不同的分类，即所谓"收容分类"和"处遇分类"，而这两种分类在现代矫正分类制度中，都是合二为一，综合采用的。除此之外，还有罪犯调查分类、教育分类（矫

---

[1]  中国劳改学会编：《中国劳改学大辞典》，社会科学文献出版社 1993 年版，第 559 页。

[2]  丁道源编：《矫正学大辞典》，台湾"法务部"刊行，第 219 页。

[3]  杨春洗等主编：《刑事法学大辞典》，南京大学出版社 1990 年版，第 339 页。

[4]  中华人民共和国司法部编：《外国监狱资料选编》（下册），群众出版社 1988 年版，第 385 页。

正分类）、精神分类等。

## 二、分类制的起源与发展

根据资料显示，初期的罪犯分类首先产生于荷兰的阿姆斯特丹。1597 年，为了规避男女混杂监禁的弊端，荷兰在阿姆斯特丹设立女子劳役所，将男女罪犯予以分离监禁，开犯人分类制度之先河。1602 年，荷兰设立少年感化院，并在男子劳役所中设立少年劳役所，将少年犯和成年犯分离监禁。这被认为是现代分类制度的萌芽。

分类制度作为制度使用起始于 19 世纪中期的美国，由于教育刑思想的兴起，施行对犯罪的个别教育，但是个别教育虽然针对性强，却不易实践。因此，推行一种"类型化"的集中教育，即将相似的个体进行分类，是针对行刑个别化的扩大适用，有利于提高矫正效率。1928 年美国成立了分类委员会，由专职人员对罪犯进行个别调查，根据调查结果，确定个别化处遇。1931 年，美国监狱协会成立了"罪犯个别调查及分类处遇委员会"，制定了《矫治机构分类纲要》。世界各国的分类制度自 1830 年起被逐渐确立，英国、德国、日本等国家都相继开展了以罪犯分类为主要内容的矫正制度改革。从 19 世纪后半叶到 20 世纪，由于自然科学以及其他以人为研究对象的科学，如精神病学、心理学、社会学、教育学的发展，也促使有关犯罪的诸学科如犯罪生物学、犯罪人类学、犯罪心理学、犯罪社会学发展，因而在罪犯分类上也有了新的突破。第二次世界大战后，分类制度的理论、方法、体系得到进一步创新，罪犯分类呈现出广泛性、组织性、规范性、科学性，并形成模式各异的格局。目前，分类制度更是朝着专业化、规范化、科学化的方向迈进。世界上运用分类制度比较成功的国家是日本，日本的罪犯分类制度又影响到世界其他国家。

## 第二节　罪犯分类调查制度

罪犯的分类调查是指罪犯刚进入监狱时，监狱根据分类的要求，通过谈话、心理测试、社会调查、查阅档案等方式，确定罪犯的危险程度、个性特征，以便将罪犯投入不同的监狱矫正。罪犯分类调查是罪犯分类关押的前提和基础性工作。

### 一、日本的分类调查制度

二次大战后，美国的犯罪调查分类制度强烈地影响了日本，1948 年日本制定的《罪犯调查分类纲要》正式确立了科学的分类制度。该纲要规定，在各个矫正管区、各刑务所（矫正）设立专门的分类机构。一般来说，对每一个新入监的罪犯，都要通过专门分类中心进行为期60天的分类调查及入监教育训练。

整个分类调查分四个阶段：第一阶段（前期）15天，关押在单独监舍、进行活动观察、行为习惯观察、集体进行心理测试、个别进行心理测试、面谈调查、健康诊断。同时进行入监教育，了解受刑的意义、矫正目的、矫正日常规则、生活须知等。第二阶段35天（中期），适应性劳动、职业适应性测试、职业技能测试、精细健康检查、再次面谈调查、罪犯写作服刑感想、监规训练。一方面唤起劳动兴趣，一方面借以观察和发现适合该犯的职业工种，以便今后安排正式工作。第三阶段10天（后期），确定收容种类、确定移送单位、拟定初步矫正方案。第四阶段5天，（接收单位的收监观察）独居监舍观察、面谈调查、健康检查。新入监的罪犯经过60天的分类调查，确定收容分类级别后，被移送到相应的刑务所去。

**二、英国的罪犯分类调查**

英国罪犯分类调查主要针对成年男性罪犯，对于女性和青少年犯则不实行。英国被判刑罪犯最先被投入"评价和分类"矫正，由矫正当局根据观察记录，进行"评价"，然后分别送入其他正式服刑机构。根据评价，犯人被分为A、B、C、D四类，A类罪犯再根据风险级别分为三级，即标准级别、高风险级别和极高风险级别，但是可以根据他们的服刑表现随时改变类别。

英国对罪犯的分类调查是通过风险评估完成的，矫正管理总局制定了评估办法和标准，研发了专用软件《OAS罪犯评估系统》，这套系统已被英国矫正作为罪犯风险评估的主要工具。[1] 罪犯安全风险评估是动态的，包括判决前、判决后、服刑期间、释放前四个阶段，每个阶段罪犯的风险等级可根据评估结果有升有降。不同阶段评估的依据略有不同，但重点是一致的：一是该罪犯对他人造成伤害的和自杀、自伤的风险；二是企图越狱的风险；三是释放后重新犯罪的风险。根据最初罪犯的评估级别，可以决定该罪犯服刑的矫正类别，如在高、中、低度戒备矫正或开放矫正服刑。根据已在矫正服刑罪犯的评估结果，可以决定该罪犯在矫正的处遇等级或是否转送其他类别的矫正服刑等。

---

〔1〕 邵雷主编：《中英监狱管理交流手册》，吉林人民出版社2014年版，第173页。

## 第三节 罪犯分类制度

### 一、罪犯收容分类

收容分类是在罪犯移送到矫正执行刑罚之前，通过分类调查，根据服刑罪犯的基本情况，按罪犯的性别、年龄、自由刑的种类、刑期等将罪犯予以分类，送至不同的矫正执行刑罚。日本共设有9个分类中心进行罪犯分类调查，收容分类分十个级别。

（一）按照服刑罪犯的性别、国籍、刑名、年龄段、刑期划分

W 级：女犯 Woman

F 级：外国籍犯 Foreign（需要与本国人不同处遇）

I 级：禁锢刑罪犯 Isolation

J 级：未成年犯 Junior

L 级：执行刑期在 8 年以上（长刑犯）Long

Y 级：未满 26 岁的成年犯 Young

（二）根据犯罪倾向划分

A 级：无犯罪倾向的（过失犯罪）

B 级：有犯罪倾向的（故意犯罪）

（三）根据罪犯的精神状况、患病状况予以划分

M 级
- Mx 级：智能不全或需此特殊处遇者
- My 级：精神变态或有此倾向者
- Mz 级：精神病或被认为有相当的精神病趋势的人以及吸毒或饮酒成瘾的人（中毒症状者）

P 级
- Px 级：身体有病、怀孕或生小孩，需要治疗或修养
- Py 级：身体残疾及盲聋哑人，需要特殊待遇
- Pz 级：60 岁以上老年犯

### 二、罪犯处遇分类

处遇分类，是罪犯送到矫正执行刑罚之后的再分类。比较常见的有两种情况：一种是处置性分类。根据罪犯的不同情况分开进行管理。如对患病的罪犯，对违反监规纪律或需要特别监护的罪犯，对刚刚入监的罪犯或即将释放的罪犯，

以及其他需要特别处遇的罪犯分开处遇。另一种是激励性分类，即根据罪犯的服刑表现，确定不同的处遇等级，以激励罪犯改造。激励性分类属于分级处遇的内容，在此不做详细论述。

关于处置性分类，在日本，新入监犯人经过 60 天的分类调查，确定收容分类后，被移送到相应的刑务所去，再根据分类调查中确定的处遇分类和处遇方案，决定给予不同的处遇。

V 级：需要进行职业训练的 Vocation

E 级：需要完成义务教育的 Education

G 级：需要进行生活指导的 Guide

T 级：需要进行专门治疗的 Treatment

S 级：需要进行特别观护的 Special

O 级：实行开放处遇的 Open

N 级：可以协助进行作业管理的 Network

通过分类，不同罪质的罪犯被分开了，这样可以较好地防止罪犯之间不同罪质的交叉感染，但存在深度感染问题。深度感染标志着罪犯继续地变坏，这其实就给矫正带来新的课题，不分类缺乏针对性，分类不当又会引发深度感染。如何解决罪犯分类后的深度感染问题是现代分类制度的关键问题之一，否则将极大地影响分类制的运用和发展。

## 第四节 监狱分类制度

### 一、美国监狱分类

美国各州关押男犯的监狱一般分为最高、中等、最低警戒度三种级别的监狱。女犯监狱一般在同一机构内包括各种警戒等级。

1. 最高警戒度监狱（Maximum-Security Prison）。最高警戒度监狱，是指采取最严格的安全措施和管理制度的监狱，一般而言，这种监狱中的犯人都是最危险、最具有暴力倾向、最难以改善的犯人，他们被监禁在最安全、最牢固的监狱中，对他们实行最严格的管理制度。通常，关押在最高警戒度监狱中的罪犯一天中只有一小时可以在监舍外活动。在这一小时内，罪犯可以进行洗浴、锻炼等活动，但移动中必须戴戒具，并有矫正工作人员看管。[1]

2. 中等警戒度监狱（Medium-Security Prison）。中等警戒度监狱是指介于最高警戒度监狱和最低警戒度监狱之间的一类监狱。这类监狱主要关押中等危险的犯人，这类犯人比最高警戒度监狱中的那些顽固犯罪人容易挽救。因此，在这类监狱中监狱方面一般会为犯人提供更多的培训、治疗和劳动计划。管理上也比最高警戒度监狱要宽松适度一些。某些较新的中等警戒监狱还采取了校园和庭院风格，虽然带刺电网、警卫塔和其他警戒装置仍然存在，但其氛围较最高警戒度监狱宽松。[2] 但是，中等警戒度监狱仍然有比较严格的管理设施和措施，使用了复杂的电子监控设施，设置了大量的门锁，对进出车辆有严格的限制和检查。

3. 最低警戒度监狱（Minimum-Security Prison）。指警戒设施较少，管理比较宽松的一类监狱。这类监狱中犯人危险性较低，他们被看成是最值得信任的、暴力倾向最小的犯罪人。在最低警戒度监狱中服刑的犯人，不仅有那些在最初分类时被认为危险性很低的的犯人，包括大量初次犯罪人、过失犯罪人、偶然犯罪人、轻刑犯罪人、年轻犯罪人、白领犯罪人等；也有在其他监狱服刑之后执行剩余刑期的长刑犯人，这些犯人经过在其他监狱中的服刑生活，用自己的表现证明自己危险性很小，或者经过服刑生活和监狱计划的影响，危险性已经变得很小，在这里为假释、释放做准备，以便出狱之后能够顺利适应社会生活。由于最低警戒度监狱更加强调犯人矫正和回归，它们很少被称为"监狱"，而更有可能被称为"中途之家""工作释放中心"。尤其在城市中，这类监狱就建在社区中，近来被称为"社区居住中心"。还有的作者将最低警戒度监狱和"社区警戒度监狱机构"相提并论。

**二、英国监狱分类**

英国引入安全分类制度，基于 20 世纪 60 年代到 90 年代的监狱暴力案件、罪犯逃跑严重，以及重新犯罪问题引起民众对政府不满，加上重特大案件发生呈上升趋势，恐怖活动加剧，受到议会和政府的高度重视。议员蒙巴顿在 1967 年对英国监狱视察后，提出引入安全性分类建议。英国根据罪犯一旦逃脱可能对社会公众产生的危害大小，将所有成年的男性罪犯分为 A、B、C、D 四个级别，监狱也相应分为 A、B、C、D 四类。

1. A 类监狱。属于高度戒备监狱，配备有最高等级的安全戒备系统，以使罪

---

[1] "North Carolina Department of Public Safety", See https：//www.doc.state.nc.us/dop/custody.htm (2019-8-22).

[2] 王志亮译著：《美国矫正制度概要》，苏州大学出版社 2014 年版，第 196 页。

犯没有逃脱的可能，由国家监狱总局直接管理，只有监狱总局才能将罪犯确定为A类。A类罪犯由A类罪犯分类委员会确定，委员会也负责审查监狱提出的将A类罪犯降级为B类的建议。A类罪犯又分为三个子类，包括极高风险、较高风险及一般高风险。全部88 000名罪犯中，A类罪犯不到1000人。

2. B类监狱。由当地监狱机构管理，监狱的设施及人员的配置低于A类监狱，监狱经费由国家保障但低于A类监狱。

3. C类监狱。设施安全防范性低于A、B类监狱，罪犯需参加就业培训，经费由国家保障但级别低于A、B类监狱。

4. D类监狱。属于开放式监狱，罪犯可参加一定的社会活动，接受社会就业培训，参加劳动并可获得一定的报酬，罪犯管理较A、B、C类监狱宽松。[1]

除此之外，英国还将15岁~17岁的少年犯与成年犯分开关押，称为封闭培训所，为罪犯提供一个强化矫治的社区，使犯有严重罪行的少年犯改过自新；将18~20岁的青年犯（除例外情况）与成年犯分开关押，设封闭培训监狱，采取防止逃脱的戒备措施，并设有劳动教育、改造犯罪行为以及进行适合青年人群的身体训练制度。全英国有A类监狱9个，B类监狱40个，C类监狱33个，D类监狱10个，女子监狱17个，少年犯（15岁~17岁）封闭培训所4个，青年犯（1岁~20岁）封闭培训监狱15个。

### 三、日本监狱分类

日本每个监狱都接受特定类型的犯人。根据收容分类和处遇分类划分的罪犯类型，作为一条原则，A与B类犯人不能被关在同一监所。这条规则也适用于LA和LB、YA与YB、JA与JB类的犯人。女犯与男犯不同，女犯并不是按年龄、刑期、罪行等情况分配到不同的刑务所，A与B类犯人实际上是不分开的，但A与B类女犯们的监房是分开的。在医疗监狱也是一样，M类和P类犯人被关押在同一监狱，但分不同的监区分别给予集中治疗。O、V、E类犯人要专用设施，因此，已指定并特别装备了几个监所，以给予这些犯人必要的特殊待遇。

日本监狱分类的特点在于将性质大致相同的罪犯相对集中到一起，创造有利于矫正罪犯的处遇条件，一方面能使罪犯的教育个别化、针对性强；另一方面，使刑务所"专门化"，便于集中优势力量，提高矫正监狱效率。

### 四、瑞典监狱分类

在瑞典，有四种不同警戒级别的监狱。Ⅰ至Ⅲ级监狱是"封闭式监狱"，Ⅳ级监狱是"开放式监狱"。这种制度是在20世纪90年代引入的。之前，监狱划

---

[1] 邵雷主编：《中英监狱管理交流手册》，吉林人民出版社2014年版，第125页。

分为国家监狱和地方监狱或"周边"监狱。国家监狱和地方监狱中都有开放式和封闭式监狱。国家监狱通常是最高限度戒备监狱，也包括最低到最高限度戒备的各级监狱。周边监狱通常是最低或中等戒备监狱。

1. Ⅰ级监狱，类似于其他国家的最高限度戒备监狱。有当前先进的技术和保安方法作保障，这些监狱在设计时采用了最高水平的安保设施，以防囚犯越狱。

2. Ⅱ级监狱，没有防止囚犯越狱的安保措施。

3. Ⅲ级监狱的基本设计初衷是阻止囚犯产生越狱冲动，这些监狱只有一些防止囚犯越狱的最低限度安保措施。

4. Ⅳ级监狱也叫开放式监狱，其中没有任何防止囚犯脱逃的物理障碍或技术，在这类监狱中，非武装的监狱管理人员是防止囚犯脱逃的唯一屏障。因酒后驾车或较轻微犯罪而被定罪的人通常在Ⅳ级监狱服刑，在这类监狱服刑的犯人白天可以离开监狱到外面继续工作或接受教育。

据 1997 年统计，有 7% 的犯人关押在Ⅰ级监狱，18% 的犯人在Ⅱ级监狱，29% 的犯人在Ⅲ级监狱，22% 的犯人在Ⅳ级监狱，还有 24% 为未决犯。从国际视角来看，瑞典监狱现代化程度较高，成本昂贵，规模较小，典型的瑞典监狱拥有的床位还不到 100 个，最大的监狱床位也不超过 300 个，犯人夜间就寝必须使用单人牢房，不存在过度拥挤现象。

**思考题：**

1. 收容分类和处遇分类是哪个国家的做法？
2. 日本监狱的分类原则是怎样的？

# 第九章　累进处遇制度

累进处遇制，指将自由刑的执行分为数个阶段，按罪犯的行刑成绩，渐次改进其待遇，达成改过向上目的的制度。累进处遇制度是教育刑思想的产物，监狱不应仅成为消极关押和惩罚罪犯的场所，而应立足于消除犯罪人身上的主观恶性，积极地矫正罪犯，将刑罚过程"有价值化"。累进处遇制提取了管理科学中激励罪犯能量发挥的模式，使罪犯始终处于一个正向努力的过程中，辅就了罪犯的矫正自新之路。

## 第一节　累进处遇制的起源与发展

### 一、累进处遇制度（Progressive Execution of Penalty）的萌芽

1792 年，亚瑟·菲利普（Arthur Phillip）在新南威尔士推行假释票制度，当时的殖民统治者强烈地反对这种无组织的假释制度。为了解决滥用假释制度的问题，将假释改为刑期分为四个阶段的近似累进制的制度，所以说，累进制相伴着假释制度而生。菲利普将罪犯的待遇分为四级：第一级，将新流犯置于惩罚场，使其服重度劳役。第二级，将第一级罪犯中保持善良之人重新编入开垦队，生活较第一级自由，在监管下从事垦殖。第三级，对上一级中保持善良之人，让其从事自由殖民者之业，但还需监管。第四级，对第三级善良之人中保持行状善良持续一定期间者，发给"释放票"，在居住在指定区域，定期报告生活情形等条件下，免于残余刑期的执行。

可见，最初的累进制就与分级制和假释制度密不可分，分级制是累进制的前提和基础，假释制度是累进制的目标和结果。

### 二、累进处遇制度的形成

澳大利亚的诺福克岛（Norfolk Island）是调犯热时期接受调犯最重要的刑罚执行地。诺福克岛距离澳大利亚东北部城市悉尼约 930 公里，那里自然条件异常恶劣。1839 年亚历山大·马克诺奇就任诺福克岛监狱的监狱长时看到了这些问题，基于改造罪犯的理念，阐明了他的刑罚哲学：罪犯因为过去而受到惩罚，为

了将来而接受改造。

马克诺奇根据当时该地刑罚执行的具体性质，采用了阶级制，在他任职的 5 年内，初步完成了三级累进阶梯的建设工作。首先，将罪犯的刑期分为二部分，刑期的前 1/2 固定为"刑罚阶段"，为无条件服刑期，不予考核，实行独居监禁。刑期的后 1/2 开始实行累进处遇制度。其次，后 1/2 刑期，又分为三个等级的阶梯。根据罪犯的服刑表现情况进行考核计分，并根据得分情况进入不同等级的阶梯（第一、第二阶梯）。最后，可根据得分情况，达到第三级阶梯，获得假释资格。

所以马克诺奇的方案的中心是假释，只是在适用假释制度时，引进了累进制度，并将二者结合在一起使用，以服刑罪犯获得假释为主要价值导向和终极目标，累进制整体性质确定为"取得假释的步骤和程序"，所以又常被称为"假释阶梯"或称"假释型累进制"。把假释作为罪犯奋斗的目标，累进制是作为获得假释的途径。累进制作为假释的阶梯和手段，主要处遇差集中表现为关押方式的差别，即独居拘禁级——杂居作业级——假释资格级。

马克诺奇的另一重大贡献是创立了点数制。点数制是对罪犯行为的考核制度，以分数表明罪犯在劳动和行为方面的表现情况，并以此决定罪犯在刑罚执行中所处的等级状态 。他通过计分的方法将罪犯的行为和劳动量化，使得对罪犯行状良好的评价不再依靠主观的判断，而是有了客观的标准。[1]

### 三、累进处遇制度的发展

瓦特·克拉夫顿（Watt Crafton）是 19 世纪英国著名的监狱改革家。1854 年他被任命为爱尔兰蒙乔伊监狱的监狱长。克拉夫顿对马克诺奇的实践非常熟悉，他在吸收马克诺奇改革经验的基础上，针对方案存在的缺点提出改进意见，在原有的第二阶段后再加一个阶段——中间监狱作为假释前的半自由阶段，这样，使原来的三级阶梯制变为四级阶梯制，后来又称为爱尔兰制。

第一阶段，最低处遇级，独居监禁。时间为 9 个月，刑期的头 9 个月为严格单独关押期间。这一阶段，注重对罪犯的惩罚，使服刑罪犯感到失去自由的痛苦和刑罚的威严。

第二阶段，中间处遇级，杂居劳动，实行杂居或昼间杂居。这一阶段，罪犯移至斯巴依克岛上的特制监狱，混合关押，进行土木要塞工程建设。在该阶段中，服刑罪犯的刑期又被分为五个小阶段，凡进入上一个小阶段的，分别给予一定的优待，达到第五个小阶段标准的，将进入第三级，在这一阶段，处遇与表现

---

挂钩，是罪犯服刑过程的主体部分，也是监狱行刑的主要过程。主要的矫正手段，例如，教育、劳动、管理等都于此阶段系统展开，并且以罪犯的"再社会化"为核心，所以又被称为"社会改善级"。

第三阶段，优惠待遇级，中间监狱。达到狱内所能达到的最高档次，半自由状态，给予罪犯较大的自由和自理权，罪犯有较大的自由，可以穿自己的衣服，白天可以到社会工作，晚上回监狱，报告工作情况，接受点名后在监舍住宿，可以自由使用工资，该中间监狱的目的在于考验罪犯能否经得住社会上的诱惑，考察罪犯是否确已得到改善以及自制力的强弱，注重回归社会能力的培养和训练。中间监狱实际上是罪犯步入自由社会的阶梯，是假释前的一个半自由的过渡阶段，有利于避免罪犯因为突然进入普通社区而引发的不适。

第四阶段，假释资格级。这一阶段，处遇水平仍维持在第三级的半自由状态，但重心转为假释程序和回归程序：一是继续考验其是否有反复或作伪；二是待假释法定要件齐备，假释安排就绪，手续办理齐备，即可获得假释。这时的工作中心转为回归工作。克拉夫顿方案的主要特点是：

1. 从服刑罪犯一入监，即将其纳入累进过程，这和马克诺奇的服完一定期限后再以累进取得假释的做法有明显区别：

表 9-1　马克诺奇方案

| 刑罚期 | 累进期 | | |
|---|---|---|---|
| 1/2 或 1/3 刑期 | 独居 | 杂居作业 | 假释资格 |

表 9-2　克拉夫顿方案

| 最低处遇级 | 中间处遇级 | 优惠处遇级 | 假释资格级 |
|---|---|---|---|
| 精神改善 | 社会改善 | 中间监狱 | 社会 |
| 独居 | 杂居 | 半自由 | 假释 |
| 服刑过程 | | | 后果 |

克拉夫顿累进制的改革是从取得假释为中心转移到建立"阶段过渡式"的服刑过程和行刑过程为中心，这种中心的转移，使累进制摆脱了假释手段、假释程序的依附地位，而独立地成为监狱行刑矫正活动的一种模式。假释也随之而降到"必然结果"的地位，过程的作用突出出来，这样一来，累进制的价值迅速

增加，克拉夫顿试图以累进的方式建立一种可控的行刑过程，所以，其所主张的累进制又称"过程"型累进制。

2. 在级别中加入一个半自由级，即中间监狱，使整个行刑过程变成一个完整的过程，实现监狱行刑的过程化，假释退居到后果的地位。

3. 克拉夫顿的另一个贡献在于他创立并完善了对假释罪犯的监督考察制度，在乡村地区，由警察对他们进行监督，在都柏林地区，则有市民雇员进行监督，他们的头衔是"释放罪犯监督员"，并要求被假释的罪犯定期报告自己的情况，每两个星期对罪犯进行一次家访，并确认他们的职业。

自克拉夫顿始，累进制才基本成为一种行刑模式和监管模式，爱尔兰方案的成功，对美国刑罚执行制度产生了很大的影响，1870 年，美国第一次全国监狱会议在辛辛那提举行，会后发表的《辛辛那提宣言》就曾预言："爱尔兰制必将风行于世界。"

## 第二节 累进处遇的类型

### 一、狱分型累进制

这一类型以诺福克岛方案为代表，罪犯在分级的基础上，按获得狱分的多少来决定所在的等级，最高等级就是获得假释资格，假释出狱。

在实施过程中，往往会将刑期的前半段（前 1/3 或者 1/2）作为无条件服刑时期，不予考核；后半段为累进阶段，分为三级或者四级，实行考核计分，将分数作为定级、进级的依据和手段。

累进阶段，处遇差主要表现在关押方式的区别，即独居级——杂居作业级——假释资格级。这一阶段以服刑罪犯获得假释为主要的价值导向和终极目标，累进制作为取得假释的步骤和程序，又称"假释阶梯"。

### 二、过程型累进制

这一类型以克拉夫顿方案为代表，这一方案仍然以假释为价值导向，但假释已退居到累进的必然结果的地位上来。

本方案试图以累进的方式建立一种可控的行刑过程，实现监狱行刑的过程化。服刑罪犯一入监即纳入累进过程，将整个服刑过程分为四个级别：①第四级（最低处遇级）。罪犯刚入监进入第四处遇级别，实行独居监禁，处遇严格但有时间上限。这一阶段监狱的行刑工作注重认罪悔罪，使服刑罪犯感到失去自由的痛苦和刑罚的威严，所以又被称为"精神改善级"。②第三级（中间处遇级），这一处遇级别里罪犯实行杂居或昼间杂居，处遇与表现挂钩，是罪犯服刑过程的主体部分，也是监狱行刑矫正的主要过程。主要的矫正手段例如教育、劳动、管理等都于此阶段系统展开，并且以罪犯的再社会化为核心，所以又被称为"社会改善级"。③第二级（优惠处遇级），达到狱内处遇所能达到的最高档次——半自由状态。管理上应当是各松而实紧，加强考察监督，防止反复和弄虚作假，注重回归社会能力的培养和训练。这一级也有适当的相对时限，一般不超过刑期的1/4或1/2。④第一级（假释资格级），处遇水平仍维持在半自由状态，但重心转为假释程序和回归程序。一是继续考验其是否有反复和做伪；二是待假释法定要件齐备，假释安排就绪，手续办理齐全，即可获得假释。

**三、多级型累进制**

此型也称分流多级式累进制，因以荷兰为主要代表，也称"荷兰方案"，荷兰分流多级式累进制的流程设计是：

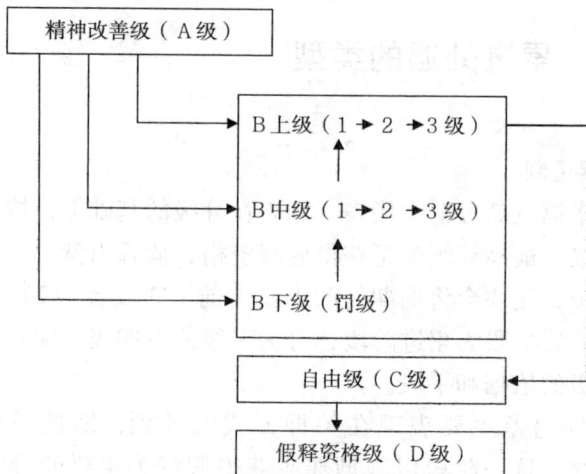

```
        ┌─────────────────────┐
        │  精神改善级（A级）   │
        └─────────────────────┘
          │                 ┌─────────────────────────┐
          │          ┌─────▶│  B上级（1→2→3级）      │◀──┐
          │          │      └─────────────────────────┘   │
          │          │                 ▲                   │
          │          │      ┌─────────────────────────┐   │
          ├──────────┼─────▶│  B中级（1→2→3级）      │   │
          │          │      └─────────────────────────┘   │
          │          │                 ▲                   │
          │          │      ┌─────────────────────────┐   │
          └──────────┴─────▶│  B下级（罚级）          │   │
                            └─────────────────────────┘   │
                            ┌─────────────────────────┐   │
                            │      自由级（C级）       │◀──┘
                            └─────────────────────────┘
                            ┌─────────────────────────┐
                            │   假释资格级（D级）      │
                            └─────────────────────────┘
```

**图9-1　荷兰分流多级式累进制的流程设计**

其中具体实施方法包括：①初犯、偶犯和易改者，A级后，进入B上级，经其1、2、3亚级后进入C级；②惯犯、累犯和恶习较重者，完成A级后，进入B中级，经B中级的1、2、3亚级后，升入B上级，再经B上级的1、2、3亚级后换入C级；③顽固抗敌、表现恶劣的，进入B下级，待表现好后，升入B中级，再升入B上级，最后转入C级；④在B上、B中、B下之间，如果表现不好，随时可以循级下降，在亚级中运动。

从理论上讲，荷兰方案的考虑是比较周全的，它较好地体现了区别对待的行刑原则，对社会改善级进行了改造，通过设亚级来进行微调，使社会改善级这一服刑时间最长，构成行刑主体过程的级别充满活力，将行刑过程的中心更明确地转移到狱内矫正来，增大激励的机会与手段，而且在亚级的设置上，各亚级之间不是机械的再分割，而是制造有机联系着的流程，增加了社会改善级的活力。荷兰方案的不足是操作上的繁琐，但是在现代管理手段发达之后特别是计算机管理的介入，重新讨论荷兰方案的价值，也许不是没有意义的。

**四、分类累进制**

现代累进制多半以分类相佐。由于服刑罪犯的身体状况、心理状态和刑期长短的不同，其对刑罚的感受度也大不相同。如果不加以区别地纳入一个累进模式之中，在同样的考核条件下，很难做到公平竞争。如：老弱病残者，不宜纳进累进处遇制体系之中，因为对他们的量化考核难以统一标准和操作；对短刑犯，一般应以隔离和教育为主，不宜与长刑犯混押，也没有累进的必要。另外，女服刑罪犯、未成年犯等，若实行累进处遇方式，应另行组织。所以，在现代累进制中多半以分类相佐，二者妥善结合，相得益彰。一般来说，分类与累进结合的程序是：①依照法定条件，先行收容分类，排除不适用累进制的人。②将未成年人纳入特殊累进制之中。③将犯罪倾向严重者，或者服刑表现恶劣的累惯犯纳入专门的累进体系当中。④将轻刑犯、过失犯、交通肇事犯、毒品犯等纳入开放式或医疗累进处遇体系之中。

**五、狱际累进制**

所谓狱际累进，是指在监狱体制上，设置不同级别的监所，各自有不同的管束方式和处遇等级，服刑罪犯在判决时即由法院确定送往何种等级的监狱执行刑罚。然后在服刑期间，可以视其服刑改造表现好坏送往管束比较宽或管束较严的其他机构执行刑罚，以示累进。

俄罗斯罪犯处遇方式即含有狱际累进的内容。俄罗斯的刑罚执行机关的特点之一，就是按照处遇的方式不同而建立了比较精细的分工。罪犯首先按照自然状况、犯罪性质、主观恶性、犯罪倾向等方面的因素由法院进行了比较严格的收容分类，然后在其服刑过程中，根据改造程度和表现，罪犯可以在不同的机构之间进行处遇变换，从而成为独特的狱际累进处遇模式。俄罗斯的狱际累进处遇方式大体是：

（一）监狱

监狱是管束最严厉、处遇级别最低、对危险的罪犯执行刑罚的机构。监狱同时也还有两种不同的处遇：普通管束和严格管束，罪犯要视其表现决定使用哪种管束，两种处遇方式可以变换，罪犯被锁在监房里，严格隔离。

（二）劳动改造营

劳动改造营是最基本的刑罚执行机构，大多数罪犯都在这种机构中服刑改造。

（三）劳动改造村

这是一种实行开放式处遇的机构，服刑人的住所不设定围墙，可以自由会见亲友，可以结婚，可以与配偶同居，可以分到相关的生产资料。劳动改造村的任务是：巩固在其他管束制度下劳动改造营里的改造成果，便于罪犯回归社会。

服刑罪犯根据表现可以在监狱、劳动改造营、劳动改造村之间累进，但是这种晋升或降级，在程序上必须经过法院。而在同一机构中普通管束和严格管束之间的处遇，则不需要经过法院，由机构的行政领导决定。

**思考题：**

1. 克拉夫顿对累进处遇制进行了哪些改进？
2. 累进处遇制与分级制度二者之间有何关系？

# 第十章 开放处遇制度

## 第一节 开放处遇制的概念和特征

### 一、开放处遇制的概念

开放处遇是相对于"封闭处遇"而言的一种罪犯狱内处遇方式。其基本要点是：取消传统的高墙电网，将物质的、实力的强制约束降到尽可能低的程度；增大对服刑罪犯的信赖，扩大服刑罪犯在监狱内的自由程度，加强其适应社会能力的训练，以利于其顺利回归社会。

所谓"物质的"约束，主要是指有形的矫正设施，如围墙、电网、监舍等对罪犯的强制约束。所谓"实力的"约束，则主要指武装力量、管教、看管人员的看守。另外，需要注意的是，这里说的是强制约束的"降低"，而非"取消"。如果完全取消物质与实力的约束，那就不称为矫正了。

### 二、开放处遇的基本特征

开放处遇制度的基本特征包括：①最大限度地降低物质和实力的强制约束。②强调罪犯自律和自治。鉴于以往封闭处遇中，服刑罪犯与社会隔绝程度较大，他律成分也较大，开放处遇接受了自治制的主张，强调对服刑罪犯自治能力的培养。③行刑仍需放在设施内，是有限度的放松而不是取消。④应当有严格的适用对象范围，否则，矫正的基本作用将会受到严重的冲击，一般来说，适用开放处遇的对象常有：过失犯，特别是交通过失犯；某些未成年犯；累进制的高级别处遇；回归社会前的中途训练（或出监教育阶段）。⑤规模上应当限制。据国外研究资料介绍，开放式机构最佳收容量为20人~30人，最多不超过100人。这样的规模，对于人口众多、矫正犯绝对数字相应较大的国家来说，其实很难实行。因而在一般情况下，常常考虑的是如何在同一矫正内，对高级别处遇的罪犯设一个开放监区的问题。

### 三、开放处遇的理论基础

当代西方国家和一些发展中国家的监狱正在经历一场深刻的危机，对此西方的刑法学家、监狱学家也不讳言，如美国刑法学家马萨文莱指出了监狱危机的三种表现：①犯罪率不断上升，累犯率很高，监狱中关押的犯人日益增多，监狱人满为患。②监狱财政困难，建造新监狱成本高且周期长。③监狱的目标是最终使犯人重返社会，重新适应社会生活，但监狱对罪犯隔离监禁不利于罪犯重新社会化。怎样克服西方国家监狱所面临的困难和危机，各个国家的具体情况不同，采取的措施也不尽相同，从各国采取的克服危机的措施中，可以找到一些共同的趋势，行刑社会化成为监狱矫正发展趋势。

开放处遇有利于罪犯社会化。经过长期的监狱实践人们发现监狱内苛刻的监狱环境，未必能制服罪犯使其不再重新犯罪，反而会形成所谓的"监狱人格"，不利于罪犯回归社会重新适应社会生活，增加了罪犯回归社会的困难，其更容易重新犯罪。开放处遇最大限度地降低了对罪犯人身的剥夺限制程度，增大了罪犯的狱内生活的自由度以及与社会接触的机会，相当程度上缓解了"囚禁心理"产生的副作用，能够减少刑罚对罪犯的身心损害。

开放处遇制度作用中更重要的一个方面在于它改变了行刑机关的视角，更多地从人道主义思想考虑服刑罪犯的利益。在法律允许的条件下，尽可能多地给服刑罪犯以自由；考虑的是如何尽可能多地消除剥夺自由刑的副作用。这种从服刑罪犯的立场上来考虑刑罚执行样式、框架和内容的思路，常可称为"人本主义"的行刑思想，是刑罚人道主义较深层次的反映。

## 第二节　开放处遇制度的基本类型

### 一、外勤制

外勤制，又称"工作假释"，即组织罪犯在无戒护的条件下，到狱外社会企业去工作，与其他人一起劳动，一样的工作时间，下班后返回监狱，监视居住。

（一）英国的开放监舍

从1952年起，英国特设一种开放监舍（Hostel），关押对象为已经关押4年以上的星级和普通级的服刑罪犯，经专门委员会于释放前10个月开始严格审查，于释放前6个~9个月投入，直到释放。所以，又称释放前准备处遇。进入开放监舍的人，每天早上发给一天的交通费、午餐费和必须的零花钱（当时为每周3英镑5先令）。自己到社区工厂去和一般工人一起劳动。除了雇主之外，没有其他人知道其服刑罪犯的身份，下班后直接返回监狱。工资自己留一定比例之后上交监狱，晚饭后至 22 时之间可以自由外出看电影或者进行娱乐活动，但不得酗酒，22 时回监狱监视居住。有家庭负担的可以寄钱回家，但开放监舍的住宿费、伙食费均需从服刑罪犯的工资中扣除，其余现金强制储蓄，待释放的时候一并发还。

同一监狱内的开放监舍须与其他一般监舍实行隔离，并严格禁止每个开放处遇罪犯与一般服刑罪犯接触。每个开放处遇的房间虽然有锁，但是给每人发一把钥匙，可以自由交谈。开放监狱备有小厨房，可以自己起伙，可以自购食物，但是禁酒。节假日可以请假回家，但需要通知当地警署，配偶探视时可以同居。

（二）法国的半自由制度

内容与英国的开放监舍大体相同，只是为了防止影响社会治安，节假日不得外出。狱外作业原则上是有工资作业，但也可以从事艺术创作或求学。在设施外虽不受监视，但严格规定回监时间，不得擅离工作场所。工资收入的 70% 归自己，30% 上缴国库作为收容费，食宿费用自理。

（三）美国的"中途训练所""释前辅导中心"和"中途之家"

这三种都属于开放处遇专门机构，而非封闭监狱内开放处遇制度。美国 1965 年《服刑罪犯更生保护法》实施后，成立了许多专门机构，"中途之家""中途训练所""释前辅导中心"就是其中称呼不同的类似机构。

中途之家是历史最为悠久的重返社会训练制度。接收对象主要是刑期将满者，也包括缓刑人员、提前释放人员和假释人员。一般于释放前 3 个~4 个月送到该机构（或中心），实行外勤社区处遇，并进行心理治疗和职业训练。

**二、归假制**

归假制不是休假制度，因为服刑罪犯在监狱内就可以享受法定节假日休假。归假制是指给有家属的服刑罪犯归返自己家庭并休假的一种开放处遇制度。

归假制的行刑特征包括：①利用"亲属效应"，加深其与社会的联系。②归假期计入服刑期间。③适用对象要有严格限制。归假制必须严格审查和控制适用范围：一是安全系数高而不至于扰乱社会治安；二是亲情系数较高的；三是预计会有确切激励作用的；四是临近释放的，以利于其回归社会安排；五是符合重大奖励条件以此作为奖励措施的。

归假制的类型：①定期归假制。德国 1927 年颁布的《自由刑和剥夺自由的矫治及保安处分执行法》中关于定期归假的规定是：其一，1 年给与 21 天以内的归假；其二，执行刑期 1/4 后始有归假权；其三，归假者必须是获得开放处遇资格的；其四，假期原则上间隔 3 个月；其五，假期计入执行期。②特殊归假。不是定期给与，而是在释放前，对有重大理由者即时给予的归假。如有的国家规定，服刑罪犯在释放前的 9 个月内，可以有 1 天~7 天的特殊归假，供他联系释放后的就业问题使用，平时有重大理由的给予 7 天以内的归假。

### 三、设施内的半自由刑

以上外勤制和归假制都应当属于"监外开放"的类型。监内开放也称设施内分区开放处遇。所谓监内开放，是指在特定的监狱或监区内，罪犯可以享受相对自由的处遇方式，如累进处遇的最高级别：设施内的半自由刑。

监内开放制的特点：①在矫正设施内划出区域，实行有级别的开放式处遇，押犯不得擅自外出，有重大理由的给与特殊归假，实行有戒护的劳动作业。②在设施内，指定罪犯在一定区域范围内自由活动，但是禁止随意到其他监区，不准进入警戒区，不得擅自进入办公区、生产区，可以从事零散性的劳动作业。③配偶前来探视时，准予有限期的同居（每次不超过 3 天~7 天），届时仍然需要按照作息时间参加劳动，不得休假。④服刑罪犯个人所在的监房可以自己有一把钥匙，一般不予搜检；可以自办内衣、食品，通信不受限制，接见亲属随时可以进行，但每次的时间仍然受到限制，严禁吸烟喝酒。⑤可以自选两种劳动作业；劳动有报酬，但自己只能留很少一部分作为零花钱，其他大部分都要强制储蓄，待释放时一并发放。

### 四、开放式监狱

开放式监狱是指无围墙监狱，如监狱农庄、监狱牧场、监狱林区、监狱村落等。

美国的监狱根据警戒程度，可分为最高警戒监狱，中度警戒监狱，最低警戒监狱和开放监狱，其中，最高、中度、最低警戒的监狱实质上属于封闭式监狱，除此之外，美国在最低警戒方面做出了重大突破，开设了无围墙监狱，即开放型监狱。

日本的市原刑务所也属于开放式监狱，于 1969 年建成，是一所专门矫正交通肇事犯的专业化监狱。战后，日本经济飞速发展，道路交通适应不了新的要求，急剧增长的汽车使交通事故变成了一个重大的社会问题。日本于 1960 年颁布了《道路交通法》，又在 1968 年修订了《刑法》，对"业务过失致人死亡罪"加重了刑罚处罚。于是有了"道交犯"，由于都是过失犯罪，需要特殊的矫正方法，故此设立了此开放处遇监狱。所内共设"新入区""准开放区""希望区"，罪犯入所后，先进入"新入区"，仍然实行封闭式处遇，以示惩罚。经过一段时间的考察之后，再顺利进入"准开放区"，"准开放区"享受开放待遇，临释放前进入"希望区"，做各种释放前的准备工作。这里罪犯的劳动几乎都与汽车有关，所内有八千多平方米的汽车驾驶训练场和交通安全训练中心，训练内容有交通法规、公共道德、驾驶技术。临释放时，要对罪犯进行道路适应性考核，对不适于再开车的则向政府建议，取消其驾驶资格。[1]

我国台湾地区设有专门的外役监狱，即台东监狱。台东监狱是一个大农场，不设围墙和外围警戒，服刑罪犯多半为犯罪倾向较低的短刑犯。其处遇特点是：①实行善行折减制。②服刑罪犯的劳动有工资。③配偶可以同居，条件是：累进处遇每月均9分以上，最近3个月没有违纪的，每月可以同居1次，每次7天，特殊的可延长1天~3天；同居期间须按规定时间作息与工作，不视为休假。④有探亲假。

**思考题：**

1. 服刑罪犯能在哪些方面的处遇方式上和内容上实行开放？在哪些方面的处遇不宜开放？

2. 各种开放处遇是否都有激励机制？激励值如何？

3. 开放处遇是否真的有利于罪犯回归社会和预防重新犯罪？

4. 罪犯休假制度应适用于哪些罪犯？

---

〔1〕 王泰主编：《现代世界监狱》，中国人民公安大学出版社1998年版，第15页。

# 第十一章　社区矫正制度

## 第一节　社区矫正制度的理论基础

社区矫正制度作为一种人道主义的刑罚执行制度，更加关注犯罪人社会复归功能的实现，关注犯罪人的未来发展，关注其与正常社会人的统一性。社区矫正制度的理论基础主要有：

### 一、刑罚执行中的人道主义理念

刑罚人道主义是形而上学人道主义在刑事司法活动中的具体运用和体现，产生于近代西方启蒙思想运动的背景之下。西方中世纪刑罚以严苛的酷刑而闻名于世，英国规定死刑的成文法达一百六十余部，每种成文法中又规定了数种乃至几十种犯罪适用死刑，普通法规定的死刑数量则更多。死刑的执行方式有分尸、焚刑、车裂等。法国君主专政时期，以残酷的刑罚执行手段加强专制统治，对国事罪和宗教罪的惩罚特别严酷，如规定危及国王的犯上罪以肢解处死，对渎神罪处以焚刑。德国 1532 年《加洛林纳刑法典》规定了死刑的执行方法有火烧、车裂、四马分尸、尖物刺、折断手腕或手指、抉眼、割耳、夹火钳等残酷刑罚执行手段。俄国 1649 年的法典规定执行死刑的方式包括斩首、绞刑、溺刑、焚刑、活埋、以熔化的金属液注入咽喉、肢解和车裂等，多达 35 种。痛感于此，近代西方启蒙思想家提出了刑罚人道主义的思想，霍布斯认为，"在凡是可以实行宽大的地方实行宽大，也是自然法的要求"。[1] 洛克指出：刑罚不是支配人们生命和财产的绝对的、专断的权力，如果不是为了保护社会，"任何严峻的刑罚都是不合法的"。[2] 贝卡里亚断言："刑罚最残酷的国家和年代，往往就是是非颠倒行为最血腥，最不人道的国家和年代。"[3] 人道主义精神是刑罚执行缓和乃至最终实现非刑罚化的原动力。人类的人道主义精神促使刑罚的严厉性在长期的演变

---

〔1〕 何秉松："试论新刑法的罪刑相当原则（上）"，载《政法论坛》1997 年第 5 期。
〔2〕 舒洪水："刑罚人道主义与我国死刑废止"，载《云南大学学报（法学版）》2007 年第 2 期。
〔3〕 孙鹏雷："浅议刑罚人道主义"，载《法制与社会》2008 年第 19 期。

中虽然坚定，但日趋缓和。刑罚执行的趋势，从以死刑为中心、到以肉刑为中心、再到以自由刑为中心的历史发展规律，背后的决定性力量是刑罚执行人道主义精神。从感性认识上，刑罚执行人道主义与悲悯、仁慈等人类与生俱来的善性相关联，而与野蛮、残酷、暴虐等蒙昧状态相对立。在理性观念上，刑罚执行人道主义的核心是对于人的主体性的承认与尊重，是将犯罪人作为伦理关系和法律关系的主体来对待的。

通常意义上，刑罚执行人道主义具有以下三重意义：

1. 禁止把人当作实现刑罚目的的工具。犯罪人是因其犯罪行为而承受刑罚的不利后果，并非作为惩戒社会公众的先例而受非难的手段，犯罪人在刑事司法过程中是作为伦理道德上独立自主的人格主体而存在的，而非实现刑罚目的的工具。

2. 保护与尊重犯罪人的人格尊严。国家刑罚执行机关行使其行刑职权时，应特别关注对犯罪人的人格尊严的保护和尊重。因为行为人涉嫌犯罪，虽受国家追诉或审判从而出现服刑的现实，但犯罪人并不因此而丧失其人格尊严。

3. 禁止使用残酷而不人道的刑罚手段。对犯罪人处以刑罚制裁并非只是将犯罪作为刑罚执行的客体，执行机关应是以积极的态度对其予以教育或矫正，并促使其复归社会。

从刑罚执行人道主义的溯源而言，刑罚执行人道主义是为转变国家对罪犯的基本态度而设，但在其结构体系意义上，刑罚执行人道主义的价值已远远超出了刑罚论的范畴，将"刑罚"范畴与"犯罪"和"犯罪人"两大范畴以人道主义精神联结起来，从人道主义的角度审视国家立法对犯罪成立要件之规定予以价值导向。刑罚执行人道主义原则不仅体现了罪对刑的规定性，而且体现了刑对罪的制约性。因此，刑罚执行人道主义不仅为刑罚执行的一项基本原则，而且在某种意义上，同样是贯穿刑法始终的现代刑法的基本理念与原则。

刑罚执行人道主义，已经蕴含了鲜明的行刑社会化的思想，完善罪犯人格正是为了使罪犯健康地回归社会。以人格矫正为前提、罪犯健康复归社会为目标的行刑社会化，集中体现着行刑的人道主义价值，可以说是行刑人道化的深层次展开和必然归宿。

## 二、行刑经济理念

刑罚执行是现代社会控制犯罪的重要手段，同时行刑资源又是一种极其有限的社会资源，不可随便使用。从经济效益的角度看，刑罚的执行需要极昂贵的经费支持。特别是现代社会最常用剥夺犯罪人自由的监禁刑，社会付出的经济成本和非经济成本则更为高昂。刑罚执行的成本主要体现在两个方面：

（一）经济成本

任何一个国家为了维护刑罚机关的正常运转，必将公共财政支出的相当一部分投入刑罚执行设施建设和管理中。这种经济成本是直观的，可用数字计算的。资料显示，2017 年美国加州监禁一个罪犯每年需要 75 560 美元，这一金额是 2005 年的两倍，且超过了哈佛大学的学费金额。[1] 在我国 20 世纪 90 年代以前，我国在押罪犯或犯罪嫌疑人、被告人的投入每人每年需要 2000 元～3000 元。学者对国家行刑投入的这种估算可能只计算了罪犯生活费，而没有将狱政设施经费、罪犯改造经费、监狱人民警察经费和其他专项经费计算在内，否则数额更大。这种经济成本到了 21 世纪的今天，必定更高。

（二）非经济成本

刑罚执行尤其是监禁刑罚执行，对社会而言，是一把双刃剑，监禁罪犯在客观上给社会带来安宁和稳定，同时必然伴生各种负面影响，这种负面影响是无形的、无法准确计算。根据我国的刑罚执行结构，监禁刑在刑罚体系中占的比重较大。监禁刑的适用，其负面作用不可避免地存在：如造成罪犯之间的交叉感染，使监禁刑的一部分正面作用被抵消；容易使罪犯产生对社会的不满甚至仇视情绪，从而产生强烈的报复社会的心理，如呼和浩特第二监狱杀害监狱警察而脱逃的罪犯；罪犯家属被迫承受较大的精神痛苦和间接的物质损失，同时可能出现罪犯家庭解体而带来的系列社会问题；由于社会传统文化对罪犯的谴责态度，殃及监禁罪犯子女，其在人格上容易产生障碍；等等。这种非经济成本现在可能无法准确衡量，但长期以来，对经济和社会的不良影响总能通过一定的方式表现出来。

相比于监禁行刑，社会化行刑方式具有显而易见的经济性。其一，在特定时期罪犯总量基本确定的前提下，社会化行刑的比重大一些，监禁行刑的比重就会相应小一些，刑罚执行的总体运行成本必然在一定程度上有所降低，这种理念坚持下来，可大量节约国家有限的行刑资源。其二，行刑社会化使监禁行刑的负面效应得到一定程度的遏制，监禁刑和非监禁刑的比例得以最大程度优化配置，刑罚执行的经济效益和社会效益均实现最大化，是最理想的结局。被监禁罪犯的总量减少，罪犯在监禁期间交叉感染的机会就会变少。罪犯在社区服刑，对罪犯家属的消极影响得以大幅度降低，不正常结构的家庭变少，家庭这一社会细胞稳

---

〔1〕 "At $ 75,560, housing a prisoner in California now costs more than a year at Harvard", Los Angeles Times, June 4, 2017, See http：//www. latimes. com/local/lanow/la－me－prison－costs－20170604－htmlstory. html （2020－7－24）.

定，对社会总体有利。其三，社会公众的参与为行刑机构充分利用社会资源、巩固和提高行刑效益创造了有利条件。社会经济条件下的社会资源在大多数情况下是由市场调节的，市场调节的结果是使社会资源得以最优化配置；而行刑资源是由政府根据社会治安状况和社会公众对犯罪行为的容忍程度所决定，是政府干预的结果。其四，在社区服刑的罪犯，在完成社区矫正项目以后，可以进行正常的社会工作，一方面使其家庭避免因此陷入经济上的贫困；另一方面，还可将罪犯自己的社会劳动收入的一部分用作对受害人的经济赔偿，有利于缓和社会矛盾。其五，罪犯由于在社区服刑，没有与社会发展脱节，无需经历监禁行刑必然带来的出狱人的再社会化问题，从而起到节约社会资源的作用。

围绕社区矫正需要讲的第二个议题是费用。多年以来，社区矫正宣称是监狱牢房较便宜的一个版本。那么，社区矫正真的比传统的监狱更经济吗？1991 年劳伦斯·谢尔曼（Lawrence W. Sherman）的某些调查研究表明，一个社区能以非常低的费用依靠社区矫正计划取得减少犯罪的成效。以社区矫正费用利益为内容的一项早期研究，调查了加利福尼亚州两个县的缓刑制度。报告显示，所有参加矫正的人员中，有 2/3 的人员由缓刑机构负责监督，而所有矫正财政资源只有 1/4 的人员拨给了缓刑。由国际住宿及社区替代措施协会完成的另一项研究发现：联邦缓刑工作和审判前的工作，这两种工作是替代监禁的有效成本措施。该研究引证了美国法院行政管理办公室所作的一项报告，该报告声称一个缓刑犯的监督费用为一年 2344 美元，而矫正设施监禁一个囚犯每年需 21 352 美元的费用，另加 3431 美元的附加保健费。[1] 节省的费用也能以其他方式测算出来。诸如吸毒治疗之类的有效的反犯罪计划，通过减少犯罪对国家有好处。1995 年彼得西利亚尔发现，戒毒治疗计划通过预防犯罪能起到节省金钱的作用。1997 年卢肯指出，许多社区矫正计划的另一好处是，要求当事者支付所有的治疗费、部分费用或司法费，从而减轻了国家的财政负担。根据这些研究，社区矫正是提供监禁替代措施的一种成本有效的方法。如果社区矫正显示出至少与监狱一样有效且财政投入更为经济，那么这样的策略就应该采纳推行。诚如 1993 年沃森所言，所有其他的都一样，我们应追求对公民最不昂贵的选择。最重要的是，经费议题仍然是看得见的焦点所在，这项研究将解释确定社区矫正是否是替代监狱更为经济措施的经费与努力问题。[2]

---

〔1〕 王志亮、王俊莉："美国的社区矫正制度"，载《法学》2004 年第 11 期。
〔2〕 王志亮、王俊莉："美国的社区矫正制度"，载《法学》2004 年第 11 期。

### 三、刑法谦抑精神

德国学者耶林（Rudolph von Jhering）深刻地指出："刑罚如两刃之剑，用之不得其当，则国家与个人两受其害。"[1] 刑罚的谦抑性正是酝酿于这种对其机能双重性的科学认识之中，它是指立法者应当力求以最小的支出——少用甚至不用刑罚（或用其他刑罚替代措施），获取最大的社会效益——有效地预防和控制犯罪。作为谦抑性的应有之义，必然要求刑罚节俭。德国当代著名刑法学家汉斯·海因里希·耶塞克（Hans-Heinrich Jescheck）曾经指出，通过对犯罪学的研究及与此相关问题的研究，现代刑事政策在怎样处理犯罪以及应该采取什么方法和手段来战胜犯罪方面，大致已经形成了以下三个共识：其一，立法者为了避免不必要地将某些行为规定为犯罪，同时也是为了在一般人的思想上维护刑罚的严肃性，必须将刑法所必须归罪的行为范围限制在维护公共秩序所必需的最低范围之内。其二，因为大部分人都是正常发展的，所以，对于有轻微甚至中等程度的犯罪行为的人，应当扩大在自由状态中进行考验的办法。人们对犯罪现象的研究不仅揭示了犯罪的普遍存在，而且发现，同导致人们陷入重罪的诱惑力相比，公民对法律的忠诚更强有力。其三，应当使警察和司法机关的工作集中于较严重的犯罪，至于轻微的犯罪则委托给行政机关通过简易程序予以处理。耶塞克教授的这一论述实际上勾勒出了当代世界性刑法改革运动的刑法谦抑原则和非犯罪、非刑罚化两大主题。

有学者认为，非犯罪化和非刑罚化作为当代世界刑法改革运动的两大主题，是刑法谦抑原则的直接要求。所谓刑法谦抑，是指刑法应当作为社会抗制违法行为的最后一道防线，能够用其他法律手段调整的违法行为尽量不用刑法手段调整，能够用较轻的刑法手段调整的犯罪行为尽量不用较重的刑法手段调整。刑法谦抑原则首先严格收缩刑法干预范围即法定犯罪圈，能不作犯罪处理的违法行为尽量不作犯罪处理。在西方国家"立法定性、司法定量"的犯罪化模式既存条件下，刑法改革首先是通过将传统的道德犯罪、危害不大的行政犯罪进行非犯罪化处理，来体现刑法谦抑原则。我国则主要是通过"立法定性限制加定量要求"的犯罪化模式来严格控制法定犯罪圈的。尽管两种模式利弊不一，但在体现刑法谦抑原则方面则可以说是殊途同归。其次，刑法谦抑原则还要求严格收缩法定刑罚圈，广泛适用刑罚替代措施。所谓严格收缩法定刑罚圈，是指尽管行为构成了犯罪，依法应当追究刑事责任，但在决定对犯罪行为的反应方式时，严格控制对犯罪行为适用刑罚的条件，在能不适用刑罚、采用其他非刑罚处理手段也能达到

---

[1] 林山田：《刑罚学》，台湾商务印书馆 1983 年版，第 127 页。

预防和控制犯罪的目的时，即排除刑罚的适用，改用非刑罚处理手段。[1] 这就是当代刑法改革运动中非刑罚化运动的主要内容。

非刑罚化运动作为与非犯罪化并驾齐驱的当代刑法改革的主题，是目的刑主义思想对报应刑主义思想论战的产物。报应刑思想植根于人类根深蒂固的"善有善报，恶有恶报"的报复情感。报应刑作为一种系统的刑罚理论，主张犯罪是一种恶害，刑罚是社会对犯罪这种恶害行为的恶的反应方式，刑罚意义和本质在于报应犯罪行为所造成的恶害，用刑罚所施加予罪犯的痛苦来均衡犯罪行为的恶害和罪犯的罪责，以实现社会正义。在报应刑看来，刑罚应当从所有预防犯罪的目的构想中解脱出来，而单纯作为对犯罪恶害的公正报应，刑罚的科处应当以犯罪为法律上的唯一原因，犯罪的恶害程度应当成为决定刑罚轻重程度的唯一依据。简言之，报应刑主张刑罪相报，有罪必罚，罚必当罪，只追求正义的恢复和人类报复情感的满足，不考虑刑罚的功利目的尤其是预防再犯的必要性。在报应刑思想指导下，罪必刑，刑即罪，法定犯罪圈和法定刑罚圈的范围完全重合。

梁根林教授还谈道，目的刑主义认为，无论刑罚对已然之罪的事后报应多么公正，都不可能改变犯罪行为已经发生这一事实，也不可能弥补犯罪所造成的恶害或者恢复犯罪行为发生前的原状，因而着眼于犯罪恶害程度的刑罚报应总是被动的、消极的、徒劳的。事实上，刑罚自身一定会有某种存在的必要性和目的性。例如，李斯特指出："法的目的观念是内在的，这个法的目的观念是法的本体……只有用刑罚目的观念来彻底约束刑罚权力，才是刑罚主义的理想。"[2] 目的刑论主张，一方面，刑罚必须是达成社会防卫的合理目的的手段；另一方面，刑罚又必须为防止具有社会危害性的人实施危害社会行为的目的服务，以每个罪犯的个别情况为标准来确定个别的刑罚。根据对犯罪原因和犯罪人情况的实证的科学研究，目的刑论主张对不同类型的罪犯适用不同的处分，对可能改造的习惯犯罪人和偶然犯罪者适用治疗、矫正处分，对激情犯给予损害赔偿处分，对行刑终了仍有危险性的人和虽未犯罪但有犯罪倾向者预先采取防卫措施。李斯特主张，对机会犯以惩戒为主要手段，对可能改善的情况犯应当进行矫正、治疗和感化，对不可能改善的情况犯则进行长期或终身隔离。除此之外，李斯特还主张限制短期自由刑，扩大缓刑、假释的适用范围，废除或限制死刑，改进行刑设施，实行保安处分和不定期刑制度。正是以菲利和李斯特为代表的目的刑论，看到了传统刑罚对犯罪的被动的、事后的、消极的惩罚的功能局限，在积极倡导目的刑

---

〔1〕　梁根林："非刑罚化——当代刑法改革的主题"，载《现代法学》2000 年第 6 期。
〔2〕　梁根林："非刑罚化——当代刑法改革的主题"，载《现代法学》2000 年第 6 期。

观念的同时，积极探索弥补刑罚功能不足的"刑罚替代措施"，提出了限制刑罚适用范围的犯罪的非刑罚处理和保安处分理论。笔者看到，在目的刑论的倡导下，在反省以剥夺自由刑为中心的传统刑罚体系的缺陷的基础上，各国刑法不同程度地规定了犯罪的非刑罚化处理的措施，从而大大限制了法定刑罚圈的范围，推动了世界性刑法改革运动中的非刑罚化运动。[1] 因而大大促进了世界各国的监狱制度改革和非监禁刑罚的发展，加速了各国对行刑社会化问题的关注程度。

**四、犯罪学上的标签理论**

20 世纪 60 年代末，以美国犯罪学家莱默特（E. M. Lamer）、贝克（H. S. Becker）等人为代表，兴起了标签理论（Theory of Labeling）。该理论认识犯罪是从对行为的社会解释角度进行的，认为人的行为取决于社会解释方式，而不取决于事物的内在性质。该理论认为，任何行为本身都不是犯罪，而是社会把某些行为确定为犯罪行为，并给他们贴上犯罪的标签，才成了犯罪。标签理论认为，贴标签是违法犯罪的催化剂，将罪犯判决入狱执行监禁刑罚是最深刻的"标签化"过程，而社区矫正措施是让人员在社区服刑，标签化的负面作用大大降低，因而可以减少因这种"标签化"带来的副作用。

**五、教育刑理论**

教育刑理论是以主张刑罚的本质在于教育而不在于以惩罚的思想为核心而形成的刑罚理论。从近代以来刑事法理论的发展和刑法史来看，刑法理论一直沿着两条主线发展：一是强调犯罪行为，注重报应刑，认为因为有犯罪行为，所以必然有刑罚，这是刑事古典学派（旧派）的观点；二是强调犯罪人的主观性，注重教育刑，认为之所以对犯罪人适用刑罚，是预防未来的犯罪行为，这是刑事近代学派（新派）的主张。教育刑理论把刑罚当作教育罪犯的一种方法，对于犯罪人，必须加强教育和矫正的力度，使其弃恶从善，重新做人，并防止再犯罪。因此，为达到教育和改造犯罪人的目的，不仅运用监禁的措施，而且广泛施用监禁以外的处遇方法，真正起到巩固行刑成果和预防再犯罪的作用。教育刑理论始自以李斯特为首的刑事社会学派，自此以后，是培养、造就罪犯回归社会从事正常社会生活所依据的理论基础之一。此理论认为，罪犯不是天生的犯罪人，因此具有很大的可塑性，绝大多数罪犯都可以通过教育感化改造成守法公民。因此，从教育矫正罪犯的角度看，可以说教育刑理论具有重要价值，是现代社会行刑社会化的重要理论基础。

---

〔1〕 梁根林："非刑罚化——当代刑法改革的主题"，载《现代法学》2000 年第 6 期。

### 六、刑事补偿理论

贝卡利亚曾断言："有些人免受刑罚是因为受害者方面对于轻微犯罪表示宽大为怀，这种做法是符合仁慈和人道的，但却是违背公共福利的。受害的公民个人可以宽免侵害者的赔偿，然而他难道也可以通过他的宽恕，同样取消必要的鉴戒吗？使罪犯受到惩罚的权利并不属于某个人，而属于全体公民，或属于君主。某个人只能放弃他那份权利，但不能取消他人的权利。"[1] 这就是刑事补偿理论的渊薮。犯罪人因犯罪行为对受害人进行赔偿，是其因犯罪行为应尽的社会义务。而且，犯罪人的犯罪行为还危害了正常的社会秩序，其还应承担对社会补偿的责任。但传统的监禁行刑方式很难让犯罪人对社会做出补偿，只有在行刑社会化的情况下，犯罪分子为社区提供无偿的公益性劳动，或参加社会化生产等，便具有了社会补偿的性质。由此可见，从补偿社会的角度，行刑社会化与刑事补偿理论相符合，因而刑事补偿理论是行刑社会化坚实的理论基础之一。

### 七、深化的复归理论

复归理论认为：所有罪犯都是可复归、可改造成守法公民的。监狱不仅仅或者不主要是一个惩罚罪犯、剥夺犯罪能力的场所，而被认为是一个提供罪犯矫正的富有建设性的场所。深化的复归理论认为，矫正的任务包括在犯罪人和社区之间建立或重新建立牢固的联系，使罪犯重归社会生活中去，恢复家庭关系，获得职业的教育和正常的社会发展。就广泛的意义而言，即在于为犯罪人在社会正常生活中获得一席之地提供帮助。这需要改造社会及其各类机构。犯罪现象是社会多种因素综合作用的产物，改造罪犯必须使其置于由多种社会关系构成的特定环境中，从多方面进行社会实践的体验。在罪犯复归社会前后，只有充分调动社会一切积极因素，合力救助、教育改造和防范犯罪分子，才能保证和巩固刑罚执行的效果，确保行刑目的的实现。由此可见，从依靠社会力量教育改造、防范罪犯的角度，深化的复归理论是社区矫正重要的理论基础之一。[2]

### 八、大社会观念和社会福利思想

20世纪60年代，在西方出现了大社会观念，该观念充分肯定了人的价值，对社会和国家赋予了崭新的定义。据此观念，人民是国家最大的财富和资源，国家应致力于追求社会福利，尽力协助个人潜能之发挥，提高个人生活之素质，包括应加强对罪犯在内的缺陷者的辅助，使之能再整合到社区中，从而提高全民的生活质量。

---

〔1〕［意］贝卡里亚：《论犯罪与刑罚》，黄风译，中国大百科全书出版社1993年版，第59页。
〔2〕王琼等："行刑社会化（社区矫正）问题之探讨（上）"，载《中国司法》2004年第5期。

近年来，刑罚宽和、人性化理念进一步传播，刑罚目的也逐渐由以惩罚报应为主转向以教育改造为主。同时，重新犯罪率的不断上升使人们完全依赖监禁刑来防止犯罪的想法破灭了，加之监狱人满为患，经费严重不足，这一切都迫使各国寻找解决犯罪问题、防止再犯的新途径。于是，刑罚模式继由死刑、肉刑为主转向以自由刑、罚金刑为主之后又一次发生了历史性的变革，即世界上许多发达国家刑罚适用的重点已由监禁刑转向非监禁刑。司法部预防犯罪研究所的统计数字显示：2000 年，西方主要发达国家对罪犯适用缓刑和假释的比例达到全部被判处刑罚者的 70% 以上，其中加拿大为 79.76%，澳大利亚为 77.48%，新加坡 76.15%，法国 72.63%，美国 70.25%，就是适用率比较低的韩国和俄罗斯，也分别有 45.90%、44.48% 的人被适用缓刑或者假释。[1] 如果再把其他的非监禁刑计算在内，比例就更高了。社区矫正已成为刑罚发展的必然趋势。社区矫正的广泛运用符合刑罚人道化、人性化的刑事理论，有利于防止罪犯之间的交叉感染，有利于罪犯重新与社会结合，有利于解决监狱过于拥挤、监狱经费不足的问题，达到行刑经济化的效果。

以上诸多理论和观念在不同国家、不同时期先后为行刑社会化，包括社区矫正的实践提供了理论支撑，之后这些理论又相互借鉴，相互影响，加强了社区矫正制度的合理性根基，因而从历史沿革意义上，上述理论共同构成了社区矫正的理论基础。

## 第二节　社区矫正制度的历史发展

当前，社区矫正虽然经历了一些波折，但仍在世界各国如火如荼地展开，在欧美国家更是发展迅猛。尤其以美国为代表的欧美国家，是世界上最早系统地实行社区矫正制度的国家和地区，在一百多年的社区矫正实践中已经积累了丰富的经验，形成了比较完备的社区矫正制度，在西方世界中居领先地位，并成为其他国家效仿和借鉴的对象。

### 一、社区矫正制度的起源

缓刑是最早在社区执行的刑罚制度。现代意义上的缓刑肇始于美国的波士顿，约翰·奥古斯塔斯（John Augustus）被尊称为现代"缓刑之父"，是将缓刑

---

〔1〕 田骏："我国移植社区矫正的前景展望及本土化构建"，载《山东公安专科学校学报》2004 年第 4 期。

用于保释罪犯并监督其在社区内生活的第一人。约翰·奥古斯塔斯1784年出生于美国马萨诸塞州的沃本，1827年，他从列克星顿来到波士顿，对波士顿地方法院里的穷人、少年犯及酗酒罪犯表现出了特别的兴趣。1841年8月，他保释了第一个犯人，是一个普通的醉酒犯。他向法院保证，如果犯人被释放并由他进行监督、管理，犯人将不再酗酒，法院同意了他的请求。奥古斯塔斯在1852年出版的《约翰·奥古斯塔斯的工作报告》中回忆道："一天早晨，我来到法庭……有一个人被指控为普通醉酒。他告诉我说如果能免予被监禁，他将永远不再喝酒。经法庭允许，我保释了他。"〔1〕 自此以后，奥古斯塔斯成为美国的第一位缓刑官，而且是一名不拿薪水的志愿者。当时波士顿地方法院通常要求奥古斯塔斯交付30美元的保释金，为犯人换取30天的暂缓监禁，要帮助罪犯寻找工作和住处。暂缓监禁期满，犯人回到法庭，奥古斯塔斯要向法庭报告犯人的康复进程和他对该案件处理的建议，法庭通常都会接受他的建议。从1841年至1859年的18年间，他一共保释了1152名男犯，794名女犯，约3000名女少年犯。〔2〕 基于奥古斯塔斯的缓刑实践的成功及影响，1870年美国马萨诸塞州波士顿市率先制定了《缓刑法》，对未成年犯人实行缓刑。〔3〕 1878年4月26日，马萨诸塞州议会通过了《保护观察法》，将缓刑推及成年犯人，进一步完善了缓刑制度的内容，授权波士顿市长雇佣一名缓刑官，由警察局长监督其工作，这是缓刑官第一次得到官方的认可。该法律还授权缓刑官调查案件，并为那些被合理地认为不用监禁就有望得到改造的人推荐缓刑。

在波士顿，缓刑可适用于所有的重罪犯和轻罪犯。1891年，马萨诸塞州通过了第二部缓刑法律，把任命缓刑官的权力转给了基层法院，并要求每个法院都要雇佣一名缓刑官。1898年，美国佛蒙特州授权每个县的法院都任命一名缓刑官，就在同一年，罗得岛州也通过了缓刑立法，但该州的法律规定与马萨诸塞州和佛蒙特州有很大的不同。不同表现为：一是对缓刑的适用对象进行了限制，规定犯叛国罪、谋杀罪、抢劫罪、放火罪、强奸罪、盗窃罪的不得缓刑。二是罗得岛州的缓刑法律设立了全州统一的缓刑组织体系。由州慈善和矫正委员会任命州缓刑官和代理人，并且其中至少应有一名是女性。以后，其他州也逐渐制定了缓

〔1〕 Howard Abadinsky, Probation & Parole: *Theory and Practice*, New Jersey: Prentice-Hall, Inc. Publishers, 1993, p. 23.

〔2〕 ［美］大卫·E. 杜菲：《美国矫正政策与实践》，吴宗宪等译，中国人民公安大学出版社1992年版，第251页。

〔3〕 李恩慈："论缓刑的矫正制度"，载《刑事法学的当代展开》，中国检察出版社2008年版，第806页。

刑法。美国联邦缓刑局于 1925 年 4 月 4 日成立，并于 1927 年任命了首批 3 名联邦缓刑官。1925 年，美国所有的州都对少年犯适用缓刑；1956 年，所有的司法区都规定了成年犯的缓刑适用规则。到了 19 世纪后期到 20 世纪初期，大量的立法活动推动美国各州司法改革的同时，也为社区矫正的萌芽起到很好的推动作用。这一时期，对缓刑者实施观察保护是缓刑制度的重要内容，这也被看作是社区矫正制度的重要萌芽之一。第二次世界大战之后，缓刑制度在世界范围内得到普遍的推广，现代意义的缓刑制度已成为社区矫正的重要组成部分。

**二、社区矫正制度的发展**

在以宾州制和奥本制为主的监禁刑模式为主的时期，美国监禁刑的发展达到了历史的顶峰。但隔离监禁使罪犯终日在苦闷无聊中度日，罪犯受到的不仅是身体上的剥夺自由，精神上也受到无尽的折磨，这种对待罪犯的非人道方式在社会上引起了强烈抗议。具有浓厚的民主传统并强烈追求生命、自由和幸福权利的美国人民迅速将目光转向了对罪犯人权的保护，开始了行刑社会化的实践。1787 年提出了一系列改善监狱的新方案，主要内容包括对犯罪人实行分类关押；要求给罪犯提供狱内的生活、娱乐场所；根据犯罪人的改造成绩决定关押期限。美国在费城慈善家理查德·怀斯德（Richard Wistar）建立的"费城出狱人保护协会"（Philadelphia Society Assisting Distressed Prisoners）的基础上成立了"费城减少公共监狱悲惨状态协会"（Philadelphia Society for Alleviating the Miseries of Public Prisons）。该协会希望通过宗教的力量使罪犯摒弃犯罪恶习重建人类美德，并从事对出狱人进行保护的活动，为出狱的罪犯提供各种食宿、就业等服务。[1] 其后，同样的组织在波士顿、新泽西、纽约等地成立。这些组织基本上以民间和私人团体为主，目的都是让罪犯能摆脱监禁刑所带来的负面影响，顺利回归社会。由于当时社会普遍认为家庭和社团的解体是产生贫困、流浪等社会问题的根源。因而，从 18 世纪末开始美国出现了许多救济院、感化院和少年犯收容所，这些机构采用家庭式的管理模式，让管理者和罪犯共同生活，犯罪人的活动基本不受约束，可以同他们想接触的任何人交往。这种监禁方式实质上是为罪犯创造一种社区环境，让罪犯在家庭关系中过正常人的生活，使其在出狱后能顺利融入社区。这些早期的行刑社会化实践为美国后来社区矫正制度的发展奠定了基础。

19 世纪后半叶，美国的犯罪率急剧上升，监狱人数增加，以宾州制和奥本制为模式发展起来的监狱制度出现了危机。它们只注重通过监狱建筑结构将罪犯

---

〔1〕 "The Philadelphia Society, for Alleviating the Miseries of Public Prisons", See http：//www. across-walls. org/notes/the-philadelphia-society-for-alleviating-the-miseries-of-public-prisons/（2019-10-4）.

与社会隔离，使矫正组织只是作为自我控制、封闭的系统而运转，与社会没有形成开放的系统模式。监狱中犯罪人的刑期是固定的，结果犯罪人所考虑的是刑期结束的时间，而不是如何改过自新。监狱内罪犯的类型发生了巨大变化，犯罪人大多是移民和外州的犯罪人，这种状况削弱了当地社区对犯罪人状况的注意力，使监狱与社会更加隔绝。有许多犯罪人出身贫民，缺乏劳动技能和经验，他们的劳动无法维持监狱正常的开支。在刑罚的指导思想上，随着近代科技的迅速发展，实证主义法学派兴起，教育刑思想盛行并逐渐占据主导地位。因此，这一阶段美国开始将刑罚改革的重心转向行刑社会化，监禁刑受到冲击，社区矫正制度获得全面发展并在刑罚体系中占据主导地位。

19世纪末20世纪初，实证主义刑罚思想在美国盛行，该学派认为犯罪人的生理病变是导致犯罪的主要原因，要解决监狱制度出现的危机，就需要把罪犯当作病人来给予治疗，将监狱作为治疗罪犯恶疾的医院。因此，治疗和更新模式成为这一时期矫正制度的特点。矫正领域中引进了许多医学上的术语，如将罪犯称为病人，对罪犯的矫正被称为诊断、预后、处遇、治愈等。治疗和更新模式在促进罪犯接纳社会基本规范的同时，又为其提供了一个适度的能够得到个性化发展的自由空间，有利于罪犯的健康成长，使刑罚不至于在纠正罪犯人格缺陷的同时，把其人格中积极的、健康的一面毁灭掉。因此这一模式的发展进一步推动了美国行刑社会化理念的发展和民间力量对罪犯改造的参与。

第二次世界大战以后，美国产生了日益严重的社会问题，其中犯罪增长的问题尤其凸显。加上60年代以后兴起的保护人权运动，监狱恶劣的监禁条件引起了社会的关注，要求对罪犯人权给予保护的呼声日益高涨，开始了以犯罪人回归社区为目的的重新与社会结合在一起的模式。矫正的任务包括在罪犯和社区之间建立和重新建立牢固的纽带，使罪犯能够重新融入社会生活之中，恢复家庭关系，有获得工作和受教育的机会。矫正制度不仅要致力于改变个别的罪犯，还要依靠本地资源改变社区和监禁机构，将社区作为罪犯治疗的中心，监禁只作为对罪犯诉诸惩罚的最后手段。在矫正领域国家要发展一系列的监禁刑替代措施，包括提前释放、工作释放、教育释放和归假制度等。社区矫正制度在全国范围内获得了惊人的发展：在传统的缓刑和假释的基础上，出现了种类繁多的社区矫正计划，如审前分类制、缓刑服务、赔偿计划、中途之家、治疗社区、工作释放、休假和职业帮助、监狱计划、转处计划等，而且在社区接受矫正的罪犯人数超过了监狱的罪犯人数。

### 三、对社区矫正制度的完善

在20世纪70年代早期，人们对社区矫正充满了期望，社区矫正一度被认为在不久的将来会代替监禁刑。有人甚至认为社区矫正的时代是矫正史上的黄金时代。然而这时犯罪率和累犯率持续上涨，矫正机构在地理上的隔离也使罪犯难以融入社区之中，社区矫正开始受到公众的质疑和反对。这时，人们不得不对社区矫正制度进行反思。为得到民众的支持，美国总统尼克松提出了"严惩犯罪"的思想，强调刑罚的实施应与公众的生活质量相适应。因此，从 70 年代起在刑罚理念上，转变为将更多的罪犯判处更长刑期的监禁。美国的刑事政策表现出了"轻轻重重，以重为主"的特点。"轻轻"就是对轻微犯罪，包括偶犯、初犯、过失犯等主观恶性不大的犯罪，处罚更轻，包括非犯罪化、非刑罚化和非司法化；"重重"就是对严重的犯罪，处罚较以往更重，其基本的做法是更多地、更长期地适用监禁刑。至于"轻轻"与"重重"二者的关系，则有两种不同的表现形式：以美国为例，其刑事政策总的情况是"轻轻重重，以重为主"，"轻轻"是为了更好地实现"重重"，使司法机关腾出力量对付重罪；而在西方其他一些国家，特别是北欧诸国，采取的则是"轻轻重重，以轻为主"，即将"重重"作为对"轻轻"的一种补充。"严惩犯罪"政策的实施导致了罪犯服刑期的普遍延长，在 1980 年到 2000 年的 20 年间，美国监狱的在押犯增加了 100 万人以上，监狱爆满使财政经费大幅度增加，[1] 人们的目光又一次聚焦在社区矫正制度上。这时的新技术革命对社区矫正制度产生了深刻影响。新的思想和技术促进了社区矫正工作效率的提高。社区矫正的方式也变得更加多样化，新型的社区矫正形式不断出现。结果，长期以来主要由公共机构实施缓刑、假释等矫正方式的单一状况被打破了，更多的社会力量参与进了社区矫正，使矫正行为与其他类型的公众社会活动更融为一体。现代社会中，监禁刑仍然是刑罚制度的基础，但刑罚发展的主流趋势仍然是从主要适用监禁刑演变为主要适用社区矫正，这一时代潮流走向是清晰可见的。

## 第三节　联合国及各国社区矫正制度

### 一、联合国在社区矫正制度确立方面作出的努力

（一）《公民权利和政治权利国际公约》

1966 年，第 21 届联合国大会通过了《公民权利和政治权利国际公约》（*In-*

---

〔1〕　梁茹茹："美国社区矫正制度的历史发展及对我国的借鉴"，中国政法大学 2005 年硕士学位论文。

*ternational Covenant on Civil and Political Rights*），这是国际人权法体系中最重要的法律文件之一，它确立了刑事司法领域的一些最基本的人权标准。更重要的是该公约第 10 条对被剥夺自由的犯罪人的处遇作了专门规定：指明了所有被剥夺自由的人应给予人道尊重其固有的人格尊严的待遇；同时已决犯和未决犯、成年犯和少年犯应分别关押和处遇，作为一条重要原则确立下来；三是直接规定了监狱制度应以争取囚犯改造和社会复归为基本目的的宗旨。尽管该公约只是纲领性的规定，但其对行刑社会化是持肯定立场的。

（二）《囚犯待遇最低限度标准规则》

1955 年，第一届联合国防止犯罪和罪犯待遇大会在瑞士日内瓦举行，该会议通过了《囚犯待遇最低限度标准规则》（*Stand and Minimum Rules for the Treatment of Prisoners*，以下简称《囚犯标准规则》），《囚犯标准规则》虽然不具有国际条约的法律约束力，但提供了一个具有示范意义的监狱管理和罪犯处遇方面的国际标准，对推动各国的监狱立法和监狱改革、促进罪犯的人道待遇产生了积极作用。《囚犯标准规则》第 61 条明确指出：囚犯的待遇不应侧重于把他们排斥于社会之外，而应注重他们继续成为社会的成员。因此，应该尽可能请求社会机构在恢复囚犯社会生活的工作方面，对监所工作人员的工作进行协助。第 64 条进一步指出：社会责任并不因囚犯出狱而终止。所以，应有公私机构向出狱囚犯提供有效的善后照顾，其目的在于减少公众对他的偏见，有利于他恢复正常社会生活。上述两个规定，鲜明地体现了《囚犯标准规则》对于行刑社会化的倡导。为了使囚犯顺利重返社会，《囚犯标准规则》还设计了诸如保障囚犯同外界的正当接触的权利、有关分类和个别处遇的规定、有关监狱劳动及出狱人保护相关的一系列具体规则和制度等规则。

在第一届联合国预防犯罪和罪犯处遇大会上，还通过了另外一个名为《关于开放式监所和矫正机构的建议》的集中体现了行刑社会化思想的国际性文件。该建议首先对开放式监所和矫正机构的特点做了描述，即不设有防止囚犯逃跑的物质措施和人员措施（如围墙、门栓、武装看守等），建立囚犯自觉遵守纪律和对其所在群体生活负责等制度。建议认为，开放式监所和矫正机构标志着当代监禁制度发展到了一个重要阶段，到了执行旨在使囚犯重新适应社会的刑罚自负原则的阶段。同时，开放式监所和矫正制度有助于减少短期监禁的缺陷，因此，建议在符合有关条件的情况下，把开放式监狱制度扩展到最高限额的囚犯。[1]

---

〔1〕 谢望原："西欧探寻短期监禁刑替代措施的历程"，载《政法论坛》2001 年第 2 期。

（三）第六届联合国预防犯罪和罪犯处遇大会（United Nations Congress on Crime Prevention and Criminal Justice）有关决议

1980年，联合国在委内瑞拉首都加拉加斯召开了以"减少关押的矫正及其对剩余囚犯的影响"为主题的第六届联合国预防犯罪和罪犯处遇大会。大会认为，因为监狱的特性与其使犯罪人康复的功能具有内在矛盾性，监禁违反了人类的本性，监狱则使囚犯的人格感得以削弱。所以，刑事司法要尽量减少关押罪犯。现在，我们更加清楚地了解到，监禁不可能降低犯罪率，也不可能促使犯罪人过一种守法生活，我们应当寻求在"监狱外"或"不在监狱"来改造罪犯。在大会通过的有关决议中，进一步发展了行刑社会化的思想。在《制定青少年罪犯审判和司法最低限度标准》的决议中，倡导严格限制适用青少年犯的监禁刑，提出：任何青少年犯不得被关进监所，除非被判情节严重者。在《制订囚犯社会改造措施》的决议中，提出了囚犯与监外的社会接触，以减少监禁的不利影响的若干建议。[1]

（四）《非拘禁措施最低限度标准规则》

1990年，第八届联合国预防犯罪与罪犯处遇大会在古巴首都哈瓦那召开。大会通过了《非拘禁措施最低限度标准规则》（Standard Minimum Rules for Non-custadial Measures，以下简称《非拘禁标准规则》），为非拘禁措施的适用和执行提供了基本的国际准则。《非拘禁标准规则》提出了促进社区在更大程度上参与刑事司法管理工作的建议。尤其在罪犯处遇方面，强调促进在罪犯当中树立对社会的责任感。《非拘禁标准规则》将采用非拘禁措施看作向非刑罚化和非犯罪化方向努力的一部分，倡导各国在本国法律制度内采用非拘禁措施，从而减少监禁刑罚的适用。《非拘禁标准规则》提出应尽可能少地干预应用非拘禁措施，同时积极鼓励公众参与，认为这是改善适用非拘禁措施的罪犯、家庭与社区之间联系的最重要的因素之一。[2]

**二、各国的社区矫正制度**

（一）美国社区矫正制度

美国的法院对犯罪情节轻微的犯罪人大多不投入到监狱去服刑，而是以"缓刑"的方式，通过社区矫正的方法进行矫治管理。根据1999年底的统计，全美

---

〔1〕 UN General Assembly, Report of the 6th United Nations Congress on the Prevention of Crime and the Treatment of Offenders. , 15 December 1980, A/RES/35/171, See https://www.refworld.org/docid/3b004783 2. html（2019-10-4）.

〔2〕 United Nations Standard Minimum Rules for Non-custodial Measures（The Tokyo Rules），A/RES/45/110（14 December 1990）.

共有被矫治人员 632 万人，而其中"缓刑犯"占 377 万人，在监狱服刑的只有 200 余万人，仅占全部罪犯的 30%。[1] 社区矫正不仅在美国的矫正制度中占有重要的地位，还对美国的监禁行刑制度产生较大的影响。在监狱服刑的罪犯中，每年均有较大数量的罪犯被"假释"到社区，由社区矫正部门具体负责对罪犯的矫治管理。他们多通过监视居住、参加义工、定期汇报、限制活动等方法，对罪犯进行矫治管理。从当时美国全国的情况看，每 47 个成年人中就有 1 人处在社区矫正之下；按性别计算，处在社区矫正计划中的成年男性为总数的 1/27，成年女性为总数的 1/160。根据 2001 年 12 月 31 日的统计，美国缓刑犯为 3 839 532 人，假释犯为 725 527 人，两项合计 4 565 059 人，同时美国被监禁的罪犯总数为 1 381 892 人，被监禁人数占缓刑和假释总人数的 30.27%，这还没有计算在其他社区矫正系统中服刑的罪犯人数。现将美国的主要社区矫正制度介绍如下：

1. 缓刑。缓刑是监禁刑替代方法里适用最为广泛的一种形式。在 1997 年美国的缓刑人数是 236 万人，[2] 比监禁服刑的人数多很多。美国的缓刑主要有以下三种形式：第一种是作出监禁与缓刑区分开的判决，即法院判决中确定罪犯先监禁一段时间后再实施缓刑，判决中同时包含监禁和缓刑的内容；第二种是根据罪犯监禁服刑的情况可作出判决的修改，开始先给罪犯一个监禁的判决，然后根据罪犯监禁服刑的情况，表现良好的可改为缓刑；第三种是监禁刑与非监禁刑交替进行的"间歇的监禁"（也可称作间歇的缓刑），即判决罪犯在周一至周五的白天予以缓刑，周末和晚上在当地看守所被监禁。[3] 关于缓刑的组织机构，最早创始于法院，主要在美国东部地区实施。现在，缓刑组织机构已扩大到美国全境，成人的缓刑有四种不同的模式，由州政府的矫正局、州法院、地市县法院、市县政府部门分别进行管理，形成不同的缓刑管理模式。不赞成由法院来管理缓刑的人认为，如果单纯由法院系统管理，不利于有效地开展为人类服务的工作。赞成由法院来管理缓刑工作的人认为，法院对缓刑人员进行指导并随时采取及时的行动，如违反有关规定，则可以及时撤销缓刑。同时，他们还认为被缓刑人员如果与法官在一起，能保持较高的法律意识。但是，美国的现实情况是，大约有 60% 以上的州采用矫正局管理的模式，而非法院管理缓刑。

2. 假释。假释是被判处监禁的罪犯，在完成一定时期的监禁刑罚之后，如

---

[1] 徐新兴："略论'社区矫正制度'"，载中大网校，http：//www.wangxiao.cn/shg/536980479495.html，最后访问时间：2019 年 6 月 12 日。

[2] 刘强编著：《美国刑事执法的理论与实践》，法律出版社 2000 年版，第 204 页。

[3] 刘强编著：《美国刑事执法的理论与实践》，法律出版社 2000 年版，第 206 页。

果确有悔改表现或良善行为，则对罪犯有条件提前释放的一种刑罚措施。假释制度起源于英国，最早出现于 1790 年，亚瑟·菲利浦（Arthur Phillip）任澳洲新南威尔士州州长，英国授予该殖民地假释之权[1]。1840 年，在诺夫克岛上管理流放犯罪人的负责人亚历山大·马克诺奇（Alexander Maconachie）在管理从英国流放到澳大利亚的犯罪人的过程中，建立了可以提前释放的对罪犯进行刺激的制度。亚历山大·马克诺奇也因此被称作"假释之父"。19 世纪中叶，英国爱尔兰监狱总监委员会主席沃尔特·克拉夫顿（Walter Crofton），修改完善了假释制度，所以假释制度也被称为"爱尔兰制度"。[2] 假释制度的理论及实践成为英国刑事司法改革最丰硕的成果之一。在资产阶级执政初期，报应刑主义曾成为刑事立法的理论指导，目的刑的理念不占上风。后来，随着人权理论的发展，目的刑主义逐渐代替了报应刑主义。一般认为，目的刑主义的核心在于通过法院的判决使犯罪人受到教育，使罪犯的不良行为和内心的主观恶性能够得到一定程度的矫正，对社会整体有利。所以，在刑罚执行过程中，罪犯有悔改表现并不致再危害社会时，刑罚的目的已然实现，再继续对该罪犯监禁已无必要，并造成负面影响。因此，将没有社会危害性的罪犯附条件地提前释放，不仅维护了法律的公平、正义，而且在一定程度上可以救济由长期监禁刑带来的负面影响，维护罪犯的合法权益，也给整个社会带来了巨大利好。

3. 社区服务。社区服务是实行社区矫正的英、美等国家对轻刑犯的一种刑事处罚措施。在美国，关于社区服务的性质，学者之间的观点并不一致。一种观点认为社区服务是赔偿的另一种表达方式。社区服务的主体是男性，且最为普遍适用的主体是酗酒驾车者。从相关资料来看，社区服务从事的项目主要有公共设施的检查、草坪的保养、美化环境、修理等，每人还可每小时得到 1 美元~2.25 美元的收入。[3] 但性质主要是社区服务的参加者基于违法行为对社会的一种赔偿表达方式。另一种观点认为社区服务与赔偿的性质是不同的：赔偿是付钱，社区服务是付出劳动；他们认为，社区服务的理论依据是社区服务具有惩罚、威慑、更新和减少费用等功能。惩罚一般是指无偿劳动，不仅对犯罪人具有特别威慑的功能，而且对公众来说，也具有一般威慑的功能。

4. 家中监禁。家中监禁亦称软禁，是美国一种常用的社区行刑方式。美国的家中监禁适用于危险性较小的并有相对稳定居住条件的罪犯。一般来说，罪犯

---

〔1〕 王运生、严军兴：《英国刑事司法与替刑制度》，中国法制出版社 1999 年版，第 171 页。

〔2〕 刘强编著：《美国刑事执法的理论与实践》，法律出版社 2000 年版，第 213 页。

〔3〕 刘强编著：《美国刑事执法的理论与实践》，法律出版社 2000 年版，第 242 页。

被判处一定的刑罚后，同时规定服刑地点限定在自己家中。有些罪犯甚至可以被允许在服刑的期限内保持他们的就业机会，对允许外出的犯罪人一般要求必须在晚上和周末待在家中。美国的这种刑罚方法，主要是基于经济上的考虑；同时，除在法律上保持对犯罪人的惩罚外，很重要的一点是将犯罪人的活动限定在社区中，促使他们的更新改造，有利于他们与社区的适应与再融合。以美国佛罗里达州为例，被处家中监禁的犯罪人必须做到以下六点：一是在 6 个月至 1 年的刑期中，要义务劳动 150 个~200 个小时；二是每月支付矫正项目的花费大约 30 美元~50 美元；三是可以参加职业的、技术的和其他的继续教育；四是用一部分劳动收入作为受害者的赔偿，同时又能够维持自己及自己所供养人的生活；五是与工作人员至少有 28 次见面，并适当保持与朋友、配偶、教师和警察的联系；六是罪犯每天必须记日记，并在晚上和周末接受检查。与美国不同，家中监禁在意大利称为居所执行，根据意大利的法律，居所执行的适用对象是处于孕期或哺乳期的妇女，与未满 5 岁的幼儿共同生活的母亲，以及不满 5 岁的幼儿母亲已死亡或不可能照顾幼儿的情况下，该幼儿的父亲、符合特定健康状况的人，60 岁以上丧失（部分）能力的人。[1] 在健康、劳动、学习、家庭有特殊需要的未满 21 岁的人，如果罪行不严重且与有组织的罪犯没有联系，也可以适用居所执行措施。执行地点是被判刑人的居所或其他私人住所，或者公共的医疗、护理机构等。未经批准离开上述场所视为脱逃。

5. 中途训练所。美国的中途训练所，指为从监狱释放出来的刑期将满未满者或者有犯罪记录的假释人员设立的一个在社区过渡的居住机构。在美国，中途训练所具有多种多样的形式，各州对它的设置及对当事人管理的强化程度也不同，但它的主要功能却基本相同：一是提供住所和食品，中途训练所的设立，使得经济困难的释放罪犯能有暂时居住的地方，满足其基本的生活需要，有利于他们寻找工作和参加自助项目，而不是被迫重新犯罪；二是给当事人一些特别的治疗，如对性罪犯、依赖毒品、酒精和智力低下者，提供特别的治疗，以利于其远离不良环境和诱发因素；三是职业指导和就业帮助，中途训练所通过与有关单位及个人联系，通报相关的招聘信息帮助当事人寻找工作；四是对缓刑、假释人员的有效监督。[2] 英国的安置帮助培训中心与美国的中途训练所有异曲同工之妙，其主要职责是通过集中教育、培训的方式，使刑满释放人员能够学到一技之长，增加再就业本领。当然英国的安置帮助培训中心的培训对象更广泛，除犯罪失业

---

〔1〕［意］杜里奥·帕多瓦尼：《意大利刑法学原理》，陈忠林译，法律出版社 1998 年版，第 370 页。

〔2〕刘强编著：《美国刑事执法的理论与实践》，法律出版社 2000 年版，第 229~232 页。

者外，还包括其他各种失业者。

6. 电子监控。电子监控是美国适用缓刑监督的一个新方法，这一措施的最大特点是给犯罪人戴上电子监控器，实施全天候的监管。电子监控器通过电子设备核实罪犯在某一时间在什么地点，一般戴在罪犯的腕部或者脚踝。研究表明，电子监控的适用对象是社会危险性较小、犯罪较轻的罪犯和初犯。当时采用这一方法主要考虑的是解决监狱的拥挤问题。从 20 世纪 80 年代初期算起的最初 10 年中，美国至少有 7 万人处于电子监控之下。[1]

（二）英国社区矫正制度

1. 英国适用社区矫正的概况。英国刑事法律规定，依据刑罚适用的轻重，刑罚体系分为三个层次：一是罚款；二是社区服务刑；三是监禁刑。据英国国家缓刑局统计，英国 2000 年判处的各种刑事案件刑罚适用的基本状况如下：不起诉的案件占 19%；被判罚款的案件占 23%；被判社区服务刑罚的案件占 33%；被判处监禁刑的案件占 25%。在英国，刑罚社区矫正刑属于中间强度的刑种，适用于实施了中等危害程度的犯罪行为的犯罪人。法官认为，根据行为人犯罪行为的严重程度，有相当一部分犯罪人不必判处监禁刑；但是，仅仅判处罚金等轻刑罚又显得过轻，应当对犯罪人适用社区矫正刑罚。在英国，社区矫正刑罚在司法实践中普遍适用，占据了刑罚体系的重要地位，法院判决犯罪人社区矫正刑罚的比例呈逐年上升趋势。1998 年，9.5 万人被判处社区矫正刑罚；1999 年，15.2 万人被判处；2002 年则达 20 万人。之所以出现以上情况，是由于适用社区矫正刑罚较监禁刑具有更低的重新犯罪率，且行刑成本较低比监禁刑罚低得多。据英国国家缓刑局统计，2002 年~2003 年，实施社区矫正刑罚的总支出为 6.93 亿英镑，根据社区矫正刑的监控程度不同，平均每个罪犯为 1500 英镑~6000 英镑不等。[2] 比每个监禁罪犯动辄数万英镑的监禁刑罚，显然低了太多。因此，尽管与监禁刑、罚金刑等相比，社区矫正刑是一种相对年轻的刑种，但其很快发展为司法实践中普遍适用的种类，显示出持续强大的生命力。

2. 英国社区矫正制度的主要内容。司法部基层工作司编写的《英国社区矫正制度》中提到，社区矫正刑不是单一型的刑种，而是复合型的刑种，是个多元化的刑种群，由多个的社区矫正令组成。司法机关在个案审判中，对具体被告人宣告社区矫正刑时，可以是一个社区矫正令，也可以是多个社区矫正令。根据2000 年英国国会通过的刑事法院量刑权限法案，社区矫正刑包括社区恢复令、

---

〔1〕 刘强编著：《美国刑事执法的理论与实践》，法律出版社 2000 年版，第 227 页。
〔2〕 司法部基层工作指导司："英国社区矫正制度"，载《中国司法》2004 年第 11 期。

社区惩罚令、社区惩罚与复令、宵禁令、毒品治疗与检测令、出席中心令、监督令以及行为规划令等。

（1）社区恢复令。社区恢复令实质上是缓刑令，在司法实践中的适用比较普遍，占全部犯罪人的比例约为10%，而且呈逐年上升的趋势。英国社区恢复令的期限为6个月以上3年以下。王座法院、治安法院以及少年法庭都有权对被告人宣告社区恢复令。法院适用社区恢复令的条件主要有：根据犯罪人实施的犯罪行为总的严重程度，足以适用社区恢复令；犯罪人必须年满16周岁；对犯有谋杀罪的犯罪人，排除其适用社区恢复令；适用社区恢复令，应当保障犯罪人的改造与恢复，防止其再次犯罪。法院适用社区恢复令时，均须明确一名矫正官负责犯罪人的刑罚执行。矫正官应与犯罪人进行经常性的会见。社区恢复令可以要求犯罪人在一定的期间内，居住在固定的私人住所内，也可以要求犯罪人住在指定的监管中心内。如果法院认为特定的犯罪人比一般被判处社区恢复令的罪犯具有更大的潜在危险，通常会要求犯罪人住在监管中心，加强对这类犯罪人的监管力度，防止犯罪人对社会造成新的危害，增强对社会的保护力度。当然，如果犯罪人的家中环境较差，不利于其改造与恢复，法院也有可能要求其住在监管中心。英国的社区恢复令是主刑，不得与其他主刑同时适用。但是，社区恢复令可以与其他社区矫正刑共同适用。例如，在判处社区恢复令的同时，科处被告人宵禁令，禁止其在夜间外出；也可以对吸毒的犯罪人，同时判处毒品治疗与检测令等。社区恢复令还可以与罚金、没收财产等附加刑共同适用。如在刑罚的执行过程中，犯罪人取得了较大进步，达到了社区恢复令的设计效果，并且犯罪人终止执行社区恢复令不会危害社会，执行完毕全部刑期的一半以上的，可以在监督官的监督下，申请提前终止社区恢复令。

（2）社区惩罚令。社区惩罚令的前身是社区服务令。社区惩罚令的适用率与社区恢复令相当，大约也是全部犯罪人的10%，并呈逐年上升的趋势。根据有关规定，社区惩罚令的适用条件是，被告人所实施的犯罪行为的严重程度，达到了足以对其判处社区矫正刑的程度。社区惩罚令要求犯罪人在社区内提供无偿劳动，犯罪人从事的劳动可以是体力劳动，也可以是脑力劳动。但是，法院一般不要求犯罪人对案件的受害人直接提供劳动服务。犯罪人的无偿劳动，应当是面向整个社区进行服务。被判处社区惩罚令的犯罪人，提供无偿劳动的时间有严格限制，法院主要根据犯罪行为的严重程度，确定具体的劳动时间，时间限定在40小时以上，240小时以内。如果犯罪人实施数个犯罪行为时，其中有两个以上的罪，被判处社区惩罚令，并罚的社区惩罚令刑期不能超过240小时。每周劳动时间5小时以上，21小时以下。所有的劳动应当在判决生效后1年内完成。犯罪人完成判决要求的所有劳动时间后，视为刑罚执行完毕。

（3）社区惩罚及恢复令。社区惩罚及恢复令是对社区惩罚令与社区恢复令的合并。根据规定，当犯罪人实施的犯罪行为足以判处监禁刑时，治安法院和王座法院都有权对年满16岁的犯罪人宣告社区惩罚及恢复令。其中从事社区劳动的部分，遵照社区惩罚令的相关要求；接受社会帮教的部分，则依照社区恢复令的要求执行。另外，刑罚的执行期间略有不同。在社区惩罚及恢复令中，犯罪人接受矫正的时间，不同于社区恢复令中的6个月以上3年以下，而是1年以上3年以下；犯罪人提供无偿劳动的时间，不同于社区惩罚令中的40小时以上240小时以内；而是40小时以上100小时以内。

（4）宵禁令。根据英国的法律规定，治安法院、王座法院以及少年法庭都可以适用宵禁令。宵禁令的适用对象是除犯有谋杀罪的罪犯以外的10周岁以上的犯罪人。宵禁是高度限制犯罪人人身自由的一种社区矫正刑。宵禁令的目的在于，通过将罪犯限制在家里，防止他们在夜间外出，从而减少犯罪人犯罪的机会，达到控制特定形式犯罪行为的目的。

（5）毒品治疗与检测令。1998年，英国的毒品治疗与检测令开始试点，并在2000年的法案中得到立法确认为一种社区矫正刑。毒品治疗与检测令可以由治安法院、王座法院以及少年法庭对16岁以上的犯罪人适用，同时满足以下条件：犯罪人依赖毒品，或有滥用毒品的倾向，其依赖性或倾向性比较严重，以至于需要接受戒毒治疗。毒品治疗与检测令的服刑期限应当在6个月以上3年以下。英国法律规定的毒品治疗与检测令，在适用时并不具有强制性，只有在犯罪人明确表示愿意接受戒毒治疗的情况下，法院才可以判处毒品治疗与检测令。毒品治疗与检测令的内容包括两项要求：一项是治疗要求，强制犯罪人接受戒毒治疗。根据犯罪人的具体情况，在进行戒毒治疗期间，通过判决明确犯罪人住在指定的医院或治疗中心接受治疗，也可以允许其不住院治疗。另一项是检测要求，需要犯罪人在执行毒品治疗与检测令的期间，定期提供血液样本，以检测戒毒成效。检测工作在矫正官的监管下进行。同时，法院还有定期审查犯罪人的戒毒进展的职责，每次审查之间的时间间隔不少于1个月。法院审查犯罪人的戒毒进展时，应当要求犯罪人到庭，宣读犯罪人的血液检测结果、矫正官的报告以及治疗医生的意见等。如果经法院审查，认为犯罪人取得了令人满意的戒毒效果，在此后的审查中，可以采用简化的程序。

（6）出席中心令。出席中心令由治安法院、王座法院或少年法庭对10岁以上、20岁以下的犯罪人适用。当这些未成年人实施了对成年犯罪人可以判处监禁刑的犯罪，可以对未成年犯罪人判处出席中心令。出席中心令的目的在于，使这些未成年犯罪人牺牲一部分业余时间，作为对其实施犯罪行为的惩罚。但是，出席中心令绝不仅仅是一项惩罚，其另一个目的是，将犯罪的青少年置于国家有关管理者或者教育者的影响之中，教会他们如何正确地娱乐，从而促进青少年犯罪人思想和行为的改造。这些中心通常由警察、监狱管理人员和教师等志愿人员利用业余时间，在周六的上午或下午，在学校、少年宫等场所举办。犯罪的青少年在这里学习如何处理、解决与他们犯罪有关的问题，以及参加一些集体活动。

（7）监督令和行为规划令等社区刑罚措施。监督令类似于社会恢复令，只是监督令是专门对 10 岁以上、17 岁以下的未成年犯罪人适用的社区矫正刑。监督令的规则与社会恢复令的要求基本一致，只是监督令的刑期更短，最长不得超过 90 天。行为规划令的适用对象是未满 18 岁的犯罪人，时间最长为 3 个月。行为规划令要求犯罪人在规划令生效之日起，遵守特定的行为规划，使犯罪人在此期间的行为受到监督，并且服从监督人的指挥，听从监督人的命令。犯罪人的行为规划与监督主要包括以下内容：在指定的时间内，参加特定的活动；在指定的时间和地点，向监督人报到；不去规划令禁止的场所；或者对特定的人或社区从事一定的社会服务，以便补偿社会；等等。

（三）澳大利亚社区矫正制度

1. 澳大利亚社区矫正制度概况。推动澳大利亚政府实行社区矫正的首要原因是节省行刑经费。澳大利亚没有联邦监狱，但各州政府要为监狱管理付出巨额成本，近些年平均每天每个犯罪人的监禁成本是 158 澳元，而且这个数字每年都在增长，这一情况引起了政府高层的关注和重视。如何降低刑罚成本，澳大利亚进行了积极而稳妥的探索，私营监狱的模式在监狱改革中应运而生，一些符合条件的私人公司通过政府招标的形式，获得了政府特许的监狱经营权。但私营监狱在澳大利亚规模很小，目前这种私营监狱有 15 所，关押 2200 名犯罪人，仅占监狱犯总数的 10%。为此，澳大利亚引进美国的经验，积极推动社区矫正。据测算，社区矫正每个矫正对象每天平均成本只需 10 澳元左右，比监狱监禁费用节约十几倍。即使是社区矫正中成本较高的家庭拘留这种形式，每人每天也只需 60 澳元，[1] 比监禁矫正节约很多。

推动社区矫正的另一个动因是如何改造罪犯，降低罪犯的再犯罪率。澳大利亚监狱罪犯再犯罪率曾高达 60%，引起了社会的强烈不满与批评。社区矫正制度特别注重刑罚个别化和人性化，是将刑罚的重心由犯罪转至犯罪人，有助于刑罚

---

〔1〕 林礼兴："社区矫正在澳大利亚——澳大利亚考察随笔（上）"，载《检察日报》2005 年 6 月 4 日，第 4 版。

功能的实现，能够在成功改造犯罪人的同时，使犯罪人快速健康地融入正常社会生活之中。经过实践，澳大利亚社区矫正罪犯再犯罪率仅 15% 左右。社区矫正对象的再犯罪率也是政府和社会各界评价和衡量社区矫正成功与否的主要标准。因此，新南威尔士州社区矫正部门每年都要向州长报告并向社会公布社区矫正再犯罪率情况。

由于上述原因，社区矫正成为目前澳大利亚刑罚执行的主要形式。根据 2002 年至 2003 年的统计，处在社区矫正计划中的犯罪人大约有 5.2 万人，比同一时期监狱中的犯罪人数 2.3 万人增加了 39%。[1]

澳大利亚社区矫正制度是依据其国家的《刑法》《刑事诉讼法》以及各州制定的相关法律建立并实施的。社区矫正的对象、种类、适用以及适应新形势和犯罪的新特点开展的各个方面的改革都有明确的法律或者政策方面的依据。澳大利亚历史上是英国殖民地，1901 政治上独立，同世界上联邦制国家一样，澳大利亚国家的立法权、司法权、行政权三权分立。国会拥有立法权、联邦法院拥有司法权、联邦政府拥有行政权。各部门的权利由《宪法》直接规定，《宪法》没有规定的都属于州的权利。因此，除了国会立法外，各州在其权利范围内也拥有立法权。所立法律如果与联邦制定的法律有抵触，抵触的部分必须服从联邦法律，不抵触的部分仍然有效。

澳大利亚社区矫正的执行基本上来自地方法院的判决。澳大利亚法院分四级：联邦法院、州高级法院、州地区法院和州地方法院。一般案件由州地方法院或者地区法院受理，州高院复审，如果对州高院的判决不服，可以到联邦法院申诉，联邦法院的裁决是最终裁决。当然，联邦法院只有 7 名法官，只负责审理涉及国家或者在全国有重大影响的案件。地区法院设有陪审制度，有 12 名陪审员。地方法院没有陪审制度，根据法律规定，一种犯罪最高判处 2 年或者数罪并罚判处 5 年之内监禁的由法官直接判决。近年来针对犯罪的特点，加强社区矫正的针对性，很多地方经政府批准在地方法院设置了一些专门的法庭，如新南威尔士州在地方法院设置毒品法庭、圆桌法庭和青少年司法会议等专门审理因吸毒导致犯罪、少年犯罪、土著人犯罪的案件。

澳大利亚社区矫正的执行机关是司法部门。联邦政府设有司法部、州政府设有司法委员会负责刑罚的执行工作，其中设有专门负责社区矫正的工作部门。但由于各州的情况与犯罪的特点不同，执行社区矫正的机关并不相同。如新南威尔

---

〔1〕 林礼兴："社区矫正在澳大利亚——澳大利亚考察随笔（上）"，载《检察日报》2005 年 6 月 4 日，第 4 版。

士州司法委员会设有社区矫正署,隶属于司法委员会的惩教部,辖60个社区矫正办公室,拥有700个矫正工作人员,负责管理1.8万成年犯罪人的社区矫正工作。同时还负责对法官的培训、监督法院量刑、听取个人投诉等职能。与司法委员会并列的还设有青少年司法部,辖37个拘留中心、35个社区服务部、2个强化工作部门,280名职员负责18岁以下的约300名在押犯(主要到监狱外的专门机构进行心理、生理方面的治疗)和2500名~3000名人员的社区矫正工作。除此之外在人权委员会(州政府的工作部门、与司法委员会并行)内设有社会司法委员会,专门负责土著人的社区矫正工作。

2. 澳大利亚社区矫正的主要形式。在澳大利亚,社区矫正的形式很多,包括:

(1)社区服务令。它是指法庭对符合条件的罪犯判决强令其在社区做公益性的、提供无偿劳动、服务或参加相关活动的命令。处在全日拘留、定期拘留、家庭拘留状态中的罪犯以及在社区矫正中心的罪犯,都可以从事社区服务工作。社区服务的时间因监禁期限的不同而有差别,对于最高监禁期限不超过6个月的罪犯,可以判处最多不超过100小时的社区服务;对于最高监禁期限不超过1年的罪犯,可以判处最多不超过200小时的社区服务;对于最高监禁期限超过1年的罪犯,可以判处最多不超过500小时的社区服务。

(2)家庭监禁。适用于刑期18个月以下的犯罪人。新南威尔士州有家庭监禁法案。家庭监禁的时间与判处刑期相同,犯罪人在家庭监禁期间佩带电子监控器,如果他们离开指定的区域,社区矫正官员就会收到电子监控装置发出的信号。家庭拘留是监禁的一种替代措施。在家庭拘留期间,罪犯接受缓刑和假释部门的监督和管理。法庭在判处家庭拘留之前,要对罪犯进行适宜性评估,这种评估报告由缓刑和假释部门完成,实施谋杀、性犯罪、持械抢劫等严重犯罪的罪犯和累犯不得适用家庭拘留。犯罪人不经允许不能离家,不可以吸毒、喝酒,要接受培训,经批准后可以工作。家庭暴力或者家人反对的不适用。

(3)工作释放。它是指对监禁刑期余刑在1年以下的罪犯,实行白天到外面工作、夜晚回监狱或周末释放的制度。这种制度的主要目的是,帮助罪犯学习职业与社会生活技能,寻找释放后可以从事的职业和住房等,为重新回归社会做准备。定期拘留是社区矫正的另一种形式,它主要适用于不超过3年监禁刑期、年龄在18岁以上的成年犯。法官在确定是否进行定期拘留时,首先确定罪犯的监禁刑期,然后再确定是否适合进行定期拘留。在定期拘留之外的时间,罪犯处于社区矫正之中。其实质上将犯罪人提前解除监禁,目的是让其出监寻找工作,为回归社会做准备。

（4）定期监禁。周末服刑，时间是星期五晚上至星期日晚上。适用于酗酒和因愤怒导致暴力犯罪，且犯罪级别低、与家人关系好、有固定的工作的人。

（5）缓刑。分监控缓刑和无监控缓刑两种，适用于被判处 2 年~4 年刑罚的犯罪人。无监控的缓刑要交纳一定数额的保证金，缓刑期间不犯罪的便不需执行原刑罚。监控缓刑，由惩教部负责社区矫正的官员监控，犯罪人每两周要向其报告。据介绍，每一个官员负责监控约 40 个犯罪人。

（6）假释。过了法定监禁期的犯罪人可以向假释委员会提出假释申请，假释委员会根据其认罪情况、改造状况、危险性、社区是否接纳等条件对其进行综合评估，作出许可和不许可的决定。假释适用于 3 年以下刑期的犯罪人。

（7）补偿金。刑事犯罪人给受害人一定的金钱补偿的措施。

（8）没收财产。适用于轻微的贩毒、有组织犯罪、恐吓犯罪等。已发现犯罪、警方掌握了充分的证据、犯罪的资金是因犯罪得来的，警方可在法庭定罪之前向法庭申请由法庭决定，在定罪之前予以没收。

（9）报告中心。适用于学龄儿童。放学后到中心报到，防止逃学、参加涂鸦党活动等。

（10）保证金。经常与罚金、缓刑并用，由犯罪人交纳一定数额的金钱，以保证自己不再犯。

（11）咨询辅导。受害人与犯罪人面对面的谈话，以使犯罪人深刻反省因自己的犯罪给受害人带来的痛苦，悔过自新，并得到受害人的谅解。

（12）法庭警告。适用于罪行较轻的犯罪人和青少年犯罪。

（13）限制自由。不可以同被限制的人接触，多用于家庭暴力的犯罪人。

（14）保释。交纳一定数额的保证金，并保证随叫随到。

（15）罚金。适用于交通肇事、毒品犯罪，被广泛采用，基本上不考虑被处罚人的经济能力。

澳大利亚社区矫正制度主要适用于三种人：一是轻刑犯，即一种犯罪最高判处 2 年或者数罪并罚判处 3 年之内的；二是未成年犯；三是过了法定的监禁刑期经批准获得假释的犯罪人。职务犯罪，杀人等严重暴力犯罪，使用武器、累犯、同伙犯、有组织犯、连续犯、贩卖毒品、重伤害等严重刑事犯罪不适用社区矫正。

3. 澳大利亚社区矫正的运作程序。进入社区进行矫正通常有三个渠道：一是被地方法院直接判决非监禁刑的；二是法院判决执行完监禁刑后再执行非监禁刑的；三是假释委员会决定假释的。

经地方法院判决适用社区矫正的一般程序是：警方向地方法院提起诉讼，设置专门法庭的地方也可直接向法庭起诉。地方法院做出决定后，移交给相对应的社区矫正工作部门。社区矫正工作部门接受后，首先对其进行危险性评估，然后根据评估的结果，制定矫正计划，专人负责执行矫正计划，完不成计划的送回法庭。以新南威尔州为例，该州有 150 个地方法院，90% 的案件在这里审理，近 2/3 的案件的当事人被法庭作出社区矫正的判决。法庭判决后，进入社区矫正的犯罪人会被移交给负责矫正的办公室。办公室接受后，先由一个专门的部门从犯罪历史、受教育程度、有无工作、本人经历、婚姻、家庭关系、娱乐爱好、同伴、是否酗酒、吸毒、心理状态、情绪、认罪态度等诸多方面进行危险性评估，确定高、较高、中层、中低、低风险，根据评估结果和犯罪性质提出具体矫正计划后送不同的执行组。执行组根据计划，制定具体的工作措施，落实承接矫正的单位，定期同其谈话。矫正的犯罪人也要定期汇报。执行组对其执行的情况要随时记录。如果违反规定，要给予警告，严重的可以给予一定的惩罚，完不成计划的由矫正部门写报告提交给法庭，法庭重新考虑判刑。

近年来，根据犯罪的特点，澳大利亚地方法院在教育挽救、审判方式、改造等方面进行了试验性的改革。如针对土著人主要是青少年的犯罪，可先由警方给予其警告（暴力犯罪除外），只能使用一次并且有记录。比警告严重的有告诫，被告诫的人要认罪，并且要向受害人道歉，可不处罚。在审判方式上，设置了土著人法庭和圆桌会议法庭，改变坐堂问案，到社区公开审判，让被告人充分认识自己的违法行为给受害人、给社区带来的损害，促使其认罪，改过自新。同时，每个社区成立司法小组或者是司法会议，由社区德高望重的人组成，负责开展社区矫正。又如毒品法庭，法庭可以暂缓判决，令其到戒毒中心戒毒，戒毒期间，可以上学、工作，但要定期向法庭报告，表现好的，法庭可以给予一定的奖励；表现不好的，法庭可以给予一定的惩罚，完成戒毒计划的，可以不判决。

执行完监禁刑后再执行非监禁刑的和假释委员会批准假释的进入社区矫正的程序同地方法院判决非监禁刑进入社区矫正的程序基本相同；不同的是，如果违反了有关规定或者不能完成矫正计划，直接收入监狱。[1]

4. 近年来澳大利亚社区矫正的重点。澳大利亚在社区矫正中极其重视对犯罪的预防和惩治，近年来，特别注重对三个方面问题的处置。

（1）土著人的犯罪问题。土著人是澳大利亚本土居民，截至 2003 年，全澳共有土著人 37 万人，占全澳人口 2%，可土著人犯罪率惊人，监狱在押犯罪人中

---

〔1〕 李冰："澳大利亚的社区矫正制度"，载《中国司法》2005 年第 7 期。

土著人的比例达到 20%。土著人比非土著人的入狱率高出 17 倍。[1] 土著人犯罪主要是家庭暴力或针对土著人群体的犯罪。土著人犯罪率居高不下有历史和现实的社会背景。英国人初到澳洲建立殖民地时摧毁了土著人的部落，同时也摧毁了土著人自己的守法环境。目前，土著人在澳大利亚的社会地位低下，就业率低，生活相对贫困，受教育程度不高，法制观念淡漠。这些原因导致了澳大利亚土著人畸高的犯罪率。为了降低土著人的犯罪率，减少犯罪，澳大利亚创造了圆桌法庭审判程序。该程序在设计上独具匠心，充满了对犯罪人的理性教育和检讨。法庭在查清事实之后，土著人的代表要向犯罪人阐明这种犯罪对家庭、对社区所造成的伤害和后果，犯罪人要忏悔自己的罪行，法庭在相对和谐的气氛中也会对如何补偿受害人的损失作出决定。据悉，这种审判活动的主要社会功能之一就是吸引更多的土著人旁听和参与司法审判活动，打破土著人与司法审判活动的隔离，在土著人的心里筑起一道预防犯罪的墙。

（2）未成年人的犯罪问题。澳大利亚的法律规定，10 周岁～17 周岁为未成年，10 周岁以上的人犯罪都要负刑事责任。澳大利亚的未成年人犯罪是社会普遍关注的问题，它的犯罪率占到青少年群体的 2%。[2] 为此，1991 年，澳大利亚国会通过了一个青少年犯罪法，其宗旨是加强对青少年犯罪的预防和处理。澳大利亚青少年司法部就是依据这个法律应运而生的机构，致力于为青少年罪犯提供包括社区矫正在内的广泛服务。

（3）毒品的犯罪问题。在澳大利亚 60%～70% 的犯罪与吸毒有关，为此，新南威尔士州设有毒品事务法庭，专门审理对毒品有依赖并被起诉的罪犯。同时，由政府出资、由卫生部门负责对吸毒人员进行治疗戒毒，把戒毒列入社区矫正的计划中，对积极执行戒毒规定，戒毒成效明显的吸毒者，法庭会作出从轻处罚的决定。

**思考题：**

1. 社区矫正的理论依据有哪些？
2. 社区矫正在罪犯矫正中的地位如何？
3. 社区矫正的适用对象包括哪些？

---

〔1〕 林礼兴："社区矫正在澳大利亚——澳大利亚考察随笔（下）"，载《检察日报》2005 年 6 月 7 日，第 4 版。

〔2〕 林礼兴："社区矫正在澳大利亚——澳大利亚考察随笔（下）"，载《检察日报》2005 年 6 月 7 日，第 4 版。

# 第十二章 监狱私营制度

## 第一节 监狱私营化的产生

20世纪的中后期，西方国家纷纷遵循新自由主义思想，开始了轰轰烈烈的私营化实践，有些在传统概念中必须由政府来提供的公共职能也开始进行私营化实践。一定程度上，一些西方国家出现了深度私营化、过度私营化，最极端的例子之一就是监狱私营化实践。1983年，第一家私营监狱公司——美国感化公司（Corrections Corporation of America，CCA）成立，开启了私营监狱的历史。

### 一、监狱私营化

私营化是20世纪70年代末西方国家行政改革中出现的新事物，其基本含义是"更多依靠民间机构，更少依赖政府来满足公众的需求"（E. S. Savas，2002）。私营化通常被定义为部分或者整体地将公共职能、政府责任和资本资产由公共部门转移到私人部门的复杂过程。监狱私营化（Prison Privatization，Privatization of Prison）或称矫正私营化（Privatization of Corrections）是指私营公司参与监狱的建设、管理和为监狱提供服务的现象与趋势。[1]

监狱私营化是政府服务或公共服务私营化的具体实践，不仅包括私营部门接管公共监狱的情形，还包括私营公司建造并管理监狱的情形；既有私营机构承包特定服务的具体形式，也有公共部门与私营部门在融资、建造、经营、管理等监狱管教相关公共服务方面的多种合作方式。

根据监狱私营化的具体内容和论述角度的不同，监狱私营化现象有不同的名称。例如，主要或者完全由私营公司建造和管理的监狱称为"私营监狱"（Private Prison，Privately Operated Prison）；由私营公司建造和管理的看守所称为"私营看守所"（Private Jail）。如果私营机构仅仅根据合同，向监狱提供某些服务，或者给监狱的建设投入一定的资金等，则不能称之为私营监狱，不过所有这

---

〔1〕 吴宗宪：《当代西方监狱学》，法律出版社2005年版，第777页。

些都可以称为监狱私营化。

## 二、监狱私营化的历史沿革

### (一) 私人参与罪犯管教的早期历史

在西方，特别是在英国、美国，私人涉足刑罚行政管理，可谓历史悠久。在英国，中世纪时期的看守所由私人管理。从 13 世纪开始，英国王室把管理看守所的权利交给私人行使，以减轻王室的责任。有的情况下，出售看守所管理权；有的情况下，以代替退休金的方式，把看守所管理权授予级别较低的王室仆人。看守人员没有工资，主要以向囚犯收取各种服务费的方式谋生，大部分收入源于把啤酒、酒和烟草卖给囚犯的交易。在看守所内，能支付服务费的囚犯与那些不能支付服务费的囚犯所受待遇区别很大。穷囚犯的监禁费由地方行政长官支付，但远远低于富裕囚犯支付的数额，于是看守人员便把穷囚犯租出去为其他人干活儿，用其劳动报酬抵扣各种服务费。在许多情况下，管理看守所的职权还可以买卖，滥用制度非常明显。18 世纪著名的监狱改革家约翰·霍华德（John Howard）通过在英格兰及欧洲的监狱和看守所旅行考察，主张政府给看守人员支付工资，建议废除看守所中私人收费制。18 世纪末，私人收费制废止。

在英国，1854 年创立了少年犯教养院，1857 年创立了少儿习艺学校，这些矫正机构都是由私人公司发起、创办和管理的。

在美国，私人参与罪犯管教的公共服务可以追溯到 17 世纪。1607 年，第一批英国殖民者到达弗吉尼亚，随后美洲成为英格兰流放重罪犯的地方，约 5 万名重罪犯被私人公司陆续运送到"新大陆"服苦役。罪犯实质是契约约束下的奴隶，被私人公司奴役。这一创新措施增强了政府机构管教、改造罪犯的能力，降低了管教罪犯的成本。随着工业化的发展，大量的罪犯被出租给私人公司从事劳动。

在澳大利亚，自 1788 年开始，就根据澳大利亚殖民地与英国政府签订的合同，用轮船将罪犯运到澳大利亚服刑，其中的很多运输工作就是由私人公司承担的。在澳大利亚殖民地，许多罪犯被私人公司雇佣，从事多种劳动。

### (二) 监狱私营化的早期发展

18 世纪末，美国出现了替代服役或死刑的现代监狱，开始尝试将监禁作为主要的矫正方式，政府私人联营管理监狱模式出现。当时，美国州监狱体制主要有两种模式：宾夕法尼亚州的独居模式和纽约州的集中模式。宾夕法尼亚州制度以独居监禁为基础，在单人牢房中给囚犯提供手工劳动的机会。1819 年，纽约奥本监狱开始启用。在奥本监狱，晚上囚犯睡在隔离开的监牢房里，但白天集中在一起劳动。工业生产需要相互配合，好的经济效益来源于互相协作的集体劳动，奥本制的经济效益好于宾州制，很快，奥本监狱成为美国监狱的杰出模式。奥本模式主要魅力之一是它把自己出租给现代工业生产，并让政府确信监狱工业可以有效经营。现代监狱适合大规模生产制度，反过来现代工业大规模生产制度给私人涉足监狱工业提供了充分机会，监狱公私边界也日益模糊化。

在 19 世纪的美国，制造商与监狱签订工业生产合同非常普遍。制造商供应材料，监督劳动，并支付成品工资。例如，奥本监狱，不但在财政上自己维持，而且还能为政府创造剩余价值。在美国监狱发展相当长的时间内，监狱劳动力均被期望为私营公司带来丰富利润。私营监狱最初甚至被指望能为政府赚钱，至少能够自负盈亏，不至于成为政府负担。

在私营机构参与监狱活动的过程中，形成了一些监狱工业运行模式，如租赁制。在租赁制中，私营机构经营整个监狱。例如，1844 年，路易斯安那州将其监狱出租给一家私营公司，由其管理 5 年。1866 年，密西西比州授权将州监狱出租给一家私营公司，由其管理 15 年。即使不将整个监狱出租，也往往将罪犯出租给私营公司从事有偿劳动。例如，1866 年，田纳西州将纳什维尔监狱以每个犯人每天 43 美分的价格，出租给一家家具公司。19 世纪 50 年代，加利福尼亚州租用犯人进行淘金。

监狱生产逐渐由手段变为目的，监狱改造罪犯的功能甚至异化为管理人员谋求私利的手段。结果，监狱罪犯营养不良，履遭鞭打，过度工作和监狱拥挤不堪等问题凸显，在一些州甚至出现了犯人暴动事件。人权问题与监管缺失带来的腐败问题，使美国监狱饱受公众指责。因劳动力成本低廉，监狱出租犯人给市场造成了不公平竞争。公众的抨击逐渐指向公私合营的监狱制度，迫使美国政府回归直接负责管理监狱的职责，拥有并管理监狱成为政府不可推卸的重要职责。

20 世纪 20 年代后期，私营公司参与监狱经济活动的做法受到了法律的禁止。1929 年，罗斯福总统签署通过《霍斯—库珀法令》（*Hawes-Cooper Act*），授权美国各州禁止犯人制造的商品进行跨州流通。1935 年的《萨姆纳斯—阿什赫斯特法令》（*Sumners-Ashurst Act*）规定，承运人违反根据《霍斯—库珀法令》颁布的州法律的行为构成联邦犯罪，还授权监狱产品应贴上标签。结果，多数承运人拒绝承揽州际之间运输监狱产品的业务。此后，美国 33 个州通过法律禁止监狱产品在市场销售，监狱产品被限制在州使用体系的范围内（供州政府和有关州公立单位使用）。

"二战"爆发后，政府私人联营模式逐渐消亡，监狱私有化的早期发展至此结束。

20 世纪 80 年代，私营监狱开始复苏，一些西方国家重新开始重视发展私营监狱。1983年，美国出现了真正意义上的私营监狱公司——美国矫正公司（Corrections Corporation of America，CCA）[1]，开启了私营监狱的新历史。

（三）私营监狱的快速发展

随着私营监狱公司步入正轨以及犯罪人口数量的攀升，私营监狱迎来了快速发展期。美国监狱私营化实践主要由各级立法和政府部门推动和支持。科罗拉多州、佛罗里达州、缅因州、马萨诸塞洲、蒙大拿州、新墨西哥州、田纳西州、得克萨斯州、犹他州等都通过了监狱私有化法律。私营监狱作为合法性的矫正机构被纳入了美国地方司法管理领域当中。越来越多的政府部门开始选择与私营监狱公司签约。

1987年美国私营监狱总容量已达3000个床位。1988年3月，美国白宫的总统私营化委员会，建议联邦政府将监狱、空中交通管制机构、邮政和许多其他服务机构移交给私营企业，这个建议加快了监狱私营化的进程。到20世纪80年代结束时，与矫正系统签订合同的私营监狱床位已经达到1万多个。1989年，里根政府出现财政赤字危机更推动了监狱产业发展计划和私人经营联邦的低防卫程度监狱计划。1990年到2010年间美国私营监狱数量增长了1600%，2003年底，美国3/5的州都有私营监狱，私营监狱监禁了超过94 000名成年囚犯，占美国联邦、州和地方矫正机构监禁总人数的8.5%。[2] 私人监狱设施的增长超过了公共监狱设施的增长，甚至超过了美国人口的增长。

经过快速发展，美国的私营监狱已经自成行业，有自己的行业交易展会、研讨会；在建筑围护、食物供应、安保装备等方面都有专业的团队；在外与众多的供应商合作，广告媒体，建筑装修都建立了长期的合作[3]。1994年，美国矫正公司（CCA）股票在纽约证券交易所上市。GEO公司还将私人监狱的概念首次带到了美国以外，分别在英国、苏格兰、新西兰、南非建立了当地第一家私营监狱。

**三、监狱私有化的原因**

西方监狱私营化的缘起，首先，主要是为了解决监狱面临的紧迫问题，如解决监狱拥挤问题，缓解政府财政困境等；其次，西方社会大众普遍认为公共管理

---

〔1〕　CCA是对中、高级警戒程度的罪犯实施短期拘留的专业私人公司，1983年成立，总部设在田纳西州的那什维尔，是监狱产业的先锋和领头羊。1994年股票在纽约证券交易所上市。截止到2010年，CCA已在19个州与华盛顿哥伦比亚特区设立了65所监狱，共78 000张床位，床位数在美国私人管教机构总数的一半以上。CCA曾经位居福布斯杂志全美最大公司行列。

〔2〕　姜文秀："美国监禁刑的困境、出路及其启示"，载《中国刑事法杂志》2011年第3期。

〔3〕　罗敏夏："私人监狱公司：靠囚犯也能挣钱"，载《南方周末》2012年8月30日，第3版。

部门运行成本高、效率低，这种传统思维方式也促进了监狱私营化的发展；再次，在特殊利益集团的推动下，监狱私有化进程加快；最后，监狱私营化复兴与发展得益于新公共管理理论的影响和实践。

（一）为了解决公共监狱体系危机

1. 罪犯激增，监狱拥挤问题加剧。20 世纪 70 年代，美国宣布"对犯罪开战"，紧接着又"对毒品开战"。这些政策导致了监狱人口急剧增加。从 1980 年到 1990 年的 10 年期间，州和联邦监狱的囚犯人数从 315 947 名增加到 738 894 名（增加 133.9%），而且监禁率（每 10 万人口中的囚犯人数）从 139 人增加到 292 人。罪犯激增、监狱拥挤问题加剧成为美国监狱体系最为头疼的问题之一，也成为私营监狱出现的直接原因，同时也是私营监狱不断发展的直接动力。

严打犯罪活动和严管罪犯的政策，导致不仅监禁的数量增长，监禁的时间也更长。1986 年，美国 38 个州级监狱关押罪犯已达到甚至超过监狱容量，7 个州监禁的罪犯甚至超过了设计收押能力的一半。到 1988 年，美国 2/3 的州均遭遇非常严重的监狱拥挤不堪问题，几乎所有监狱均处于超负荷运转状态，监狱条件不断恶化，狱内骚乱、暴动频发。于是 1988 年，法院要求 39 个州限制其监狱人口，除非它们增加本州监狱容量。这些判决引起提前释放囚犯的后果，这个做法又明显与推行的"强硬"犯罪政策背道而驰。再建新监狱，不仅花钱太多，纳税人反对周期又太长，最主要是修建监狱的数量远远不及其罪犯数量上升的速度。因此，为短期内快速获取监狱床位，迅速扩大监狱收押能力，尽快缓解监狱拥挤的现实矛盾，各州级监狱私营化进程加快。

2. 监狱建设和运营费用日益增加，加剧政府财政危机。犯罪数量的不断上升引发了美国广泛的社会和现实问题，进一步加剧了政府的财政危机。根据美国司法统计局的数据，1971 年 ~ 1985 年间在州政府给予司法体系的财政支出中，除个别年份外，监狱建设的支出均在 70% 以上，其中 1972 年更是高达 75.1%[1]。从 1980 年开始，监狱的运营成本也在逐年上升。

20 世纪 70 年代的两次石油危机、经济停滞等，使得美国财政面临着更加巨大的压力。为解决政府财政危机，政府转向私营部门寻求帮助，进行监狱私营化改革。监狱私营化也在一定程度上直接缓解了政府财政困境，CCA 新建一所监狱的平均花费是 5000 万美元，公营监狱则平均要花 6700 万美元，建筑费用少

---

〔1〕 数据来自美国司法统计局网站，载 https：//www.bjs.gov/content/pub/pdf/jee85.pdf，最后访问时间：2019 年 10 月 5 日。

25%，日常平均运营成本私营监狱也要比州政府的监狱低 20%。[1]

利用私营公司，大量降低了监狱建设费用，加快了设计、建造和运行新监狱的速度，增加了监狱床位，降低了劳动力费用和监狱运行费用，美国公共监狱体系危机得到了一定缓解。随着私营公司不断参与到矫治体系中，私营监狱出现，庞大的私营监狱集团建立。

（二）西方社会意识形态的影响

私营监狱的产生在一定程度上与大众对公共部门和私营部门的评价有关。在美国等西方社会民众眼里公共部门往往代表着低效率，在遇到问题需要解决的时候，社会大众更偏向于选择相信私营部门。从民众到政府都对私营部门有着更强烈的偏好，长此以往，对私营部门的选择成了一种理所当然的自然选择，当政府处于困境面临危机时，便顺理成章地推向私营部门。当因犯数量激增，公共监狱人满为患、财政压力重重围困的情况下，监狱管理便自然地被纳入市场化改革的框架中。

支持政府与私营公司以签约方式经营监狱的理由为，私人经营监狱相对于政府能够节约 10%～15% 的成本，私人部门采购程序更加灵活，不受制于严格的政府采购制度和采购程序，受缺乏弹性的官僚体制约束较少，通常能以较低的食品、物料和设备存货水平，更快采购所需商品和服务，并且能够通过谈判争取到更低的采购价格。[2] 除了降低成本和有效服务外，监狱私有化的支持者还希望借助私营监狱解决政府监狱普遍存在的管教质量问题。

（三）特殊利益集团推动

美国等西方国家监狱私营化的直接动机并非单纯是降低运行成本，提高管理效率，在一定程度上是政府在面对财政压力、资源短缺困境时，与利益集团[3]相互博弈而产生的结果。

私营企业是监狱产业的最大受益者，也是积极推动监狱私营化的主力军。随着私人资本渗透到监狱产业和监狱领域，私营机构参与提供监狱公共服务的角色日益重要，私营监狱相关特殊利益集团形成并快速发展。例如，在美国，监禁体系其实是一张庞大的利益网络，监狱是其连接点，就目前的监禁数量而言美国有

---

〔1〕 罗敏夏："私人监狱公司：靠囚犯也能挣钱"，载《南方周末》2012 年 8 月 30 日，第 3 版。

〔2〕 王廷惠：《美国监狱私有化研究——私人部门参与提供公共服务分析》，中山大学出版社 2011 年版，第 49 页。

〔3〕 利益集团是指为拥有共同利益或目标并在政治过程中采取集体行动的组织化群体，为实现和维护其目的利用自身拥有的资源最大限度地参入政治过程，从而影响政府的公共政策，以实现组织成员利益的最大化。

超过 226 万囚犯，差不多每 100 个美国成年人中，就有 1 名是囚犯，已经形成了庞大的利益集团和利益网络推动着私营监狱的发展。利益集团对私营监狱政策的影响主要通过政治献金、游说官员和制造舆论实现。[1]

在美国历史上，私营监狱公司每年在政治献金方面的投入曾高达 3500 万美元。2016 年 GEO 集团为特朗普的就职典礼捐款 25 万美元。在大选中，该公司还给支持特朗普的超级行动委员会捐款 22.5 万美元。CCA 也为特朗普的就职典礼提供了 25 万美元捐款。[2] 在选举期间，私营监狱集团为候选人提供资金支持，选举结束后竞选成功者将通过各种政策导向和行为支持，为私营监狱谋取更多的利润。特朗普上台后，签署了加强移民执法的行政命令，美国私营监狱公司业务大幅增加。

（四）新公共管理理论的发展

传统的公共管理以过程为中心，强调集中管理、科层和封闭组织的作用。新公共管理强调竞争的重要意义，包括公共部门内部围绕获取合同展开的竞争以及公共部门与私人部门之间的竞争，注重引入竞争机制，关注弹性和经济现实，员工报酬与其绩效挂钩。[3]

新公共管理理论强调通过竞争的方式提高公共服务的供给效率，监狱私营化正是新公共管理理论在监狱管理领域的具体实践。美国监狱私营化便是新公共管理理论思想及其工具的具体应用，通过签约外包，实现监狱私营化，并实现控制监狱运行成本，提高监狱管理效率的目标。

## 第二节 监狱私营制度及争议

### 一、各国私营监狱制度与现状

经过了一段时期的快速发展之后，私营监狱的问题逐渐显露出来，人们对待私营监狱的态度也逐渐发生变化。

（一）美国私营监狱

随着私营监狱的发展，美国逐渐形成了以公立监狱为主体、以私人监狱为辅

---

〔1〕 刘卿："论利益集团对美国气候政策制定的影响"，载《国际问题研究》2010 年第 3 期。

〔2〕 陈小方："美司法部颁令恢复使用私营监狱"，载《法制日报》2017 年 2 月 27 日，第 4 版。

〔3〕 王廷惠：《美国监狱私有化研究——私人部门参与提供公共服务分析》，中山大学出版社 2011 年版，第 62 页。

助的二元化监狱刑罚执行主体架构。自 1983 年美国矫正公司成立开始，美国私营公司重新大规模进入监狱领域，以及私营监狱工业大量发展，始于 20 世纪 80 年代的田纳西州。时任田纳西州共和党主席的汤姆·比斯利（Tom Beasley）一直在面对当地监狱人满为患、预算拮据的问题，为解决这一问题，他和两位好友多克托·克朗兹（Doctor Crants）和唐·赫托（Don Huutto）发现通过政府与承包商进行商业合作，兴建私营监狱，不仅可以解决公共监狱人满为患的难题，还能利用罪犯劳务营利，使惩教系统从低效的状况变为一项有利可图的产业，于是他们成立了美国矫正公司（CCA）。1983 年，这家公司与美国移民与归化局（Immigration and Naturalization Services，INS）签订合同，在得克萨斯州的休斯敦设计、修建和管理一个有 350 张床位的最高警戒度拘留中心（Maximum-Security detention Center）。美国矫正公司对这个拘留中心的管理，成为私营公司有能力管理矫正机构的一个早期例子，至此美国正式开启了私营监狱时代。

随着美国监狱私营化及私营监狱工业迅速发展，美国私营监狱公司逐渐增多，1984 年 GEO 公司（The GEO Group）成立，帮美国联邦和州政府看管超额的犯人，占据了美国三成的私营监狱市场份额。1987 年韦肯航特公司（Wacken Jhut Corporation）与美国移民局签约，在科罗拉多州丹佛市（Denver）开设了一间有 150 个床位的私营矫正机构。截止到 2016 年底，美国共有私营监狱 260 多所，可提供犯人床位近 10 万张。[1]

2008 年，奥巴马总统上任后，从总体上私营监狱的数量仍然是上升趋势，但是由于私营监狱的问题层出不穷，联邦政府和各州政府都开始对监禁政策和监狱的运营做出反思和调整。奥巴马对美国的刑事司法制度进行改革，定期分批降低了大批非暴力犯人的徒刑，并计划减少私营监狱数量。2016 年 8 月 25 日，美国司法部宣布将在联邦体系中逐步停用私营监狱的决定。美国司法部副部长萨丽·耶茨表示，将对要到期的私营监狱合同进行审查，或对这些合同不再延期，或"实质性地减少"，乃至"最终结束"使用私营监狱。[2]

除了政府以外，整个社会在这一时期都开始重新审视私营监狱。2010 年，美国公民自由联盟（ACLU）宣称："私营监狱是违反宪法的。"2016 年 6 月经过 ACLU 多年努力，密西西比州核桃园私营监狱将很快关闭。2017 年 4 月 4 日，印第安纳波利斯市长工作队建议终止与 CCA 的合同，市长乔·霍塞特（Joe Hog-

〔1〕 陈小方："美司法部颁令恢复使用私营监狱"，载《法制日报》2017 年 2 月 27 日，第 4 版。
〔2〕 陈小方："美计划减少私营监狱数量"，载《法制日报》2016 年 8 月 29 日，第 4 版。

seet）说："政府不应该为关押囚犯提供'利润'。"[1]

但特朗普上台后，其政府加大逮捕和遣返非法移民力度，移民政策趋紧加大了美国执法部门对拘留设施的需求，这为美国的私营监狱又带来了发展及盈利的"良机"。2017年2月23日，美国司法部部长塞辛斯又废除了奥巴马政府时期的政策，指示美国联邦监狱局恢复使用私营监狱。自特朗普获胜以来，私营监狱行业的股票价格就一直看涨。在美国参议院确认塞辛斯担任司法部长后，私营监狱股票再度飙升。私营监狱行业前景更被看好。

（二）英国私营监狱

英国私人监狱分为两种类型：一种是政府按传统采购方式建造，但由私人企业管理的监狱。另一种则是根据政府的"私人融资激励计划"，完全由私人企业设计建造并承包管理的监狱。早在1986年撒切尔夫人执政时期，英国便开始探索监狱的私营化道路。1991年，英国正式通过"刑事裁判法"，拉开了监狱私营化的帷幕。1992年4月6日，英国私营监狱的早期代表——伍兹押候监狱建立，押候服务公司被授权对该监狱进行5年的管理。由此开始，英国监狱私营化开始较快的发展。1993年，布莱肯赫斯特私营监狱开始收押犯人。1994年建在唐克斯特和罗奇代尔的两家私营监狱开始收押犯人。1997年，在罗威尔士和利物浦的两家私营监狱建成并收押犯人。

目前，英国共有11所私人监狱，关押总容量达到6800人。2011年起，伯明翰监狱——英国最大的监狱开始由一家安全公司负责运营。2018年8月伯明翰监狱被爆出因犯公开吸毒、欺压狱警等丑闻，引发舆论一片哗然。压力之下，政府宣布重新接管监狱以恢复秩序。

（三）其他国家私营监狱

澳大利亚是第二个授权建立和运行私营监狱的西方国家，也是目前世界上在私营监狱中关押犯人百分比最高的国家。根据1994年发表的数据，在澳大利亚的私营监狱中，关押的犯人占到犯人总数的28%。到1994年时，法国私营监狱的数量达到17个，这些私营监狱关押10 000名犯人。尽管最初的意图是将监狱完全私有化，但是由于监狱管理人员、法国议会的压力、1988年政府的变更等因素的影响，这些私营监狱的管理安全与控制，仍然由监狱管理部门负责。法国的这些私营监狱，实际上是"准私营监狱"。在德国，监狱私营化主要局限于监

〔1〕 Donald Cohen: Privatized Jail To Close In Indianapolis, The Huffington Post, See http://www.huffpost.com/entry/privatized-jail-to-close-in-indianapolis_ b_ 58e80bdfe4bobf8c18beebd1（2019-10-5）.

狱的建设和提供服务方面，私营公司没有参加监狱的日常管理，私营公司向监狱提供的服务，包括饮食、洗涤和医疗。加拿大、新西兰、荷兰、南非等西方国家的监狱私营化也有了较大程度的发展。

**二、关于监狱私营化的争论**

尽管私营监狱在西方国家已经有了较大的发展，但在监狱私营化实践过程中，一直存在争论，主要有法律的、经济的、质量的和人力管理等问题。

（一）监狱私营化实践中存在的法律问题

1. 私营监狱的合法性。刑罚是依据法律对罪犯一定权益的限制和剥夺，使其承受一定痛苦。监狱的刑罚执行和日常管理本是政府的职责，私营公司代替政府行使此公共职能是否合法？这是监狱私营化争论中的一个核心问题。反对者认为行使监狱管理职责具有明显的公权力性质，是不可转让的。"私营监狱因其独特的性质而不能以与其他私营化部门类似的方式得到正当化论证。这是因为，监狱关涉的乃是国家刑罚与个人自由，私营监狱的存在不能保证惩罚的合法性。"[1] 把公权力签约授权给私营公司的行为，是政府的失职、违宪和违法行为。为推动监狱私营化，美国联邦和各州制定法律同意其政府把矫正职能委托给私人承包者，以法律授权形式，使私营监狱合法化。从监狱私营化的实践看，联邦和各州的做法主要有两种：一是按照法律的授权，政府和私营部门签订经营监狱的契约，将监狱管理权完全移交给私营部门，政府只是监管者。私营监狱在政府的监管下完全履行政府监狱所享有的监狱管理权。并取得政府购买服务的资金，这是政府购买服务模式。二是政府部分授权给私营监狱。政府将监狱管理权分解，以签订合同的方式授权给私营监狱，私营机构只能按照授权范围执行政府职能，履行政府义务。但是，依然有研究者认为，"允许私营公司控制监狱是把监狱从完整的司法系统割裂出来"。所以，即使法律予以授权，也"是个不合法的政府授权"。[2]

2. 政府的法律责任。法律上，政府对监狱发生的一切负有责任。通过法律授权形式，政府将管理监狱的部分职能甚至全部职能签约授权给私营公司，私营公司管理监狱虽然具有一定的合法性，政府免除了一部分管理罪犯的具体活动，但政府的法定职责无法逃避。在美国监狱私营化实践进程中，许多州政府准备把法律责任与监狱管理一起委托给私营公司，然而，"实际上，美国的人权法案规

---

〔1〕 陈颀："美国私营监狱的复兴———一个惩罚哲学的透视"，载《北大法律评论》2009 年第 1 期。

〔2〕 敬乂嘉："从美国监狱私有化看美国公共治理的路径变迁：一个核心职能私有化的视角"，载《复旦公共行政评论》2007 年第 1 期。

定，私人部门可以管理监禁机构，但政府对罪犯负有最终监管责任"。[1] 也就是说，不管哪种形式的监狱私营化，政府都是最终的责任承担者。一位私营公司经理曾经生动地说："州能把责任租出去，但是它不能把职责租出去。"从某个方面说，政府充当着私营监狱的"安全网"。私营监狱出现违法行为，或经营不善出现财务危机，或宣布破产，或管理混乱出现监狱暴乱等严重社会问题时，政府都将是问题解决者和最终的责任承担者。

3. 罪犯的权利保障。监狱刑罚和教育改造的目的是尽量降低犯罪率，维护社会稳定。私营监狱获益于惩罚犯法者，私营公司从更多的罪犯、更重的处罚和更多的监狱中获取更多利润。在逐利动机下，私营监狱缺乏激励为罪犯提供更多改过自新的机会，私营公司倾向于最大程度增加监狱、增加罪犯数量、延长罪犯的服刑时间。在美国，经营监狱甚至被认为是一个颇具潜能的产业，美国非营利组织公平战略项目主任朱蒂·格林曾（Judy Green）说，美国私营监狱的"生命之泉"就是让监狱和拘留所人满为患。私营监狱在某种角度上构成了"对罪犯的抢夺"。对于私营监狱经营者而言，罪犯就像摇钱树，他们不会罢工、没有工会组织、没有健康福利、没有失业保险、没有语言障碍。在监狱私营化实践中，政府将管教罪犯的职责通过合同方式授权给私营公司，私营公司可以依法剥削罪犯的劳动，监狱私营化演变为囚犯私有化，罪犯沦落为可出租、买卖的对象，监狱私营化退化产生出"新奴隶制度"。私营公司基于利润动机经营监狱，"追求利润的企业，也许会牺牲罪犯的权利和福利，以增加收益，降低监狱机构提供的服务质量"。[2]，私营监狱侵犯罪犯权利、伤害罪犯的行为屡见不鲜。所以，工会和一些社会机构主张取消私营监狱，强调矫正罪犯的职责非政府莫属。但监狱私营化的支持者认为公共监狱和私营监狱都有可能发生利用和虐待罪犯的问题，但在一定程度上，私人监狱更愿意采用措施保障罪犯的基本权利。首先，因为罪犯对私营监狱管理人员有更多的法律诉讼途径和方法；其次，虐待罪犯只会引发怨恨和仇视，增加监狱管理的难度和成本；最后，私营监狱在合同约束下，也会避免产生不利于续签的问题。

（二）私营监狱的运行成本

美国监狱私营化具有明显的实用主义取向和特征，通过监狱私营化，快速获

---

〔1〕 王廷惠：《美国监狱私有化研究——私人部门参与提供公共服务分析》，中山大学出版社 2011 年版，第 153 页。

〔2〕 王廷惠：《美国监狱私有化研究——私人部门参与提供公共服务分析》，中山大学出版社 2011 年版，第 140 页。

取监狱床位、解决监狱过度拥挤问题，但这只是短期目标；美国联邦和各级州政府推行监狱私营化的主要目标是想借助私营部门效率优势，降低监狱运行成本。

私营公司声称，私营监狱能做国家监狱所做的相同工作，而且可以降低成本。私营监狱降低成本的主要思路是控制人工成本，具体措施：一是利用现代管理技术，更有效地管理员工，激励员工的士气和工作积极性；二是减少雇佣员工、降低员工工资或削减员工福利待遇。因为私营监狱雇员不受公务员规则和成本高昂工会合同的限制，通过降低人工成本，私营企业可以节约监狱经营费用10%~20%。另一个降低监狱运行成本的理由是，私营部门的采购程序更灵活，不受制于繁琐而严格的政府采购程序，可以维持较低的库存量，从而减少浪费，更有效和更灵活的采购方式极大地降低运转费用。监狱私营化的支持者还认为相对于公共垄断部门而言，私营机构需要承担的财务风险更大，这也激励其关注成本控制。

反对者认为私营监狱并无成本优势。"1996年，GAO对私人监狱和公共监狱的比较研究发现，私人监狱和公共监狱的成本相差无几，不支持私有化节约资金的结论。"[1] BIJ（the Bureau of Justice Assistance）于2001年发表了类似的结论。反对监狱私营化的人们指出，政府通过与私营部门签约方式经营和管理监狱的成本更高。私营监狱运行，政府将产生大量隐藏费用，如签约必然产生的契约成本和交易费用；对私营监狱的监督费用；在不寻常的情况下可能自然增加的费用，如私营监狱公司破产；用于紧急事件的维护公共服务，如暴乱、火灾和天灾；给私营公司和它们的投资者的税务利益等。反对者还指出，与私营机构签订合同后，在续签合同时，往往缺乏有效的竞争；合同到期后，政府通常还会支付更高的成本，包括失业、重新培训替代性政府雇员等问题。

（三）私营监狱的服务质量与效率

私营监狱经营机构宣称，它们能比政府部门更低廉地运行监狱，而且同时它们能提供质量更高的服务。私营监狱多数为新建监狱，监狱的硬件设施比较完善、先进，"相对于公共机构而言，私人监狱往往更愿采用新的监管技术，如中央控制系统、热红外探测器、计算机管理系统等，提升监狱管理的整体技术装备水平和管理绩效"。[2] 因此，支持者认为私营监狱的管理效率和服务质量应该能

〔1〕 王廷惠：《美国监狱私有化研究——私人部门参与提供公共服务分析》，中山大学出版社2011年版，第123页。

〔2〕 王廷惠：《美国监狱私有化研究——私人部门参与提供公共服务分析》，中山大学出版社2011年版，第53页。

够与公共监狱水平相同，或者更好。支持者根据几个研究项目成果分析得出，私营监狱在罪犯身体状况、监狱维修保养、一些服务项目和服务程序上都比公共监狱有所改进。佛罗里达州管教私有化委员会以罪犯刑满释放后的一定时间内再犯罪、被逮捕、被重新判刑等方面的状况进行比较研究，"得出的结论是，私人机构罪犯释放后 1 年内再次犯罪比例为 17%，而公共管教机构则高达 24%"。[1]

私营化反对者则认为，有关私营监狱与公共监狱的比较研究存在严重缺陷，尤其在内容设计、服务项目、研究程序、对象选择和研究范围等方面缺乏科学性，因此研究得出的结果也不具有信服力。而且，私营机构签订合同时会出现"挑肥拣瘦"现象，挑选"最好"的犯人，而把"最差的"犯人留给公共监狱，这样私营监狱在与公共监狱比较中就会显得更好一些。事实上，私营监狱为了能够赚取更多的利润，会降低监狱服务质量，私营监狱通常缺乏身心康复服务，医疗保健极其糟糕，罪犯福利普遍较低，在罪犯矫治方面积极性也不高。更多事实显示，私营监狱在追求更高利润的过程中，产生了一系列问题，如监狱暴乱、控制方面的问题，自杀预防方面的问题等。例如，20 世纪 90 年代期间，瓦肯禾矫正公司（Wackenhut Corrections Corp，WCC）十几名员工对青少年女犯性侵犯的丑闻被爆出、WCC 接管的利郡（Lea）矫正机构发生了多起暴力事件。

（四）私营监狱的人员与管理

监狱管理需要大量工作人员，监狱管理费用中，60%～80%为人工费用，因此，工作人员与罪犯的比例、工作人员的业务素质高低决定了监狱的运营成本和服务质量。私营监狱为了比政府更低成本地运行监狱，从监狱运行中谋取利润，私营公司必须消减他们的劳动力费用。他们以各种不同的方式来实现：支付较低工资，提供较少的小额优惠，限制晋级，减少工作人员，并且提供较少的培训。私营监狱通过消减劳动力成本控制运营经费的结果就是，只能招聘没有监狱管理经验的，或管理经验不足的工作人员，甚至招收兼职工作人员。在美国私营监狱中，管理人员有的是退休的州矫正官员，有的是退休的军队人员。与国家监狱工作人员相比，私营监狱中的工作人员通常没有什么职业能力和职业培训背景。例如，加利福尼亚州的一项研究发现，运行劳动离监探亲休假计划、社区矫正计划和内部拘留所的私营公司，不需要正式培训它的基层雇员，并给它的新工人支付最低工资。虽然私营监狱的人员构成并不都是如此，但私营监狱的人员管理模式基本相同，即雇佣人员工资普遍低于国家监狱工作人员的工资；管理人员与罪犯

---

〔1〕 王廷惠："私有化的边界与局限：以美国监狱私有化实践为例的分析"，载《制度经济学研究》2007 年第 3 期。

配置比例较低；员工享有的利益较少。

批评者质疑，私营监狱的低工资标准如何能雇用到条件良好的工作人员。哥伦比亚特区高等法院的社会服务部主任艾伦·M.舒曼（Allan M. Schuman）指出，私营监狱里较低的工资和较少的福利待遇，只能聘请到条件较差的人员，并导致了很高的跳槽率。"私人监狱里多数条件最好的工作人员最终会求职于国家机关中的缓刑部门，缓刑部门能提供更多的工作警戒和更高的工资。高跳槽率必然会妨碍所提供的服务质量；在经费分析中，应该考虑一个因素。"

私营化的支持者声称，私营公司给它们的工人提供了比国家机关更好、更有效的培训；私营监狱能够利用先进、有效的人事管理消减运行经费而不减少员工工资，主要通过灵活配置工作人员、使用更多的电子监视仪以及把利润替换为小额优惠分配，来实现消减劳动力成本。他们认为"足够和适当的工作人员配置、更好的工作条件和更有效率的程序，提高了生产力和士气，减少了缺勤率和跳槽率，而且减少了昂贵的依赖加班加点现象"。为减少业务能力较强的工作人员离职现象，某些监狱私营公司，如美国矫正公司，给"关键雇员"提供股本选择计划，但"关键雇员"通常不包括普通监禁工作人员。对于所有雇员，也实行雇员股本所有权计划。

另一方面，监狱私营化的批评者相信消减劳动力成本能造成降低监狱警戒和安全的后果。而且，工作人员配置公式经常固定在矫正标准和劳动合同中，使它们难以变更。私营公司宣称，他们的人员比例和用人标准遵循由美国矫正协会确定的矫正标准。

尽管 20 世纪 80 年代以来的监狱私营化实践发展引人注目，但毕竟局限于少数几个西方国家。虽然，在美国监狱管理体制中，以公共监狱为主、以私营监狱为辅助的二元化监狱刑罚执行主体架构已基本形成，但总体而言，监狱私营化依然处在试验阶段。私营监狱作为政府管理监狱的另一种方式，是其出现的积极意义，也是研究其的意义所在。

**思考题：**

1. 监狱私有化是否可行？有何根据？
2. 监狱私有化需要保障的基本条件有哪些？

# 第三编　罪犯矫正的方法

# 第十三章　管理矫正方法

第一节 管理矫正方法理论

　　本文所论及的管理矫正方法是指监狱通过各种有效的管理途径和方法，对矫正对象进行全过程、全方位的监督管理，确保刑罚顺利实施，实现狱政管理惩罚与矫正罪犯的目标。不论中外，执行刑罚都是监狱的基本职能，监狱的一切活动都围绕着执行刑罚这个轴心来运行。通过对罪犯实施监管、警戒等各种行政管理活动，剥夺罪犯的自由，强制罪犯遵纪守法，以此来保障刑罚的正确执行，并达到矫正罪犯的目的，这种行政管理活动就是狱政管理。

　　通过狱政管理矫正罪犯是各国监狱通行的矫正方式之一，管理矫正对监狱完成罪犯的监管改造意义重大，这主要通过管理矫正的任务和作用两个方面得以体现：

## 一、管理矫正的任务

### （一）建立良好的监管秩序

　　维护监狱的安全，保障各项管理措施的顺利实施，是各国监狱在罪犯改造过程中的基本任务。犯罪是一种社会现象，是一种世界性的客观存在，而在监狱中服刑的罪犯大多有严重的主观恶性和人身危害性，对他们的改造需要经过一个从强迫到自觉的过程。罪犯在没有得到彻底改造之前，还会留恋过去的生活，对服刑改造不满，有的甚至会伺机逃跑、行凶、破坏或进行其他犯罪活动。因此，通过严密的监管警戒和各种安全措施，保证罪犯的服刑秩序、生活秩序和劳动秩序，防止罪犯自杀、逃跑和进行违法活动，确保监管改造场所的安全，是各国对罪犯进行管理矫正的基本任务之一。

### （二）规范罪犯的行为

　　罪犯是社会的消极因素，他们身上都具有不同程度的犯罪思想和恶习，其中有些人属于恶习很深的惯犯。这些犯罪思想和恶习是长期养成的，有着很强的顽固性。因此，对监狱实行科学、文明的管理，规范罪犯的生活和医疗卫生，建立良好的矫正环境依法规范和约束罪犯的行为，减少各种不良因素的影响，是管理矫正的重要任务。良好的执法环境，既是国家刑罚执行机关行使刑事执法职能的基本条件，又是完成惩罚犯罪、改造罪犯任务的基本保证。被依法关押的罪犯是管理矫正的对象，应当遵守法律、法令和监规纪律，服从监管，接受改造。而从另一个方面看，罪犯良好行为的养成也是罪犯自身合法权益得以保障的基本条件，通过对罪犯进行恰当的管理矫正，可以促进罪犯良好行为习惯的养成，提高罪犯的法治意识，使其认识法律，学习法律，进而习惯在法律的导引下形成新的行为习惯，并反作用于监狱的管理工作，使监狱在执法活动中注重保障罪犯的合法权益，更好地实现矫正罪犯的目标。

**二、管理矫正的功能**

（一）刑罚执行功能

在将罪犯交付监狱执行刑罚之后，监狱依法按照严格的狱政管理程序，通过管理设施将罪犯与社会隔离开来，限制他们个人行为，剥夺其人身自由，再通过一定的行为管理模式使其受到一定的痛苦，体现出刑罚的惩戒威慑功能。通过管理所体现的威慑作用对于矫正来说，是必不可少的，同时它也可以直接促使罪犯较快地适应服刑改造。但最终罪犯能否顺利地重返社会，是影响监狱改造罪犯的效果和刑释人员是否重新犯罪的重要因素，注意将罪犯从"监狱人"向"社会人"转化，并不是一味追求严格隔离，而应更注重罪犯的顺利重返社会，以最大限度地消除刑罚的副作用。因此，各国在设计和运作现代的狱政管理时，均注重使其具有一定的矫正功能，以保证罪犯顺利回归社会。现代刑罚思想的指导、现代刑罚理论和监狱科学以及各种现代科学成果的充实、武装和运用，改变了各国监狱狱政管理单纯事务性的、行政性的工作，增加了更为丰富的内涵，成为拥有许多特殊功能的矫正罪犯的手段。

（二）行为矫正功能

监狱通过严格的管理，对罪犯的生活、起居、交往、行为等方面按设定的模式去一丝不苟地完成或实行。纪律约束、考核监督、行为规范、奖励惩罚、激励引导等一系列制度，规范了罪犯的行为和习惯。俗话说"环境育人"，良好的环境也是矫正罪犯不良行为习惯的重要的基础，长此以往，就会使罪犯养成新的行为习惯，摒弃不良行为习惯，从而起到养成教育的作用。通过科学文明的管理和严明奖惩制度，规范和约束罪犯的行为，带动罪犯向好的方面转化。经过这样长期的生活、训练、教育，有机渗透改造行为规范，矫治恶习，使他们养成尊重他人、尊重社会、关心他人等良好的习惯。

（三）秩序保障功能

通过管理矫正活动，为执行刑罚和教育改造秩序的维护提供必要条件并保障罪犯能够依法行使法定权利。做好罪犯各项秩序的保障工作，不仅是对狱政管理的原则要求，其本身也具有直接的矫正功能。通过认真地完成这些具体的管理工作，就能充分发挥出管理矫正所独具的作用。如在现代西方监狱制度中，普遍将犯人一天的时间划分为劳动（指包括劳动、教育和文体活动等内容的广义劳动）时间、工余时间和休息时间三个部分，并且根据对犯人进行社会训练的矫正模式，西方国家监狱提倡实行犯人集体劳动，工余时间犯人共同娱乐，而与此相适应，犯人同时必须遵守法定的集体活动要求，不允许自由地、不受限制地与他犯随便聚集，即不准随便"串号"，这些规定和措施是西方监狱利用管理矫正活动重点保障刑罚执行和教育改造秩序的体现，折射出管理活动对于罪犯分配秩序、生活秩序和劳动秩序保障的重要作用。

（四）激励鞭策功能

在现代管理科学中，激励理论是一系列有效管理方式和管理方法的科学总结。各国监狱大多将激励机制引入监狱的管理活动中，充分运用各种激励手段管理和推动罪犯的矫正，从而使管理增添新的矫正功能。各国在管理矫正中还建立科学的奖惩体制，依法运用奖惩手段，激励和督导罪犯的改造，这也体现着监狱管理者肯定什么、否定什么的管理价值取向，明确发挥对罪犯服刑改造的引导作用。如在德国，如果罪犯的行为或其心理状态具有明显逃跑的危险，或对人和物具有采取暴力的危险或具有自杀和自伤的危险，监狱长有权命令对其采取特殊的安全措施；而休假制度在德国适用广泛，犯人只要表现良好，经监狱当局考察（10年以上的重刑犯须经监督机关考察），认为不存在逃跑或者利用休假重新犯罪之虞的，均可享受法定的休假处遇。再如，1995年英国制定了《奖励和获得优惠待遇的全国框架》，在1996年推广实行奖励和获得优惠待遇计划。该项计划中的"优惠待遇"可以分为三个等级："基本型优惠待遇""标准型优惠待遇""增强型优惠待遇"。对于新判刑的罪犯，实行标准型待遇制度。然后，根据他们在监狱中的表现，调整对他们所实行的优惠制度——良好的行为表现可使他们晋升到增强型优惠待遇制度，而不良的行为表现则可导致他们下降到基本型优惠待遇制度，在不同的优惠待遇下，享受相应的待遇。[1]

---

〔1〕 邵雷主编：《中英监狱管理交流手册》，吉林人民出版社2014年版，第38页。

## 第二节　管理矫正的内容及各国实践

**一、罪犯的行为管理**

（一）罪犯行为控制

1. 罪犯必须遵守规定的作息时间。西方各国监狱系统均有关于罪犯作息时间的规定，罪犯必须遵守，以此来规范监狱内的秩序。德国《刑罚执行法》规定，罪犯必须按照监狱的作息时间、包括工作时间、业余时间和睡眠时间行事。其他西方国家的监狱系统也都有类似的规定。美国马里兰州矫正局颁布的《罪犯手册》规定，罪犯未经准许不得不到、迟到、离开指定的区域。

2. 罪犯必须遵守监狱规则及监狱官员的命令。为了建立与保持监狱内的秩序，西方各国监狱系统均有关于罪犯必须遵守监狱规则及监狱官员命令的规定。如在美国，马里兰州矫正局颁布的《罪犯手册》规定，罪犯必须遵守所有规则、规章和矫正机构内任何官员的合法的命令。罪犯若不遵守矫正人员发出的任何直接的、合法的命令，则构成违反规则。加拿大矫正局的《罪犯手册》规定，罪犯有义务遵守矫正机构的规则与规章。这些规则与规章有助于保持矫正机构的安全和秩序，使人们可以在一起有效地生活和工作。

3. 罪犯必须爱护公共财产。爱护公共财产是西方各国监狱系统都规定的一条罪犯行为准则。如美国马里兰州矫正局《罪犯手册》明确规定罪犯有责任保护好分发给他的每一件公共财物，其中包括学校或图书馆发的图书或资料。当公共财物丢失、损坏或发生改变时，必须报告，由于罪犯的过错造成公共财物丢失损坏时应当承担经济责任。

4. 罪犯必须按规定着装。着装对于维护监狱这一特定场所的秩序与稳定具有重要的意义。西方许多国家的监狱系统都规定，罪犯必须按规定着装。如美国马里兰州矫正局《罪犯手册》规定，罪犯必须遵守矫正机构有关衣着的规定。一些矫正机构有统一的囚服，一些机构没有统一的囚服。矫正局禁止罪犯与其他罪犯或工作人员交换、买卖囚服。罪犯应当经常身着合适的服装，整理个人卫生时除外。

5. 罪犯必须参加矫正机构分配的矫正计划。罪犯参加矫正机构分配的矫正计划是对罪犯进行矫正的需要，也是保持监狱秩序与稳定的需要。西方各国的监狱系统都要求罪犯必须参加矫正机构分配的矫正计划，其中包括劳动和教育。如美国马里兰州矫正局《罪犯手册》规定，罪犯必须参加劳动，除非有医疗、惩戒或安全方面的理由而不能劳动。拒绝工作、不接受矫正机构的安排构成违反规则，要受到处罚。加拿大矫正局《罪犯手册》规定，罪犯有义务尽最大努力积极参加矫正机构所推荐的矫正计划。罪犯在实现矫正计划方面取得的进步会影响罪犯的处遇。如果罪犯未经许可离开工作地点或计划实施地点，可能构成违纪。[1]

（二）罪犯行为矫正

以犯人再社会化为目的的行为矫正是西方现代监狱制度的重要特征之一，西方监狱十分注意贯彻其文化特质中自我负责的原则，以最符合其价值观的方式完成罪犯的行为矫正。西方国家学者认为，在以矫正为目的的现代监狱管理制度中，参与管理活动的不应该只是监狱官员，而且也应包括犯人在内。在双方管理当中，重要的是激发和唤起犯人的社会责任感。当此无效时，才能借助于必要的压制措施。自我负责的原则体现了矫正优先的思想，它强调的基本精神是：监狱正常生活主要不应通过强制措施，而应通过培养犯人的理性精神和自我责任意识来维持。但是并不排除必要的强制性措施，强制性措施具有最终手段的性质，因而是绝对不可缺少的。西方典型的管理矫正方法如美国监狱的"机关矫正"，机关矫正是指限制性安置单元、监牢或专门用于捣乱性囚犯的设施。将囚犯安置在单人监牢里是最高警戒分类的高级别层次，使用附加的警戒安全措施和设备、计划和服务，停止或者限制有关的计划和服务，而且落实到囚犯的居住区域，从而减少或完全消除了囚犯之间的群体活动机会。美国监狱"行政隔离区"制度就是机关矫正的一种制度，被安置在行政隔离单元的囚犯，每天的大部分时间要在监牢里度过，通常没有劳动机会，出监牢定期娱乐、医疗、探视家人和律师，以及与矫正委员会成员按计划会面，如分类委员会或惩戒委员会，都要被押解和监控。通过对罪犯进行严格管控，从而从行为上矫正那些具有捣乱倾向而且具备人身危险性的罪犯。

**二、罪犯物品管理**

控制罪犯的物品，是维护监狱秩序与稳定的重要手段，西方各国监狱系统对此非常重视，而且有关的制度也比较成熟。在这方面，这些国家的监狱系统一采取以下方式：一是控制物品的种类，凡是有害监狱与监狱内人身安全的物品都不许带入监狱；二是控制物品的数量，可以携带进监狱的物品应当仅限于个人使用所需要的数量；三是控制物品的来源，一些既为罪犯所需又对安全有一定潜在威胁的物品，仅限于从监狱小卖部购买。通过对罪犯物品的管理，严格控制罪犯所

---

〔1〕 郭建安主编：《西方监狱制度概论》，法律出版社 2003 年版，第 110 页。

接触物品的种类和数量，可以间接控制罪犯的行为，有利于罪犯良好行为的养成，并为罪犯激励和矫正提供良好的前提条件。

（一）日常用品管理

在英国，根据苏格兰监狱局的规定，下列物品允许带入监狱内：《古兰经》、念珠、佛像、小匾等。根据英格兰、威尔士监狱局的规定，罪犯可以将下列物品带入监狱：收音机（其必须靠电池工作，如果有电源，不能同监舍内的电源匹配；其可以收中波短波、调频但是不能使用另外的频率；不能使用超长的天线）；不超过6份的报刊（除非是C类、D类罪犯）；不超过3本书（除非是C类、D类罪犯）；日记本；日历；电话卡；邮票；贺年卡；照相册；玩具电池；书写与画画工具；手表；手动打字机；电池驱动的剃须刀；个人卫生用品；结婚戒指；宗教用品；个人习惯用品；香烟（个人被允许使用香烟的条件是由于某种原因监狱允许其吸烟，比如罪犯获得高的处遇级）；等等。

在美国，根据马里兰州《罪犯手册》，罪犯可以携带的财物包括：

1. 衣物用品。罪犯可携带：1条腰带；2件价值最高为50美元的外套，雨具应为非皮革制品，非深蓝色或黑色；3双鞋，包括运动鞋、拖鞋、凉鞋或长筒靴；6块手帕；2顶帽子；1件价值不超过25美元的夹克，应为非深蓝色或黑色；2套睡衣；4件衬衣；2条短裤；1件浴衣；9双袜子；2条长运动裤/休闲裤；2件圆领长运动服；3条普通裤子；8件非卡其布、非深蓝色或黑色的汗衫。

2. 珠宝和个人小装饰品。主要包括：3个衣架；1把号码锁；1条价值不超过50美元的项链；5件价值不超过20美元的宗教物品；1个价值不超过50美元的结婚戒指；1个针线包；3副鞋带；2盒鞋油；1副太阳镜；1个金属垃圾箱；1块价值不超过50美元的手表。

3. 日用品。主要包括：2组电池及打字机色带和手表电池等；1根电视天线；1个价值10美元以下的计算器；1把开罐头的刀具（仅限于在小卖部购买）；1条松紧带；1台电风扇（仅限于在小卖部购买）；1副耳机；1个价值75美元以下不带录音功能的收音机；8盒商业唱片录音带；1台价值200美元以下不带遥控功能的电视。

4. 烟草制品。主要包括：3包嚼烟；4包卷烟纸；2盒香烟；1个卷烟器；90根雪茄；1盒火柴；1包烟斗丝；2个烟斗；2个鼻烟壶；2磅烟草。

5. 生活用品。主要包括：6条毛巾；4条浴巾。

6. 卫生用品。主要包括：2桶剃须洗剂（仅限于在小卖部购买）；2盒空气清洁剂；2包解酸药；2包阿司匹林；1盒鞋垫；1盒润唇膏；1把梳子；2瓶隐形眼镜液；1盒棉签；2盒止咳糖；2盒牙科用木棉；2盒牙科粘胶；2瓶牙齿清洁剂；2瓶不易燃的除臭剂；1个塑料制酒杯（仅限于在小卖部购买）；1瓶眼药水；1把毛刷（仅限于在小卖部购买）；2桶洗发液；2件落发用具；1个镜子（仅限于在小卖部购买）；1瓶洗口药；1把指甲刀（仅限于在小卖部购买）；1把Trac-2型剃须刀；1副塑料制电动剃须刀（仅限于在小卖部购买）；3包蟑螂药（仅限于在小卖部购买）；2管洗发膏；1把剃须刷；2桶剃须膏；4瓶护肤膏或护肤液；6块肥皂；1个塑料制肥皂盒；2包爽身粉；2管牙膏；2把牙刷；1个牙刷托架；1瓶维生素。

7. 娱乐活动材料。主要包括：1套不含有毒物质的美术用品；1副10美元以下的游戏器具；1副10美元以下的国际象棋；1把非电声吉他；1副用于替换的吉他弦；1把口琴；2副纸牌。

8. 非玻璃容器盛食品、饮料。主要包括：6袋牛肉干；2袋水果糖；4块独立包装的糖块；7听罐头；3桶饼干蛋糕；50包奶油；15带速溶饮料；2袋果仁；6包土豆片、爆米花、椒盐饼干；1箱不含酒精的甜味佐料；1盒/袋茶；1个塑料碗。

9. 文具用品。主要包括：得到准许的进修课程的资料；不超过1.5立方米的个人的宗教、法律等方面的书籍纸张等；目前的课程所需的得到准许的贺卡；得到准许的邮票；得到准许的文具；素色金属订书器；笔记本；1包复写纸；1套彩色铅笔；1个作文本；1包信封；4份订阅的杂志/报纸；1盒纸张；2个纸袋；1盒铅笔；4支钢笔；1本影集；1个塑料镜框；1把塑料尺子；2个画线用的卷尺；2个便签本。[1]

**(二) 违禁物品管理**

《英国监狱规则》（1999）规定，不仅爆炸物、枪械、毒品不能带入带出监狱，而且任何钱财、衣服、食物、饮料、烟卷、书信都不能随意带入带出监狱，或者在监狱内藏匿。尽管西方各国对狱内违禁品管理力度一直没有放松，但各式各样的违禁品在各国监狱一直都屡禁不绝，因此西方各国监狱系统对违禁品搜查制度都非常重视。在英国，为了保证监狱的安全，法律授以监狱管理人员搜查的权力。搜查分为对人身的搜查与对监舍的搜查。根据有关规定，任何监狱官员包括女性官员在任何时候都可以对任何罪犯进行搜身。通常搜身是在罪犯从一个地方到另一地方后进行的。在搜查中监狱官员可能要求罪犯脱掉袜子、掏空衣兜，还可能检查罪犯的嘴、耳朵孔、鼻孔与头发。此外，监狱官员还可以对罪犯进行裸体搜查。在一般情况下，当罪犯进入监狱、离开监狱进入隔离单元、与外界人

---

〔1〕 郭建安主编：《西方监狱制度概论》，法律出版社2003年版，第114页。

士会见后，都可能被要求接受裸体搜查。对 A 类罪犯而言每次会见前后，无论是与亲属的会见，还是与律师的会见都要接受裸体搜查。对罪犯的搜身要尊重罪犯的人格，方式要得体，不能由异性官员对罪犯进行。监狱官员可以对罪犯监舍进行搜查。搜查的次数根据监狱的类型、罪犯的分类等级决定。

由于 20 世纪 90 年代以来，监狱中的罪犯被发现有吸毒现象，为此英国监狱便强化了对狱内毒品的控制，引入了毒品强制检验制度。据有关规定，罪犯在入监、临时释放、返回监狱后都要接受监狱检查与检验并需要向狱方提供尿样。当狱方有根据地怀疑某个罪犯时，可以强制其接受检查。此外，监狱可以随机地对罪犯进行检查，以发现是否有罪犯使用毒品，从而使罪犯不敢使用毒品，抑制毒品在监狱内传播的途径。

在德国，《刑罚执行法》第 84 条规定，罪犯的牢房和其他物品于一般安全防范措施。在搜查罪犯监舍时罪犯无权要求在场。因为监舍不是私人居住房屋，《刑事诉讼法》第 106 条和《基本法》第 13 条在此不适用。

在加拿大，《矫正与有条件释放法》用 12 条的篇幅详细规定了对罪犯及其监舍的搜查。根据该法的规定，为了防止毒品和其他危险品或非法物品等违禁品在监狱中存在，保持狱内安全，监狱可以对罪犯进行各种搜查。搜查的种类共有 3 种：

1. 搜身或不插入性搜查。在这种搜查中，罪犯身着全部衣物，监狱官员以双手轻拍或以手持器械来搜查，类似机场对旅客的搜查。

2. 裸体搜查。在这种搜查中，罪犯必须脱掉所有衣物。

3. 体穴搜查。这种搜查是指由合格的医务人员对罪犯的口腔、肛门等各个体穴进行物理探查，甚至包括以外科手术的方式进行搜查。[1]

### 三、罪犯会见与通讯管理

管理矫正中的会见与通讯派生于剥夺自由刑制度。在自由刑产生初期国家基于人道主义，规定罪犯具有会见权、通讯权。随着社会的发展，诸如促进罪犯回归社会思想逐步被注入罪犯会见、通讯制度中。这样，罪犯会见、通讯具有了保持罪犯与社会联系的内涵。由于近年来西方国家监狱系统普遍确立了所谓最大限度减少狱内生活与社会生活之间的差距，以利于罪犯成功回归社会的原则，因此这些国家对会见和通讯等与外界保持接触的渠道都非常重视。

（一）罪犯会见管理

狱政管理中的会见，是指罪犯依照法律规定会见一定范围人员的行为。

---

〔1〕 郭建安主编：《西方监狱制度概论》，法律出版社 2003 年版，第 116 页。

1. 会见的对象。罪犯在监狱中可以会见哪些人，对实现会见的初衷和监狱的秩序与稳定都有着重要的影响。因此，西方各国监狱系统对罪犯会见的对象都有限定。一般是自己的亲属，但是在必要时也可以会见其他人。如在英国，罪犯会见其亲友的前提是罪犯需要向其想会见的人发一个"会见令"，只有持有会见令的人才有权与罪犯会见。根据规定，罪犯一进入监狱就会得到一张会见令，并可在 7 日内使用。两个星期后，他将得到另一张会见令。监狱官员会告诉罪犯每张会见令的有效期，一张会见令可以允许罪犯同时会见不包括孩子在内的 3 个人。[1] 还有一些西方各国如德国等规定，罪犯还可以会见公证人。加拿大规定除了家人朋友会见之外，在遵守保护监狱安全或其他人安全所必需的合理限制的前提下罪犯还可以会见来自社区的其他人。日本规定原则上只允许服刑罪犯和其亲属会见，但是在认为有必要的时候，也可以同亲属以外的人会见，例如处理其个人法律或业务上有必要的时候，为实施有效处遇而有必要的时候等。特别是在和保护观察所的保护司会见时，刑务所更予以充分的方便。法国法律规定所有罪犯均可获准接待其亲属或监护人来访，在监狱安全和良好秩序得到保障的条件下，如果探视对矫正罪犯有利，其他人员亦可来监探视。

西方各国普遍规定，所有会见罪犯的来访者都必须遵守监狱当局有关安全检查方面的规定，有些可能还要接受搜身检查。在德国，因为监狱的安全和秩序的危险可以拒绝家属会见。对那些报道罪犯的犯罪行为和生活情况的记者的会见，如果会见对罪犯带来有害影响或者担心妨碍其再社会化，监狱长有权发出禁止会见命令。在日本凡发现服刑罪犯在会见时接受非法物品以及有其他危害纪律秩序的行为的，或者利用会见预谋脱逃，及有其他危险的接见时在场监听的官员可以临时停止会见，并在事后将有关情况详细报告上级。监狱长认为不适合再允许会见时，可以停止其会见。在法国，监狱非常重视对会见的监控和管理。首先，接见前后狱方依法对罪犯和家属进行严格的检查；其次，在接见过程中，通过电视监控系统和看守人员，对接见予以严密的监视；最后，如若发现罪犯有违规行为便立即取消会见并给予一定的处分。如家属有违规行为则将情况迅速通报接见证原签发机关，由该机关对是否撤销接见证作出裁定。此外，大概是基于保护未成年人身心健康的考虑，日本有关法规规定不满 14 岁的人不得与罪犯会见。

2. 会见的方式。基于罪犯所在戒备等级不同及维护监狱秩序与安全的需要，西方国家监狱系统对罪犯的会见规定了不同的方式。在法国，会见一般分为三种不同的形式：隔离式会见，即罪犯和家属可望而不可及，双方通过麦克风谈话；

---

[1] 邵雷主编：《中英监狱管理交流手册》，吉林人民出版社 2014 年版，第 37 页。

半隔离会见，即用一张桌子或水泥台把罪犯与家属隔离开来；全接触会见，即在一间屋子里，摆上几把椅子一张桌子，罪犯和家属随意落座。狱方根据罪犯的刑期、狱内表现决定实施哪类会见。在美国，会见也有不同的类型，有的是用玻璃隔开、身体不能接触的会见；有的允许有限度的身体接触。在意大利，会见在装有隔离设施的集体场所进行。为了促进罪犯与亲友联系，英国监狱系统还规定有两项特殊的会见：一是"积累会见"，二是"帮助会见"。

值得一提的是同居式会见制度，同居是指允许罪犯与其配偶及未成年子女在监狱中单独的房间会见或过夜，目前在许多西方国家都实施了这种制度。在美国，加利福尼亚、密西西比等州罪犯都可以与其配偶及未成年子女在监狱中同居。在加拿大，监狱系统实行私人家庭会见，罪犯可以在监狱内像家一样的住处与其配偶及未成年子女会见。这类会见的周期为每两个月一次，时间最长可达72小时。这类会见目前在西方国家，尤其是美国引起了很大争议，赞成者认为能增强罪犯与家庭的联系，减少罪犯中的同性恋，减轻罪犯与工作人员之间的紧张关系，使罪犯容易接受管理，减少罪犯与外部世界的隔离。反对者认为这种方法过于强调婚姻关系的生理方面，对未婚犯来说是不公平的。另外，这种会见需要增加监狱的花费，减少了对罪犯的惩罚强度。会见会给监狱的安全带来一定的危险，因为会见者有可能为罪犯偷带武器和毒品等违禁物。但大多数监狱的管理者认为，这类会见利大于弊，因为罪犯从配偶或子女那里得到情感上的关心，可以减少他们在监狱中违反监规纪律的事件。

3. 会见的次数与时间。罪犯多长时间可以接受相关人员的会见，西方各国监狱系统的规定各不相同。最短者可以随时会见，最长者每月会见一次。

在日本服禁锢刑的，每15天会见1次。服惩役刑的，每月会见1次。未满20岁的服刑罪犯在教育感化上有必要时，所长可酌情增加会见次数。对于适用累进处遇制的服刑罪犯，第4级每月会见1次，第3级每月会见2次，第2级每周会见1次，第1级可以随时会见。

在英国，根据规定，罪犯每4个星期最少被允许2次会见。大多数监狱允许罪犯的会见次数超过这个范围。除非会见者太多、管理官员不足或者没有会见空间。但是，罪犯亲属每14日可以申请探监2次，12个月中最高可以申请26次。法国《刑事诉讼法典》规定，罪犯每周可以会见3次。《刑罚执行法》第24条规定，罪犯有权经常接待来访，每月最低不少于1小时。

在意大利罪犯每周可享受会见一次。对患有重病者或在非常情况下允许在以上规定的限度外享受会见。对于每次会见的时间，西方各国的规定也不尽一致，相对来说都有一定的弹性。在法国每次会见时间为45分钟；在英国每次会见一般不超过 60 分钟；在意大利，每次会见最长不超过一小时，在非常情况下准许延长同亲属会见的时间；在日本，每次会见不得超过 30 分钟。

（二）罪犯通讯管理

狱政管理中的通讯，是指罪犯依照法律规定采取一定方式与他人联系的行为。通信是通讯中的主要方式，但是与外界通话近年来也正在成为一种通行的与外界保持接触的方式。

1. 通讯的对象。对于罪犯在监狱中可以与哪些人进行或保持通讯联系，西方各国监狱系统都有明确的规定。在多数国家罪犯可以同任何人通信，而且与律师和可以对监狱实施监督的机构和人员的通信不受检查。对于与罪犯通信，一些国家禁止，另外一些国家需要取得特许，总之，都有一些限制。

在英国，一般情况下，罪犯可以向任何人写信，但是罪犯在下列情况下写信需要得到许可：写给在不同监狱中的另一个罪犯；写给受害人或者家属；为了征询笔友作广告。监狱不能限制罪犯给监狱上级机关、罪犯的律师、妻子、未婚夫（妻）、父母、孩子、兄弟、姐妹写信。但是，如果罪犯的家属要求监狱制止罪犯向他们发信可以要求罪犯不向对方发信。罪犯可以给自己的辩护律师写信，任何人不能阻拦。罪犯发给律师的信件只需要信封上标上"监狱规则 37A"就可以将信件封口邮发；罪犯辩护律师写给罪犯的信件也应当在信封上标上"监狱规则 37A"。这样，罪犯与辩护律师之间可以建立一种特殊的联系通道。罪犯可以借用上述方式与欧洲人权法院欧洲人权理事会、法院联系。

法国监狱对罪犯的通信管理是比较宽松的，对罪犯的通信对象没有严格的限制。即便是在认为通信对罪犯的矫正带来影响或有害于狱内安全时，监狱长也只能禁止罪犯与其配偶或家人以外的其他人通信，并将决定通报给刑罚执行委员会。

在加拿大，罪犯可以与其选择的任何人通信。但是，如果与罪犯通信的人通知监狱长，他不想与罪犯通信，罪犯就应当结束与该人的通信。罪犯有责任不滥用其可以得到的通信渠道，不给不想收到其来信的人写信。

在美国，根据马里兰州矫正局的规定罪犯可以与任何人通信，在一般情况下不能与在另一个监狱服刑的罪犯通信，这种情况也有例外。如果某些罪犯是同一个家庭的成员，或者是某个案件的当事人或证人，监狱长可以允许他们相互通信。在其他特殊情况下，监狱长也可以允许罪犯之间通信。两个监狱的罪犯之间的通信要经过两个监狱的监狱长双方批准。但是，实际上多数监狱禁止罪犯之间的信件往来。

在意大利，罪犯通讯的对象没有明确的限制。监狱准许罪犯寄发信件和电报，为帮助通信，狱政当局每周向不能自费获得通信必需品和普通邮票的罪犯免费提供上述物品。在寄发书信的封皮上，罪犯应写明自己的姓名。

至于电话，西方各国监狱系统的规定也不尽相同。在英国，电话的使用是一种奖励，也就是说，只有表现突出的罪犯才能使用电话；加拿大矫正局《罪犯手册》规定罪犯有权正当地通过电话与家人和社区内其他人保持通讯联系，还可以与特许通信人进行电话联系；在德国，打长途电话适用探视的规定；在意大利电话被当作会见的一种替代方式，罪犯同家属通话由监狱领导机关批准，只有当罪犯至少 15 天未同任何家属会见时才得批准每 15 天同家属通话一次，当出现特殊的紧迫原因而不能通过会见、书信、电报进行有效的必要联系时，可以不按上面规定的期限批准通电话。

2. 通讯频率与数量。在西方国家，监狱对罪犯通信频率与数量一般不直接限制。但是在邮资等费用上，对于超出规定数量的信件有不同的规定。对于包裹，从监狱工作人员工作量的角度考虑，一些国家做出了限制，对于电话和电报，多数国家都有限制。

在英国每个罪犯每周可以发一封由监狱付邮费的信件。如果罪犯还需要发送信件，可以去监狱商店购买邮票（通常监狱对罪犯发送信件的数量不限制）。但是，在下列情况下罪犯邮发信件可以申请由监狱支付额外信件的邮费：写给感化官员的信；存在家庭问题的；刚被判决需要处理一些商业事务的；不满判决，进行申诉的；为出狱后的就业、生活出路而联系的。

至于电话，根据英国监狱的有关规定，罪犯可以用自己的钱从监狱商店购买电话卡（购买电话卡的数量、金额尚无规定限制），但是罪犯不能随便使用电话。对罪犯而言电话的使用是一种奖励，也就是说，只有表现突出的罪犯才能使用电话。

在德国，除了通信之外罪犯可以以其他方式与社会联系。这里的其他的通讯方式指长途电话、电报和包裹。罪犯有权接受带有食物的邮包，但每年不得超过 3 次。邮包重量依据《刑罚执行法》第 33 条规定受到限制，即圣诞节 5 公斤，复活节 3 公斤，生日 3 公斤。

在法国监狱对罪犯的通信管理比较宽松，对罪犯的通信次数没有严格的限制。

在日本刑务所允许服刑罪犯收发书信，并且不受次数的限制。

在美国，一般情况下，监狱对邮件数量不加以限制，但少数监狱在工作人员邮检量太大时往往对数量加以限制。例如，限定每个罪犯一个月发一封信，外面进来的邮件也相应加以限制。

在加拿大对于罪犯的通信数量没有限制。但是对于电话罪犯要经过申请和批准程序，而且并不是每一次申请都会立即获得批准。不过在一些特殊情况下，一般会立即获得批准，如家人生病死亡或生小孩。在罪犯被紧急移管或行政隔离时，如果罪犯要与律师联系，监狱必须在24小时之内批准。

3. 通讯检查。西方各国对通讯检查都非常重视。但是，对于通信多数西方国家监狱采取的原则是，只对信件中是否藏有违禁品进行检查，而不对信件内容进行检查。对于电话，多数国家都要监听。

加拿大矫正局发布的《罪犯手册》明确规定，在正常情况下罪犯与其选择的人通信不受检查。不过，收发不属于特许通信范围与律师的通信和邮件按照惯例要被打开，检查是否有违禁品，但是不阅读信件的内容。

**四、罪犯医疗卫生管理**

罪犯医疗卫生管理是管理矫正的重要内容。在现代社会，罪犯医疗卫生管理的重要任务之一，就是保障罪犯的医疗与卫生，保障罪犯生活的最低待遇，以体现监狱的人道主义。通过罪犯的医疗卫生管理，西方各国监狱规范罪犯生活卫生秩序，并以此尽最大可能实现感化罪犯、矫正罪犯的目的。

在犯人的卫生保健方面，西方国家在立法上一般从两个方面提出要求：一是规定监狱当局有义务关心犯人的身心健康；二是规定犯人必须配合卫生保健措施的实施。从监狱方面来讲，既要考虑到犯人因剥夺自由而无法同自由公民一样自己去消除危害自身健康的种种疾患，又要认识到在监狱集体生活环境中，做好卫生保健工作对维持监狱的正常秩序所具有的重要意义。

监狱当局对犯人健康所承担的义务主要是通过监狱医生和刑务官员来实现的。为此，许多国家规定，作为监狱医生除了医治具体病人外，对可能危害犯人身心健康的各种情况有权予以必要的关注（如监狱当局对违纪犯人进行某类处罚时，未经医生同意，就不可执行）。监狱任何官员在发现可疑病案时均负有向卫生主管机构报告的义务。目前，西方国家监狱卫生工作的重点，一是防止传染病发生；二是防止艾滋病的扩散。许多国家规定，监狱当局对即将刑满释放者仍负有健康保护的义务，如患病犯人获释时仍存在传染危险或未彻底治愈，监狱当局应将情况通知地方卫生部门或将其转入相关的公立医院。医生的惟一职责是保护犯人的身心健康，其专业活动方面的权利不受监督，对其命令必须服从。在西方国家，这就意味着监狱医生有权自己采取或要求他人采取保护或恢复犯人健康的必要措施。从犯人方面来讲，在现代监狱制度中，犯人既有权要求监狱当局提供必要的健康保护措施，同时自己又有义务配合这种措施的实施。这种义务一般包括两个方面：其一，患病者必须接受治疗。犯人患病或以装病拒绝接受治疗而不履行规定义务的要受到纪律处分。其二，容忍义务。所谓"容忍义务"，是指不论犯人是否患病必须容忍监狱当局进行的预防性体检，如 X 光检查、艾滋病毒检查、对吸毒或酗酒嫌疑者进行的尿样检查等。但是，犯人的容忍义务绝不包括为科学研究所做的实验。在西方历史上曾有过用罪犯做实验这种野蛮的、非人道的丑恶行为。

　　德国《刑罚执行法》在健康保护方面作了比较具体的规定：①体检内容。年满 35 岁的犯人有权要求每 2 年进行一次身体普查。普查的重点项目有心脏、循环系统、肾病及糖尿病。男犯最早从 45 岁开始，女犯最早从 20 岁开始有权要求每年最多进行一次癌症早期普查。女犯可要求对与其共同生活的未满 6 周岁的孩子进行体检。年满 14 岁、未满 20 岁的犯人有权要求每年进行一次牙科检查。犯人为消除在可预见时间内可能引发疾病的症状，有权要求预防治疗或获得必要的药物等。②护理内容。医师和牙医的治疗范围除一般的常见疾病外，还包括镶牙、提供药物、绷带和其他治疗辅助工具等。[1]

　　在英国，根据有关规定，监狱应当配备具有正式注册的有经验的医生，即监狱医疗官员，由其负责罪犯肉体方面精神方面疾病的治疗。医疗官员要对罪犯的看病情况进行登记，罪犯有查看病情登记的权利，如果发现有登记错误之处罪犯可以向医疗官员提出更改要求。医疗官员看病可以咨询其他执业医生，包括在监狱工作的医生在实施大的手术前，如果时间允许，医疗官员必须组织会诊。如果监狱没有能力治疗罪犯的疾病，监狱可以请狱外专家帮助诊治，还可以将罪犯带到狱外诊治。已决犯不得向狱外的医生咨询病情，但是，如果罪犯是诉讼中的当事人，可以向医生咨询。罪犯的健康因持续的监禁或者在一般监禁的条件下可能受到损害，监狱医生必须将罪犯的情况报告监狱长，监狱长必须立即将医疗报告转送内务大臣，并附上自己的建议。医生或者监狱内的执业医生应当仔细观察那些精神状态需要引起注意的人，并且对需要监督或者看护的人进行特别的安置护理。

　　英国要求每个监狱都应当有必要的卫生设施，为了使罪犯保持清洁和健康，罪犯每周至少洗一次热水浴。男犯被要求每日刮脸、经常理发。但是对于被监禁的未决犯，或者已经定罪但未判刑的被监者，可以不理发刮脸，但作为例外狱医可以为其健康和清洁之故要求其理发或者刮脸。对女犯而言未经女犯的同意不得将其头发剪掉，除非狱医书面证明剪掉头发对其健康和清洁是必要的。此外，在日本对独居的罪犯，20 岁以下的每 30 天体检一次，其他的每 3 个月体检一次，

---

〔1〕 储槐植主编：《外国监狱制度概要》，法律出版社 2001 年版，第 93 页。

对杂居的罪犯每 6 个月体检一次。监所进行严格的防疫措施，对传染病患者进行严格的隔离。独居罪犯患病时一般在监舍内治疗，需送到监狱医院治疗时应尽量独居一间病室。病犯的治疗原则上由监狱医师进行，其费用由国家负担。但是在特殊情况下允许监狱外的医师参加治疗并酌情允许病犯自费指定外部医师治疗。这种情况主要是考虑到病犯和外部的医师有特殊的关系，如患者在入所之前就在该医师的治疗之下，医师对患者的病情比较熟悉等。不过由于安全的原因，不允许自费购进药品。对确认患有精神病、传染病或其他疾病，而在监狱内难以进行恰当治疗的，视其病程可以在严格履行手续和采取安全措施之后，转送监狱外的医院治疗。这样既体现了对病犯生命的人道主义关怀，也是对其他同监罪犯的健康保护。

在美国，最高法院根据美国《宪法第八修正案》的有关条款要求监狱对罪犯应给予足够的医疗方面的关照。由于法院授予罪犯对监狱管理问题的起诉权利增加了对监狱管理的压力，促使监狱改进对罪犯的医疗服务，如增加监狱的医生，购买一些先进的医疗设备，一些州建立了监狱治疗中心。另外，由于罪犯入狱前往往长期忽视对牙的保养和治疗（在美国，牙齿的保养和治疗是一项较贵的开支），大多罪犯的牙齿状况比较糟糕，一些州增加了罪犯的牙科诊治。美国各州的有关立法也规定监狱向罪犯提供医疗卫生服务。如在马里兰州罪犯都可以获得医疗和牙医服务。根据病情监狱官员会安排患病罪犯到监狱门诊部、地区医院或当地综合性医院进行治疗。在可能的情况下，监狱保证罪犯正常的体育锻炼和娱乐时间，并提供罪犯讲究个人卫生和洗澡的足够设施和时间。

加拿大《矫正与有条件释放法》第 86 条规定矫正局应当向每个罪犯提供下列医疗服务：①基本的医疗保健；②有助于罪犯康复和成功回归社会的合理的非基本医疗保健。而且监狱向罪犯提供的这两种医疗保健基本达到从专业上可以接受的标准。在监狱做出有关安排住宿、转监、行政隔离和惩戒事项的决定时以及在为罪犯释放和监督做准备时，都要考虑罪犯的健康状况和医疗保健方面的需要。此外，罪犯有权拒绝治疗和任何医疗试验，监狱不能对具有理解绝食后果能力的绝食罪犯强制进食。

### 五、罪犯惩戒管理

管理矫正中，惩戒制度是监狱用以维护正常秩序的最重要和最有效的手段之一，这是各国的共识，在西方国家也是如此。其基本精神是：监狱正常生活主要不应通过强制措施，而应通过培养犯人的理性精神和自我责任意识来维持。但是并不排除必要的惩戒措施。惩戒措施具有最终手段的性质，不可缺少。由于社会发展法律传统的多样性，各国法律对监狱惩戒制度的规定不尽一致。但是，有几点是共同的，那就是对惩戒事由、明确惩戒措施和给予补救渠道的规范。

　　惩戒事由是指对罪犯实施惩戒的理由，也就是罪犯的违纪行为。在西方各国监狱系统，对罪犯惩戒的事由都是由法律或有关规则明确规定的。对于罪犯危及监狱安全稳定的行为，西方各国监狱系统都要予以惩处，这是保证罪犯矫正必不可少的措施之一。如在英国对于这类罪犯采取的措施有：①没收罪犯的财物。②调换罪犯的劳动岗位。③根据《监狱规则》第43条对罪犯禁闭。如果监狱长认为某个罪犯可能实施暴力恐吓他人、鼓动其他罪犯实施违反监规的行为，可以将其予以隔离。监狱长直接实施的隔离为3天，如果经过视察委员会同意，监狱长可以将罪犯隔离于其他罪犯1个月。对于不满21岁的青少年犯隔离期不超过14天。④禁闭与身体限制。如果罪犯正在实施暴力，可能伤害他人或者自己，可能损毁监狱或者罪犯个人财产，甚至引起骚乱，监狱官员可以对罪犯适用下列方法：一是将罪犯关押于禁闭室，室内没有任何家具，直至罪犯平静下来；二是对罪犯使用手铐腕套或者拘束衣。后一种方法在未经过视察委员会的授权下不能超过24小时。监狱官员无论对罪犯实施上述方法中的那一种，应当尽快向监狱长或者监狱视察委员会报告。在德国，如果罪犯的行为或其心理状态具有明显的逃跑危险，或具有采取暴力的危险，或具有自杀和自伤的危险，监狱长有权命令对其采取特殊的安全措施。特殊的安全措施是指没收或暂时管理罪犯的物品；观察罪犯夜间的活动；将其隔离；取消或限制户外活动的权利；安置在特别安全的牢房，房中不得有任何给其带来危害物品；戴上镣铐。在面临危险时，其他行刑官员也可临时采取该措施，但事后必须补办监狱长的命令。对于正在治疗的病人，如需要采用特殊安全措施应事先听取医生的意见。为了规范此类措施执行的适用权限，德国《刑罚执行法》第8条规定，特殊安全措施只可保持在目的所要求的范围内。

　　**思考题：**

1. 罪犯管理中蕴含的矫正思想有哪些？
2. 管理矫正包含哪些方面的内容？

# 第十四章 教育矫正方法

所谓罪犯教育，是指统治者及其监狱管理人员由于受到生产力发展水平和政治、经济、法制等因素的影响，在对罪犯的行刑中把教育矫正和改造罪犯作为监狱主要追求目标的行刑理念和行刑制度的总称。它是人类阶级社会的一种特有现象，是矫正罪犯过程中一种非常重要的手段。伴随西方社会生产力的发展，自由、民主思想得到进一步传播，到 19 世纪末 20 世纪初，西方监狱出现了行刑社会化、行刑个别化的趋势，也使监狱的矫正工作相对系统和完善，许多国家甚至通过立法，确定了监狱教育矫正的地位、教育矫正的内容以及教育矫正的组织实施。由此，西方诸多国家的教育矫正工作尤其是文化教育、宗教教诲、社会教育等方面取得了长足的发展，收到了良好的社会效益。本章立足于国外教育矫正工作的实践，从罪犯教育的原则、罪犯教育的内容、罪犯教育的形式和方法等方面展开论述，在部分内容中还与我国罪犯教育制度进行了对比，以期望能够带给我们更多启示。

## 第一节 罪犯教育的原则

所谓罪犯教育原则，是指监狱在长期教育实践中形成的一些基本原则，这些原则是根据罪犯教育的目的、实践和规律总结出来的，是罪犯教育活动中必须遵循的一些基本要求。相比较我国的罪犯教育原则，国外罪犯教育原则和要求主要体现在以下三个方面：

### 一、个别化原则

在 19 世纪中后期，西方法学家和监狱学家面对社会上居高不下的犯罪率，想要探究出一种能够预防和减少罪犯的新的刑罚制度，在这种形势下，资产阶级刑事社会学派诞生，他们主张刑罚处罚不应当为了报复犯罪而使罪犯感到痛苦，而应当对罪犯实施教育矫正，使其不会再犯罪，从而成为一个能够遵守社会规范的人。在刑事社会学派的影响下，20 世纪初，西方监狱呈现出了行刑个别化的趋势。所谓行刑个别化，是指监狱行刑工作应当针对不同罪犯的特点进行，采取不同的措施和方法，教育矫正和行刑处遇都应当根据罪犯的犯罪类别、恶习程度、悔改态度、心理特征等做到因人施教、对症下药。行刑个别化思想的提出使对罪犯的教育矫正得以深化和发展。

**二、分类化原则**

所谓罪犯分类化原则，是指监狱在对罪犯进行科学分类的基础上，认真剖析和研究每一类罪犯的特点及其改造规律，并在此基础上进行有效的教育矫治活动的总称。罪犯分类教育是介于集体教育和个别教育之间的一种重要的教育形式，可以有效地提高罪犯改造质量和效率，最大限度地降低监狱内和罪犯回归后的重新犯罪率。

分类教育原则是中外罪犯教育活动中的一项重要原则，我国的分类教育制度发展较晚，而国外罪犯的分类教育制度大约产生于 16 世纪末，深受当时先进的刑罚思想，如天赋人权思想、罪刑法定思想、罪刑相适思想的影响。在 1597 年荷兰监狱首次对罪犯进行了分类：划分了男犯和女犯监狱。这种分类模式对世界各国监狱影响很大；英国在 16 世纪末建立了感化院和矫正院，被认为是罪犯分类教育制度的萌芽；在 1773 年，美国的沃尔特街监狱开始根据罪犯的性质分别关押并进行教育，这是最为典型的分类制度。之后的三个世纪里，宾州制和奥本制在美国诞生，对世界各国的罪犯分类教育制度产生了深远的影响，此后，英国、法国、日本等国家都效仿美国，开始大力推进以监狱分类制度为主要内容的监狱教育改良，在进入 20 世纪后，犯罪学、社会学的理论被广泛应用于罪犯分类，开始针对罪犯的安全分类、需要分类、个性分类等进行研究，标志着罪犯分类制度的研究进入了一个全新的时期。

**三、社会化原则**

所谓社会化原则，是指监狱借助各种社会力量的积极影响参与罪犯的教育改造工作，从而加强罪犯的思想改造，提高改造质量的一种教育影响活动。社会化原则的实施可以帮助罪犯出狱后尽快适应社会生活，有效地降低罪犯再犯罪率。

近年来，世界各国的犯罪情况都比较严重，针对这种情况，一些国家的学者提出了监狱教育"社会化"的理论，特别是近几十年，西方一些国家在行刑思想和行刑制度方面都非常重视监狱行刑的社会化，并把它作为一项重要制度固定下来。其中尤其强调狱内教育与社会教育相结合，促进罪犯教育的社会化。其形式也是多种多样，如美国的教育部门可以帮助监狱制定罪犯的文化教育计划；英国的教育部门会派学校的教师前往监狱内授课；意大利的中学会在监狱内组织办学等。除此之外，还有释放学习制度的普及应用，所谓释放学习制度，是指罪犯在白天外出学习，晚上回监狱休息，这种制度早期在美国比较普及，近年来，瑞士、日本等国家也纷纷开始效仿。罪犯教育的社会化有利于罪犯在接受监狱教育的同时也能够接受社会教育，接受广泛的社会信息，有利于减轻监狱化对于罪犯的不利影响，有利于促进罪犯的再社会化。同时，对于罪犯而言，社会上的教师相比较监狱警官而言更容易亲近，也有利于他们学习新知识、新文化。

## 第二节　罪犯教育内容

现代国际行刑制度的发展趋势主要体现在各国监狱对罪犯教育活动的发展变化上，由于传统文化、社会制度、意识形态的不同，中外的罪犯教育活动在教育内容和形式上会呈现出差异性，但在这些差异上我们还是能够总结出一些共同的趋势，如在罪犯教育内容上，经过长期的发展，可以总结出中外罪犯教育框架基本由三部分构成，分别是道德教育、文化教育、职业教育。

### 一、道德教育

道德教育是指为了解决罪犯思想问题，提高罪犯思想认识水平，消除罪犯错误的犯罪思想和不良的世界观、人生观、价值观而进行的系统影响活动。在我国罪犯道德教育具有很强的意识形态性，如爱国主义教育、社会主义法制教育、形式政策教育等，可以说罪犯的道德教育是罪犯教育活动的核心和基础，是罪犯教育活动的重中之重。但道德教育并非中国特有，西方国家的监狱都有对罪犯进行道德教育的内容，只不过他们不设专门的道德教育课程，而是将道德教育融入罪犯日常教育活动中，像美国、日本等监狱设置的"生活指导"或"社会教育""宗教教诲"等教育活动，就在其中融入了道德教育的内容，如美国监狱设置的社会教育活动，通过教授课程、组织讨论等方法，启发、引导罪犯思索各种社会问题以及出狱后如何进行社会生活。还有广泛开展的生活指导课程，这种生活指导课程是我国所没有的，其涉及的内容十分广泛，可以涉及生活的各个方面，是一种与文化、道德密切相关的教育活动，如美国的芝加哥监狱，就为服刑犯人开设此类课程，讲授致富的想法和做法以及如何建立自信以取得成功等；而加拿大监狱的生活指导课程则涉及职业生涯规划的内容，包括如何了解自己适合的职业类型，如何择业，把握职业等，还有关于罪犯家庭关系和责任等问题，都是罪犯关心和需要的问题。至于在美国、日本还有许多西方国家广泛实行的宗教教诲，其与罪犯的道德情操教育相结合，更是一种典型的道德教育。由此可见，国外监狱的生活指导、社会教育以及宗教教诲等内容其目的在于用正确的思想、观念去改变、完善罪犯的思想，使他们形成正确的人生目标、价值观念，来适应社会生活，因此可以属于道德教育的范畴。

## 二、文化知识教育

法国著名作家雨果有句名言"多一所学校，少一所监狱"，从这句话中可以看出在西方人眼中犯罪行为与文化知识水平之间的关系，即知识匮乏可能与犯罪行为发生呈现一定的相关性。有数据显示，1992 年美国罪犯中有大专以上学历的只占 14%，高中学历的占 46%，高中以下学历的占 40%，而且调查显示很多罪犯在学校内曾接受过纪律处分，还有一些罪犯缺乏最基本的阅读和计算能力；在英国，有数据显示，约有 40%的罪犯没有完成法定义务教育，这个数字远远高于社会中没有完成义务教育的比例；[1] 在德国也有相似的数据表明文化水平低与犯罪的高相关性。罪犯犯罪的重要原因之一，是分不清善恶美丑，颠倒是非黑白，追溯一下更深层次的原因可以发现，大多数罪犯因为缺乏文化知识，愚昧无知，分辨是非善恶和抵御外界不良诱惑的能力太差。常言道，知书达理，组织罪犯学习文化知识，可以提升罪犯的文化素养，自我修养的要求提高，罪犯的自我约束性就会增强。因此不论在我国还是外国，都很重视罪犯的文化教育，文化知识教育都是罪犯教育体系中必不可缺的部分。

在美国监狱中，罪犯的文化知识教育一般可分为三类，分别是：中等教育和普通教育、成年犯的基础教育、还有大学预科教育，这三类教育所对应的罪犯有所不同，中等和普通教育主要是针对未通过中等教育的罪犯提供的，可分为小学、初中、高中几个层次，教学内容与罪犯的教育升级考试有关；成年犯的基础教育主要目的在于帮助罪犯提高基本的阅读、写作和算数能力；大学预科教育主要是监狱与附近的二年制或四年制学院合作，为罪犯提供大学的教育课程，结业的罪犯也可获得相关的结业文凭。教师的来源有两类，一类是专职教师，由监狱自己配备具有大学毕业以上文化程度的人担任；另一类是兼职教师，聘请社会上的教师来担任，这些社会教师主要由地方上的教育局提供。与我国不同，在美国，兼职教师承担了监狱中罪犯的绝大部分教育工作，他们的教育形式也多种多样，有面授教学、函授教学，有的也允许罪犯到社会上的学习机构进行学习。在美国，越来越多的罪犯在监狱中获得学士学位，有的甚至获得硕士和博士学位。

法国监狱也非常重视罪犯的文化知识教育，法国的相关法律规定，各个监狱机构都要保证对罪犯实施初等教育，具体的做法是凡是不满 25 周岁的以及不能流利进行阅读、计算和写作的罪犯必须接受初等教育。对于文盲罪犯和外籍罪

---

〔1〕 储槐植主编：《外国监狱制度概要》，法律出版社 2001 年版，第 150 页。

犯，应当开设专门课程；另外，任何罪犯都可以参加由法国教育部举办的函授课程学习，并规定参加函授课程学习以及完成相关作业只能利用劳动以外的时间进行；对于一些监狱内无法开设也无法通过函授进行的课程，法国规定可以对在押罪犯实行半自由制度，即允许他们到监狱外开设这些课程的机构中去学习。

就英国而言，在监狱内对罪犯广泛开展扫盲教育和基础教育。扫盲教育是针对文盲罪犯开展的，其目的在于培养罪犯掌握最基本的读写和算数能力。有数据显示，在 2000 年~2001 年间，约有近九万名罪犯通过了阅读方面的技能测验，有近十万名罪犯通过了写作能力的基本测验，有近九万名罪犯通过了计算能力的基本测验，另有数据显示，每个罪犯每星期接受教育和培训的时间约为 7 个小时，其中男犯是 6.13 小时，女犯是 7.44 小时，未成年犯是 9.43 小时[1]。英国监狱开设的基础教育主要是培养罪犯基本生活技能的教育，其目的在于帮助罪犯将所学的知识和技能运用于社会生活。除此之外，英国监狱注重罪犯接受高等教育的可能性，英国监狱努力为愿意接受高等教育的罪犯创造条件。

**三、职业技术教育**

罪犯职业技术教育是指监狱根据监狱生产和罪犯释放后就业的需要，对罪犯开展的职业技术教育，目的在于促进罪犯生产技术和职业素养的提升。罪犯职业技术教育的产生也与罪犯教育刑思想的发展密切相关，监狱在设立之初受报应刑思想的影响，其监狱劳动的主要目的在于惩罚、折磨罪犯；随着后期教育刑思想的出现，监狱逐渐将劳动作为改造罪犯、帮助其再社会化的手段。职业技术教育与上述所讲文化知识教育密切相关，不同之处在于职业技术教育侧重于罪犯职业技能的培养和提高，通过系统的职业技术培养，帮助罪犯学会一技之长，从而有助于罪犯解决出狱后的生活就业问题，帮助罪犯再社会化，降低重新犯罪率。因此，对罪犯进行职业技术教育是世界各国监狱普遍适用的手段。

在美国，早在 1870 年第一次监狱协会上就提出了对罪犯进行职业技术教育训练。就男犯而言，职业技术教育的内容比较广泛，如电焊、屠宰、金工、钳工、烘烤、电视维修、汽车修理等；与之相比女犯的职业技术教育会受到一些限制，其主要内容有：美容、资料管理、烘烤、食品加工、秘书训练等。随着现代信息技术的广泛发展和应用，美国监狱管理局已经开始利用电子计算机技术进行医疗、建筑、机械、服务和农业等方面有关信息的相关报道，监狱根据电子计算机提供的数据，结合职业特点、技术水平和行业发展趋势制定计划，选择适当的职业对罪犯进行培训，做到有的放矢，提高职业培训的针对性和有效性。

---

〔1〕 史景轩、张青主编：《外国矫正制度》，法律出版社 2012 年版，第 319 页。

　　就日本而言，其职业技术培训可分为三种形式：综合培训、集中培训和内部培训。一是综合培训，是指日本监狱会在全国范围内挑选出七所职业训练机构，然后再在全国范围内挑选合格的犯人，送入这七所机构中进行培训，以培养出高水平的职业技能人员；二是集中培训，是指在相对特定的地点对本地区的罪犯进行培训；三是内部培训，是指在监狱内部对罪犯展开短期的职业培训。培训的项目有诸如焊接、瓦工、机械、缝纫、烹调、编织、美容、汽车修理、汽车驾驶等。据调查，日本罪犯在进行职业技能培训之后，出狱后再犯罪率明显下降，而且出狱后的就业种类中，以船舶汽车修理等专业的就业率最高。罪犯出狱后能否找到工作对再犯罪率的高低有重要影响，而职业技术培训无疑可以帮助罪犯掌握一技之长，帮助他们出狱后再就业。

　　在德国，罪犯的职业技术教育一般在生产车间进行，对罪犯进行职业技术教育的教员由监狱资深的培训员担任，培训时间一般为 3 年，特殊课程可缩短至 6 个月，培训的内容主要涉及手工业、工业和商业。其中特别值得注意的是，在德国的一些监狱，罪犯在刑满后并不立即离开监狱，而是在监狱内继续参加一些学习或培训，通过考试取得相关的证书，帮助其增加出狱后的谋生能力。

　　在英国，监狱会在入监教育的过程中将职业培训的课程内容通知罪犯，这些课程的内容十分广泛，例如：美容、木工、理财、车辆维修、焊接、园艺等。为了提高职业技能培训的质量，监狱会聘请专业的指导人员来监狱进行培训，这些专业的指导人员可以来自高等学校、来自慈善组织、来自志愿者组织或是来自罪犯将来的工作单位。为了提高罪犯出狱后的就业率，英国监狱还将罪犯纳入就业求职系统，该系统可以为罪犯介绍职位，还会向罪犯提供就职培训。英国监狱还与企业建立合作关系，帮助刑满释放人员找到工作，帮助他们再社会化。

## 第三节　罪犯教育的形式

### 一、宗教教诲

　　所谓宗教教诲，就是通过宗教来培养品德的方法。世界上许多国家都有宗教信仰的传统，佛教、伊斯兰教、基督教为当今世界三大宗教，教徒也遍布世界各地，宗教在人们的生活中占据着非常重要的地位，对教徒乃至非教徒进行宗教教诲成为许多国家普遍的做法。对监狱中的罪犯进行宗教教诲也成了实现罪犯教育非常重要的手段。有学者曾言，"宗教乃借神之力，志在劝善，最易动人，尤易动社会中下等之平民，犯罪人中，以此等下等者为多数，故宗教之力，功效无穷"。[1] 可见宗教信仰可以为罪犯提供精神上的支持，可以使他们远离现实的艰难，宗教活动也可以帮助罪犯与家人保持精神上的联系。因此宗教活动在罪犯矫治中作用很多，可以使罪犯在服刑时减少其精神压力和负担，能帮助罪犯调整和适应监狱生活，不仅如此，参加宗教活动还能帮助罪犯降低违反监规纪律的频率。鉴于以上所述宗教教诲在罪犯教育矫治中的积极意义，世界上许多国家将宗教教诲作为罪犯教育改造的一项重要手段。结合西方国家宗教教诲的时间，可以总结出宗教教诲可以分为以下几种形式：一是个人教诲，这种教诲方式主要是在罪犯生病、单独监禁、接受惩罚或是要求会见的时候进行；二是集体教诲，主要是将所有教徒集中起来学习经文的教诲；三是集中教诲，这种教诲方式允许宗教志愿者集中到监狱进行教诲；还有静思教诲，这是教徒自我教诲的一种形式，教徒在传教人员讲完后自己反省赎罪。

在美国，可以说宗教教诲制度和美国的监狱制度一样久远。在美国，伊斯兰教和基督教有很大的影响，当美国还处于殖民地时期的时候，一些教徒就力图将宗教教义融入监狱管理中，他们提倡，要让犯人单独监禁，这样他们就可以隔离红尘，他们就有时间反省、忏悔和改变，这样他们就可以得到主的拯救，并且可以变成有教养的公民。且在美国，第一次宪法修正案中就规定了法律要保护公民宗教信仰和活动的权利。宗教教诲的实施者主要由神职人员担任，美国大部分州的监狱都设有牧师、传教士，除此之外，还有一些自愿传教的业余人员。这些传教人员必须具备广泛的宗教知识以及劝导和抚慰经验，并且要经过长期的技术训练。他们的主要工作有：主持监狱内日常的宗教活动，指导罪犯学习、研究宗教事务，承担劝导罪犯的事务，还有帮助罪犯解决精神危机等。

法国监狱也非常重视对罪犯进行宗教教诲，法国有明确的法律规定，罪犯有满足自己宗教生活和精神生活需要的权利。法国监狱内的宗教活动主要是由神职人员组织实施的，这些神职人员是由宗教机构向各地的监狱推荐的，他们的主要工作是主持监狱内的祭祀事务、向罪犯提供经常性的帮助等。例如，神职人员会在监狱内组织一些宗教活动，仅允许宗教人士和罪犯参加；神职人员可以随时和罪犯谈话，不必受监狱看管人员的制约；神职人员可以和罪犯通信来往，且监狱工作人员不得拆阅检查这些信件；罪犯可以接受或者保存宗教的书籍、信物等资料；还有必须保证罪犯有充足的宗教活动时间；等等。

---

〔1〕 刘迪："论中国近代以来的教育矫正措施及改革方向"，载《佳木斯教育学院学报》2013 年第 9 期。

值得一提的是英国监狱，英国监狱普遍设有教堂，可以说教堂是英国监狱的基本设施之一，而且在罪犯教育矫治过程中发挥着重要作用。英国监狱在收押罪犯之初，就必须登记罪犯所申报的宗教类别，监狱的牧师必须在本教派罪犯入狱后立即会见他们，在每名罪犯出狱前也要会见一次；在罪犯生病、受到管束或者被单独监禁的情况下，监狱的牧师必须去探望他们；罪犯若在监狱内死亡，则由本教派监狱牧师负责进行祷告；英国监狱的牧师在每个礼拜日、圣诞节、耶稣受难日还要为信奉国教的罪犯履行一次神职；罪犯可以拥有属于自己的宗教书籍、宗教用品等。

**二、社会教育**

所谓社会教育，就是监狱借助各种社会力量的积极影响参与罪犯的教育改造工作，从而加速罪犯的思想改造，提高改造的质量的一种教育影响活动。相比较狱内教育，社会教育具有开放性、易受性和实效性等特点。所谓开放性，是指社会教育不再局限于监狱内部，而是从社会大环境中寻求对罪犯进行教育的因素；所谓易受性，是指相比较狱内教育，社会教育形式多样、生动活泼、感染性强，更容易为罪犯所接受；所谓实效性，是指社会教育相比较其他教育形式而言更能吸收、促进和巩固罪犯思想改造的实际效果。因此社会教育在中外监狱工作中都是一种非常重要的罪犯教育形式。在西方的诸多国家，社会公众参与监狱工作是一项传统，罪犯教育矫治工作会受到公众的关注，得到社会的帮助，社会诸多社团、组织也会积极参与到罪犯的矫治工作中来。他们认为一些非监狱工作者参与到监狱中来，可以在形式上突破传统框架，一些志愿者具有一些专业技能，如法律专业、心理学专业等可以弥补监狱工作人员的不足，而且他们来自社会，更容易得到罪犯的信任。除此之外，由于社会志愿者对监狱工作有较大兴趣，他们可以给监狱工作带来一些新的思维和方法。

在美国，除了教堂里的神职人员可以参与对罪犯的矫治外，一些高等院校、社区机构里的人员也可以参与到此项工作中来，另外受害者群体和已经出狱的罪犯也可以参与，受害者群体作为监狱矫治的志愿者可以发挥一些特殊的作用，例如可以让罪犯更深刻地感受到他们所实施的犯罪行为会给受害者、受害者的家庭以及社会带来怎样恶劣的影响，可以使他们感同身受，理解他们的恶性所在。这些志愿者有的出于人道主义目的、有的出于个人兴趣爱好、有的出于为社会负责的心态来向罪犯提供服务，例如在罪犯刚入狱时他们会对罪犯进行一些帮助和指导，以帮助罪犯顺利适应监狱生活；他们会和罪犯的父母、子女、朋友联系来帮助罪犯进行改造；他们会向罪犯介绍社会的变化，使罪犯不至于和社会脱节；他们会举办一些课程和活动，来帮助罪犯度过闲散时光；他们会开展一些宗教方面的活动等，这些工作无疑对罪犯提供着帮助。

在德国，来自社会的工作者都会积极参与到罪犯的教育矫治工作中，不论是未成年监狱、成年监狱还是其他的罪犯关押场所，都可以见到社会工作者的身影，社会教育已经成为德国刑罚执行工作中不可缺少的部分。他们会在罪犯入狱后的不同阶段承担不同的工作内容。例如，在罪犯入监初期，他们会通过与罪犯谈话等方式收集资料，帮助罪犯适应监狱生活以及建立与外界联系；在服刑中期的改造阶段，他们的主要任务就是针对每个罪犯的不同情况，帮助他们制定相应的学习、生活、培训计划，向他们提供一些有益的精神和物质帮助；在出狱前期，他们的主要工作就是帮助罪犯寻找工作、住房等，给罪犯提供一些出狱后的咨询指导，帮助他们顺利地返回社会。在德国，有一些高等院校不仅仅帮助监狱开始课程，还会为罪犯课程的开设承担一部分费用。

《意大利监狱法》第17条规定，"应遵循使罪犯和被收容人重返社会的宗旨，鼓励并组织个人、公司团体和机构参加教育活动。对一切关心罪犯重返社会的工作并有能力促进监狱组织与自由社会间交往的人，根据监狱法官的方针并经监狱长同意，可以经常出入监狱"。

在法国，不仅要求监狱配备教师，对于一些在监狱内无法学习到的课程，监狱长可以特批罪犯实行半自由制度，即允许罪犯到监狱外社会上参加学习。

**三、素质教育**

国外许多国家监狱还会采取一些非规范形式的素质教育方式，其最大的特点就是娱乐性，可以寓教于乐。这些素质教育有利于罪犯的身心健康，可以充实罪犯的监狱生活，也有利于罪犯改造新生。例如，组织演讲、组织文艺表演、举办运动会、音乐会以及艺术展览等。

在美国，素质教育的主要形式为文体活动，如棒球、篮球、乒乓球、网球、橄榄球、游泳、举重、拳击等，也有的罪犯在狱内从事小说创作，这些创作的小说会发往全国，甚至改编成电影、电视剧等。

在英国，为增强罪犯的身体素质，监狱开展体育教育，他们向罪犯提供正规的体育计划，将体育课列入罪犯日常教育改造生活中，规定每个周末和晚上为体育课时间，每次体育课持续时间不少于一个小时，对于未成年犯而言，每周至少参加两次体育活动。[1]

除此之外，还有劳动教育。众所周知，劳动不仅仅是监狱惩罚罪犯的一种手段，更可以通过劳动矫正罪犯好逸恶劳的思想，因此劳动教育在中外监狱中都有

---

〔1〕 史景轩、张青主编：《外国矫正制度》，法律出版社2012年版，第320页。

应用。以英国为例，罪犯的劳动具有强制性，《英国监狱规则》规定，成年犯在服刑期间应当从事有用的劳动，每天劳动的时间不超过 10 小时，且应当安排罪犯在监舍外与其他罪犯一起劳动。为了保护罪犯的劳动权益，英国监狱还规定罪犯在劳动中可以获取一定的报酬，一般每个星期 7 英镑，对于强体力劳动的罪犯，可获得 30 英镑左右，[1] 除此之外，如果罪犯在劳动中致伤致残，可以与社会上同等标准进行补偿，以此来保障罪犯的劳动权利，激发罪犯劳动改造的积极性。

#### 四、心理健康教育

所谓心理健康教育，就是通过向罪犯传播心理健康知识，转变罪犯的健康观念，使得罪犯对自己的心理健康水平有一个正确的认知，在遇到较轻的心理问题时能够自我调节，遇到较重的心理问题时有主动求治的欲望，从而促进罪犯心理的发展和不断完善，最终消除犯罪这一不适应社会的行为。中外对于衡量罪犯心理健康有着基本相同的指标，例如能够建立积极、良好的人际关系；能够有健康的情绪生活；乐于学习和劳动；有正确的自我意识；有正常的行为和协调的个性；能够面对现实、把握现实；等等。罪犯的心理健康教育不同于心理矫治，它针对的对象是罪犯群体，其目的在于预防罪犯出现心理问题或对罪犯进行发展性的心理辅导。

就罪犯心理健康教育的内容而言，包括：①心理健康基本知识的教育，帮助罪犯树立关于心理健康的科学观念，了解影响心理健康的各种可能因素和关系；②认知模式教育，使罪犯掌握认知的观念及其与心理健康的关系，培养起正确的认知模式和思维方式；③积极情感教育，使罪犯掌握疏导和消除不良情感体验的方法，建立积极向上的情绪情感；④意志力和生活方式优化教育，其目的主要是使罪犯增强心理承受力，培养优良的意志品质，建立良好的生活方式；⑤人格健全教育，主要是使罪犯了解不健全的人格对心理健康的消极影响，掌握消除不健全人格和培养健全人格的方法；⑥人际关系教育，其目的在于使罪犯掌握人际交往的基本常识和技巧，发展和谐、健康的人际关系。

就罪犯服刑的不同阶段而言，其心理健康教育的侧重点也会有所不同，在罪犯入监初期，心理健康教育的侧重点在于帮助罪犯顺利适应监狱生活；在服刑中期，心理健康教育侧重于人际关系教育，及加强罪犯心理受挫能力教育；就出监前期而言，心理健康教育的侧重点则是如何帮助罪犯适应社会生活，消除罪犯消极回归心理。以英国监狱为例，在罪犯出监教育的过程中，他们会开设一系列

---

〔1〕　郭建安主编：《西方监狱制度概论》，法律出版社 2003 年版，第 152 页。

心理健康教育的课程，这些课程要能改变罪犯的不良态度，鼓励罪犯认识自己的潜能，建立自信心和自尊心。通过心理健康教育课程的开设，帮助罪犯顺利回归社会生活，也能够降低重新犯罪的可能性。

**思考题：**

1. 教育矫正包括哪些方面的内容？
2. 教育矫正的形式有哪些？

# 第十五章 劳动矫正方法

## 第一节 罪犯劳动矫正的性质

### 一、报应刑时期罪犯劳动的性质

在中世纪，刑罚是对犯罪者进行野蛮、残忍的报复，刑罚体系中占主导地位的是生命刑和身体刑。到了 17 世纪，随着生产力的发展以及资产阶级启蒙思想的传播，西方一些法学家在抨击旧的刑罚思想及监狱制度的同时，倡导人道主义，倡导天赋人权说，因此他们反对滥施残酷的生命刑和身体刑，主张罪刑法定、罪刑相适应，主张对犯罪人施以限制其自由的监禁。他们的主张在许多国家的刑事法典中得到了体现，这样，限制人身自由的自由刑占主导地位的刑罚体系出现了。自由刑出现伊始，刑罚思想是报应主义。这一时期的自由刑分为惩役刑和禁锢刑两种，囚犯也相应地分为惩役犯和禁锢犯。禁锢犯只是单纯关押；只有惩役犯才进行劳动，而这种劳动经常是一种无社会效益和经济效益的无效劳动，目的便是惩罚罪犯。英国议会 1791 年颁布的国家《教养法》便规定，劳动是惩罚犯人的一种手段，在教养所中，不论是男性或女性、年老体弱或身体强壮都必须以自己体力所能及的最大限度，从事最艰苦、最具有奴役性的非生产劳动。法国、德国及欧洲的许多国家在这一时期，也都有这种成文或不成文的规定。这时的罪犯劳动，以其艰苦性和奴役性，使囚犯感受到劳动的威慑作用和报复作用。同时，由于这一时期被判处惩役刑的囚犯在狱中的绝大部分时间是从事这种基本不创造经济价值的劳动，也使得劳动成为对这类犯人刑罚的核心内容。尽管后来有些监狱学家倡导这种劳动应该考虑为社会创造经济财富，应该考虑给予犯人某种职业训练，但从根本上说，报应刑时期罪犯劳动的目的是惩罚。

### 二、现代国外罪犯劳动的性质与目的

以限制人身自由为核心的自由刑体系确立之后，各国监狱在执行刑罚过程中，也遇到了很多的困难，其中突出的问题是刑罚效益下降。刑罚效益是指在惩治和预防犯罪的过程中，要用最少的投入取得最大最佳的政治、经济和社会效

益。刑罚作为控制犯罪的一种手段，也可视为是国家和社会的一种投入，而世界各国在刑罚领域投入过多过大，造成国家沉重的财政负担。例如，美国在 20 世纪 80 年代，每年用于犯人的开支就达 200 亿美元。在法国这样一个 5000 万人口的国家，司法部的年预算也都在 200 亿法郎左右。联邦德国 1980 年监狱开支达 16.7 亿马克；每天用在一名犯人身上的开支为 110 马克。据欧洲委员会的一个调查表明，这个数字在欧洲还是偏低的。其结果又是什么呢？是犯罪率、累犯率的不断上升，是监狱骚乱的不断出现。这种状况使西方监狱学家愈加重视监狱内的罪犯劳动。他们认为，组织罪犯参加劳动，有几个显而易见的好处：①缓和囚犯对监禁生活的厌倦。枯燥单调的监禁，每天时间有限的放风，使许多囚犯或心情抑郁，或无事生非，而劳动在一定程度上能缓解这种情况。②减少国家财政开支。罪犯劳动创造的经济效果，一部分改善犯人的生活，另一部分上交国家，这样有助于减少国家在刑罚领域的巨大支出。③有助于罪犯学习掌握生产技艺。外国囚犯中的许多人都是失业者或无业游民，西方社会学家和犯罪学家认为，缺少一技之长，是他们走上犯罪道路的一个原因。而狱内劳动有助于改变这种状况，为这些囚犯获释后适应社会创造条件。④矫正罪犯。生产劳动中的组织纪律要求，生产劳动中的人与人之间的接触，都对犯罪人有潜移默化的矫正作用。

　　监狱组织罪犯参加劳动的这些明显益处，使各国监狱机关都非常重视这项活动。同时，为了最大限度地发挥罪犯劳动的效益，各国通过立法明确规定了罪犯劳动的目的。例如，波兰规定："被判刑人参加劳动，旨在使其养成劳动习惯，学到专业技能，为获释后开始正当生活做准备，同时也为了保持和发展其体力和智力。"[1] 印度规定："监狱劳动的主要目的是要犯人改过自新，因此要避免无目的和非生产性劳动。应尽一切努力使犯人在先进的劳动领域，尤其是在监狱开办的生产行业方面获得最有效的训练，以便在获释之后能自谋生路。" 巴西规定："劳动通常被认为是犯人的社会义务，并是其人格尊严的象征；劳动除了教育和使犯人重返社会生活外，还是种生产性活动。"[2] 比利时规定："在监狱中组织犯人劳动是为了更积极地改造犯人，使他们更好地重返社会，尤其要关心对犯人的职业培训。"[3] 德国规定："罪犯从事劳动和劳动疗法培训和深造，应有助于提供、保持或提高犯人的释放后的谋职能力。" 概括来说，各国立法中都很重视

---

〔1〕　宝红胜："我国服刑人员劳动权法律保障研究"，内蒙古大学 2013 年硕士学位论文。

〔2〕　周勇："加拿大矫正局劳动服务公司——CORCAN 简介"，载《犯罪与改造研究》2001 年第 2 期。

〔3〕　赖早兴："监狱劳动合理化论纲"，载《法学评论》2007 年第 2 期。

监狱劳动对罪犯的矫正目的。当然，立法内容和实践效果并不会完全等同，许多国家在组织罪犯劳动中，并没能好地实现其目的。

各国监狱立法在确定罪犯劳动的目的的同时，也界定了罪犯劳动的性质。这些规定与报应刑思想占统治地位时相比，最大的特点是惩罚的色彩减弱。《阿根廷国家监所法》第54条规定："监所的劳动是一种处遇，而不是附加的惩罚。"《西班牙刑法典》第26条规定："劳动是犯人的权利和责任，是改善犯人的根本手段。"但是，许多国家在规定监狱罪犯劳动的性质时，也强调了其强制性。例如阿根廷规定，"劳动对于被监禁者来说是强制性的"，"如果犯人没有正当的理由而拒绝劳动，将被看作是严重违反纪律，并受到纪律制裁"。《意大利监狱法》《西班牙监狱组织法》也都有类似的规定。

世界各国在罪犯劳动性质和目的上的规定，以及各国的理论宣传，在世界范围内产生了一定的影响，以至于联合国预防犯罪和罪犯待遇大会对罪犯劳动问题也极为关注，并通过了许多文件，建议各国监狱机关重视罪犯劳动，规范罪犯劳动，最大限度地发挥罪犯劳动的效用。1955年在日内瓦召开的联合国第一届预防犯罪和罪犯待遇大会上通过的有关文件，便建议各国祛除报复主义的影响，明确监狱中罪犯劳动的性质。

联合国预防犯罪和罪犯待遇大会通过的这些文件，又影响到各国的有关立法及法律修订，同时，也影响到各国监狱组织罪犯劳动的实践。罪犯劳动成为各国刑事处分重要构成部分，成为刑罚的要素。

### 三、英、德、日、美罪犯劳动的性质

在西方国家，监狱组织罪犯劳动已具有较长的历史，罪犯劳动的性质与目的伴随着行刑思想的演变而不断变化。在报应刑时期，刑罚的目的在于惩罚罪犯，威吓社会。因此，在监狱行刑上以使罪犯从事各种劳役、遭受痛苦为目的，罪犯的劳动只是作为惩罚罪犯的手段。而罪犯的劳动也经常是一种基本上无社会效益和经济效益的无效劳动。英国议会1971年颁布的国家《教养法》便规定，劳动是惩罚罪犯的一种手段，在教养所中，不论是男性或女性、年老体弱或身体强壮都必须以自己体力所能及的最大限度，从事最艰苦、最具有奴役性的非生产劳动。当时的法国、德国等许多国家也都有类似的规定。可见，报应刑期的罪犯劳动的目的就是单纯的惩罚。自19世纪末教育刑取代报应刑思想以后，罪犯的劳动逐渐由单纯的惩罚手段演变成为矫正罪犯、提高其生活技能的手段。

关于罪犯参加劳动的目的，德国监狱学者认为，组织罪犯参加劳动主要是为了向其传授劳动技能，并让其掌握或提高释放之后的就业能力。

日本学者认为，罪犯劳动能够维持有规律的罪犯服刑生活，有利于罪犯适应

集体生活和集体活动，能够培养劳动热情和习惯，有利于学习掌握职业技能和相关知识，可以培养忍耐力。

美国学者认为监狱生产可以服务于不同的目的，其可以归纳为三个方面：第一个方面是从罪犯自身的角度来考虑：①有利于养成好的劳动习惯，遵守劳动纪律；②获得一定的工作经验；③接受技术的训练；④安排生活的经历；⑤得到一定的收入；⑥在集体劳动中培养与他人合作的精神。第二个方面是从监狱管理的角度来考虑：①减少罪犯无所事事；②安排日常的有规律的生活；③减少监狱的花费。第三个方面是从社会角度来考虑：①经济收入偿还社会（美国监狱的经费是从社会公民税收中支付）；②收入资助罪犯的家庭和子女；③经济上赔偿犯罪受害者。

需要注意的是，由于许多罪犯缺少工作的经历，因此对罪犯进行职业道德教育也是监狱生产中的一个重要内容。尽管罪犯在监狱生产中所学到的一些技能可能到社会上不能派上用场，或者监狱使用的是社会上淘汰的生产设备和生产技术，但是罪犯学会一定的生产技能，养成一定的劳动习惯，能增加他们释放以后寻找工作的可能性，有利于减少重新犯罪。

鉴于上述考虑，西方各国都非常重视罪犯劳动，在各自立法中对罪犯劳动的性质与目的作出了规定。尽管在措辞和具体内容上存在不同，但各国都明确了罪犯劳动的矫正性质，包括职业技术培训与劳动习惯形成、提供狱内就业、有利于监管等，并认识到罪犯劳动应当是一种有效益的劳动而非无效劳动。

1955 年在日内瓦召开的联合国预防犯罪和罪犯处遇大会通过了关于监狱罪犯劳动的专门决议，建议各国监狱机关重视罪犯劳动，规范罪犯劳动，最大限度地发挥罪犯劳动的效用。决议明确指出，凡服刑者都必须参加劳动，但要以医生开具的体质和神经状况证明为度。监狱劳动不应被视为附加刑罚，而是一种有利于恢复罪犯适应能力、为从事某种职业做准备、培养他们良好的劳动习惯、防止游手好闲和放荡不羁的措施。对于不能依法强迫参加劳动的罪犯，应当允许和鼓励他们从事劳动。对于罪犯及其在职业培训方面享有的益处，不得单从通过监狱劳动盈利的角度来考虑。

联合国《囚犯待遇最低限度标准规则》第 71 条规定，监狱劳动不使罪犯感到痛苦；劳动应在可能范围内，使罪犯能够维持并且增加他们释放后的就业能力。第 75 条规定，刑事执行机构内的劳动组织和方式，应该尽量和外界同种作业相类似，使罪犯能够准备适应正常的职业生活；罪犯的劳动应以其本人利益和职业训练为主要目的，不可因为贪图经济利益而有所忽视。

## 第二节    劳动矫正的价值

马克思主义的劳动观，高度评价劳动在人类社会发展过程中所起的决定性作用。既从唯物史观的高度强调："劳动是整个人类生活的第一个基本条件，而且达到了这样的程度，以致我们在某种意义上不得不说：劳动创造了人本身。"[1]又从认识论的高度强调"人的认识，主要地依赖于物质的生产活动，逐渐地了解自然的现象、自然的性质、自然的规律性、人和自然的关系；而且经过生产活动，也在各种不同程度上逐步地认识了人和人的一定的相互关系。一切这些知识，离开生产活动是不能得到的"。[2]由此看出，只有劳动才能创造世界和改造世界；也只有劳动，才能使人类的主观世界得以完善和提高。所谓劳动改造的价值，是指监狱组织罪犯进行的生产劳动内含的促进罪犯重新社会化的功能和潜力。这种功能和潜力固然会因管理和教育配合的好坏而发挥的程度不同，但其内在的客观性、必然性和现实性，是实实在在蕴藏在劳动之中的。它在 40 年的实践中，卓有成效地多方面地表现出来，成为十分现实的改造罪犯的强大力量。

### 一、有助于揭示罪犯的真实思想和行为

要改造罪犯，首先要了解罪犯。只有确切地了解罪犯对待惩罚、改造的思想、动机和态度，才能对症下药地进行教育和引导。要做到真正地了解罪犯，就必须按照恩格斯提出的认识路线，不是看他的声明，而是看他的行为；不是看他自称如何，而是看他做些什么和实际上是怎样一个人。对罪犯的"行为"和"实际"，当然要进行全方位的考察与了解，但是，最重要的是看他在生产活动中的思想和表现。这是因为：由于罪犯犯罪本质和角色地位带来的隐蔽性和两面性，许多思想深处的问题，在吃饭、休息、睡眠、娱乐以及学习讨论当中，多是含而不露和隐而不发的，因而往往看不明白，讲不清楚。但是一经接触到非出自愿的、比较艰苦的、反映人类本质的生产活动，便会情不自禁地有所流露。简而言之，具有长过程、大跨度、高容量、多参数的生产劳动，实际上是一面揭示罪犯心理事实的镜子。只要注意对大量的生产表现和物化在产品中的种种数据进行精心观察，综合分析，就能够在一定程度上看出罪犯原来的犯罪意识和恶习，改造中的动机和目的，未来的走向和趋势。而且，随着对人、机、设备、材料、环境

---

〔1〕  仲佳："试析马克思的异化劳动理论"，载《东西南北》2019 年第 14 期。

〔2〕  毛泽东："实践论"（1937 年 7 月），载《毛泽东选集》第 1 卷，人民出版社 1952 年版，第 282~283 页。

管理的日益现代化，对罪犯心理现象的揭示还会越来越具体，越来越真实。也正是由于监狱干警注重在劳动中多角度地观察罪犯，所以才为针对性地管理和教育提供了客观和真实的数据，使监管改造做到定向控制和定向引导，使教育改造做到有的放矢和富有说服力。

### 二、有助于转变罪犯的犯罪意识

监狱组织罪犯所从事的劳动，是种有益于社会、遵循生产发展规律、反映人类历史进步的基本实践活动。这种实践活动按其本性来讲，同罪犯以错误世界观、人生观、价值观为核心的犯罪意识格格不入，因而无时无刻不在发生着不以罪犯意志为转移的种种相反的信息刺激，促使罪犯自觉不自觉地发生着或深或浅或大或小的思想变化。罪犯劳动是一种公有性的社会劳动，劳动的成果为整个社会所占有，增加的是整个社会的财富，这同大多数罪犯时时为我、事事为私的人生观念截然相反，因而有助于罪犯发生由"犯罪主观为自己"向着"劳动客观为社会"的转化。改造罪犯的最终目的，在于追求罪犯重新回归社会，建立适应社会的思想认识、价值观念、行为规范、生活态度。而监狱组织的有益于社会的、与市场经济相联系的社会化劳动，对罪犯的重新社会化无疑具有实践上的决定性意义。

### 三、有助于改变罪犯的不良习惯

在犯罪过程上，多数罪犯养成了蛮横、粗野、懒散、放慢的行为习惯，而要矫正这些不良的陋习和恶习，需要实行依法、严格、科学和文明管理，而在集体化、程序化、文明化的物质生产过程中进行规范化的管理、监督和训练，是一条切实有效途径。对于罪犯劳动实行规范化管理，具有十分具体、十分有效、划分确定的标准和内容。在多数情况下，要求出工以号令为准，按照规定的时间和编排的位置，到指定的地点列队听点。在生产过程中，强调坚守岗位，遵守纪律，不准乱走乱窜，以及打闹、偷懒、干私活。在具体操作中，要求严格遵守工艺操作规程，禁止违章作业，注意安全生产，保证产品质量，完成生产定额和作业计划。在设备、设施和工具方面，要求爱护、检修和保养，杜绝丢失、损坏和浪费。在文明生产方面，要求保持工作环境整齐清洁，做到各类工具、部件摆放整齐有序。听到收工号令，要求按照规定的时间和程序进行交接班，听从带队干警的口令，在指定地点列队集合回监舍。除此之外，对于罪犯的劳动场区，亦有相应的规范管理规定。要求他们在生产区内遵循文明生产、安全生产和定置管理的原则。工业单位车间的更衣室、工具箱或保管室，要求符合文明管理的规定，所有工具、衣物要求摆放整齐，定位管理。车间要求设污物箱、卫生箱，随时清理工业垃圾和各种杂物。生产设备要求布局合理，具有完善的安全防护装置，经常维修保养。车间的各种原材料、半成品及成品实行分类编号，摆放整齐划一，井然有序。农业单位的库房、场院保持整洁，储藏物品摆放整齐，保证有完好的防火、通风设备等。从表面上看，似乎是一些日常性的细节性要求，然而正是在落实这些细节性要求的过程中，培养着罪犯的纪律精神、自控能力、循规蹈矩、按部就班和文明习惯。

1. 把闲置的劳动力转化为现实的生产力。罪犯虽然是很大的生产力，但是如果像有的国家那样单纯采取监禁、关押、独居、沉默的办法，就完全成为坐吃闲饭的闲置劳动力。由于我国采取劳动改造的办法，就使罪犯闲置的劳动力转化为现实的生产力，变成改造世界、推动社会主义现代化建设的物质力量。同时，由于这种劳动以社会化的大生产方式进行，因而又由个体为单位的生产力变成由群体为单位的集体生产。而包含群体互动效应和相乘效应在内的集体生产力，具有整体大于部分相加之和的综合优势，无论在量上还是在质上，都是以个体为单位的生产力所无法比拟的。我国监狱普遍具有人力资源丰富的优势。坚定不移地对罪犯实施劳动改造，是使这个丰富的人力资源得以利用和开发的必要条件。

2. 把有害的知识和能力转化为有益的生产力。从一定意义上说，犯罪也是种知识和能力的反映。除了一般能力之外，还要有一定的特殊能力，包括必要的知识、技能、身体条件，也包括一定的观察能力、分析能力、动作协调能力以及情绪稳定等心理能力。这种能力，除了动机邪恶之外，其本身并不具有天然的危害性。只要善于引导和利用，这种曾经危害社会的知识和能力也有可能变成有益于社会的知识和能力。而劳动改造的实践，则为罪犯的上述知识和技能由对社会有害转化为有益提供了契机，并使罪犯由犯罪的能力转化为生产的能力，在实际上由社会的破坏者向社会的建设者转化。这个转化过程，有助于罪犯认识和发现自我。从给自己、他人和社会直接或间接带来的物质效益中，获得一种自我实现的喜悦，开始看到自我劳动的创造能力，进而认识自身的价值，从服刑的现在看到新生的将来，对走上新的生活增强信心。同时还有助于使罪犯认识到自我的需求和理想只有从劳动中才能实现；只有通过正当劳动为社会做出有益奉献时，才能得到社会的肯定和承认，由此下决心告别过去，走上人生正路。

3. 把较低的生产力转化为较高的生产力。在建立和发展市场经济体制的情况下，监狱门类众多的生产项目，极为广泛的劳动实践，为每个罪犯发挥自身潜能提供了广阔的环境和机遇。大多数罪犯对于所从事的生产分工，在由不知到知、由知之较少到知之较多的演进中，逐步深化对生产规律的认识；对所从事的操作实践，在由不很熟悉、不很熟练到逐步熟悉和熟练的过程中，不断提高着胜任分工的操作能力，战胜困难的承受能力，选择职业的竞争能力。这种能力每提高一步，都使产品中的技术含量有所增加，使罪犯所具有的生产力提到一个新的高度。恩格斯指出："自由不在于幻想中摆脱自然规律而独立，而在于认识这些规律，从而能够有计划地使自然规律为一定的目的服务。"[1] 罪犯正是在劳动中，从无到有、从低到高、由浅入深、由不系统到比较系统地掌握和积累着自身分工的生产知识，逐步地认识生产规律，强化影响和改变客观世界的认识能力和操作能力。而且随着现代科管技术的发展和生产机械化、自动化程度的提高，智能因素在生产中的作用也越来越突出。罪犯的智力和技能因素开发得越好，生产中发挥的作用就越大，劳动生产率就越高。

**四、有助于培养罪犯的市场经济观念**

在发展市场经济的新时期，大多数罪犯成长于市场经济的环境中，改造于市场信息的包围中，刑满释放之后还要生活于市场经济的社会中。罪犯能否在改造过程中树立市场经济观念，是能否在未来适应社会的思想基础。而罪犯的市场经济观念，除了思想教育之外，更多的是在生产劳动中逐步培养起来的。因为监狱组织罪犯进行的劳动生产，实际上运行于市场经济的大循环之中。商品经济的各种规范、原则和价值观念，必不可免地全方位地反映到监狱生产的过程中，直接或间接地冲击着罪犯与自然经济相联系的僵化思想和守旧心理，促进罪犯的思想意识由适应计划经济向适应市场经济转化。只要我们有意识地加以利用和引导，就可以使罪犯逐步地培养与市场经济相适应的思想观念，进而能在回归后适应社会和立足社会。

1. 培养市场观念。适应市场的监狱生产，有助于罪犯摆正个人与市场的关系。一方面看到，个人劳动是社会劳动的一部分，只有生产出符合社会需要的产品，才能得到社会的承认，劳动中所包含的改恶从善的赎罪因素、创造价值的技能因素、有所奉献的道德因素才能以物化的形式体现出来。另一方面看到，个人既以商品生产的形式服务社会，同时也以个人消费的形式接受社会服务，从而把个人劳动同市场需要联系在一起，端正劳动态度，在服刑期间以自己的劳动推动社会生产的发展。

2. 培养时效观念。注意效率的监狱生产，有助于罪犯理解商品的价值取决于生产商品耗费的社会平均劳动时间。只有以最短的时间生产又多又好的产品，使商品消耗的劳动时间低于社会平均劳动时间时，才有可能获得较高的经济效益。因此，在生产中树立时效观念，不仅是以实际行动建设四化、立功赎罪的具

---

〔1〕　[德] 弗里德里希·恩格斯：《社会主义从空想到科学的发展》，中共中央马克思恩格斯列宁斯大林著作编译局译，人民出版社1997年版，第26页。

体表现，而且是将来能够自力更生、立足社会的基本条件，进而把商品生产的时效观念延伸为自身改造的时效观念，在界定的时间内加速思想改造，获得尽可能多的知识和技能，早日成为有用之才。

3. 培养质量观念。讲求效益的监狱生产，有助于罪犯培养质量观念。使他们实际地看到每件商品都是劳动的物化，也是许多环节、许多人共同劳动的结果。在某个环节上出现废品，是一种众多的人力浪费；而消耗有限的资源生产质次的产品，同样是一种浪费。由此增强罪犯的质量意识，自觉树立靠优质取胜的思想，以实际行动体现对社会负责、对用户负责的宗旨，尊重消费者的权利，通过提供优质产品和优质服务进行道德评价和自我肯定，改善自己的心理素质。

4. 培养职业道德观念。服务用户的监狱生产，有助于培养罪犯的职业道德观念。互相交织的生产联系，使罪犯实际地感受到，在商品生产中人人都是服务对象，人人又都为他人服务。人际关系的和谐，社会对人的关心，都是同各个岗位上的服务态度、服务质量分不开的。因此，在内部要提倡上工序为下工序服务；提倡班组、工序、车间、全厂一盘棋，想整体所想，急整体所急。在外部要提倡以凝结在生产中的优质劳务为社会服务，树立"用户至上"的职业道德意识，重视劳动的数量和质量，力争产品适合用户需求，决不能粗制滥造，假冒伪劣，见利忘义，危害社会。

5. 培养竞争观念。参与竞争的监狱生产，有助于培养罪犯的竞争意识。使罪犯懂得要在商品社会的环境中正常地生产和生活，就必须自觉培养社会主义的竞争意识。而竞争的实质就是通过比较，优胜劣汰。不仅在改造过程中，有个体在劳动中优胜劣汰，以体现自我劳动观念与劳动态度问题；而且，在刑满释放之后，更有个体在社会劳动中优胜劣汰，以确定自身应有的价值和地位问题。因此多数罪犯重视、响应和参加监狱组织的劳动竞赛和技术比武；在你追我赶的气氛中推动生产的发展，促进技能的完善，带动效益的提高。通过优质、低耗、耐用、信誉和服务的竞赛，反馈为改造上的进步，把潜在的生产力变成现实的生产力。

**五、有助于罪犯充实改造生活和增进身心健康**

一切活动都是在一维的时间中进行的，罪犯服刑改造也是进行于一维的时间之内。时间单位虽说是统一的，但是不同地位、不同处境的人对时间的感受却大不相同。对一般人来说，总觉得时间短暂，日月如梭，不知不觉就是一天，确实感到人生短暂。而对服刑改造的罪犯来说，就感到时间过得特别慢，太阳落得特别迟。不少人甚至感到度日如年，增加了心情的焦虑和忧郁。这并不是时间在不同的人群当中有长有短，而是罪犯由于渴望恢复自由而产生的一种特殊的时间感受，实际上是同剥夺自由相联系的一种精神状态。要使罪犯相对地缩短时间感受，保持较好的身心状态，就必须充实改造的日常生活。如果没有一天 8 小时的劳动作补充，有些罪犯就会一直计算刑期，一天一天地数，一月一月地算，总觉得一天 24 小时，一月 30 天，一年 365 天，判三五年的刑，什么时候是个头；而判了七八年十几年的，更觉得一眼望不到边，"刑期遥遥，日子难熬"，越算越觉得现实没有恋头，生活没有想头，前途没有盼头，整个思想为悲观失望所笼罩。罪犯之所以成为心理疾病的高发群体，在很大程度上与此种心理状态有关。如果一天没有 8 小时的劳动作充实，有些罪犯就会心情压抑，意志消退，精神颓废，甚至萌生逃跑、自杀和重新犯罪的念头。正是由于监狱以劳动为基本实践改造罪犯，所以就使罪犯在 8 小时睡眠以外的大部分时间，从事着有益社会、多种多样、学习技能、磨炼意志的适宜性劳动，从而使改造生活得到充实，保持较好的精神状态，人生过得较有意义。马克思主义认为，劳动是人的生命活动的基本形式。马克思在资本论注释中曾引用美国一位经济学家的话说，"劳动对于身体健康，犹如吃饭对于生命那样必要"；"劳动给生命之火添油"。[1]

### 六、有助于发挥劳动的矫正功能

人们有时将监狱生产与劳动改造相提并论，实际上监狱生产与劳动改造不是一个概念，前者是指监狱依法组织具有劳动能力的罪犯，运用劳动资料，改造自然，创造物质财富的过程，它与社会生产一样，必须具备劳动力、劳动对象、劳动资料三个基本要素，所不同的是，劳动力不是普通工人而是被判处徒刑的罪犯，因而生产的目的、任务，管理方法、手段也区别于一般社会生产；后者是指监狱以生产劳动为手段，对罪犯实施的改造、矫正活动。但两者又有密切联系，对罪犯的劳动改造正是在组织生产的活动中去实现的。如前所述，正是监狱生产物质产品的过程及劳动力的组织、指挥、管理，才使生产劳动对罪犯思想起到了改造和矫正的作用。如果没有严格的生产秩序的管理，没有严格的操作规程和规章制度，没有对产品数量和质量的要求，没有生产过程中实施的奖惩，对于那些本来好逸恶劳、自由漫散的罪犯，劳动改造就不可能实施，劳动的矫正功能也根本不可能体现。

---

[1] 宋凡金："论马克思恩格斯对未来社会的科学构想"，载《齐鲁学刊》2005 年第 2 期。

## 第三节　罪犯劳动保护与劳动报酬

### 一、罪犯劳动保护

劳动保护制度是基于对劳动者在劳动中生命权、健康权的保障要求，从劳动时间、劳动条件及意外事件处理上等予以规定的制度总和。罪犯劳动保护则是以罪犯为保护对象的劳动保护，它是组织罪犯参加劳动后随之出现的问题。目前，从西方国家监狱中犯人的劳动情况来看，犯人从事劳动的条件与社会上的劳动完全一致，也受到与社会上的劳动者完全相同的劳动保护。

在保障罪犯劳动条件方面，西方国家一般都禁止犯人从事危险的劳动、禁止犯人从事未经上级部门批准的劳动、禁止犯人为其他私人的利益而劳动，并对在监狱劳动中受伤致残的犯人，要按照与社会上同样的标准获得补偿。美国联邦监狱局规定监狱工业劳动场所要有一个最低限度劳动标准，这种标准的内容包括下列方面：①安全。确保促进劳动场所的安全，避免可能造成伤害本人或者伤害他人的活动。②质量保证。确保劳动是按照主管的指示而全神贯注地进行的，从而最大限度地减少差错率。③个人产品与卫生。通过保持良好的卫生以及与其他犯人、工作主管和培训工作人员的充分合作，确保具备和谐而卫生的工作条件。④守时性和生产率。在让犯人参加劳动或者培训时，要确保建设性地和有效地利用时间。[1]

在劳动保护方面，美国法律规定，罪犯在从事生产时一般能享受与社会公民同等的劳动保护。为了实现对罪犯劳动的保护，法律允许罪犯就劳动保护权向法律提起诉讼。如果罪犯在劳动中的权利受到侵犯，不能得到监狱当局的合法处理，可以向法院提起诉讼，以保证自己的权利不受侵犯。《英国监狱法》规定，必须保证罪犯的劳动场所安全，保证罪犯的劳动场所无损害健康的危险。罪犯可以以监狱当局违反法律规定而使罪犯在不安全、有损于健康的场所劳动而造人身损害为由提出诉讼。监狱当局必须关心罪犯的健康，如果由于官员的疏忽而使罪犯在不利于健康的条件下劳动，或者由于不得当的命令而使罪犯在有危险的机器上操作，因而受伤或健康受损的，由监狱负责。在德国，有关自由劳动者的安全保护和健康保护规则也适应于监狱机构。罪犯如同其他劳动者一样，在工伤事故中可以得到保险，对工伤事故期间的工资将以刑罚执行的特殊情况来处理。在法

---

〔1〕　吴宗宪：《当代西方监狱学》，法律出版社 2005 年版，第 774 页。

国，在劳动保护、职业病防治、工伤治疗等方面，罪犯享有社会上同工种工人的待遇。在意大利，罪犯参加劳动有权获得安全保护和社会保险。狱政当局在组织罪犯参加狱外劳动时，采取一切主动措施，保证劳动条件尽量符合环保要求和劳动者个人的要求。在日本，监狱在安排罪犯进行生产劳动时，要考虑到劳动卫生和保护的因素。联合国第一届预防犯罪与罪犯处遇大会通过的《关于监狱生产的建议》第 6 条指出：为保护自由劳动者的安全和健康而制定的各项措施，监狱亦应遵守。同时，应就罪犯所受工伤和所患职业疾病的赔偿问题作出规定，赔偿条件不应低于自由劳动者依法享受的条件。此外，罪犯应最大限度地享受国家现行的社会保险制度。[1]

在劳动时间方面，西方国家给予了罪犯很大的保护。1995 年，美国爱荷华州通过了一项要求监狱犯人从事生产劳动的法律，法律规定凡有劳动能力的犯人，每周需劳动 40 小时。这表明，罪犯每天的劳动不应超过 8 小时。法国法律规定，监狱确定的劳动时间，应同地方的实际工作时间或同工种所需要的工时相近，不得超过此时限。罪犯有权拒绝长时间劳动，有权拥有必要的休息时间、休假时间、自由活动时间及文化娱乐时间。《意大利监狱法》第 20 条规定，罪犯劳动时间不得超过现行劳动法所规定的限度，并按照法律保障节日休息。《英国监狱法》规定，罪犯劳动时间每天不得超过 10 小时。在劳动安全和保险方面，西方国家规定罪犯有权享受国家劳动的相关规定。

**二、罪犯劳动报酬**

（一）英国

在许多国家，罪犯参加劳动一般都可以获得一定报酬。在英国关于罪犯报酬，根据 1999 年《英国监狱规则》的规定，要向参加劳动的成年犯人支付劳动报酬，但该劳动报酬要经过内务大臣同意后获得。1988 年的《英国青少年犯罪人矫正所规则》规定，要向参加劳动和其他相关活动的青少年犯人支付报酬。具体报酬情况是，1992 年以前的劳动报酬较低，如：①没有劳动可做的犯人，按照基础比率获得报酬，每星期 2.5 英镑；②不能参加劳动的犯人，按照相比率获得报酬，即每星期 2.5 英镑；③达到退休年龄的犯人，按照退休比率获得报酬，每星期 3.5 英镑。不过普遍认为该标准太低，连零用钱也够不上，无法调动犯人的劳动积极性。[2] 1992 年政府改革罪犯劳动报酬，提高了劳动报酬。比如在沃克菲德（Wakefield）监狱服刑的罪犯每周可以获得 8 英镑以上的报酬。

---

〔1〕 周鹏："罪犯劳动中权利的法理探析"，载《河北法学》2010 年第 6 期。

〔2〕 吴宗宪：《当代西方监狱学》，法律出版社 2005 年版，第 772 页。

### （二）日本

在日本，罪犯参加劳动的报酬是以"奖金"形式出现的。罪犯参加劳动应当获取的奖金要根据服刑人的品行、表现、作业成绩、完成任务情况等计算。表现不良、没有完成作业任务的，不予计算。作业奖金分为 10 个等级作为基准数，在此基础上还可以根据表现予以加减。作业奖金一般在罪犯释放时一并发给。现行《刑事设施及罪犯处遇等法律》第 97 条规定，通过罪犯劳动所获取的利益全部归属国库。同法第 98 条规定，监狱长对于从事了劳动的罪犯在释放时支付"劳动报奖金"。同时又规定，计算"劳动报奖金"的金额时要考虑到罪犯所从事的劳动的种类、内容，从事劳动所需要的知识及技能的程度等。《刑事设施及罪犯处遇等法律》的上述规定，一方面，在用词等一些无关紧要的方面对旧监狱法作了一些调整；另一方面，又在重要或基本方面继承了旧监狱法。

### （三）美国

关于服刑人的劳动报酬，美国法院判例的见解如下：一方面，罪犯不具有获得劳动报酬的宪法上的权利，虽然根据议会所制定的法律（制定法或成文法）可以对罪犯支付一定的报酬，但这种报酬只是基于联邦或州的恩赐（慈悲）而支付的，是否支付、支付多少都属于联邦或州的裁量问题。另一方面，当根据制定法对罪犯支付报酬时，其金额应根据具体情况，尽量达到《联邦公平劳动基准法》（*Federal Fair Labor Standards Act*）所要求的最低工资的标准。之所以如此，并不是因为罪犯有要求达到最低工资标准的权利，而是为了保护民间劳动者和民间产业，避免使其受到罪犯的廉价劳动和利用这种廉价劳动的监狱产业所引起的不正当、不公平竞争。

美国对监狱中从事生产的犯人一般实行低工资制，大部分州控制在每小时 50 美分至 75 美分左右，根据 1993 年的数据，参加工业劳动的犯人每天的平均报酬为 2.12 美元到 9.85 美元不等；参加非工业劳动的犯人每天的平均报酬为 1.01 美元到 4.91 美元不等；参加私营企业工作劳动的犯人每天的报酬为 28.08 美元到 35.93 美元不等。[1] 也有的州支付犯人的工资接近于社会的同类工人，但犯人还需支付给监狱或犯罪受害人一部分。在多数州，犯人的劳动不带有强制性质而是采取自愿申请的形式，因为监狱中开辟的生产项目并不能满足所有犯人的需要，但是对积极参加生产劳动的犯人并在劳动表现突出的，监狱除了支付一定的工资外，还给以良好行为的奖励分，这种分数可以作为折抵刑期的依据，这对犯

---

〔1〕 IraJ. silverman &Manuel Vega, *Corrections：A comprehensive view* (Minneapolis/St. Paul：West Publishing Company, 1996), p. 403.

人从事生产劳动有一定的激励作用。罪犯参加劳动是否应得到报酬？在美国仍存有争议。许多人认为，罪犯的劳动是为了实现监狱矫正的目的。一方面，艰苦的劳动是法院确定的对罪犯的一种惩罚；另一方面，监狱的劳动也是对罪犯的一种奖励，在监狱中多数犯人无事可干的情况下，给予某些犯人劳动的机会，填充其空白的时间，同时可获得一定的经济收入和折抵刑期的奖励分。更为重要的是，监狱的劳动也被认为是对罪犯进行改造的一个途径。同时，一些人认为罪犯的劳动是因为他们的犯罪行为而受到的法律的惩罚，国家有理由期待从他们的监禁中获得一定的利益。因此，监狱不必给其支付报酬。但是多数人还是认为应当给予报酬，但应低于社会的工资水平。民意测验显示，社会81%的公民认为支付犯人一定量的劳动报酬是必要的，但报酬的2/3应给犯罪受害者或支付服刑的花费。

（四）德国

按照德国《刑罚执行法》第200条的规定，罪犯从事劳动应当领取报酬。劳动报酬这样计算：以其所参加养老金保险和职员平均劳动报酬的50%（基本工资），分别计算出每个罪犯的月工资标准和小时工资标准。劳动报酬可按日或小时支付。只有罪犯的工作量未达到最起码要求时，劳动报酬可低于75%的基本工资。根据《刑罚执行劳动报酬条例》的规定，劳动报酬分为5等。一等为基本工资的75%；二等为基本工资的88%；三等为基本工资的100%；四等为112%；五等为125%（《刑罚执行劳动报酬条例》第1条第2款）。根据《刑罚执行法》第43条第3款规定，罪犯从事分配的劳动治疗工作，可领取与其劳动量相应的报酬。如果有劳动能力的罪犯，并非自己过错而未领取到劳动报酬和培训补助费，在其生活需要时，应给予其适当的零花钱，其数额为基本工资25%（《刑罚执行法》第119条）。如果罪犯工作有特殊成绩，应给予特殊成绩津贴，数额按小时支付，为基本工资10%；以计件支付的，为基本工资的15%（《刑罚执行劳动报酬条例》第2条第2款）。根据《刑罚执行法》第39条第2款的规定，罪犯可被允许自谋职业，自谋职业可以以获利为目的。根据《刑罚执行法》第50条第2款的规定，监狱可向从事自由雇佣劳动的罪犯征收一定数额的监禁费，监禁费可从《刑罚执行法》规定的收入和罪犯从事自由雇佣劳动报酬中扣除（《刑罚执行法》第39条第1款）。另外，根据《刑罚执行法》第176条的规定，少年犯从事分配给其的劳动，如不违反《少年劳动保护法》关于计件工资和流水作业的有关规定，其劳动报酬与成年犯相同；此规定同样适用于有劳动能力的待审拘留的未决犯。[1]

---

〔1〕 郭建安主编：《西方监狱制度概论》，法律出版社2003年版，第198页。

## 第四节　劳动矫正的各国实践

### 一、英国劳动矫正的现状

#### （一）劳动的原则及规定

在英国，罪犯劳动具有强制性。1999 年《英国监狱规则》规定，成年已决犯在服刑期间应当从事有用的劳动，每天的劳动时间不超过 10 个小时；应当尽可能安排罪犯在监舍之外与其他罪犯一起劳动。不满 17 岁的青少年犯所进行的劳动是自愿的，允许审前羁押的罪犯在自愿的前提下进行劳动，但不能强迫其劳动。

《英国监狱管理条例》第 31 条规定："已判刑的罪犯每天需从事不超过 10 小时的有用劳动，在可能的情况之下，应安排罪犯在牢房之外与同伴一起从事劳动。"该条还有进一步的规定，允许审前羁押的罪犯在自愿前提下进行劳动，但不能强迫其劳动。1974 劳动卫生以及安全法案（及相关修正案）中有关监狱劳动的关键法律文件规定如下：在使用任何工具或机械之前，所有罪犯必须接受培训，要有培训记录以备检查；建立供暖、照明、通风的标准，并切实实行；必须提供诸如鞋子、工作服、护目镜等防护服装；依据危害健康物质的控制条例设立了存储标准，以正确操作、标注此类物质，比如清洁用漂白粉；所有工作场所必须符合防火条例，接受外部防火监督；涉及罪犯入院治疗的所有事件都要记录在案并予以调查，必须告知卫生和安全长官，他们可以进行独立的外部调查；卫生和安全检查员有权力进入任何一间监狱，检查房屋及其周围的房基地，可以发布改进通知，甚至关闭监狱的场地直到相关的改进到位；本质上，监狱必须按照公司一样的标准运行，这些标准适用于罪犯（当然还有监狱工作人员）劳动以及教育等方面。《英国监狱法》规定，必须保证罪犯的劳动场所安全，保证罪犯的劳动场所无损害健康的危险。罪犯可以以监狱当局违反法律规定而使罪犯在不安全、有损健康的场所劳动而造成人身损害为由提出诉讼。监狱当局必须关心罪犯的健康，如果由于监狱官员的疏忽而使罪犯在不利于健康的条件下劳动，或者由于不得当的命令而使罪犯在有危险的机器上操作，而受伤或健康受损的，由监狱负责。

#### （二）监狱生产管理体制

监狱生产管理体制指国家管理监狱生产的形式、方法。英国是由监狱直接组织生产和产品营销的国家。在英国，监狱生产管理体制是监狱一级管理体制，即监狱的生产活动基本被纳入监狱长的权限范围，监狱产品的生产、供应、销售基本由监狱有关官员负责，监狱生产什么、组织什么类型的生产、如何取得原材料、如何组织销售等事宜均由监狱进行。由于没有充足的资金、生产资本也不雄厚，监狱不能为罪犯提供更多的劳动机会。近些年，由于人们对罪犯回归社会的就业能力日益关注，为了提高罪犯回归社会的就业能力，在各方推动下，"监狱企业和供给局"在监狱生产活动中亮相了，其不仅承担监狱工业与农业活动中的重大决策，而且决定着监狱企业的投资。由于集中控制资本能够更大程度发挥资本的效益，能使监狱的生产设施活化，在市场中找到自己的位置，因而，近些年"监狱企业和供给局"在监狱经济活动中表现得越来越活跃，发挥着越来越重要的作用。根据有关资料，现在"监狱企业和供给局"正积极促进社会企业与监狱企业合作。合作方式多种多样，包括从建立产品关系到产品生产的合资与合作。

（三）监狱生产经营及劳动的组织形式

英国监狱所生产的工业产品或提供的服务有：纺织品、服装、印刷品、机械产品、木工制品、塑料制品、水泥制品、干洗服务，以及不同的合同项目产品。其中纺织品、服装是最主要的产品。监狱所生产的农业产品有园艺产品、蔬菜、沙拉、生猪、果类、奶制品、牛羊等。其中，园艺产品、奶制品是主要产品。在英国，实行监狱管理人员管理罪犯劳动的制度。对罪犯劳动的分配是由"劳动委员会"决定的。"劳动委员会"的成员有监狱长、企业经理、监狱的劳动官员、教育代表劳动部门的人员和代表罪犯的监狱官员。对罪犯劳动的具体管理，除了罪犯劳动的指导人员，其是监狱外的有经验的合格的工人，具体指导罪犯在监狱内的劳动，还有监狱工作人员。[1]

**二、日本劳动矫正的现状**

（一）劳动的原则及规定

《日本刑法典》第12条规定，"科处惩役，必须将罪犯拘禁于刑事设施内从事所规定的劳动"，也就是说，劳动作为惩役的内容必须强制进行，罪犯必须进行劳动。按照现行《关于刑事设施及服刑者处遇等的法律》的规定，罪犯没有正当理由拒绝劳动或不遵守劳动纪律时，构成惩罚事由，必须接受惩罚。法院判例也一直认定，对罪犯可以强制劳动。例如，被命令在独房内组装大型剪刀的罪犯，由于自己又被指控犯有其他犯罪成了另一犯罪案件的被告人，为了准备诉

---

〔1〕 邵雷主编：《中英监狱管理交流手册》，吉林人民出版社2014年版，第52页。

讼，在本来应该进行劳动的时间内抽出 2 个小时用于辩护词等的准备和写作上，对此，监狱方面以"擅自中断劳动"为由，科处 20 日的轻禁闭和禁止阅读图书的处分。罪犯以该处分属于监狱方面对裁量权的滥用为由提起诉讼，要求取消处分并进行赔偿。京都地方法院基于以下理由驳回了其请求：原告擅自中断劳动的行为，属于对刑法和监狱法所规定的惩役罪犯作为惩役刑的本体内容所必须从事的强制劳动的违反行为，只要没有特别的正当理由就属于"息役"行为，属于对监狱纪律的违反，监狱方面的处分是合理、合法的。

有关罪犯具体从事何种劳动，《关于刑事设施及服刑者处遇等的法律》第 92 条规定，刑事设施的设施长具体指定罪犯所从事的劳动。同法第 94 条规定，罪犯劳动应尽量能够提高其勤奋欲望、有助于获取职业上的知识及技能而实施。当刑事设施的设施长认为有必要使罪犯通过劳动获取职业上的从业资格或执照，或直接修得从事某种职业所需要的知识或技能时，对于其认为合适的部分罪犯可以直接进行职业训练，视这种训练为罪犯所必须从事的劳动的一部分。同法第 95 条规定，对于刑事设施的设施长就劳动所进行的指定等，罪犯必须服从。上述规定表明，刑事设施的设施长只要是在法律规定范围内，就可以具体指定某个罪犯具体从事何种劳动。这属于其所拥有的行政裁量权，对此罪犯必须服从，否则，就构成对监狱纪律的违反，需受到处罚。日本法院的判例也持同样的态度。例如，因违反监狱纪律而受到处分的罪犯向法院提起诉讼，以该处分影响到了对自己的劳动指定及基于劳动可以获得的"劳动赏与金"为由，要求法院取消该处分。对此，鹿儿岛地方法院以以下理由驳回了罪犯的请求：根据监狱各种法律法规的规定，具体使罪犯从事何种劳动属于监狱长的自由裁量权，罪犯本来就不具有请求监狱长将自己安排到可以获得"劳动赏与金"的劳动的任何权利。

（二）劳动中的劳动补偿或赔偿

根据旧监狱法，罪犯在劳动中患病、负伤或死亡时，并不直接适用劳动基准法的有关补偿规定，相反，作为国家对罪犯的恩惠，基于法务大臣的裁量可以向罪犯或其家属支付一定金额的补偿金，这种补偿金一般低于劳动基准法所规定的补偿金额，并且，当患病、负伤或死亡源自于罪犯自身的"重大过失以上的过错"时，可以不支付补偿金。以 1993 年为例，当时死亡补偿金最高为 419.8 万日元，最低为 139.9 万日元；伤害残疾补偿金最高为 500.9 万日元，最低为 167 万日元。《刑事设施及罪犯处遇等法律》基本上延续了旧监狱法的上述规定，同时又增加了三个新的规定：

1. 对于在劳动中负伤或因此造成身体残疾的罪犯，如果释放时仍没有能够痊愈，可以根据法务省的规定另外支付"特别补偿金"。

2. 监狱方面在确定支付补偿金的金额时应参照劳动基准法的有关规定。

3. 当罪犯等提起国家行政损害赔偿诉讼或民法上的侵权行为损害赔偿诉讼，法院判处监狱支付赔偿金时，监狱已经支付的补偿金算入赔偿金中，据此免除同等金额的监狱方面的赔偿责任，尽管行刑当局对于在劳动中受伤或死亡的罪犯一般都会按有关规定支付一定金额的补偿金，但是，由于补偿金金额较少，罪犯除了接受补偿金外还往往以监管人员有过失为由，向法院提起损害赔偿（行政法上的国家赔偿或民法上的侵权损害赔偿）诉讼。日本法院对于这种诉讼的处理存在着两种不同的态度。

（三）劳动时间

有关劳动时间，《刑事设施及罪犯处遇等法律》本身没有作具体规定，只是授权监狱长根据法务省的所定标准决定具体的劳动日及劳动时间。1992 年之前，法务省规定罪犯劳动时间为每周 6 天每天 8 小时，共计 48 小时，到了 1992 年改为每周 5 天每天 8 小时，共计 40 小时。另外，按照现行《刑事设施及罪犯处遇等法律》的规定，监狱长为了确保罪犯有充足的教育或运动时间，可以按照法务省的规定缩短罪犯的具体劳动时间。相反，日本法院判例指出，包括监狱长在内的监狱当局没有充分正当的理由不得延长罪犯的劳动时间。[1]

**三、美国劳动矫正的现状**

（一）劳动的原则及规定

美国宪法第十三修正案规定，除非作为对经过正当程序被确定有罪的被告人的刑罚之外，任何奴役和违反本人意志的苦役都不得在美利坚合众国及其所管辖的任何地区存在。长期以来，美国都是以此为根据承认对罪犯实施的强制劳动的，联邦法院和州法院也都是以此为根据一贯主张对罪犯的强制劳动合乎宪法和法律。其理论根据分为两种：

1. 法院认定，对罪犯进行的劳动强制不属于宪法第十三修正案所禁止的"奴役"或"违反本意的苦役"，因此，不违反宪法。联邦最高法院在 1916 年的判决中采用了这种逻辑。该判决指出，第十三修正案虽然宣布禁止奴役和违反本意的苦役，但该宪法修正案是以美国建国初期的状况为前提获得通过的，它所说的奴役和违反本意的苦役是指当时流行的对非洲奴隶所实施的强制劳动。[2] 联

---

〔1〕 ［日〕菊田幸一：《受刑者の人権と法的地位》（罪犯的人权与法律地位），东京日本评论社 1999 年版，第 45 页。

〔2〕 Butler v. Perry, 240 U. S. 328（1916）, See https: //supreme. justia. com/cases/federal/us/240/328/（2019-10-05）.

邦最高法院的这一解释成为日后对罪犯强制劳动予以肯定的重要根据。例如，因拒绝参加劳动而被关押到了重警备级监狱的罪犯提起诉讼，主张对自己的劳动强制违反宪法，请求法院予以救济，对此，联邦第八巡回法院认定，对罪犯实施强制劳动并不违反宪法第十三修正案，属于合宪，这是基本原则。除非证明具体的劳动强制达到了宪法第八修正案所禁止的"异常残酷刑罚"的程度，或违反宪法第十四修正案所规定的"正当程序"，否则，劳动强制本身及对违反这种强制的处分并不构成对宪法的违反。

2. 法院通过强调宪法第十三修正案中的"除非作为对经过正当程序被确定有罪的被告人的刑罚之外"的部分，明确认定，宪法不仅没有禁止，而且作为例外还积极承认对罪犯的劳动强制。例如，罪犯对于没有报酬而被强制在民间企业内从事劳动的监狱方面的做法提起诉讼，主张这种强制侵犯了自己宪法上和市民法上的权利，要求予以赔偿。对此，联邦第五上诉法院认定，即使没有报酬的前提下对罪犯实施的强制劳动也不违反宪法，因为宪法第十三修正案特别规定，对于被宣告有罪的罪犯，作为刑罚可以实施违反其本意的苦役。另外，其他法院也判定，判断是否可以对被告人实施强制劳动的决定要素是看他是否已经被判处有罪，对已经被判处有罪的罪犯可以实施劳动的强制。[1]

（二）罪犯的劳动机会

有关美国罪犯劳动机会的现状可以概括为三个方面：①罪犯不具有被保障劳动机会的宪法上的权利；②对罪犯不适用失业保险；③监狱产业（监狱工厂、农场及雇用罪犯的企业）只能在不与民间产业冲突的前提下经营。

法院判例指出，受雇从事劳动不是罪犯的权利，罪犯关押在监狱时不具有获得雇佣的权益。只要监狱方面没有违反宪法第八修正案（禁止异常残酷刑罚）的规定，监狱当局有权决定是否雇佣某个罪犯，罪犯对监狱当局的雇佣裁量权不具有提起宪法第十四修正案所规定的正当程序的任何"财产性或自由性权益"。例如，因属于性犯罪者而被禁止受雇到监狱外从事劳动（即所谓"外部通勤"）的罪犯提起诉讼，提出监狱一方面允许其他罪犯受雇到监狱外从事劳动，而另一方面禁止自己这样做。这种决定侵犯了自己接受平等保护的权利，要求法院判决监狱方面违法。对此，联邦地方法院基于以下理由驳回了罪犯的诉讼，即罪犯不拥有宪法所保护的劳动权，只要监狱当局遵守了宪法第八修正案（禁止异常残酷刑罚）的规定，宪法就不要求监狱当局必须对罪犯提供教育、复归社会、职业训练等项目和机会；是否使罪犯受雇到监狱外从事劳动属于监狱当局的裁量权，因

---

〔1〕 王云海：《监狱行刑的法理》，中国人民大学 2010 年版，第 106 页。

此，也不属于规定正当程序的宪法第十四修正案的保护范围。

由于罪犯被认定不具有宪法上的劳动权，监狱产业的法律地位也因此受到了影响。联邦和许多州都通过立法等形式对监狱产业予以严格限制。如前所述，联邦议会从 20 世纪 30 年代就开始大规模立法，限制监狱产业的产品进入到一般市场和州际贸易中，此后，这种"限制立法"根据美国经济市场的状况被不断修改，"限制"的程度有所变化。对监狱产业予以限制的现行法律是 1988 年 11 月通过的《联邦监狱产业法》，其主要内容可以概括为以下五个方面：

1. 监狱产业不得和民间产业竞争及在一般市场上以贩卖产品为目的进行经营。

2. 监狱产业应追求多样化，尽量避免对民间企业和民间劳动者造成竞争上的压力。

3. 监狱产业应当从经济经营角度予以运营，但监狱产业制造的产品的数量不应超过其在联邦政府的机关、机构及设施所应占有的范围，监狱产业应集中在能够雇佣更多的罪犯的人员密集型产业上。

4. 监狱产业要制造新的产品或对已有产品进行扩大生产时，必须提出对民间产业有可能造成的影响的分析报告；必须向有可能受到影响的民间产业征求意见；必须公开有关生产新产品和扩大已有产品的资料。

5. 监狱产业必须每 6 个月公布一次自己所属企业的产品名单，以便有关的民间企业和人员可以利用相关信息。

**四、德国劳动矫正的现状**

根据西方的实践，典型的由社会管理人员管理的罪犯劳动是罪犯在狱外接受雇佣。在德国，经罪犯同意，罪犯可以到私营企业劳动。德国北莱茵—威斯特伐伦州 1978 年在《刑罚执行法》生效后，有 23.3% 的人在监狱外工作。在实践中，除了罪犯在生产劳动中完全由监狱方或者社会方管理的情形，还有既要接受社会方管理，又要接受监狱方管理的情形。

罪犯劳动的组织形式。在德国，如果罪犯不能胜任一些经济上具有前景的工作，他可以在专业人员带领下，参加劳动治疗，学习和掌握完成工作所必需的基本技能的。"劳动治疗"的观点是阿姆斯特丹教养院按照加尔文教派的观点创造出来的。如果罪犯具有劳动能力，所要参加的劳动具有一定经济前景，其应当参与劳动。大约有 10% 的罪犯在监狱内从事服务性劳动，如厨房做饭，有 15% 的罪犯从事帮助性劳动，如园艺、家务。延伸意义上的服务性劳动是指参加属于公共事业的劳动，如修建和保养公路、清理高速公路旁边的垃圾和废车、参加公园的维护和保养、参加公共建筑周围土地的绿化等。

**思考题：**

1. 罪犯劳动的性质如何界定？
2. 罪犯劳动有何价值？
3. 怎样理解各个国家强制罪犯劳动的规定？

# 第十六章 心理矫治方法

## 第一节 罪犯心理矫治概述

罪犯的身份具有特殊性，在罪犯心理矫治中，罪犯享有一定权利，也有一定的规范，包括享有和拒绝获得心理矫治方面，被转送至精神病院的方面，以及在个别治疗方法方面；等等。

### 一、罪犯享有获得心理矫治的权利

罪犯享有获得心理矫治的权利，即心理健康治疗权（Right to Mental Health treatment）。它是指矫正机构有义务保证犯人的心理健康，并为罪犯在监禁期间患心理疾病时提供适当的心理学或者精神病学治疗。

美国宪法在第八修正案中规定，故意漠视犯人的严重医疗需求就是残忍的和异常的惩罚，犯人有获得心理健康治疗的权利。罪犯有权利被告知有这样的服务，且如果他们提出要求，将由相关专业执业人员或者在专业执业人员的监督下由相关心理咨询员，在合理的时间内提供服务。并且，罪犯有权在本州矫正系统内获得相关治疗计划的信息。

美国规定了罪犯是否有权获得心理学或者精神病学治疗的三项标准，如果同时具备，罪犯就有权获得心理学或者精神病学治疗。这三项标准是：①罪犯的症状表现的是一种严重疾病或者伤害；②这种疾病或者伤害可以治疗且治疗后症状可明显减轻；③如果延迟或者不予治疗，罪犯会受到严重伤害。

目前，罪犯的心理健康治疗权或者精神病学治疗权在西方国家得到广泛承认。

### 二、罪犯有拒绝接受心理矫治的权利

罪犯不仅享有心理健康治疗权，也有权利拒绝，即拒绝接受心理矫治。这个情况源于一些精神健全但难以被管教的罪犯被强制送到精神病院接受治疗的现象，罪犯后来提出诉讼，法院裁决确立了这项权利。法院规定那些将要被送到精神病院接受强制治疗的罪犯有权按照正当程序要求举行听证会，有权让证人到场

作证,有权了解治疗需要,有权让第三方公证人决定是否需要强制治疗。

美国加利福尼亚州认为罪犯有"拒绝治疗权",他们有权知道自己是心理诊断或治疗的对象,且有权利决定是否参加诊断或治疗安排,监狱不得因此而对罪犯惩戒或者进行其他剥夺,除非有以下情况:

1. 法律要求或者法院判决对其进行心理健康评估。

2. 罪犯分类委员会根据相关信息规定某罪犯应当参与心理矫治活动,或者是通过专业人员进行评估,发现其心理疾病的症状,确定罪犯应当接受心理矫治。在特殊情况下,医生或者其他持照从业者(Licensed Practitioner)可以对犯人实行精神病学隔离(Psychiatric Segregation),进行最长为 5 个工作日的观察和治疗,等待采取分类行动,并且将理由记录在案。

3. 诊断或评估研究已经做出罪犯患有心理疾病或心理疾病复发的诊断,而这种心理疾病使犯人对自身或他人都有危险,或者具备自残自伤的危险。

4. 如果有特别的假释条件要求,假释犯可以到假释门诊诊所(Parole Outpatient Clinic)接受治疗。但未经罪犯特别同意,诊所不得使用药物。

但是,就非一般罪犯而言,美国宪法第十四修正案规定,对患有严重心理疾病的罪犯和对自己或者他人有危险的罪犯,考虑到其自身健康利益,允许监狱违反罪犯的意志而使用抗精神药物(Anti-Psychotic Medication)进行治疗。

**三、罪犯在被转送至精神病院时的权利规定**

监狱不适合关押和治疗精神病人,应当将其转送到精神病院接受治疗。这个过程涉及相关法律规定。以美国加利福尼亚州的规定为例,罪犯或假释犯对此有知情权,有权选择和放弃选择听证会。除了紧急情况罪犯进驻精神病院以外,关押机关应当向其提供以下材料或机会:

1. 在听证会前 72 小时内向他们提供书面通知。

2. 由相关工作人员帮助罪犯为听证会做准备。罪犯自行承担因此而发生的费用。

3. 罪犯有机会向听证会提供书面证据、让证人提供口头或者书面证言、反驳证据并进行质证;但是听证官员(Hearing Officer)有充足的理由禁止这种证据或者证人的情况除外。

4. 听证官员应当是矫正机构负责人,或者是由矫正管理人员任命的人员,或者是不直接治疗此罪犯的医生、精神病学家或者心理学家。

5. 罪犯在听证会后 72 小时内会接到一份书面决定,其中包括决定的理由和依据。

紧急住进精神病院的罪犯和假释犯,有权要求在精神病院内举行一次确认审查听证会（Certification Review Hearing），用来替代上述听证会和放弃举行听证会方面的要求。住进精神病院的犯人和假释犯，仍然处在矫正局的管辖之下；未经矫正局长特别准许，不得离开精神病院。

**四、罪犯在个别治疗中的权利规定**

在罪犯心理矫治中，会用到精神医学的治疗方法，这些方法可能会对罪犯权利造成一定的伤害，对此，有如下规定。

（一）精神外科手术中的规定

精神外科手术（Psychosurgery）是指用切断或者损毁脑组织的方法治疗精神障碍的外科手术。例如，《美国加利福尼亚州刑法典》第 2670.5 条规定："不得对被拘留或者监禁在本矫正局的人进行精神外科手术，包括脑白质切断术（lobotomy）、定向性外科手术（Stereotactic Surgery）、利用化学药物或者其他方法对脑组织的破坏，或者在脑组织中置入电极。"

（二）电击疗法中的规定

电击疗法是指通过电击使患者短暂意识丧失和全身抽搐发作，进而控制精神病症状。这种方法有一定的危险性，因此需要一定的规范。例如，美国加州作出如下规定：

1. 精神健全罪犯。对于精神健全的罪犯来说，实施此疗法要事先征得他们的同意，否则是不被允许的。如果是为了其他目的实施此疗法，还需获得上级法院的事先授权，且连续进行电击治疗不得超过 3 个月，1 年内不连续电击治疗的总时间也不得超过 3 个月。

2. 精神不健全罪犯。对于精神不健全、不能做出知情后同意的罪犯，如果必须采取这种疗法，矫治人员必须首先征得监狱管理部门的同意，并且要通过一个监狱认可的医生委员会同意，然后请求上级法院举行听证会，罪犯的律师也要参加。这个听证会同意且法院也授权后，方可进行。

3. 紧急情况。如果是紧急救生情况，可以进行电击治疗。但是，矫治人员需要将紧急情况的来龙去脉以及治疗情况提交给法院审查。

**五、罪犯心理矫治的困难性**

（一）监狱环境的障碍

监狱环境不适合心理治疗活动，严酷的监狱环境和罪犯心理矫治之间，存在严重的矛盾和冲突，极大地束缚了心理服务工作的进行。而开放的社会环境，如社区或工作环境，更有利于矫治的进行。这些障碍具体表现在：监狱对安全和控制的需要与心理矫治的优先性之间会产生严重的冲突；新的矫治计划会因矫正机构的惯性、工作人员的保守和敌视态度的阻挠而让步；对罪犯保持偏见认为其不值得帮助的传统观念。另外，监狱的过度拥挤状态、不系统的改造方式、教育和职业培训的缺乏、矫正研究得不到重视、矫正目标缺乏合理性等因素也起到间接的影响作用。

（二）罪犯意愿因素

罪犯的求助意愿会直接影响矫治效果。如果罪犯并不愿意寻求心理治疗，或者是在法律制度的压力和强制下来寻求治疗的，那么，矫治过程中罪犯必然会遇到很多挫折。罪犯缺乏求治动机和意愿，成为转变犯罪行为的困难之处。

（三）矫治人员和监管人员的关系

矫治人员和监管人员之间存在关系紧张和工作冲突的现象，也是造成矫治困难的原因之一。这表现在：监管人员不相信罪犯，认为罪犯参加治疗实际上是伪装的表现；矫治人员为了能够与监管人员和平相处，在矫治过程中更具有惩罚性；监管人员认为矫治人员忽视安全，而矫治人员却抱怨监管人员不支持治疗活动等。

# 第二节 罪犯心理矫治人员

## 一、罪犯心理矫治人员的种类

罪犯心理矫治工作涉及的范围很广，因此相应地，从事相关工作的人员种类也较多，国外大体分为心理学家、精神病学家、社会学家、社会工作者、咨询员和其他人员等，其中心理学家是罪犯心理矫治的主要力量。具体如下：

（一）心理学家

罪犯心理矫治活动的主力军，矫治工作主要是由监狱系统的心理学家（Psychologist）实施，其数量也是最多的。这些心理学家被称为"矫正领域的心理学家""矫正心理学家"或者"监狱心理学家"等。他们的主要任务规范是：

1. 实施心理测验。心理学家对罪犯进行各种心理测验，包括入监评估、服刑期间评估、出监评估和其他相关评估等，了解罪犯的智力、人格、能力倾向、社会适应能力等信息，帮助监狱工作人员更加准确地了解罪犯的个人情况。

2. 对罪犯进行分类。心理学家通过对罪犯进行心理测验、行为观察、个别面谈、主观判断等方式，对罪犯进行合理分类。

3. 参与制定罪犯矫治计划。心理学家根据各渠道收集到的罪犯的情况，将心理学的理论和方法应用于罪犯心理矫治活动，参与制定矫治计划。

4. 实施计划。心理学家负责落实以上提出的矫治计划，对罪犯提供心理咨询、心理矫治和行为矫正等，了解罪犯在治疗活动中的变化情况，跟踪并提出调整矫治计划等方面的建议。

5. 监狱工作人员的选拔和培训。心理学家利用自己的专业知识和技能，参与监狱工作人员的选拔和培训工作，利于罪犯心理矫治工作的顺利开展。

6. 其他工作。心理学家还承担一些相关的研究和实际工作，例如：研究监狱管理方面的心理学问题并提出改进的建议；探索矫治罪犯的新方法；评价罪犯的情绪状态；充当假释委员会顾问，就罪犯假释问题提供建议；协调心理矫治人员与其他监狱行政人员（如监狱长、监狱医生、监狱宗教人员、罪犯分类官员）的关系等。

（二）精神病学家

由于制度、专业、认识角度等多方面的原因，精神病学家在国外监狱中的数量较少，比心理学家少得多。监狱环境也不利于精神病的治疗，因此许多国家建立了专门的精神病犯监狱。在监狱系统中工作的精神病学家的任务规范是：

1. 对怀疑有精神疾病的罪犯进行精神病学诊断，查明问题并且提出处置建议。

2. 对患有精神疾病的罪犯进行精神病学治疗，包括帮助罪犯戒酒、戒毒等。

3. 辅助从事一定的心理咨询与治疗工作，为罪犯提供精神保健和心理卫生服务。

（三）社会学家

社会学家（Sociologist）进入监狱系统的时间比较晚。他们在确定和发展监狱亚文化和监狱工作人员的作用与结构方面，提供了很重要的社会和群体视角。同时他们也负责完成与心理学有关的一部分工作，其主要任务规范是：

1. 参与罪犯分类工作。社会学家运用社会学方法调查罪犯犯罪或再犯罪的社会因素、了解罪犯的其他社会情况等，为罪犯的科学分类服务。

2. 对罪犯进行社会生活指导和咨询。

3. 负责罪犯与社会的联系和沟通工作，包括一部分社区矫正工作。例如，罪犯释放前的就业培训与联系工作、罪犯与家属等的会见、工作释放、教育释放等工作。

4. 监狱管理工作。社会学家也参与监狱的日常管理工作，社会学专业为此提供了理论和实践支持。国外监狱的许多管理人员都有社会学专业背景。

（四）社会工作者

社会工作者（Social Worker）是对罪犯进行个别化的帮助和指导的专业人

员。个案工作者在判决前要对罪犯进行有关的调查，为法官的判决提供必要的背景材料，在罪犯假释期间进行必要的监督、指导工作，其任务规范主要是：

1. 参与罪犯入监的接受和教育工作。社会工作者要对罪犯进行入监教育，包括监狱生活的规则、纪律等，解答罪犯的问题，帮助其适应监狱生活。

2. 参与罪犯分类和监舍安排工作。向罪犯分类委员会提供有关罪犯的情况，就罪犯的监舍安排提出建议等。

3. 辅助罪犯心理矫治活动。包括矫治计划的实施、为罪犯提供咨询、罪犯的危机干预等。

4. 其他工作。包括协调罪犯与家庭的关系，协调罪犯的教育、医疗、刑期折抵、假释等工作，帮助罪犯进行释放前的训练和适应。

（五）咨询员

咨询员往往要应用心理学的理论和方法，提供心理学和职业等方面的指导，美国的矫正咨询员（Correctional Counselor）基本任务规范如下：

1. 与罪犯面谈，负责测验工作，以便对罪犯的技能、能力和兴趣进行鉴别和分类。

2. 制定一份周期性的时间表，时间表的内容是了解罪犯遵守监禁条件状况的情况，可分为口头接触或者直接接触。

3. 建立和登录个案档案，评估罪犯的进步状况。

4. 接受针对罪犯的投诉并进行处理。

5. 协商和完善罪犯的个人治疗计划，帮助罪犯实现这个计划。

6. 对罪犯进行个别的或者集体的咨询和劝导，内容涉及监禁条件、就业住房、教育、社区服务、个人事务管理，从而使罪犯确立现实的、符合社会需要的行为模式。

7. 对罪犯的家庭成员、原告或者涉及罪犯的问题，进行咨询和劝导。

8. 向法庭、假释委员会或者分类委员会提供建议、报告和处置计划。

9. 为诉讼活动、假释委员会作证，以专家证人的身份评估罪犯的进步，提供决策帮助。

10. 与罪犯的潜在雇主进行接触和发展联系。

11. 与社区机构、个人、商业公司进行接触和商议，评估、寻找罪犯矫治和帮助的资源。

12. 促进和解释矫正计划，增强公众对矫正计划的理解与支持。

13. 协调在矫正活动中利用公民志愿者的事务。

14. 参加会议、听证会和法律诉讼活动，以便收集和交流信息，对做出与罪犯有关的决策提供帮助。

15. 协调司法部门、罪犯家庭、社区机构和商业公司中关于罪犯的信息和计划。

（六）其他人员

在监狱系统中，还有其他一些人员也从事与心理学相关的工作。这些人员包括：

1. 医生。随着医疗工作从生物学模式向生物—心理—社会—文化模式的转变，在监狱系统中从事医疗工作的人员，十分重视心理学在诊断、治疗过程中的应用，对罪犯从事一定的心理学咨询和治疗工作。

2. 宗教人员。许多国家的监狱中，都有专职或兼职的宗教人员，如神父、牧师等，他们对罪犯进行宗教教诲和多方面的帮助工作，这类活动中往往应用了心理学的理论和方法。

除了上述专业人员之外，在一些国家的矫正机构中，还大量使用非专业人员参与罪犯心理矫治活动。这些非专业人员通过一定的培训，可以承担一些辅助性的工作。一些研究者认为，由非专业人员向罪犯提供心理矫治，不仅可以减轻专业人员的压力，节省资金，而且还有其他方面的优势，包括容易得到罪犯的信任、便于和罪犯沟通、对罪犯的问题更加敏感等。

**二、罪犯心理矫治人员的设置规范**

（一）罪犯心理矫治人员的数量规范

联合国的有关文件和有关国家的监狱法规，都对罪犯心理矫治人员的设置、任务等作了规定，都有设置"监狱心理学家""监狱精神病学家"和"监狱社会工作者"等职位的条款。联合国经社理事会规定："管理人员中应该尽可能设有足够人数的精神病医生、心理学家、社会工作人员、教员、手艺教员等专家。"

在美国，美国联邦矫正局及其所属的矫正机构以及各州矫正局及其所属的矫正机构中，都有大量的心理学家在从事监狱心理学方面的研究和实践工作。矫正心理学家或监狱心理学家已经成为美国监狱系统中重要的职业人群，他们有自己的专业团体——"美国矫正心理学协会"（American Association for Correctional Psychology）。同时，在美国的许多大学和研究机构中，也有为数众多的心理学家在从事监狱心理学的研究工作。矫正心理学或监狱心理学是美国刑事司法心理学中发展很快的分支之一。

在加拿大，联邦矫正局及其所属的各个矫正机构、各省矫正局及其所属的矫正机构，以及加拿大全国假释委员会中，都有心理学家在从事相关的工作。

在英国，监狱部门和许多监狱都有监狱心理学家，他们的职责包括对罪犯进行心理学测验，分析罪犯的心理活动，评价矫治处遇方案和监狱制度，对罪犯的个别或分类管理、处遇提出咨询意见，训练监狱工作人员等。在英国内政部监狱局中，有一个专门的心理学服务处。

在德国，监狱心理学家作为一个职业群体，分布在各种监狱的每个部门。他们有不同的分工，级别、头衔、薪水也不尽一致。他们当中有部级负责人、监狱级和科级负责人、入监队诊断医生等。此外，德国监狱系统中还设有社会工作者、社会学家等职位，这些专业人员也从事一定的心理学工作。在德国监狱系统中，监狱心理学家发挥着重要的作用，他们不仅从事自己的专业性工作，而且也在监狱决策中起作用，正如一位德国学者所指出的那样："监狱部分管理工作需要集体做出决定，要使做出的决定达到比较理想的结果，迫切需要特殊的专业知识，而这些知识只有受过科学教育的心理学家才能提供。"[1] 每所监狱应拥有与其任务相适应的、一定数量的、不同专业的官员，特别是一般执行官员、行政官员和劳动教官，以及牧师、医师、教育家、心理学家和社会工作者。

在意大利，狱政当局为开展观察和待遇活动可以征得从事心理学、社会服务学、教育学、精神病学、临床犯罪学研究的专家的帮助，并根据各自做出的工作给予适当报酬。

在阿尔及利亚，规定每个封闭式监狱都要配备若干名心理学顾问，他们担负着重要的任务，这些任务包括：其一，建立罪犯档案，对罪犯进行观察指导，为每个罪犯制定改造计划；其二，培养罪犯的道德品质，提高罪犯的文化水平，帮助罪犯解决其个人问题和家庭问题；其三，定期向监狱和教育委员会递交改造报告；其四，向监狱分类和教育委员会提出罪犯改造计划和奖惩建议。

在西班牙，在罪犯改造活动中，要针对罪犯的个性，采取诸如医学、生物学、精神病学、心理学、教育学和社会学等方面的治疗方法。在西班牙，监狱心理学是法律心理学中研究得最多的学科，监狱心理学家们不仅对监狱心理学方面的问题进行了深入的研究，而且在推动心理学和法律的结合方面，也起了关键性的作用。

在阿根廷，在执行剥夺自由刑罚的监所中，要有一个犯罪学技术机构，该机构至少要有一名在犯罪学方面有专门知识的精神病医生。

在保加利亚，对少年犯和未成年犯的教育和改造中，要有心理学家参与。对罪犯的安置由人民教育部附设的安置委员会进行，该安置委员会的成员包括教育

---

〔1〕 林茂："体制改革背景下监狱教育改造问题研究——以广东 N 监狱为例"，华南理工大学 2013 年硕士学位论文。

学家、心理学家、医生和律师。对少年犯和未成年犯的安置要考虑他们的心理状况。

在比利时，监狱中设置了心理学顾问、道德顾问、布道神父、修女、精神病医生的职位，他们要根据情况探访监狱中关押的男女罪犯，参加每月研究罪犯情况的会议，与监狱的其他工作人员一起解决罪犯中出现的问题。

在芬兰，有若干专职的监狱心理学家，他们在监狱管理部门和监狱中从事罪犯心理和行为矫治工作。

在捷克共和国，每个普通规模的监狱有 1 名~2 名心理学家。

在匈牙利，每 2 个矫正机构有 1 名心理学家。

在波兰，每个大的矫正机构都有监狱心理学家。

在俄罗斯，也有为数众多的监狱心理学家，他们在各种矫正机构内从事监狱心理学工作。

在日本，要对入监的犯人进行科学调查，包括其个性及身心状况，应以医学、心理学、教育学及社会学等必要的知识为基础做出判断。

在韩国，可以吸纳教育学、矫正学、犯罪学、社会学、心理学及精神医学方面的专业人员对罪犯进行分类调查、苦衷商谈、心理治疗及生活指导等。

（二）罪犯心理矫治人员的任职岗位规范

根据国外的法律规定和司法实践情况，罪犯心理矫治人员任职的岗位大体上可以划分为四类：

1. 监狱的行政管理岗位。罪犯心理矫治人员在监狱里通常有独立的工作空间，被矫正局长或者主管的矫正局副局长直接领导。其职责主要包括：

（1）参与制定相关政策。他们参与和监狱系统中心理学的应用有关的政策、标准等行政规范或制度的制定工作。例如，有关监狱工作人员选拔中进行心理学测验的政策，有关罪犯心理卫生和健康教育的措施，有关罪犯分类的心理学方法的选择，确定如何在假释决策中使用心理学技术，等等。

（2）参与监狱中高级行政管理人员的选拔。在监狱系统选拔监狱长和其他高级管理人员时，在监狱管理部门工作的罪犯心理矫治人员往往要参加对候选人的心理测验等工作。

（3）参加有关罪犯的分类和矫治方面的重要工作。发展罪犯分类系统和罪犯分类工具。

（4）高水平的罪犯心理矫治人员还对其所管辖的矫正机构中的其他同行的专业性工作进行管理、指导和协调。

（5）承担监狱中各种心理现象的研究工作。比如如何更好地应用心理学理论和方法改进监狱工作、提高监狱工作人员的素质、提升监狱工作的效率、促进罪犯矫治的效果等。

（6）根据法庭和其他部门的请求，提供对犯罪人进行心理学评估和鉴定的服务。

（7）对监狱工作人员提供心理学培训和咨询等服务。

2. 监狱或者矫正机构基层岗位。这种岗位最普遍，且相对独立，直属监狱长管理，心理矫治人员有独立的办公场所。他们的工作内容包括罪犯心理诊断和分类、罪犯心理矫治的具体实施、监狱长委托进行的其他工作等，起到中流砥柱的作用。

3. 研究部门和大学里的岗位。许多国家的监狱管理部门、矫正局、监狱相关部门、综合性研究机构、教育部门的矫正教育研究机构中，都有大量岗位为罪犯心理矫治研究人员提供工作空间，开展相关研究。

国外很多大学的二级学院如刑事司法系或学院、犯罪学系或学院、社会学系、心理学系等院系中，都开设专门的监狱心理学或矫正心理学课程，或者在司法心理学、应用心理学、社会心理学等课程中讲授监狱心理学或矫正心理学的内容。教师或研究人员从事教学和研究工作。

4. 私营矫正机构中的岗位。在美国有很多私营矫正机构，对公立矫正机构起辅助作用。其中也有罪犯心理矫治人员从事工作，其岗位设置和功能类似于公立矫正机构。

### 三、心理矫治工作的内容规范

（一）向犯人提供的心理矫治

向罪犯提供心理矫治服务是心理矫治人员的主要任务内容，主要包括四个方面：

1. 入监心理学评估。美国监狱新收犯的入监心理学评估由合格的心理学家或者心理学研究生在持照心理学家（Licensed Psychologist）的监督下进行，利用访谈、观察、心理测验、历史资料审查等多种方法综合评估，包括：

（1）识别罪犯是否有情绪、智力或行为等心理问题。

（2）对罪犯的适应性、危险性、脱逃可能性等进行评估。

（3）对有自杀或自伤倾向、药物滥用、疑似精神疾病的罪犯进行排查。

（4）让罪犯了解心理矫治计划和方案方面的信息。

（5）将评估结果转化为档案材料，为监狱和矫正机构后续相关工作提供依据。

（6）了解罪犯的特殊需要。

（7）在例行的入监医学检查中，医生应辅助检查罪犯是否有心理障碍，并应及时通知心理矫治人员。

（8）组织所有罪犯在入监后 14 天内（移送罪犯在 30 天内）完成"罪犯心理学服务问卷"，并进行一次临床面谈。

2. 对隔离罪犯的心理学面谈。被行政拘留或者惩戒性隔离（Disciplinary Segregation）达连续 30 天或者更长时间的罪犯，会有不同程度的消极心理状态。心理矫治人员应到访其住宿监舍进行心理学评估。

3. 直接的心理学服务。罪犯可以通过一定的程序获得直接的心理学服务，这些服务包括危机干预、具体心理问题的简短咨询（如人际关系问题、情感问题等）、个别心理治疗或者集体心理治疗、集体心理教育等。罪犯可以自主选择，也可以听从监狱工作人员的建议。

4. 针对特殊罪犯的心理学服务。主要是指对于那些有药物滥用、自杀、艾滋病等问题的罪犯提供的特别心理学服务。

（二）为监狱工作提供心理学帮助

除了罪犯心理矫治的核心工作外，心理矫治人员还为监狱工作提供以下帮助：

1. 选拔监狱工作人员。

（1）利用设计好的面谈程序或笔纸成套测验（Test Battery）了解申请人员的动机、能力和人格特点，考查其是否具有稳定的、负责任的和守法的生活方式。

（2）心理矫治人员还可以作为面试小组的重要成员对申请者进行现场面试，参考申请者的履历和书面申请材料，运用心理学独特的技巧和临床判断作出公正的评估，内容包括：申请者的口头沟通技能和书面沟通技能；对现场问题情境的反应能力；问题解决和决策能力；监督罪犯和有效合作的能力；预防自身腐败的能力等。

（3）对监狱官员进行正式的工作分析（Job Analysis），确定其有关的认知和人际能力。

（4）帮助选拔委员会其他成员学会测验、面谈和评估技巧，并在过程中进行监督，确保结果的有效性。

2. 培训监狱工作人员。

（1）入职培训。对新晋工作人员进行入职培训，帮助其熟悉监狱内的心理学工作及其运作方式，比较重要的内容包括：如何认识和管理心理疾病罪犯、有自杀倾向的罪犯，以及如何恰当地让罪犯接受心理矫治。

（2）年度进修培训。对监狱工作人员进行年度进修培训（Annual Refresher

Training)，内容包括常规心理工作。

（3）矫正咨询员培训。矫正咨询员与罪犯接触比较密切，比较了解罪犯的心理动态，也容易发现问题，并有条件及时处理问题。对矫正咨询员进行培训，可以辅助心理治疗人员的工作，这种培训一般也是周期性。

（4）承担相关人力资源工作。国外心理矫治人员会与监狱的员工发展主任（相当于国内监狱政治处）合作，定期对监狱工作人员提供与心理学有关的人力资源培训：如戒毒教育和认识毒品培训、人际技能培训、沟通技能培训、人质谈判培训、监督技能培训、精神疾病犯人管理培训、犯人分类系统培训、领导力培训、特殊罪犯管理培训等。

3. 员工帮助计划（Employee Assistance Program，EAP）。

员工帮助计划最初在企业管理中运用广泛，如今国外各个行业都已经推广开来。它是指通过心理学的方法帮助员工解决工作中或工作外的心理问题，目的是促进员工的心理健康，最终有利于工作发展。国外监狱的心理矫治人员也会承担这部分工作。

（1）评估。心理矫治人员评估监狱工作人员目前存在的问题，向他们提出可能的解决办法，并鼓励他们学会主动寻求帮助。

（2）转介。心理矫治人员还向监狱工作人员提供转介（Referral）方面的知识，告诉他们如何从监狱外面的合格人员那里获得心理学服务，以达到最优效果。

（3）短程咨询或者危机咨询。对存在心理问题的员工，心理矫治人员运用心理学方法提供短程咨询或者危机咨询。

（4）其他相关咨询。监狱工作人员还会遇到生活中的问题，心理矫治人员也提供相关咨询服务，如家庭关系问题、子女教育问题、亲子关系问题、职业发展问题、人际关系问题、应激管理问题、情绪问题、退休计划问题等。

（三）心理矫治工作的先后原则

监狱中的心理矫治工作有很多，体系庞杂。在这种情况下，就要考虑先后原则问题，即矫治人员要按照轻重缓急排列顺序，优先完成最急迫、最需要、最重要的工作。这需要综合考虑监狱性质、核心任务、安全警戒度等级、监狱工作人员和罪犯的特征、监狱资源等因素。在此基础上，会有一个先后原则：

1. 第一优先。需符合以下情况：

（1）涉及危机干预，如有自杀、伤人、危险、脱逃、越狱倾向的罪犯。

（2）对精神疾病犯人的治疗。

（3）法庭指定的评价和报告。

（4）特别心理学报告〔假释委员会要求的报告、纪律听证官（Discipline Hearing Office，DHO）要求的心理学报告、医院转诊报告、证人保护评价等〕。

（5）对新收犯人的最初心理学筛选评估。

（6）拘留单元和隔离单元探视、定期的心理学报告。

2. 第二优先。需符合以下情况：

（1）简短咨询活动。

（2）个别心理治疗（Individual Psychotherapy）、心理教育计划（Psychoeducational Program）、治疗小组计划（Therapeutic Group Program）和治疗计划（Treatment Plan）。

（3）将治疗记录保存在心理学档案中。

（4）对监狱工作人员进行心理学方面的培训。

（5）与所有申请到联邦监狱局系统工作的申请者进行个别面谈。

（6）参加矫正机构的会议（即涉及预算、培训、监狱长和副监狱长主持的会议、有关矫正计划的会议、有关安全保卫方面的会议等）。

（7）特别治疗计划，例如，药物滥用计划。

（8）将心理学记录保存到医学档案和中心档案中。

（9）招募心理学家、心理学实习生（Psychology Intern）和住院实习生（Resident Intern）。

3. 第三优先。需符合以下情况：

（1）向单元纪律委员会（Unit Discipline Committee，UDC）和纪律听证官咨询心理学计划。

（2）就犯人分类和矫正计划审查问题进行单元咨询和小组咨询（Team Consultation）。

（3）与矫正机构的其他部门交换意见。

（4）矫正计划发展、矫正计划评价和研究。

（5）参加小组研讨班、会议和社区矫正计划。

**四、罪犯心理矫治人员的资格与教育**

（一）罪犯心理矫治人员的任职资格

国外罪犯心理矫治人员，特别是专门从事罪犯心理矫治的人员，有比较严格的任职资格要求，只有达到要求，才能从事相应的工作。美国规定："所有要求的心理健康治疗或者诊断服务，都应当在持有本州从业执照（美国的职业资格任职活动大约分为三个等级：注册人员、获得资格证书人员、执照人员，其水平和要求依次递增。持照心理健康专业人员通常是唯一一类可以不加监督地私人开业的人员，也是惟一一类允许监督注册助手的人员）的精神病学家或者持有本州从业执照的心理学家的监督下进行；这些精神病学家或者心理学家获得了博士学位，并且有至少 2 年的从事情绪及心理障碍诊断和治疗方面的经验。心理健康治疗和诊断服务部门应当由这样的精神病学家或者心理学家主持。"

在美国，要求从事罪犯心理矫治工作的监狱心理学家，具备如下资格：

1. 相关专业本科毕业。一般要求从心理学、精神病学或者其他相关专业的高等学校毕业。一些国家和地区还要求相关专业的硕士或者博士学位。

2. 持有心理学、精神病学或者相关领域的行业协会颁发的资格证书或者从业执照。且有相关临床工作经验，品格良好。如果不具备这些条件，即构成犯罪。

3. 有刑事法律和监狱业务学习经历，熟悉监狱工作。要求其他心理矫治人员具备如下资格：

（1）性格良好；

（2）获得学士学位；

（3）具有下列两种情况之一：接受过 1 年的犯罪学、心理学、社会学和其他相关专业的研究生学习；或者有 1 年的从事专职个案工作、咨询或者社区群体工作的经验；

（4）完成入职前培训课程并且成绩合格；

（5）通过了管理部门要求的测验或者考察；

（6）拥有管理部门所要求的从业执照。

（二）罪犯心理矫治人员的再教育

国外监狱会为罪犯心理矫治人员提供继续教育，了解专业领域中的新情况、新进展，学习新方法等，以便更新知识，提高专业能力。监狱部门保障他们接受继续教育，甚至有的监狱对此做硬性要求。

**五、罪犯心理矫治人员的职业道德规范**

心理矫治工作本身有职业道德规范，监狱的相关工作亦是如此，因涉及警犯关系，甚至更加严格。心理矫治人员应在以下几个方面遵守规范：

1. 咨询关系方面（Counseling Relationship）。①避免歧视罪犯，包括种族歧视、宗教歧视、性别歧视、性取向和社会经济地位等方面的歧视。②避免罪犯在心理矫治过程中受到身体和心理伤害。③保证罪犯对自身心理状况的知情权。④禁止与罪犯有性亲昵行为。⑤如果本人不适合帮助罪犯，应及时终止咨询并转介。

2. 保密原则（Confidentiality）。①矫治人员要对罪犯的咨询过程及相关情况进行保密，除非法律要求披露秘密或者确定该罪犯对本人或者他人有危险。②对咨询过程进行录音或录像，要征求罪犯的同意。③应当对罪犯的档案保密，且披露或者移送罪犯档案时要征得罪犯同意。

3. 职业责任（Professional Responsibility）。①矫治人员的工作不可超出职业能力范围。②应定时参加继续教育。③因个人原因可能导致罪犯受伤害时，应禁止提供服务。④禁止对罪犯性骚扰。⑤禁止利用职业地位对罪犯获取不公平的个人利益。⑥禁止与罪犯产生剥削关系。

4. 工作中的评价、评估和解释规范（Evaluation，Assessment and Interpretation）。①矫治人员只能在专业能力胜任的领域对罪犯进行测验和评估。②应正确地利用评估工具，且确保测验结果获得准确、适当。③应向罪犯告知评估的程序。

5. 研究与出版规范。主要包括：①研究和出版工作中应避免给罪犯或研究对象带来伤害。②对研究信息保密。③报告所有影响研究结果的信息。④尽量提供正确的研究结果。

6. 伦理规范。①当其他矫治工作人员做出了不符合伦理的行为时，应采取适当行动。②不能鼓励无必要的控告。③充分配合伦理委员会的调查工作。

### 六、有效的罪犯心理矫治人员的特点

#### （一）有建立高质量矫治关系的能力

罪犯心理矫治人员如果能够与罪犯建立起高质量的人际关系，就能够创造出一种容易进行示范和强化的情境。高质量的治疗关系应当具有开放性、灵活性和热情的风格，使罪犯能够自由地表达。

#### （二）有效示范反犯罪态度

罪犯心理矫治人员应能够恰当有效地示范表明反犯罪（Anti-Criminal）的态度，具体有如下参考：①示范时能做到生动有效，且会用恰当的事例说明细节。②有能力实际展现出要表达的行为。③对罪犯的正确模仿行为，要及时给予奖赏。④谨慎使用惩罚。⑤要认识到不同的罪犯可能有不同的理由担心或者不信任模仿行为，因此，要有多种不同的示范。

#### （三）强化罪犯的反犯罪表现

罪犯心理矫治人员应当通过强化方式，鼓励罪犯所表现出的反犯罪表现（Anti-Criminal Expression）。高水平的强化应该具有下列特点：①对罪犯的良性行为，应当坚决地、设身处地地、直截了当地表达自己的赞同、支持和同意。②详细说明表示同意和赞同的理由。③应当十分明确地表达对强化行为的支持，以区分正常工作状态下的支持和关注。④对罪犯的诉说做出恰当的反馈。

（四）及时反对罪犯的亲犯罪表现

当罪犯表现出亲犯罪表现（Pro-Criminal Expression）时，应及时地表示反对并制止。高水平的反对行为应当具有下列特点：①对罪犯所表现出来的亲犯罪表现（包括非言语动作，如皱眉头、疏远等），应当坚决地、设身处地地、直截了当地表达反对和不支持。②详细说明表达不同意和不赞同的理由。③应当十分明确地表达对罪犯亲犯罪行为的反对，以区分正常工作状态下的不支持和不赞同。④当罪犯开始表现出反犯罪行为或者类似行为时，应当立即降低反对态度的水平。

# 第三节 罪犯心理矫治中的伦理问题

由于罪犯法律地位的特殊性，在罪犯心理矫治中，矫治人员的工作应符合一定的伦理道德要求。矫治人员如果违反，就需要承担相应的后果，包括吊销执照、失业、承担民事责任等，甚至构成犯罪并受到刑事处罚。罪犯心理矫治中的伦理问题是很重要的一个方面。

## 一、知情同意原则

知情同意（Informed Consent）是指对事件的利害均了解清楚后，自主作出决定继续接受事件的发生。美国心理学会（American Psychological Association）把知情同意原则作为提供心理治疗的一种伦理准则，即治疗师应在来访者知情同意的基础上进行心理治疗。具体体现在：①来访者有表示同意的能力；②应当将治疗程序的重要信息告诉来访者；③来访者的同意应自由且不受威胁；④此过程应有记录。

在监狱中，知情同意是指矫治人员应将矫治活动可能产生的益处和危险完整准确地告诉罪犯，然后由罪犯自己决定继续接受矫治活动。罪犯个人有自主决定权，且这种自主权是以个人具有正常的心理能力为基础的。它也成为罪犯心理矫治的一项基本伦理准则，不仅体现了对罪犯权利的保护，也可以使罪犯心理矫治人员避免很多麻烦，如法律纠纷和法律责任。

国外的罪犯心理矫治中，罪犯的知情同意包括三个要素：①自愿性（Voluntarily）。罪犯不能在别人的操纵或者强迫下接受矫治。②知情性（Knowingly）。矫治人员必须确保罪犯全面了解矫治活动的目的、程序、危险性和益处和矫治方法等信息，然后自己作出同意参加矫治的决定。矫治人员可以口头通知罪犯以上信息，也可以使用规范的知情同意书和罪犯签订知情同意协定。矫治人员必须确保知晓了罪犯内心的目标和对干预活动的期望，并确保知晓了罪犯对利弊的掌握。③明智性（Intelligently）。这意味着犯罪人必须具有理解矫治人员提供的信息和根据这样的信息作出明智的同意决定的能力。必须确保罪犯能够理解矫治人员提供的信息，并在权衡危险性和益处之后作出一个合理的决定。如果罪犯没有这种能力，矫治人员在开始矫治活动之前，必须得到法定的替代性决定者（Substitute Decision Maker）的同意。《加拿大心理学家道德准则》规定，在紧急情况下，心理学家应当获得独立而公正的受抚养人（Dependent Person）对任何心理学服务的知情后同意。在这种情况下心理学家可以开始工作，并且尽快获得这种人的同意。

如果犯罪人同意接受心理学家所提供的服务，心理学家可以开始进行评价。不过，假如犯罪人拒绝参加评价，心理学家就不得进行评价，并将这种情况告诉加拿大矫正局的有关官员。

**二、强制治疗问题**

在罪犯心理矫治活动中，可能涉及强制治疗（Coerced Treatment，Forced Treatment）或者非自愿治疗（Involuntary Treatment）问题。强制治疗是与自愿治疗（Voluntary Treatment）相对的一种做法。所谓自愿治疗，就是具有决定能力的人在没有外力威胁或者强制的情况下自愿接受的治疗。相反，强制治疗或者非自愿治疗，就是在威胁或者强迫下进行的治疗。研究发现，对于酗酒、吸毒和性犯罪的罪犯进行强制性治疗，效果比较好。对心理矫治工作的人员来说，应当注意，在一般情况下，都要遵循知情同意的原则，而强制治疗只在紧急情况下进行。

美国加州对于强制性药物治疗作了如下规定：

1. 在治疗心理疾病、心理障碍或者心理缺陷的过程中，如果在紧急情况下需要使用药物治疗，那么，这类治疗只能是应付紧急情况所必需的，并且应当在罪犯的人身自由不被限制的情况下使用。如果认为确有必要继续进行超过 72 小时的非自愿药物治疗，要根据治疗时间的长短（3 天、10 天、24 天），按照不同的程序进行申请并获得批准。

2. 在正常情况下，不得在罪犯监舍内进行非自愿的抗精神病药物治疗（Psychic Medication），而应当事先将罪犯转到医院、诊所、急救室或者矫正机构的医务室。除非在此之前，该罪犯对自身和他人均具有很大的危险性，方可进行非自愿的抗精神病药物治疗。但也要注意下列事项：①矫治人员应当以口头或书面形式告知监管人员所采取的治疗事实，包括治疗时间和可能的副作用。②应尽快将罪犯转到医疗环境。

3. 详细记录每次对罪犯进行非自愿治疗的情况。

### 三、心理职业要求与监狱角色的冲突问题

心理学学科对心理矫治人员的职业要求是，应当把帮助罪犯作为自己的最高目标，即尽量把罪犯改造成可以回归社会的人，尤其是人本主义心理视角要求在任何时候都要把罪犯的利益和福利看得高于一切，不得滥用罪犯的信任和依赖，这是心理学行业的要求。但另一方面，对于在矫正系统中的工作人员来说，他们必须把社会控制作为自己工作的首要目标。如此，心理矫治人员的双重角色就起了冲突，他们既冒着被心理学行业开除而失去职业资格的风险，又有被矫正部门解雇的可能。所以，如何解决这个道德困境，是一个重要的伦理问题。

美国联邦监狱局在其《心理学服务手册》中作了如下规定：

1. 应当让罪犯了解作为联邦监狱局雇员的心理矫治角色和作为向罪犯提供心理学服务的矫治人员角色的关系的性质。在工作之前就应当向罪犯解释如何在治疗环境中使用其个人隐私信息。

2. 监狱会也会鼓励心理矫治人员在他们自己的临床工作或者心理学部门工作之外，履行像助理副监狱长、矫正机构值班员、行政值班员之类的行政职责，并以此作为其为矫正机构做出的贡献。因此，在履行此类工作职责时，如果矫治人员必须作出与罪犯心理矫治有关的决定，那就应当尽量避免二者之间产生冲突。

3. 通常情况下，心理矫治人员只能根据美国心理学会确立的行业行为和指导原则履行自己的职责。

4. 紧急情况下，心理矫治人员应当承担所需要的和被安排的任何工作。

5. 如果还有解决不了的问题，鼓励心理矫治人员向外界心理学家咨询，以获得更好的指导。

### 四、罪犯心理矫治信息的保密

保密（Confidentiality）原则是指心理矫治人员要对罪犯的个人隐私进行适当的保密。保密原则是心理咨询与治疗行业领域中非常重要的一项规定，是心理咨询师和治疗师对患者或病人应付的首要责任和义务，也是法律、行业规则和科学的治疗关系所要求的。

#### （一）基本信息的保密

保密原则不仅可以减轻矫治过程中来访者的羞耻和歧视，还可以促进治疗关系中的信任。但是，保密原则也不是绝对的，当来访者出现自杀、自伤或危害他人的倾向或行为时，必须突破保密原则而采取应对措施。罪犯心理矫治的情形与

此类似，同时，由于监狱的执法特殊性，这个原则的适用条件会更加苛刻，比如，监狱管理部门或假释委员会、法庭等部门需要了解相关内容时，也要突破此原则。罪犯心理矫治人员在工作时，应区分纯矫治情形和在监狱矫正部门要求下的矫治情形的不同，这两种情形下的保密原则是不同的。界定清楚与罪犯接触的性质和对保密性的限制，十分重要。

在加拿大，对罪犯心理矫治信息的保密与分享，会根据"委托人"原则：如果罪犯本人是"委托人"，就应遵守保密原则；如果罪犯不是"委托人"，就会减弱保密原则。具体如下：

1. 如果罪犯心理矫治人员的工作在联邦矫正局的要求范围内，如对罪犯进行危险性评价和干预，其"委托人"（Client）就是联邦矫正局而不是罪犯本人。此时，心理矫治人员不承担为罪犯保密的伦理或者法律义务。当然，这个过程仍受到《个人信息保护和电子档案法》保护，心理矫治人员只能根据需要与有关人员分享罪犯信息。

2. 如果罪犯心理矫治人员的工作是由罪犯本人提出或出于促进罪犯本人利益，如对罪犯提供心理矫治而促进其心理健康，"委托人"就默认为罪犯，这与罪犯的危险程度、犯罪行为无关。在这种情况下，心理矫治人员要遵守保密原则。当然，矫治人员仍然要对罪犯可能引起的安全危险保持充分警觉。

（二）罪犯心理档案的保密

罪犯心理档案可分为心理矫治目的的信息和改造目的的信息，相应的保密原则也有分别：

1. 心理矫治目的的信息。如果罪犯心理矫治的目的是促进罪犯的心理健康水平，而不是评价其危险性或者犯罪行为，就需要按照常规的保密原则进行保密。但矫治人员仍然要告诫罪犯，对其隐私信息的保密是有限度的，如果罪犯出现以下情形，就会突破保密原则：①罪犯有伤害他人的可能性。②罪犯信息涉及了其在矫正机构和社会上的危险倾向或行为。

2. 改造目的的信息。改造是指为了减少罪犯的犯罪心理而设置的活动。这部分信息也应当适当保密，但是，如果心理矫治人员知道了罪犯可能要伤害别人的事实，就必须把有关信息告诉个案管理人员和其他需要知道这些信息的工作人员。

（三）与矫治计划和危险评价信息有关的保密

罪犯心理矫治人员对于心理矫治活动的计划和对罪犯危险性评价的信息，不需要严格保密，罪犯也无权要求。但是心理矫治人员一般要具备以下道德责任：

1. 应告知罪犯此类相关活动的性质和目的。

2. 应明确告知罪犯不会对此类信息进行保密，甚至需要让矫正管理部门和其他有关人员知晓这些信息，如果没有适当公开，心理矫治人员应当说明理由并谨慎地作出决定。

**五、为保护第三方而透露信息的义务**

国外还规定罪犯心理矫治人员有保护本人或他人免受侵害和保护儿童免受虐待的义务，当遇到这些情形时，可以透露有关信息。

当罪犯出现侵害第三方的行为或可能性时，矫治人员为了保护第三方或者社会免受犯罪人的侵害，有义务及时发出警告，披露有关信息，让个案管理人员和其他相关人员了解状况。心理矫治人员根据自己的经验，判断罪犯有此类危险性时，均有义务向有关人员进行报告。

心理矫治人员还有义务报告怀疑存在儿童虐待的信息，如果发现虐待现象，或者相信已知作案人可能具有侵害儿童的危险性时，都要报告。如果判断罪犯在被释放后，仍具有侵害儿童的可能性，心理矫治人员同样也有义务进行报告，让当地的儿童保护部门知晓这种信息。

## 第四节 罪犯心理矫治的程序与有利因素

罪犯心理矫治是一项复杂的工作，应当按照一定的程序进行，才能达到良好的效果。与此同时，罪犯心理矫治人员应当注意一些细节，将其作为促进矫治程序顺利进行的有利因素。

**一、罪犯心理矫治的程序**

国外罪犯心理矫治工作的开展，一般按照建立关系、评估诊断、选择恰当的治疗方法、制定矫治计划、实施矫治活动和矫治效果追踪等程序进行。

（一）建立良好的矫治关系

心理咨询和治疗中很多问题都带有敏感隐私性，因此，病人在咨询过程中可能会感到尴尬和难堪。病人暴露问题的程度会成为治疗成功与否的关键，这个关键最基本的是建立在两者关系好坏的基础上的，治疗关系非常重要。有效的心理治疗依赖于信赖和信任。在安全的气氛中，病人才愿意坦率完整地暴露事实、情绪、记忆和恐惧。

在罪犯心理矫治中，良好的矫治关系同样是很重要的。罪犯心理矫治活动的首先是要在矫治人员和罪犯之间建立起融洽的人际关系，融洽的关系建立起来后，罪犯才会对矫治人员有信任感，才会相信自己的隐私和秘密会被保守，才会更容易相信矫治人员言语的价值性，矫正活动也才会体现出效果。如果罪犯对矫治活动缺乏信任感，心存疑虑，抱有戒心，不愿意袒露自己的内心，对矫治人员有所提防，矫正活动就无从谈起。因此，罪犯心理矫治人员应当采取措施，熟练地掌握和使用专业技能，用热情、诚恳、耐心、细致的态度，在合规合法的范围内，致力于建立和罪犯之间相互信任的矫治关系。

（二）评估诊断

罪犯在安全可靠的关系和氛围里袒露自己的情况后，心理矫治人员应当有效地收集这些信息，并准确了解罪犯的各种情况，明确需要解决问题的性质和程度，继而开展有针对性的矫正活动。在对罪犯的心理问题进行定性和定量的过程中，心理矫治人员往往需要专门的评估诊断方法和工具，以达到精确的效果。

罪犯的评估诊断是一个大工程，需要运用多种方法，多角度全方位考察罪犯，在信息充分的基础上，最终做出诊断。最常见的方法是问卷和测验法，如罪犯入监时进行的入监心理学检查，包括相应的问卷和心理测验，了解罪犯基本人口学信息和心理特征，具有特别重要的作用。另外，还会涉及访谈法、观察法等其他工具进行综合评估，以便准确了解犯罪人的情况，做出准确的诊断。

（三）选择恰当的治疗方法

在进行准确诊断的基础上，心理矫治人员应当选择最适合罪犯个人的心理矫治方法，开展心理矫治工作。心理咨询与治疗的方法多种多样，在选择恰当的治疗方法时，应遵守"治疗匹配"（Treatment Matching）原则，即根据罪犯的具体情况选择使用恰当的治疗方法，有三个因素需要考虑：①矫治方法的特点；②罪犯的特点；③心理矫治人员的特点。在进行罪犯心理矫治的过程中，只有在这三个方面恰当结合时，才能收到最佳的矫治效果。没有一种心理疗法是无所不能、普遍适用的，选择最合适最有效的一种或多种治疗方法才是最重要的。

（四）制定科学的矫治计划

对罪犯进行了一系列评估、准备活动和治疗方法的选择后，罪犯心理矫治人员应当为每个罪犯制定出矫治计划（Treatment Plan），它是一份反映罪犯的个人信息和矫治内容的书面材料。一般包括六个方面的内容：①罪犯的背景资料和社会历史；②罪犯的犯罪历史和犯罪活动的动态变化；③对其犯罪情况的描述；④对罪犯的分类和评估信息、心理健康历史，其中，在进行分类和评估时，尤其要反映罪犯的犯罪心理；⑤心理矫治目标；⑥计划采取的矫治方法。

（五）实施矫治活动

制定科学的矫治计划及其以前的活动，实际上都是为有效地进行矫治活动而做的准备。矫治计划的制定，标志着罪犯心理矫治活动的准备阶段结束，接着就要开始实施在矫治计划中所确定的矫治活动。

在一般情况下，只要利用科学合理的方法，加上矫治人员的责任心，认真科学施治，就能够产生积极的矫治效果。过程中，罪犯心理矫治人员应当密切监控心理矫治活动的进行，出现问题时，及时调整，避免负性后果的产生。

（六）治疗效果的追踪

罪犯心理矫治活动结束后，矫治人员还要对其效果和罪犯预后进行追踪调查研究活动，以作反馈。有两个方面：

1. 评估效果。通过追踪调查，心理矫治人员了解心理矫治活动的效果，发现矫治过程中存在的问题，总结成功经验，为以后提高心理矫治活动的水平做准备。

2. 巩固疗效。某些心理矫治活动结束之后，并不意味着罪犯完全脱离了这个过程，为了不再复发病情以及获得良好的预后效果，心理矫治人员会通过追踪调查，督促罪犯继续完成矫治活动中布置的任务作业，从而达到巩固心理矫治活动成效的目的。

（七）需要注意的问题

罪犯心理矫治是一项庞杂的工程，过程中还需要注意以下问题：

1. 罪犯的阻抗问题。罪犯可能会对矫正机构组织的活动产生天然的反抗心理和行为，产生不配合治疗的"阻抗"表现。心理矫治人员应采取恰当的方式，努力减缓和消除罪犯的阻抗现象，保证心理矫治活动的顺利进行。

2. 解决好与监管人员的关系问题。罪犯心理矫治活动的进行，涉及对罪犯活动的管理，这会涉及监管人员或者看守人责任范围内的事情。因此，为了使罪犯心理矫治活动得以顺利进行，心理矫治人员应当协调好与监管人员的关系，促使他们配合和支持心理矫治活动。

**二、促进罪犯心理矫治的有利因素**

（一）重视初次面谈

罪犯心理矫治中的初次面谈很重要，是矫治人员与罪犯建立关系的第一步，也是顺利开展罪犯心理矫治活动的重要条件。

初次面谈可以获得对罪犯的第一印象，也是对案件进行了解的机会。首先，矫治人员要识别新罪犯是否有明显的心理疾病，识别其是否对监禁条件或者诉讼程序有特别的适应困难。其次，可以减轻犯人的紧张抑郁情绪、自杀意念、隔离感，有助于恢复心理平衡，为后续矫治提供具体的专业性帮助和鼓励。最后，面谈本身可以表达对罪犯的关注，有助于建立良好的矫治关系。

如果初次面谈很顺畅，罪犯就会建立起信任感，以后遇到问题时，就很有可能寻求矫治人员的帮助。因此，初次的入监面谈，有阻止目前和以后可能发生的问题、影响监狱环境的重要作用。

（二）保持中立

心理矫治人员会经常遇到罪犯通过一系列手段寻求同情和帮助的现象，这里面有正常合理的诉求，也会有不合理超出规范的诉求。有些问题并不是适合心理矫治人员去解决的，但罪犯仍然会把他们当作求助渠道进行尝试，希望能够借助心理矫治人员的力量改变处境和解决问题。因此，心理矫治人员应当明确自己的工作责任和职责范围，学会辨别罪犯可能对自己进行的操纵，保持中立，就显得很重要。

中立做法是：心理矫治人员要警觉罪犯对自己的要求，在不违反工作纪律的情况下满足罪犯的正当要求，解决分内问题。如果心理矫治人员掉以轻心，被罪犯所利用，做出超越工作职权的事情，就有可能给自己带来麻烦。

（三）妥善处理罪犯的威胁

在对罪犯开展心理矫治的过程中，可能会遇到罪犯威胁矫治人员的情况。此时最先考虑的应当是自身安全和监狱的安全，如果鉴别出危险的真实性，应当及时上报处理，避免伤害的发生。

罪犯的威胁是有原因的，有可能是受到挫折后的反应，是想得到尊重或认可，有可能是因为心理障碍，还有可能是缺乏沟通技巧，需要矫治人员加以辨别。

排除心理障碍后，面对威胁，矫治人员应当采取正确的措施。如果是罪犯产生挫折后的自然反应，应该帮助罪犯平息激动情绪，然后进行理智思考，认识挫折原因，恰当处理挫折。如果罪犯有获得尊重的需要，矫治人员可以表现出接纳和关心，如询问罪犯是如何被监禁的、他们的家庭情况或者谈论他们愿意讲的话题，让罪犯知道矫治人员愿意帮助他们。如果罪犯缺乏沟通技巧，矫治人员可以加以培训，教会他们如何恰当地表达自己的想法，避免不恰当地使用威胁言语。

（四）避免过分亲密

心理矫治人员应当与罪犯保持正常的人际距离，不应当将其视为自己的"朋友"，恪守边界，不能对罪犯使用昵称、绰号等。除了在特殊情况下表现出严厉的言行之外，应当用尊重的方式对待他们，与罪犯过分亲密是无益的。

（五）区分工作与私生活

心理矫治人员应当把工作与私生活区分开来。不应向罪犯透露有关本人、家庭、业余爱好等的个人信息，避免带来不必要的麻烦。应当认识到，在罪犯与心理矫治人员之间绝无秘密可言，罪犯不会为心理矫治人员保守秘密。

（六）避免双重关系

心理学行业领域要求咨询师与来访者之间，应当是单纯的职业关系（Professional Relationship），除此之外，不能有其他的关系。如果还建立其他关系，就构成了所谓的"双重关系"（Dual Relationship），这种现象会对心理治疗产生消极的影响。对于罪犯心理矫治人员来说，同样不能存在双重关系。

在罪犯心理矫治活动中，禁止矫治人员与犯罪人进行可能构成利益冲突、会损害矫治人员客观性的任何活动。罪犯心理矫治人员与罪犯之间的双重关系可能会有多种表现形式：物质关系，双方之间的物品交易；金钱关系，对矫治人员进行钱财贿赂；亲密关系，双方之间有性关系或者感情关系，这会构成最严重的伦理问题，不论是强迫性的性关系，还是双方自愿的性关系，都是绝对禁止的。

**思考题：**

1. 如何界定罪犯心理矫治的自愿性与强制性？
2. 罪犯心理矫治人员应受到什么样的职业道德约束？

# 第十七章 循证矫正方法

循证矫正是指矫正系统遵循最佳证据对罪犯实施评估、分类、管理和教育的矫正模式。具体来说，循证矫正是指矫正工作者在矫正罪犯时，针对罪犯的具体问题，寻找并按照现有的最佳证据（方法、措施等），结合罪犯的特点和意愿来实施矫正活动的总称。[1] 推崇和运用的典型国家是美国。循证矫正的基本思想是，要尽可能采用那些经过初评研究证明有效的矫正项目和干预措施，同时要尽可能避免采用那些无效的矫正项目和干预措施，只有这样才能提高矫正的效果，实现矫正资源效益最大化。

## 第一节 循证矫正概述

### 一、循证矫正（Evidence-Based Correction）的缘起

循证这一制度理念最初并非在矫正的教育改造中提出并发展的，循证最开始发起于医学界。早在 20 世纪 70 年代初，英国的柯克伦率先在流行性病学研究中提出了"循证"这一理念，随着循证的逐渐起步，加拿大学者又将它扩展到医学领域的实践应用上。而循证医学这一概念则是由戈登·盖亚特[2]于 1992 年发表的《循证医学：医学实践的一种新方法》中首次提出。

通过前期阶段的探索西方国家在循证理论研究方面取得了良好的发展，在20 世纪 70 年代末，西方国家在医学研究中率先发起了一场关于循证的实践运动，将理论研究的设计思路与具体实践技术方法整合起来，进而形成了"循证医学"。循证医学以其抓住患者的根本病因来"开方抓药"，同时又考虑到了患者的治疗意愿和医生的长期医疗经验来治病救人，科学有效地将三者整合为一套方法论，这一理念的发起得到了医学领域的认同与肯定，由此循证理念的科学性、

---

〔1〕 邵雷：《中外监狱管理比较研究》，吉林人民出版社 2015 年版，第 171 页。

〔2〕 戈登·盖亚特（Gordon Guyatt, 1953~），医学博士，理学硕士，是加拿大安大略省汉密尔顿麦克马斯特大学医学系教授。他因在循证医学领域的领导地位而闻名，这一术语最早出现在他 1992 年出版的论文中。

有效性逐步被社会大众所认同。社会各个领域也纷纷效仿，循证被运用到教育、人才管理、刑事犯罪研究等各个方面，逐步形成了循证教育学、循证管理学、循证犯罪学等多个学科。社会的关注与研究为循证理论研究提供了多元的实践依据，也为矫正罪犯提供了一套制度方法。

20世纪中期大多西方发达国家的社会面临着犯罪率与再犯罪率双高的困扰，传统的缓刑监管得不到有效的实施，又找不到科学合理的制度方法予以代替，传统的缓刑改造急于将罪犯返回社会，缺少刑罚所具备的惩罚力度，为确保就业而实施假释和缓刑制度达不到遏制犯罪的效果，当时的行刑制度被指责为一种对社会不负责任、不符合惩罚犯罪初衷的做法。

在这种形势下，矫正行刑改造引进了"康复模式"，也就是说把矫正比作医院，把罪犯看成病人，坚持认为只要对罪犯下好方、抓好药就可以使其回归社会，但是在1997年，马里兰大学的劳伦斯·谢尔曼[1]与大学的研究人员共同发表了题为《预防犯罪：哪些有效、哪些无效、哪些有希望》[2]的一篇研究报告，针对美国的各类罪犯的改造效果做了分析评估，谢尔曼认为罪犯的教育改造措施的应用应该以证据为基础，他据此提出了"循证矫正"一词，该理念与后期发展的循证矫正基本思想相一致，循证也因此进入了罪犯教育改造研究的视野。在1999年谢尔曼等人探索出"循证警务"（Evidence-Based Policing）这一理念，多丽斯·麦肯齐（Doris MacKenzie）则于2000年提出了"以证据为准的矫正"[3]的教育改造理念，循证矫正制度在罪犯改造进程中得到了不断地发展，美国矫正引入循证矫正后，罪犯的犯罪率与重新犯罪率明显降低，达到了降低重新犯罪率的基本宗旨，凭借其优势被美国、加拿大、瑞典等采用，进而推广到世界各地，被称为现阶段有效的罪犯矫正制度。

循证矫正制度作为一种纠正模式，在西方国家提出也不过三十余年的时间，它的提出源于循证医学的发展，随着循证实践理念在医学领域逐步引进并得到广泛认可与应用，循证实践的理念逐渐形成一种体系在各个领域得到应用。20世纪90年代，西方国家在面对罪犯重新犯罪率持续的上升以及罪犯数量与类型不

---

〔1〕　劳伦斯·谢尔曼（Lawrence W. Sherman, 1949~），美国实验犯罪学家，警察教育家，"循证警务"理论的创始人。

〔2〕　Lawrence W. Sherman, Denise C. Gottfredson, Doris L. McKenzie, John Eck, Peter Reuter, and Shawn D. Bushway, "Preventing Crime: What Works, What Doesn't, What's Promising", 1997 Report to the U. S. Congress, Washington, D. C.: U. S. Dept. of Justice, pp. 655

〔3〕　Doris Mackenzie, "Evidence-Based Corrections: Identifying What Works", Crime and Delinquency Vol. 46 Issne 4, 457 (2000).

断增加的打击下，加拿大、美国等西方国家创新了循证矫正制度模式并取得了显著效果，随着循证实践的思想不断注入西方矫正体系中，其在传统模式中取得了重大的突破。目前循证矫正制度成功的效果，使其很快成为矫正罪犯的不二法门。

**二、循证矫正的内涵**

循证矫正的发展经历了由医学界发展到实践再延伸至监狱的罪犯矫正，对于其界定是以证据为基础寻找最佳证据。王平等学术专家共同撰写的《西方循证矫正的历史发展及其启示》一文中认为：循证矫正是指在罪犯的教育改造中，监狱民警依据所寻证据，遵循最佳证据和监狱民警的实践经验与罪犯积极配合共同开展针对罪犯教育改造的一系列矫正活动。张桂荣等在编译的《美国循证矫正实践的概念及基本特征》中认为：循证矫正是指干警根据实际情况，筛选并选择与实际更为吻合的最佳证据，并结合干警的实践经验，针对罪犯个人的具体特点，进行行之有效的矫正实践。而朱洪祥提出了"循证矫正制度"，是循证矫正更加具体化，在具备前者的基础上又将效果的评估与反馈逻辑范式归纳到其中。三者的阐述在基本思想上是一致的，其基本内涵就是监狱民警在对罪犯实施矫正的过程中，收集罪犯各个方面的信息，以获取罪犯可以矫正的证据为依据，结合可能运用的方法与罪犯个体随时改变的可能，实现通过理论与实际的统一，以获取最佳证据来实施对罪犯干预矫正活动过程。

"循证"的基本含义是"以证据为基础""遵循证据"，其实在我国台湾、香港等地区最初被翻译为"求证"或"实证"。后来我国复旦大学的王吉耀在1996年提出了"循证"一词，这一新译词更加贴合基本含义得到了社会的普遍认可，进而引入矫正罪犯的教育改造的议题中。"循证"作为循证矫正制度的核心思想蕴含两个方面：一方面是遵循证据，即寻找出最佳证据并以此制定出纠正干预方案；另一方面是循序渐进、循环之意，循证矫正制度正是以一种反馈——提高——再反馈——再提高的螺旋上升的方式对罪犯进行及时的干预矫正。

"矫正"一词原为改正、纠正，其出自《南史·刘穆之传》中的"穆之斟酌时官，随方矫正，不盈旬日，风俗顿改"。而矫正一词在司法领域的意思为我国的司法工作人员通过刑罚、教育、心理等方式，对罪犯进行改造，进而降低其重新犯罪率，成为一名守法公民。而矫正学意义上的矫正，是指矫正机关对罪犯恶习进行纠治、更新的活动，主要包括对罪犯的行为矫正、心理矫治以及品德、作风的培养和训练等。

因此循证矫正可以归纳为遵循证据进行矫正，具体来说是矫正实践者在改造罪犯时，针对罪犯的具体问题，寻找并按照现有的最佳证据等，结合罪犯的自身特点和意愿来实施矫正活动的总称。[1] 循证矫正制度并不是一种固定的矫正模式，它是一种延伸到罪犯教育改造各个方面之中，贯穿罪犯惩罚与改造整个过程的一种精神思想、一种体系、一种方法。其主要含义具体包括：

（一）主体

循证矫正制度将矫正全体成员分为四方主体纳入运行体系之中，监区领导作为管理主体，各分监区的心理、教育、管理与改造的矫正能手与专业骨干集中起来组成研究主体，基层民警作为矫正工作的实践主体与罪犯共同提升。循证矫正的进步之处在于将罪犯纳入到矫正主体之中，传统制度下教育改造的发力主体在于矫正的相关民警，该制度创新性地将罪犯纳入主体之中，更加人性化，更具主动性。

（二）客体

循证矫正制度针对罪犯在改造过程中出现的各种问题以及可能出现再犯罪的形式作为客体。它打破将罪犯列为客体、民警作为主体的传统思想，将罪犯归结为矫正主体与民警等矫正工作者一同参与到实践中去。客体的改变让人们认识到犯因以及行为才是矫正的对象，只有抓住犯罪的原因、纠正其不良行为，才能保证罪犯成为一名守法公民。

（三）证据

循证矫正制度的基本理念是运用证据来对罪犯进行矫正活动。不同于法学中的"证据"，其并非只指为证明行为的客观事实；也不同于医学中的病因，不能只抓住前期致病原因。循证矫正中的证据贯穿罪犯行为表现的整个过程，包括罪前犯因、罪中表现、罪后改造，同时可以把它细化到改造服刑各个阶段中的行为表现，针对个人现阶段情况与本人以往或普通人进行反复对比并寻找每个阶段的问题所在。证据的运用首先是发现和寻找证据，其次是筛选和分析证据，最后依据证据制定方案。实施干预矫正后再次反馈新的证据进行循环递进。

（四）评价

评价也叫评估，是循证矫正制度的重要环节。评价的对象包含对干警实践工作与经验值的评价、对罪犯改造成果和意愿的评价、对矫正中各项技术运用的评价等。它贯穿该模式的整个过程，是对罪犯改造的总结与指导。评价既可以程序标准分为结果评价与阶段性评价，又可以矫正的目的分为风险性评价、犯因需求评价、改造效果评价等。评价关系该模式各个运行重要环节的链接，既是对上一

---

[1] 张苏军："在全国监狱信息化建设应用工作座谈会上的讲话"，载《中国监狱学刊》2012 年第 3 期。

步的矫正总结，又对下一步的矫正实施有指导性作用，是判定罪犯改造成为守法公民的重要依据。

## 第二节 循证矫正制的基本原则

循证矫正在国外理论界总结归纳出八项基本原则。这八项基本原则分别是风险与需求评估原则、强化内在动机原则、目标干预原则、指导性训练与技能培训原则、加大正面强化原则、自然社区给予持续支持原则、评价原则、反馈原则。

### 一、风险与需求评估原则

风险与需求评估原则是指循证矫正对罪犯的教育改造，首先需要对罪犯进行评估，通过各种心理测量量表、证据库比对等，发现罪犯的犯因与最佳证据，以此为依据对罪犯进行客观的风险与需求评估，为后期的工作打下一个坚实的基础。通过科学的评估才能确保罪犯改造效力的可靠性，评估是罪犯教育改造的基本要求，对罪犯风险与需求的评估不能仅仅局限于技术评估，还要结合人际交流的方式来了解。通过干警与罪犯的非正式交流，依据干警的个人社会经验发现罪犯改造中出现的问题，只有这样才能保证获得数据的可靠性。

### 二、强化内在动机原则

内在动机是促进罪犯主动改造的内生推动力。罪犯通过在监管中与干警的人际交流，与检察官、律师等外界人员的往来，与同监狱其他罪犯的交往等多种渠道形成动态的情感历程，而行为矫正的罪犯往往是发自内心的，如果想激发罪犯改造的积极性或促进其持续保持改造向上动力就需要强化其内生动机，通过亲情帮教、宣传励志等方式来激发罪犯改造的内生力，才会使罪犯循证矫正工作事半功倍。

### 三、目标干预原则

目标干预原则包括风险原则、犯因性需求原则、一人一策原则、干预原则、处遇原则。风险原则是指矫正中存在着高风险罪犯，他们的再犯率更高，只有把更多的行刑资源运用到高危人群中，才能保证资源的高效利用与矫正工作的突出性。犯因性需求是指对罪犯的改造需要抓住其犯因，真正了解到罪犯的需求，往往就是类似于信仰与价值观的歪曲、反社会心理的困扰、家庭情感的破裂等身心上的致犯因素导致其犯罪进而抗拒改造。一人一策原则不难理解就是因人施教，为罪犯制定矫正方案时要结合自身的特殊情况，不能死板硬套、一概而论，针对罪犯的个人因素来制定并实施矫正方案。干预原则是指罪犯在改造时并非按着既定计划方案进行，往往受主客观因素影响不能按照预定目标进行，改造方向一旦偏离就容易走歪路，这就需要监狱民警及时监督，发现后及时帮助纠正。处遇原则至关重要，循证矫正可以通过阶段性测评来评估罪犯的处遇，随时根据罪犯的处遇来设定矫正计划，随着罪犯矫正的向好，其处遇也降低，矫正资源也就随着较低，这样就节省了矫正的行刑资源，将干警解脱出艰苦的工作中，也使罪犯更加积极改造。

**四、指导性训练与技能培训原则**

罪犯的教育改造效果需要依靠带班干警的理论基础与实践能力，这就要求对干警进行系统的训练与培训，培养干警的矫正思想理念，提升干警在循证矫正流程中的实践操作水平。

**五、加大正面强化原则**

一个积极的鼓励往往会胜于十个负面情绪。正面肯定的作用往往会超出人们的预期，在教育改造中给予正面强化会使罪犯在改造中更加积极、持久、有效。正面强化高于负面弱化保持着一定的比例，会使罪犯保持一种向上的心态处理生活中的事情，在改造自身恶习时更有毅力与信心。

**六、自然社区给予持续支持原则**

社区支持在我国类似于亲情与社会帮教，美国采取分级处遇制度，在服刑后期采取半封闭半开放式监禁，接受司法部门监督的同时，在白天又可以像普通人一样在社区周围活动、工作，这些重返原社区的刑释人员尤其再犯率高的，在重返社会时往往会以自卑心态生活，容易受到他人的歧视，同时面对原有的毒品、金钱等诱惑更容易犯罪，针对即将重返社会的罪犯需要其家属朋友予以支持。与罪犯共同通过参与到改造中帮助其巩固好行为规范。

**七、评价原则**

循证矫正的科学性在于正确的评价。对罪犯进行阶段性的评估，检测出矫正方案是否合理，同时也只有对罪犯个人进行综合评价，才能找出犯因、认清变化动态，测出风险危机程度等一系列参考数据，矫正干警也需要定期的工作评估，只有评估出那些更加坚持矫正技术原则、更加注重对罪犯教育改造负责的干警来，才能使循证矫正更有效果，保证循证矫正工作的有序进行，为下一步设计思路提供坚实有力的数据与明确的目标。

**八、反馈原则**

适时反馈是矫正工作中紧随评估之后的关键环节。在对罪犯进行评估之后，要及时地做出适当的反馈。通过反馈才能时刻了解罪犯改造的变化进程。在这个过程中给予罪犯及时反馈可以树立其信心，强化罪犯积极改造的动机，针对评估后的数据分析来及时反馈不仅起到持续推动罪犯改造的作用，还可以评定罪犯处遇，降低处遇级别，减少矫正资源的浪费，制定下一阶段的目标方案；等等。

八项基本原则在我国循证矫正的局限。在西方发达国家提出的八项基本原则对我国循证矫正的引入起到的作用不言而喻，但是引进循证矫正不可完全照搬。八项基本原则是根据西方的司法制度制定的，我国引进循证矫正时其基本原则与我国司法制度不匹配，这就导致其基本原则在我国的适用存在着较大的局限性：①西方基本原则交叉混乱。基本原则应具有概括性、整体性，然而西方的八项基本原则存在着严重的交叉，比如说目标干预原则中的风险原则、犯因性原则与风险与需求评估原则存在着相互交叉关系；目标干预原则与自身衍生的干预原则相矛盾。②八项原则不符合汉语表述规则。八项原则中二级原则分布极不均匀，七项基本原则无二级原则，另一项目标干预原则二级原则又比较多，缺乏规范性。其由西语表达，在翻译的过程中无法与我国的汉语相匹配，缺乏了基本原则应有的简明性。③八项原则局限于心理学范畴。我国矫正的教育改造工作涉及教育学、刑罚学、行为学、心理学、社会学、管理学等多个方面，基本原则具有统筹性，应该是涉及各个方面的一个集合体，而八项原则却仅仅局限于心理学的技术运用范畴之中，没有多方面的理论予以支持。④国内外体制环境的不同。各国的司法体制都不尽相同，我国与西方的司法体制差距更大，西方实行高假释率、高缓刑率，这与我国相当低的缓刑假释率不同；在我国社区矫正刚起步，自然社区持续支持很难得以实施，西方国家早已建立众多不同处遇等级的关押机构，而我国现阶段仍以监狱拘禁的方式为主。

## 第三节　循证矫正制度的内容

循证矫正制度体系是由多个元素共同组成的。各个元素紧密联系、必不可少，循证矫正制度作为一种以"证据"为中心的循序渐进的矫正方式，首先在确定目标元素后，由监狱民警寻找证据元素并筛选出"最佳证据"，由证据元素进而推出纠正方案元素，而评价元素则是对方案实施后的反馈和再循环，各个元素之间相互联系，相互制约。

### 一、循证矫正制度的目标制定

教育矫正的最终目标就是将罪犯改造成为守法公民与降低罪犯的重新犯罪

率，循证矫正制度也不例外，在整个运行过程中由大大小小的阶段性目标组成，各种目标围绕这一宗旨进行，目标的制定必须要有所依据，其制定是否恰当关系着罪犯是否能融入矫正过程中，这就要求目标的制定要契合罪犯的犯因性需求。

犯因性需求的消除是罪犯"改造好"实现矫正目标的关键，有效的矫正实施方案是把罪犯的犯因性需求作为目标，经验表明，它与不同类型的犯罪行为有着功能性联系。当这些问题是适当的定位目标时，结果就会有重大的改进，而不适合的目标则实际上会降低干预罪犯方案的效果。进一步说，着眼于犯因性问题的综合性矫正方案能更为有效地减少再犯。根据罪犯的犯因性需求的种类可能为一个或多个来制定的目标在数量上也不能确定，犯因性主要通过外界环境、罪犯个体本身、罪犯的成长史以及罪犯的现实改造表现四个维度进行分析评估。

**二、循证矫正制度的证据地位**

在循证矫正制度的过程中，罪犯自身因素、证据研究以及纠正经验是矫正的三个最基本方面。其中对证据的研究更是矫正的重中之重，整个循证矫正制度是以证据为中心而展开的，证据的研究是否恰当决定着教育改造决策的好坏。证据是针对某类罪犯犯因性需求和矫正的终极目标的各种结论与成果经验，它的来源非常广，包括改造案例、实验结果、专家分析和改造能手的成果经验等文献资料，在由这些文献资料组成的证据库中对具体的犯因性问题进行搜索并获取证据。

目前，我国通过对罪犯的类型进行试点研究，着手对循证矫正制度证据库进行设计补充。试点的各个矫正根据自身情况在项目组专家指导下，比如司法部燕城矫正继续进行暴力型伤害类罪犯和农民工物欲罪犯的循证矫正制度项目的开发实验工作；任城矫正继续做好暴力犯矫正项目研究与试验以及相关评估工具的开发工作；北京市矫正局、新疆做好"内观疗法"的循证矫正制度工作，并进行总结、提炼；眉州矫正继续按照循证矫正制度的方法，在盗窃类罪犯中进行戒毒、情绪控制与人际关系等矫正项目的实验工作。[1] 通过锁定目标从证据库里筛选出证据，针对罪犯的现实改造情况与犯罪成长史、罪犯自身内因与外界环境四维因素进行证据分级评估出最佳证据，监狱民警与罪犯共同研究探讨，在征求罪犯本人意见后综合考虑对证据的运用，以确保达到最佳效果。

**三、循证矫正制度的评价**

评价又称评估，是运用统计学知识，通过测量统计或量表调查等方法对矫正

---

〔1〕 司法部预防犯罪研究所："'循证矫正研究与实践'科研项目 2014 年实施方案"，载《现代监狱》（山东省监狱学会内部刊物）2014 年第 1 期。

干预过程进行定性定量的评估。评价的对象不仅仅包括罪犯以及罪犯的现实改造情况，还包括对罪犯的风险性评价、犯因性需求评价、矫正技术与方案、矫正阶段性效果以及监狱民警与专家能手的业务技能等。

评价的环节主要包括：开始阶段时对矫正罪犯就其重新犯罪率和处遇等级等因素对其进行风险性评价，明确罪犯的处遇级别是否适合进行循证矫正制度，通过对罪犯多方位的调查研究进而评估其犯因性问题，犯因性问题的评估是检索证据的前提条件。随后的证据评估不仅仅是寻找和筛选证据，也是对证据标准与等级评价出最佳证据，随着对纠正方案的实施，各个阶段是否达到预期目标也要评价，运行是否良好、运用工具是否得当都离不开评价，只有评估后才能决定是否对矫正进行干预。最后罪犯犯因性问题是否消除，犯罪概率的升降，矫正方案是否达到预期结果，需要进行系统综合的评估。评估工作必须坚持公平公正、合理有效、有理有据、公开透明的原则，对流程中每一次循证矫正制度的结束都要及时进行评价，评估结果也要对罪犯进行公开，罪犯得到反馈后不仅仅可以缓解抗拒性同时也可以树立罪恶感，提高矫正效率。

**四、循证矫正制度的方法手段**

循证矫正制度的方法手段是指具体在实施矫正的全过程中所运用的技术。罪犯矫正技术是人类利用、控制和教育罪犯的有关方法论的知识体系。它是所有新旧方法的整合与运用，其所涉及的矫正技术遵循实用主义思想，具有种类多、涵盖范围广的特点，矫正方法手段接受了以往实用性较强的教育改造方法，是对以往经验的继承与整合，它涉及的技术包含教育学、生理学、宗教学、医学、心理学、社会学、统计学等多个领域，并归纳为心理技术、社会工作技术、生物医学技术、教育技术、评估测量技术等几类常见运用技术。从总体来说，罪犯矫正对矫正技术具有高度的依赖性，我们要根据不同时代的罪犯，制定和实施不同的矫正技术。从个体上来看，我们要针对不同的罪犯，运用不同的矫正技术；即使对同一罪犯，在不同的情形下，也要用不同的矫正技术；甚至对一个罪犯，即使在同一时间段，也要综合运用多种矫正技术。[1]

**五、循证矫正方案的制定与实施**

循证矫正制度的方案是整个过程的决策运用的实践阶段，方案的制定以多层次目标的设定、签订的矫正协议内容、实施的项目与内容以及对方案的评估效果为主要结构。方案的制定要尽量详细并具备灵活性的特点，以最佳证据为参照制

---

[1] 张晶："矫正技术：构建中国现代监狱制度的基石——兼评于爱荣等著《矫正技术原论》"，载《犯罪与改造研究》2007年第4期。

定循证矫正制度方案时，切忌生搬硬套，务必遵循个别化原则，做到将最佳证据与罪犯的意愿、具体的矫正环境条件统一，才可能使矫正方案得以实施。所以，循证矫正制度强调矫正方案必须基于当前最佳的矫正证据，依靠监狱民警的矫正经验，并考虑罪犯的意愿制定。[1] 首先，方案的制定与实施需要注意必须以犯因性需求为基础，围绕罪犯实际存在问题进行制定，这也是对监狱民警的工作经验与了解罪犯的考验。其次，方案的制定需要将罪犯自身的意愿纳入其中，以确保循证矫正制度的人文主义精神，尊重罪犯的意愿就要做到罪犯真正地参与其中，良好的方案以取得罪犯的认同为最佳。而方案的实施需要以方案计划流程为标准灵活处理，这样通过进行及时有效的评价后判断是否需要对原有方案进行调整与修改，以此来不断完善方案，保证罪犯教育改造的顺利进行。

## 第四节　循证矫正制度的运行流程

循证矫正制度作为一种矫正模式，最终需要落实到流程中，将各个环节串联起来，把循证矫正制度运用到实践上来，形成一种相对固定的流程才能不断将我国各类罪犯进行探索与研究，为循证矫正制度的规范化运行奠定基础。

循证矫正制度的运行具有周期性、连续性，是反复循环上升的运行模式。目前我国的循证矫正制度运行流程主要为五步骤：

**一、寻找犯因提出问题**

首先作为开端关键在于矫正工作者发现和明确要解决的问题，找出问题所在。在确定好矫正罪犯后通过对其现实改造情况、罪犯成长史、罪犯自身内因与社会外界环境等多个方位因素进行评估与分析，可采用调取档案、询问亲朋好友、访谈调查等方法广泛搜集信息，将收集的信息组成矫正小组对其改造中所存在的犯因性问题进行分析诊断，结合犯因性需求做出罪犯诊断报告。

**二、获得证据、评价证据并明确最佳证据**

矫正工作者通过报告研究得出罪犯主要犯因性需求，通过文献检索等方法锁定"关键词"进行证据搜索，全面查找数据库中解决这一问题的所有证据，矫正工作者对检索到的所有证据的正确性、有效性以及可推广性、可执行性、成本——效益状况等作出评价，对证据结合罪犯自身一系列独特的背景进行分级、

〔1〕　宋行、朱洪祥主编：《循证矫正理论与实践》，化学工业出版社 2013 年版，第 55 页。

筛选、处理，在取得罪犯的认同与配合下明确最佳证据。

### 三、制定矫正方案及应用证据实施矫正

最佳证据的获得可谓是循证矫正制度的核心问题解决，但是如何运用最佳证据，将其付诸实践以制定出矫正方案呢？这需要尊重罪犯的意愿，征求罪犯的意见以得到罪犯的认同与参与，最佳的方案不单单依据最佳证据，而是在此基础上矫正工作者以自己的业务能力与经验制定与实施的。然后，应用证据，矫正工作者遵循最佳证据对罪犯实施矫正。

### 四、对比评估

罪犯矫正具有周期性、阶段性的特点。罪犯的改造不断变化，这就要求对循证矫正制度进行及时有效的矫正干预，对矫正进行干预就要对其进行综合的评价，依据罪犯的犯因性需求与上一周期预定目标所达到的效果进行综合的评估，寻找出现的新问题或依然存在的未解决的问题进行反馈，根据评估反馈了解罪犯矫正的变化与矫正进度，及时改变决策并制定下一周期的方案。本次循证矫正实践经评估后，便成为下次循证矫正实践的一个新证据。

### 五、及时反思总结

最后的环节就是对此次循证矫正制度实践进行反思回顾与积累经验教训，以报告的形式交于管理机构上传到证据库，这一程序看似可有可无，但实际上却必不可少，因为随着时代的发展，罪犯的各方面需求与素质也不断地随之发生变化，单单依靠原有的数据库寻求证据可能已经远远不够，不仅会影响原计划目标，还可能会贻误改造时机。只有不断更新数据库，不断把矫正的新技术、新问题、新方法注入证据库中才能强大循证矫正制度体系，为以后的矫正工作提供更多的支持与服务。

循证矫正制度在美国、挪威、加拿大等西方国家已初具规模，在提升矫正模式效果与降低罪犯再犯率方面起到了积极导向的作用。我国目前正处于起步阶段，循证矫正制度的引进并非完全照搬、"拿来主义"，不同监狱通过自己的实际情况与西方经验教训相结合，努力推行出一套属于自我的中国特色循证矫正制度模式势在必行。

**思考题：**

1. 循证矫正最基本的内涵是什么？
2. 循证矫正发生在矫正罪犯的哪个阶段？
3. 循证矫正中如何做好罪犯风险和需求评估工作？

# 第四编　各国矫正制度分论

# 第十八章 英国矫正制度

英国由英格兰和威尔士、苏格兰三个相对独立的成员国构成，三个成员国实行自治，分别拥有自己的国家最高矫正管理机构。因英格兰和威尔士的矫正管理体制最具代表性，下文所具称的"英国矫正制度"即是指英格兰和威尔士矫正制度。近年来，随着人本主义的兴起和人权保护理念的流行，"以人道情怀关心罪犯"不仅是英国矫正工作的价值取向，而且是矫正工作的重要要求。矫正工作的目标：保护大众，减少重新犯罪。

## 第一节 英国矫正机构

### 一、矫正机构组织

（一）内政国务大臣

英国的监狱隶属于内政国务大臣。1952 年和 1964 年英国国会分别通过《英国监狱法》和《英国监狱条例》，授予内政国务大臣对一切监狱的管理权。其职权包括：对监狱实行监督、与监狱签订契约、任命矫正官员、招收矫正管理人员以及制定矫正规则。内政国务大臣每年要向国会递交有关每所监狱的年度报告。

（二）监狱局

内政部下设监狱局，英格兰和威尔士的最高管理机构是英国皇家监狱局。其直接管理英国 138 所监狱（133 个在英格兰，5 个在威尔士）。各监狱划分为地区，归皇家监狱局领导，每个地区设地区监狱长，向监狱局总长负责。监狱官员按层级垂直任命和管理，经费由英国皇家矫正局直接划拨，地方政府对监狱没有管辖权。在苏格兰监狱系统的最高行政管理部门称为"苏格兰行政委员会"，在北爱尔兰，监狱的最高管理机构是"北爱尔兰事务部"。

（三）监狱委员会

监狱局下设监狱委员会，对内政国务大臣管辖内的所有监狱有总监督权。监狱委员会由行政总监和 11 名成员组成。监狱委员会的职权包括：对内政国务大臣管辖之内的所有监狱有总监督权，有权任命从事监狱一般工作的下属官员；调查监狱官员的行为，调查罪犯的行为并在得到证据后对于有违法行为的已决罪犯进行惩罚。监狱委员会可以命令犯有或企图实施殴打、逃跑罪的已决犯穿上有别于其他罪犯的服装，并且给其戴上脚镣；可以命令将罪犯单独监禁6个月；有权批准监狱医务官的申请，对罪犯进行身体检查。[1] 监狱委员会向内政国务大臣负责，并必须根据内政国务大臣的指示行事，每年必须向内政国务大臣汇报监狱的情况，向国会两院递交每所监狱的年度报告。报告的内容包括：罪犯作业情况；罪犯违法行为及惩罚情况。监狱委员会是一个法人团体，每所监狱的合法财产都处于它的管辖之下，它可以在所有的法庭起诉和应诉。

（四）内部职能系统

英国监狱设监狱长一人，在监狱长之下，还设置执行科、安全科、财务科、医务科、人事科、劳动科等。执行科是具体制定与执行刑罚、执行计划的部门，其中包括服务股、活动股、监舍管理等部门。服务股主要承担会见室管理、食堂管理、卫生管理等任务；活动股承担罪犯教育开展、体育教育开展、罪犯劳动作业开展、感化措施施用、宗教教诲等。安全科管理范围包括监狱外围管理、大门警卫、警犬使用、隔离管理等。

（五）监狱监督机构

监狱视察委员会是英国监狱的监督机构。英国从16世纪起就设立了监狱视察委员会，其目的是加强对监狱的管理和监督。20世纪后，英国建立了全国监狱视察委员会，委员会的成员由内政部国务大臣或由国务大臣指定的法院任命。监狱视察委员会在每所监狱设立分会。

视察委员会的委员负责视察监狱，并向监狱委员会报告地方监狱中滥用职权的问题，因此他们可以随意去监狱中的任何地方，随时接触罪犯，听取罪犯的申诉和要求，检查登记簿，询问包括监狱管理、罪犯待遇等监狱中的一切情况。视察委员会的委员在视察地，地方治安法官可以将他们自己在巡视矫正时的记录交给视察委员会。视察委员会根据委员们每个月至少两次的视察，向内政国务大臣提交报告和建议，并且作为监督监狱行政的权威性组织，对于罪犯严重违反监规的指控作出裁决。

**二、矫正机构管理人员**

（一）内政国务大臣

1952年和1964年英国国会分别通过了《英国监狱法》和《英国监狱条例》，授予内政国务大臣对监狱和其他刑罚执行机构的管理权，内政国务大臣通过监狱

---

〔1〕 邵雷主编：《中英监狱管理交流手册》，吉林人民出版社2014年版，第12页。

管理委员会行使职权。

（二）监狱监察总长

监狱监察总长由英国女王的王国政府根据内政国务大臣的提名任命，任命后即成为内政部的成员，要向内政国务大臣负责并向其汇报工作。

（三）监狱矫正工作人员

目前，英国的专职监狱工作人员可以分为三大类：穿制服的官员（看守人员）、行政人员、专门人员。专门人员主要包括心理学家、教师、护士、医生和牧师。这些都是由监狱雇用的专职人员。在监狱中工作的还有一些不是由监狱直接雇用的人员，主要是缓刑官和教师，这些人员属于当地的缓刑委员会和教育学院，他们根据监狱与当地缓刑委员会和教育学院签订的合同，在监狱中提供相关的服务。

1. 监狱长。监狱长由国务大臣任命，作为监狱的首脑，全面领导监狱工作。监狱长对所在监狱中的一切行政管理事务负责，在内政国务大臣许可的情况下，监狱长可以将其权力和责任委托监狱中其他官员代理。

2. 矫正官员。矫正官员的范围包括一切在监狱工作的人员。这些人员大体可以分为两类：一是负责刑罚执行的矫正官员；二是具有专长的管员。具有专长的官员主要包括牧师、狱医、教官、伙食官、体育教官、警犬驯养官及负责作业的官员等。[1] 所有的矫正官都由内政国务大臣任免，他们享有警官所享有的一切权利和特权，矫正官必须遵守矫正条例和监狱内的规章制度，协助监狱长工作，服从监狱长的合法命令。监狱官违反监狱规则，如擅自接受酬金、为罪犯携带物品、准许罪犯在狱中喝酒吸烟等，将被处以 6 个月以下的监禁或 50 英镑的罚金，或者两者兼科。

监狱官员的纪律要求。监狱官员须保持警惕，保证罪犯的监禁安全。监狱官员必须认真履行其职责，但不得苛刻，除自卫以外，不得殴打罪犯；在任何时候不得使用不必要的武力；没有监狱长的命令不得处罚罪犯，或扣除罪犯生活必需品；不得同罪犯讲与其职责无关的话，不得做任何可能激怒罪犯的事情；不得允许罪犯同监狱官员密切来往，不得让罪犯听到他们关于职责方面的话题。所有官员不得允许罪犯（直接或间接地）为私人干活，不得同罪犯进行或代表罪犯进行金钱或其他方面的交易，不得为私人利益而去使用罪犯。官员们不得向探监者收费，不得向监狱的契约人谋取任何利益。任何官员在任职期间不得经营商店，开办学校，或接收房客，不得擅自留不属于其家庭成员的人在其家中过夜。下属

---

〔1〕 邵雷主编：《中英监狱管理交流手册》，吉林人民出版社 2014 年版，第 18 页。

官员未经允许不得在监狱内接待来访者。未经允许，监狱官员不得同罪犯的朋友们通信；监狱官员未经允许把从官方渠道得到的消息透露给任何人将被解除职务。监狱官员不得出版涉及监狱各部门的书，不得同新闻界建立任何非官方的联系。监狱官员将自己由于职务关系而得到的消息透露给不应该得知的任何人为违法行为，应判处 2 年以下的监禁徒刑（酌情附加劳役或不附加）或者判处罚金，或判处两者。

监狱官员为罪犯带进、带出钱、衣物、食物、烟、信、报纸或其他物品，将被即刻停职，大门看守必须检查所有通过大门的物品，可以扣留任何被怀疑带进禁物或带出监狱财物的人。

## 第二节　狱政管理制度

### 一、监狱安全管理

#### （一）物理警戒

英国监狱设两道戒备墙：第一道墙是外围墙，为砖石结构，围绕顶部横切面设计成蘑菇状，难以攀越，但围墙无电网。高度戒备监狱墙外侧均有隔离区，立有一排钢柱安装强光照明灯，朝向围墙，兼具防冲撞功能。这种墙顶的特点[1]：一是没有攀爬工具的挂力点，避免了借助工具挂住顶部攀爬的可能性；二是因蘑菇形下部圆滑，无法借力并利用工具攀爬；三是即使爬上围墙顶部也看不到围墙外部墙根，罪犯不敢轻易跳下。第二道墙是内墙，为钢丝隔离网，高度在 5 米以上，隔离网顶部是铁蒺藜，钢网上部有电子监控探头，钢网下部设有电子触摸报警器，任何物品一旦靠近钢网立即报警并显示。狱墙内侧设有隔控区，形成第二道防线。再往内有缓冲区域，区域内安装有 AB 门互锁、报警和监控装置。缓冲区上空布有天网并有直升机识别标志。监狱大门只设一扇，供囚车和生活、维修、物资车辆进出。门洞仅容一台囚车通过，AB 门互锁。大门侧边为门岗和通行检查值班室，可同时负责矫正工作人员和访客通道的检查。

除高度戒备监狱外，英国监狱对于外围警戒工作没有派专门机构负责，而是由监狱看守人员承担。监狱在大门内侧均设有物流区域，与监狱内部相对隔离，主要防止外来车辆进入监狱内部区域。运送货物的车辆通过监狱大门进入物流专

---

〔1〕 邵雷主编：《中外监狱管理比较研究》，吉林人民出版社 2015 年版，第 113 页。

区，车辆需经过严格检查，并由罪犯在物流区域进行货物装卸工作，货物装卸完毕，罪犯离开物流区后，车辆再次经过检查方可驶离监狱大门。

（二）制度安全

在英国，制度安全又被称为"程序戒备"或者"程序安全"，通常是指通过制度所规定的程序和要求来保障监狱的安全。制度安全主要包括两个方面的内容：一是通过制度的完备性来确保监狱的安全稳定，另一方面则是通过对制度的有效执行来保障监狱安全稳定。英国每所监狱都设置了一套所有人都理解的安全制度程序，对展开搜查的条件、方法和频率均作出明确规定，监狱通过严格执行制度程序就能够防止罪犯脱逃。[1] 比如对进出矫正人员安全检查的严格程度不亚于机场安检，不仅要脱鞋、解皮带、接受电子检查，就连充电器、可充电电池、打火机等都纳入物品检查，对监狱工作人员的物品检查和搜身与外来人员毫无区别。在程序安全中，最重要的是物理空间和个人搜查的程序，包括对罪犯住宿、劳动或聚集的地方进行定期搜查，类似于我国的清监搜查，严防罪犯私藏手机、毒品和违禁品。使用专门的扫描仪检查罪犯体内是否携带毒品，配备高敏感度金属探测器和手机信号干扰技术装置，让罪犯无法使用私藏的手机，同时采取措施切断向狱警内输送违禁品的"运输线"。根据罪犯的安全等级，对罪犯私人物品实行定期搜查，进行搜查时一般允许罪犯在场。

监狱系统还租用信息管线，将各监狱的罪犯基本信息每天凌晨传送到监狱局，监狱局经过汇总，掌握全系统罪犯的基本情况，为开展相关工作做好准备。监狱将信息技术运用于安全防范工作，监狱所有的安防设施全部与监狱监控指挥中心联网。在应急处置方面，警察配备了通讯及报警装置，一旦发生突发事件，能够在最短的时间内有效处置，因此，在较高戒备等级监狱，罪犯脱逃的可能性十分小。

**二、监狱分类管理**

（一）分散型管理

随着英国暂停并直至最终取消死刑，监狱关押危险罪犯数增加，由利昂·拉奇诺维奇（Leon Radzinowicz）教授主持的研究小组最终确定的最佳管理模式，就是将最具危险性的罪犯与其他需要采取一定戒备措施但风险性较低的罪犯混合关押，借此希望这部分低风险的罪犯能够提供一个更具稳定性的监管状态，从而消解最危险罪犯的影响。这被称为"分散性管理制度"，于1968年实施。经过多次改进，全系统8所高度戒备A类监狱都有部分A级罪犯与其他更大比例的B

---

〔1〕 邵雷主编：《中外监狱管理比较研究》，吉林人民出版社2015年版，第124页。

级罪犯混合关押，一般 A 级罪犯占 25%，B 级罪犯占 75%，但所有的罪犯需要接受 A 类戒备的约束。B 类监狱关押 B 级和 C 级罪犯，所有的罪犯都须适用 B 类罪犯的工作程序。C 类监狱不能关押 A、B 级别的罪犯，只能关押 C、D 级别的罪犯，监狱设施安全防范性低于 A、B 类监狱。D 类监狱属于开放式监狱，只能关押 D 级罪犯，罪犯管理较 A、B、C 类监狱宽松。[1]

（二）紧密监管

紧密监管是通过建立紧密监管中心来应对最危险难管的罪犯。罪犯经过严格评估程序后经国家紧密监管中心管理委员会决定进入位于高度戒备场所的紧密监管中心，由负责高度戒备监狱的副局长监管。对于罪犯们来说，紧密监管中心就是个性化的服刑方案和个性化的一对一工作，包括大量的对行为干预、心理健康以及教育、戒毒等方面的心理工作。每一个罪犯都有一个自己认可并需遵守的个性化计划，会始终处在同一个监狱工作人员的监管下，期间建立良好的信用关系是极为重要的。较困难一点是，罪犯们在紧密监管中心服刑了很多年后返回大型监狱，通常对于身边突然多了很多其他罪犯感到恐惧。紧密监管中心制度被人们认为是为最不配合最危险的罪犯提供最高的待遇和服刑条件的制度。但花这么大代价来管理这些罪犯的原因在于，如果把危险从监狱中消除，监狱的安全和生活水平就会得到提高。紧密监管中心的罪犯很难管理，监狱工作人员需要付出很大代价。

（三）危险及严重错乱罪犯监区

这是 2005 年作为与国家卫生部的一个合作项目而引进的。皇家精神科医学院直至 2000 年才认可危险及严重人格错乱是一种可以治愈的精神疾病，因此将监区同时设置在监狱和医院，以便于对治疗结果进行评估和监测。该监区由监狱系统管理人员和国家卫生医疗系统的心理专家、护士及精神科医生组成工作团队，对监区进行管理。罪犯被送进监区首先进行 24 个星期的评估。如果通过评估，治疗阶段将持续 5 年~7 年。大多数接受治疗的罪犯都被判终身监禁并且最低刑期也很长，只有假释委员会认为危险确实已降低才可能考虑将其释放。

（四）隔离监区

隔离监区是用来关押顽危犯的地方。最常见的方式是把罪犯隔离关押几个月甚至几年，监狱工作人员给予这些罪犯体面的对待，并保证安全，但隔离关押主要目的是把他们与其他罪犯隔离开。隔离关押的罪犯少数是违反纪律的短期刑罪犯，多数是为了整顿秩序和贯彻监规。风险评估管理程序至关重要，近年来应用

---

〔1〕　邵雷主编：《中英监狱管理交流手册》，吉林人民出版社 2014 年版，第 125 页。

风险评估管理已成为高度戒备监区管理顽危犯的主要特色。隔离关押的目的都是对罪犯进行评估、制定计划，便于罪犯尽快回到普通监区。在隔离监区工作的监狱工作人员都是经过特别选任的，并经监狱长签字授权，整个监狱只有少数几个监区需要这样的程序。他们要与罪犯建立适当的关系以便为罪犯制定个人计划，并对罪犯行为产生积极影响。隔离监区管理的好坏对于高度戒备监狱的管理质量至关重要。

**三、罪犯风险评估和风险管理**[1]

监狱内绝大部分罪犯是遵守监规纪律的，但也有很小一部分罪犯属于监狱安全的危害群体。如何识别并管理这很小一部分罪犯是维系矫正良好秩序和纪律的关键。因此，英国监狱系统引入了风险评估和风险管理制度。

（一）风险评估

风险评估是监狱日常工作的组成部分，在罪犯入监的第一天就开始了，风险评估每天都在持续，存在于监狱管理人员与罪犯之间所有互动过程中。风险评估程序具有互动性，即风险可能并经常随着时间变动。罪犯暴力倾向的增长，来自于社会上团伙帮派的外部影响以及弥漫于监狱日常生活中的对这些团伙帮派的效忠或仇视心态。多数情况下工作人员都能做出正确的判断，但也需要利用大量的工具，如 OASYS 系统，即一个对特定模式的犯罪所涉及的犯罪因素进行评估的计算软件工具。风险评估的目的就是减控风险。他们尽力保证罪犯对于释放后的生活有一定准备，包括住所、工作、继续接受教育等。如果罪犯有吸毒问题，则在释放后提供相应协助，通过调查得知这些问题对于帮助罪犯成功重返社会非常关键。

（二）风险管理

通过专业技巧、整个系统和工作程序，监狱官员有能力管理这个异化的群体所带来的风险，他们认为可以管理、控制风险，但无法消除风险，只要达到良好的风险管理水平就可以了，智能系统会检测风险管理的水平。完全消除风险是不可能的，所以矫正官员只有在被认定履行职责中存在疏忽时才需要进行赔偿，同样，工作人员只有在履行职责中存在疏忽时才会受到纪律惩戒或被解职。

**四、激励管理制度**

（一）奖励和优惠待遇计划

19 世纪中期及以后，累进制被看作是监狱管理的一项重要制度，英国监狱越来越重视利用一些激励措施来控制和管理罪犯。1995 年，英国制定了《奖励

---

〔1〕　邵雷主编：《中英监狱管理交流手册》，吉林人民出版社 2014 年版，第 173 页。

和获得优惠待遇的全国框架》，推广实行奖励和获得优惠待遇计划，所有罪犯都被纳入一个"奖励和获得优惠待遇计划"的项目中，这个计划分为三级：基本级、标准级和优惠级。[1] 所有罪犯开始都是标准级，然后根据监管人员对他们的行为表现的评价，能够完成处遇等级要求的可以升到优惠级，反之则降到基本级。所谓的罪犯优惠待遇，一般包括：参加集体活动的机会，如劳动、教育和相关娱乐活动；可以使用私有钱财、着自己的衣服；额外探视和把更多的私人物品带入监舍；D 类罪犯、女犯、青少年犯的社区会见；使用监舍内电视；等等。奖励和优惠待遇计划在不同监狱中的运作方式各不相同，各监狱三个级别的罪犯的比例各不相同。

（二）罪犯会见制度

在英国，罪犯在监狱服刑期间享有会见亲属、监护人的权利，对罪犯会见对象、会见时间、会见人数、会见方式、会见谈话的内容都作出了明确规定。罪犯在服刑期间原则上不能会见非亲属关系人。罪犯获得亲友的探望，必须把监狱发给的探监证寄给探监者。罪犯必须将探监人的姓名写在探监证上，包括儿童在内。探监人探监必须凭证，每次探视不超过 3 人，3 人的限度是指任何 10 岁或超过此年龄的人，10 岁以下的儿童不受此名额限制。

英国每所监狱都规定了探监日和探监时间。一般每 4 个星期里至少会给罪犯一次 30 分钟的探监时间。罪犯可通过监狱的奖励及"获得优惠计划"，得到更多的探监机会和改善会见环境，或在更方便的时候接受探访。英国监狱还允许罪犯探访关押在另一所监狱里的亲属，可以每 3 个月申请获准一次。如果罪犯服刑监狱距离亲友的住处较远，可节余探监机会供集中使用。可节余的次数至少为 3 次，至多为 26 次。一般情况下，每次节余的探监时间只能是 30 分钟，可使用节余时间由监狱长批准。节余而集中使用的探监称作"累积探监"。离开本地监狱 6 个月后，罪犯可以申请将其临时送到离罪犯亲友住处较近的监狱，但停留时间不得超过 28 天。罪犯必须遵守监狱的探监时间和规定。累积探监的批准权由监狱长掌握。

英国每所监狱要求对探监者进行搜查，以确保监狱安全。探访者可以拒绝搜查，但监狱有权拒绝探访，即使来访者有探监证。如果监狱有充分理由怀疑探监者给罪犯送毒品或其他违禁品，则无需经过对方同意便可对其搜查。探监区域配有嗅毒警犬，若有利用探监机会向监狱里走私毒品或涉嫌走私毒品的探监者，一

---

〔1〕〔南非〕德克·凡·齐尔·斯米特、〔德〕弗里德·邓克尔编著：《监禁的现状与未来——从国际视角看囚犯的权利和监狱条件》，张青译，法律出版社 2010 年版，第 170 页。

旦被查出则将受到法律惩处，通常会被取消探监资格 3 个月。是否取消探监者的探监资格或实行隔离式探访，以及限制措施的长短，均由监狱决定。被查出利用探监机会获得毒品的罪犯将受到处罚。如被追加长达 42 天的额外监禁天数。在随后的 3 个月里，该罪犯所有亲属和社交探访都需要在隔离的探监亭里进行。

如果罪犯的未成年子女由别人照看、寄托在儿童养育院或寄养家庭，可以申请让他们在没有外人参与的幽静场所探望。如果罪犯是孩子的"主照应人"，即现在是罪犯，但释放后是未满 16 岁儿童的唯一照应人，可以申请获得"出于同情心的释放证"，临时出去看望孩子。罪犯出狱之前，必须先通过风险评估。如果罪犯被隔离，监狱长认为探监可能引起安保问题，可以将罪犯的探监延迟到隔离期满之后进行。

## 第三节　刑罚执行制度

### 一、收监制度

在英国，不论是被判处监禁刑，或是被判在矫正机构中候押，或是在案件审理期间的人，被监禁在任何矫正机构均属合法监禁。罪犯在入监时，主要开展以下工作：

（一）人身物品检查

罪犯入监需要进行搜查，所有钱和有价值的东西都必须被检查并被登记。钱被存在个人账户上，可以在监狱内的商店使用，个人财务被登记在财务卡上，一些物品如结婚戒指、手表等可由罪犯自己保管，另一些则在罪犯离开监狱时交还。

（二）身体健康检查

由一名矫正卫生保健小组的成员对其进行检查，所有的信息包括健康状况以保密的方式处理。罪犯应当告诉医生自己是否有毒瘾、酒瘾、是否缺乏对病毒的免疫力。

（三）入监登记

罪犯收监时，监狱要给罪犯拍照，还要提取罪犯指纹，矫正工作人员给罪犯建立档案编号，指定住处。对罪犯进行登记时，监狱即制作罪犯计算机化信息资料，包括罪犯的个人情况、监舍位置、审判情况、罪犯的受教育及工作情况等，罪犯付费后有权查看这些资料。

（四）入监教育

监狱必须尽快向罪犯提供有关矫正规则和其他罪犯有必要了解的资料的书面文件，包括有关报酬和特权的规定，以及说明向国务大臣递交请求书的适当程序的文件等。对于文盲罪犯，监狱长必须确保其了解自身的权利和义务。

（五）即时支持

罪犯入监的焦虑或其他问题，可以与小组负责人或者负责其监狱的矫正管理工作人员讨论，还可以与其密友、牧师或直接与宗教撒马利坦会交谈。

二、假释制度

英国的假释制度是从提前释放制度发展而来的。1967 年的《刑事司法法》规定了假释制度。1991 年《刑事司法法》又对假释制度进行了修改和完善。对刑期不满 12 个月的罪犯、刑期在 12 个月以上 4 年以下的罪犯、刑期在 4 年以上的罪犯、被判无期刑的罪犯，对适用假释及假释期间接受监督等方面的情况进行了具体的规定。

假释委员会是假释的批准机构和对被假释者进行监督的机构。根据法律，假释委员会由 1 名主席和 4 名以上由国务大臣任命的成员组成。假释委员会必须包括下列人员：担任或者曾经担任司法职务的人；研究精神病学的注册医务工作者；内务大臣认为具有罪犯刑满释放后矫正与安置经验和知识的人；曾经研究过犯罪原因与罪犯处遇政策的人。

提交到假释委员会的假释案件一般要由 3 名或 3 名以上的成员处理。符合假释资格的罪犯提前 6 个月被告知可以申请假释。根据有关规定，罪犯在服刑到假释资格期前的 4 个月，有机会了解有关假释报告的内容，并做出书面陈述，提出自己应当被假释的理由，表明自己被假释后的态度；罪犯在服刑至假释资格期前 3 个月，将接受假释委员会成员的考察，该成员将向假释委员会书面报告考察情况，罪犯可以了解这个报告的内容并提出自己的看法，罪犯在服刑至假释资格期前 2 个月，将接受假释委员会的专门小组考察，该小组将主要考察罪犯对公众的危险及怎样防止罪犯的再犯。

如果假释委员会认为某个罪犯符合假释的条件可以适用假释，应当立即通知监狱。如果假释委员会拒绝了罪犯的假释申请，该委员会会向罪犯所在监狱递送详细说明理由的通知，同时会向罪犯发送复印件且罪犯在 1 年内仍具有进一步考虑的余地。

罪犯在获得假释期间，一般都要接受假释监督。对于原判刑期在 12 个月以下的成年罪犯，将依法被无条件假释，不接受保护观察官员或社会工作人员的监督，但是由于罪犯尚未服满刑期，因而仍被认为是处于危险阶段。在刑满释放时罪犯要接收刑满释放通知，并在上面签字。对于原判刑期 12 个月以上 4 年以下的成年罪犯而言，罪犯的假释是有条件的，罪犯假释后必须接受监督。上述罪犯在假释后要持假释证向监督官员报到。罪犯要定期向监督官员报告个人情况，搬迁住址要经过监督官员同意，接受监督官员访问。对于原判刑期在 4 年以上的成年犯，假释后也必须接受监督。

假释的撤销。在英国假释者被指控犯罪的，或者因为在到达某地 3 天之内未向当地警察局报告、没有进行每月一次报告、没有报告而迁居以及拒绝向法院、警察局出示证件等受到即刻惩罚的，或者违反假释条件的，则撤销假释。当假释者由于被指控犯罪，或由于受到即刻处罚而被撤销假释，该名罪犯除应受到该罪的惩罚之外，必须继续服完其假释前未服完的刑期。新罪所判刑期与未服完刑期合并执行。对于不是因犯新罪而撤销假释的情况，矫正官员必须向内务部报告并由假释委员会决定。对于矫正官员的申请，被假释的罪犯有权向假释委员会作出书面陈述。假如假释委员会未撤销假释，罪犯将接受 12 个月的观察，以决定是否需要撤销假释。

**三、暂时离监制度**

英国的暂时离监制度，是指允许正在监狱服刑的罪犯离开监狱一定时间的矫正制度。根据《监狱规则》关于暂时离监的规定，只有在执行机构相信罪犯在暂时离监期间不致再危害社会的情况下，才可以使用暂时离监。罪犯离开监狱之前要进行危险评估，不适用的对象为：可能脱逃的罪犯；A 类罪犯；未定罪的罪犯；未判刑的罪犯；需要纳入驱逐程序的罪犯；需要起诉或者等待量刑中的罪犯，或者需要进一步定罪的罪犯。在英国，实行三种形式的暂时离监：

（一）同情许可暂时离监

这是为了满足罪犯的特殊要求而批准实行的暂时离监。这类特殊要求包括参加近亲属的葬礼、亲属死亡、看望 16 岁以下子女或是老年近亲属、结婚、参加宗教仪式、看病等。

（二）便利许可暂时离监

这是为了促进罪犯转变和回归而批准实行的暂时离监。如让罪犯参加社区服务项目，参加教育或者生活技能培训课程，接受有关的就业培训和参加其他为回归社会做准备的活动。不过，这种暂时离监也可以用来满足其他的需要，如根据需要充当警方证人、会见律师、参加民事诉讼等。

（三）重新安置暂时离监

这是为了帮助罪犯维持家庭关系和回归社会而批准实行的暂时离监。包括外出寻找合适的职业，释放前参加培训或者寻找住所等。

　　无论是成年罪犯还是青少年罪犯，其刑期在 1 年以上 4 年以下的，都可以申请暂时离监，但是，必须服满刑期的 1/3 以上或者服刑 4 个月以上。重新安置暂时离监的使用间隔应当在 8 个星期以上，每次在监狱外面的时间为 1~5 日。

**四、提前释放制度**

　　提前释放是指在原判刑罚届满之前对罪犯的释放。提前释放是近代以来为了解决监狱管理中的困难，同时也为了鼓励罪犯的改造和转化而创立的释放形式，目前已经有很多形式的提前释放。

　　1991 年《英国刑事司法法》规定有提前释放的条款，其提前释放有五种类型，其中，被判处定期刑的罪犯的提前释放分为三类，被判处终身监禁刑的罪犯的提前释放分为二类。主要是：①刑期 12 个月以下的罪犯在服刑过半后无条件自动获得释放；②刑期 12 个月以上 4 年以下的罪犯在服刑过半后也会自动获得释放，但是在刑期的 3/4 过后他们才可以不再接受监督，在此之前如果有特殊情况他们还会被重新召回监狱执行刑罚。③经假释委员会评估和决定，刑期 4 年或 4 年以上的定期刑罪犯在服刑过半到 2/3 期间，可以监狱假释委员会评价和决定而自由决定释放。如果罪犯的刑期在 14 年以上，应当向内政大臣报告并由内政大臣决定是否应当对其适用假释。在整个刑期的 3/4 之前，这些罪犯必须接受特许监督，在此期间他们同样有可能被召回监狱。如果因为违纪处罚需要延长罪犯的刑期，以上几种类型的罪犯自动获得提前释放资格的时间也会相应延后。④对于法定的终身监禁罪犯，由内政大臣根据假释委员会的建议决定是否予以特许释放。⑤对于自由裁定的终身监禁，即除谋杀罪以外的罪行被判处终身监禁的罪犯，由主审法官制定附加条件表，然后由假释委员会按照主审法官制定的附加条件表作出释放这类罪犯的决定。

# 第四节　罪犯矫正制度

**一、教育矫正制度**

　　为促进罪犯教育的开展，英国采取了以下措施：其一，把在监狱内推行"学习与技能"作为工作的优先点，并在监狱中设置"教育与培训高级官员"的岗位；其二，将罪犯教育列入监狱与社区矫正工作考虑目标；其三，要保证有专业人员负责每个罪犯的教育问题，向他们提供个别化的帮助与指导，并将其纳入服刑计划中。

（一）入监教育

英国监狱的入监教育几乎涉及罪犯在监狱服刑期间可能遇到或需要注意的各个方面，如监狱的位置和通信地址、监狱生活、学习和医疗等日常活动、监狱规则、监禁制度、假释制度等。

在入监教育中，监狱方面会把职业培训类的课程，通知刚刚进入监狱的罪犯，使他们知道在服刑的监狱中可以参加的职业培训类的课程。在英国监狱，对罪犯提供的职业培训非常广泛，包括美容、木工、办公室文秘技能、家庭理财、信息技术、车辆维修、焊接、园艺等。此外，罪犯应当学会计算自己刑满释放的日期、带附加条件的释放日期，以及可以假释日期和不得假释日期等。

为更好地了解监狱及与矫正相关的情况，英国的监狱改革基金会和内政部（现改为司法部）监狱管理局，联合印刷了名为《罪犯信息手册》的一系列小册子，用来说明罪犯在监狱内服刑期间应当了解的有关信息，如监狱的名称、联系电话、罪犯与家属的会见时间、会见联系办法、到达监狱的交通路线及可乘坐的交通工具等。

（二）出监教育

出监教育是专门为即将刑满释放的罪犯提供的教育帮助活动，目的是帮助他们在释放后能够成功回归社区。出监教育所选择的课程要能改变罪犯的不良态度，学习新的技能，鼓励罪犯认识自己的潜能，建立自信心和自尊心。此外，还提供如何寻找工作、寻找住所、维护利益和保健方面的实用咨询。

出监教育所开设的课程涉及处理人际关系，如何对待酒、毒品和赌博，维护个人权利以及保健、烹饪、交通等方面的实用信息等 11 个方面。这些课程具有跨学科性质，需要监狱官员、教师、缓刑官、心理学家、监狱牧师、体育教师、保健人员等参与授课，共同为罪犯提供培训和咨询。通过这些课程，不仅可以帮助罪犯顺利回归社会生活，也能够降低其重新犯罪的可能性。

此外，英国监狱当局还向刑满释放人员发放释放补助金以用作路费，使其能够到达英国境内的一个地方。刑满释放人员还可以申请出狱后的救济金和社区照料补助金，用以解决短期内生活方面的困难。

（三）扫盲教育与基础教育

扫盲教育就是培养罪犯掌握最基本的读写和计算机能力的教育，是针对文盲罪犯而组织开展的。监狱中的基础教育除了培养基本的读写算能力之外，还包括如社会技能和知识在日常生活中的应用等相关的基本生活技能教育。

基础教育中还包括了生活技能方面的教育。在英国，监狱对罪犯实施社会和生活技能的课程分三个等级，由不同的机构进行鉴定，主要包括：①基本生活技能测验，由联合考试委员会进行鉴定，适合于青少年犯矫正所的罪犯；②社会与生活技能计划，由开放大学网络进行鉴定，适合于所有刑罚机构的罪犯；③成绩证书，由牛津和剑桥成绩证书机构提供鉴定。

（四）宗教教育

在英国的监狱里，普遍设有监狱教堂。监狱教堂是监狱的基本设施之一，并在管理和矫正罪犯的活动中发挥着重要的作用。监狱内正常的宗教活动受到法律的保护，罪犯仍然把大量的时间和精力用于从事宗教活动，宗教活动仍然是监狱中重要的活动之一。1999年《英国监狱规则》对监狱向罪犯提供的宗教服务作出了明确规定，如第14条至第19条就明确规定了宗教服务的内容。

（五）体育

在增强罪犯身体素质方面，英国监狱向罪犯提供正规的体育计划，每天都组织活动，每个周末和晚上为罪犯提供参加体育活动的机会。同时，监狱为罪犯提供参加体育活动所需要的衣服；每次体育课的时间至少持续1个小时，已决犯在每个星期至少可以参加1次体育活动，青少年罪犯每星期至少参加2次体育活动，少年罪犯每星期在健身房中至少度过5个小时。

**二、劳动教育**

（一）劳动及劳动报酬

在英国，罪犯劳动也具有强制性。1999年《英国监狱规则》规定，成年已决犯在服刑期间应当从事有用的劳动，每天的劳动时间不超过10个小时。监狱食堂与工作人员餐厅的工作通常由罪犯承担。根据1998年《青少年犯罪人矫正所规则》的规定，可以要求青少年罪犯每天从事最长8小时的教育、培训、劳动和体育活动。不满17岁的青少年犯，每星期应当至少参加15小时的教育或培训课程。

为有效保护罪犯在劳动中的权益，英国监狱劳动的种类要经过监狱上级部门的批准，罪犯不得从事未经批准的劳动项目，如《监狱规则》规定，不得安排任何罪犯从事未经国务大臣批准的劳动。

罪犯在监狱劳动中可获得一定的报酬，一般是每星期7英镑，但是参加强体力劳动的罪犯可以获得23英镑~35英镑，而且若在监狱劳动中受伤、致残，要按照与社会上同样的标准，获得经济补偿；同时，罪犯平时的劳动表现将成为假释的重要参考项。

（二）职业技能培训

基于提高罪犯教育质量的考虑，英国于2001年设立了"罪犯学习与技能培训科"，代表监狱聘请专业的指导人员来进行职业技能的培训工作。这些专业的指导人员有的来自高等教育机构，有的来自慈善组织，有的来自志愿者组织，有的来自罪犯的雇主单位等。

为有效地组织对罪犯的职业技能培训，监狱要求罪犯将技能培训纳入服刑计划中，并且，为了使培训更接近市场需求，政府建立了"降低再犯罪合作同盟"，使更多的企业为罪犯提供技术帮助，向罪犯提供技能性强、能够提高劳动者竞争力的岗位，为提高罪犯出狱后的就业率，英国还将罪犯纳入就业求职系统，不仅向罪犯介绍职位，而且向罪犯提供就职培训。此外，英国的刑事司法机构还与企业建立合作关系，帮助刑释人员找到工作并稳定下来。

**思考题：**

1. 英国的暂时离监制度包括哪三种形式？
2. 英国的提前释放制度和假释制度有何不同？

# 第十九章　美国矫正制度

## 第一节　美国矫正机构

美国是联邦制国家，监狱系统分为联邦监狱、州监狱和地方监狱三个系统。

**一、联邦监狱机构**

最初美国联邦法院判决的犯人由州监狱和地方看守所关押，1930 年联邦监狱局建立时，共有 7 个联邦监狱，1.2 万在押犯。[1] 据 2017 年资料统计，美国联邦监狱和州监狱关押的罪犯比例约为 1∶7，2017 年美国联邦监狱关押罪犯 185 617 名，州监狱关押罪犯 1 254 191 名。[2] 19 世纪中期联邦监狱关押的罪犯包括：盗窃或冒用国家邮件、造假、在公海袭击船只和其他类似犯罪。到 20 世纪 90 年代，联邦监狱关押的罪犯又增加了与毒品有关的犯罪，与武器和爆炸物有关的犯罪、纵火罪、抢劫罪、非法移民罪、财产犯罪、暴力犯罪、敲诈勒索罪、贿赂罪、诈骗罪、白领犯罪、破坏国家安全罪和有组织犯罪。以下是联邦及州监狱关押的罪犯的犯罪类型结构。（如图 19-1）

---

〔1〕 潘国和、〔美〕罗伯特·麦尔主编:《美国矫正制度概述》，华东师范大学出版社 1997 年版，第 41 页。

〔2〕 United States Bureau of Justice Statistics, "Prisoners in 2017 Summary", NJ252156, April 2019, See https：//www.bjs.gov/content/pub/pdf/p17_ sum. pdf; Federal Bureau of Prisons, "Total Federal Inmates Population", See https：//www. bop. gov/about/statistics/population_ statistics. jsp#old_ pops（2019-10-5）.

联邦监狱（2017年）　　　州监狱（2016年）

图19-1　联邦及州监狱不同类型罪犯比例[1]

在当代美国矫正系统中，联邦监狱可以关押各州囚犯，但是只有在特殊情况下，并经联邦官员在个案基础上进行彻底审查，联邦囚犯有时可能关押在州监狱中。美国联邦监狱的罪犯人口数量不断上升，自1970年的20 208人到2000年上升到133 921人，再到2010年联邦监狱的罪犯人口数量达到了173 289人。[2]由于囚犯数量增加，美国联邦监狱局的规模出现了史无前例的增长，这是美国国会对可卡因和其他毒品的进口者、销售者和使用者展开的"打击毒品战争"的结果。截至2008年，联邦监狱的数量增长到了114所，使得美国联邦监狱局日益壮大成为美国司法部规模最大、开支最大的部门。

联邦监狱的组织结构。1930年5月14日，经美国国会通过，在联邦司法部内设联邦监狱局，负责管理联邦一级的监狱。司法部最高首长是司法部长，监狱局负责人是主任，主任由司法部长任命。联邦监狱局下设以下组织机构：

1. 中央办公室。其位于华盛顿特区，它包括如下内设机构：[3] ①行政管理处。负责局预算的制定和管理，财务运作的监督，局规划的编制，新监狱的选址、建设和接收，以及局属设施管理。②矫正项目处。负责开发和设计旨在帮助罪犯养成必要技能以促使其在释放后能够成功地重新融入社区的活动和项目，并确保工作人员和罪犯的人身安全，确保其安全有序运作。项目包括心理学和宗教服务、戒毒治疗、有特殊需求的罪犯和女犯的项目，以及个案管理。负责为矫正服务、情报收集、反恐行动、应急预案、联邦证人安全计划、通知犯罪受害人罪犯释放相关事宜、罪名和刑期计算中心、罪犯移押、违纪调查以及与其他国家合

---

〔1〕　Bronson, J. and Carson E. A. (2019), *Prisoners in* 2017. *Washington*, D. C.：Bureau of Justice Statistics.

〔2〕　宋烈、叶刚等编译：《美国联邦监狱局工作透视》，法律出版社2013年版，第310页。

〔3〕　宋烈、叶刚等编译：《美国联邦监狱局工作透视》，法律出版社2013年版，第217~218页。

作的罪犯移管等活动，提供国家政策指导。该处还对下列领域的多种功能负有责任：有合约的社区重返中心、社区矫正实施办事处、联邦少年监狱、基于社区的戒毒治疗机构、联络美国法警服务和海关移民执法机构。矫正项目处员工直接监督一线员工在合约方面的执行情况，并且协调监狱局的私营化管理。③保健服务处。负责管理监狱局的医疗保健项目，确保联邦监狱罪犯能接受到必要的医疗。④人力资源管理处。负责监狱局员工的招聘、选拔、培训和开发，以及员工薪资、岗位管理、安全与背景调查、劳资关系、平等就业机会服务和员工多元化。⑤企业、教育和职业培训处。这是一个为关押在联邦矫正机构中的罪犯提供就业机会的政府独资企业。该处还负责管理监狱局的教育、职业培训，罪犯转变和罪犯娱乐项目。⑥总法务办公室。负责提供法律咨询，并代表监狱局处理以下方面的法律事务：立法、矫正、道德、信息自由法及隐私法问题，平等就业机会法、劳动法、房地产、环境法及商法，行政和歧视的投诉，罪犯提出的诉讼。⑦国家矫正研究所。为全局员工及各州和地方矫正机构提供技术援助、培训和信息服务，并运作着全国矫正研究所信息交流中心。国家矫正研究所有 7 个科室：看守所研究室、社区矫正研究室、监狱研究室、学院、罪犯劳动力发展研究室、财务管理室、研究与评估研究室。⑧项目评审处。负责评估内控系统的强度，从战略规划和内部审计（项目评估）进程中检视局的项目执行，评估对法律、法规和标准的遵守情况，协调联邦监狱局应对诸如美国审计总局、总监察局以及美国矫正协会进行的外部审计。

2. 地区办公室。联邦监狱局的 6 个地区办公室通过向机构和社区矫正工作人员提供管理和技术方面的帮助以直接支持其各自地理区域内的设施的运作，开展专业化训练，为州和地方刑事司法机构提供技术帮助，以及与社区重返中心协商罪犯安置。地区办公室工作人员包括管理者，其是机构层面所有学科领域的主题事务专家。他们与机构工作人员保持密切联系以确保联邦监狱局的有效运作。

3. 州监狱机构。各州组建刑事司法委员会或犯罪委员会，刑事司法委员会对州长负责并汇报工作。刑事司法委员会下设少年矫正总局和成年犯矫正总局等监狱管理机关，主管监狱工作。州监狱系统一般包括州监狱，有的州还包括地方看守所。被判处 1 年以上有期自由刑的重罪犯人送州监狱关押，判处 1 年以下自由刑的轻刑犯和等待审判的未决犯送看守所关押。1993 年 1 月全国共有 1271 个州成人监狱，美国绝大多数在押犯是关押在州监狱。

4. 地方监狱机构。美国地方监狱归县行政单位管辖，一个县一般有 1 个~2 个监狱，现在美国共有 3500 多所地方监狱，地方监狱是美国最为庞大的监狱组织体系。地方监狱机构有三种类型：拘留所、教养所、看守所。拘留所，只关押刑事调查、初审的刑事被告人，时间不超过 48 小时。教养所，归市政当局管理，关押短期矫正的罪犯。看守所属警察部门管理，关押未决犯和短刑期罪犯。

5. 军事监狱机构。军事监狱是由陆军、海军、空军三部分组成的。各军种的监狱工作归各自的军事部门管理，空军的监狱决策机关由安全警察的警长负责；海军的监狱决策机关是海军人事局的矫正处；陆军的监狱决策机关是陆军矫正处。空军矫正司令部，是该军监狱管理机关，在空军系统内，有可能重新归队的犯罪军人，都要到 3320 中队服刑，这个兵营监牢只用于短期目的，对于服刑者来说，只是在等待将来的工作任务。海军惩戒司令部，设在新罕布夏州朴次茅斯的海军基地，它既是该军种的监狱管理机关，又是监狱职能机关。陆军的监狱组织庞大，它的矫正工作比其他军种的规模较大、范围较广，惩戒司令部是陆军的监狱管理机关，辖行政处、分类处、训练处、监禁处、心理卫生处、后勤处、主管惩戒兵营等职能矫正机关的工作。设在堪萨斯州的惩戒兵营，专门负责对该军系统内犯罪军人的矫正、治疗、管理、监禁工作。陆军还开设了许多兵营监牢，有的在美国本土内，有的在德国、韩国、古巴等，光在美国本土内就有 24 所兵营监牢关押未决犯、嫌疑犯和短刑期的犯罪军人。

**二、私营监狱机构**

私营监狱产生于因犯人数急剧上升及监狱建造启用费用过高这种特定的社会背景下。政府设立的监狱人满为患，再造新监狱不仅花钱太多、纳税人反对，而且周期长。某些州和联邦法院作出决定要求释放一部分轻罪犯，这种方法社会又不支持。在这种情况下只好求助于私营企业。私营企业进入国家监狱领域，主要有两种方式：一种为监狱提供直接技术服务，第二种为开办监狱矫正机关。1983 年，美国出现了真正意义上的私营监狱公司——美国矫正公司（Corrections Corporation of America，CCA）[1]。1984 年底美国德克萨斯州和新墨西哥州通过了立法，准许私营公司承办监狱管理犯人。截止到 2016 年底，美国共有私营监狱 260 多所，可提供犯人床位近 10 万张。[2]

---

〔1〕 CCA 是对中、高级警戒程度的罪犯实施短期拘留的专业私人公司，1983 年成立，总部设在田纳西州的那什维尔，是监狱产业的先锋和领头羊。1994 年其股票在纽约证券交易所上市。截止到 2010 年，CCA 已在 19 个州与华盛顿哥伦比亚特区设立了 65 所监狱，共 78 000 张床位，床位数在美国私人管教机构总数的一半以上。CCA 曾经位居福布斯杂志全美最大公司行列。

〔2〕 陈小方："美司法部颁令恢复使用私营监狱"，载《法制日报》2017 年 2 月 27 日，第 4 版。

## 第二节　狱政管理制度

### 一、美国罪犯概况

截至 2016 年底，全美关押在监狱的犯人达到 150.4 万人，如果加上看守所，缓刑和假释的犯人，总数达到 661.4 万人。（如图 19-2）

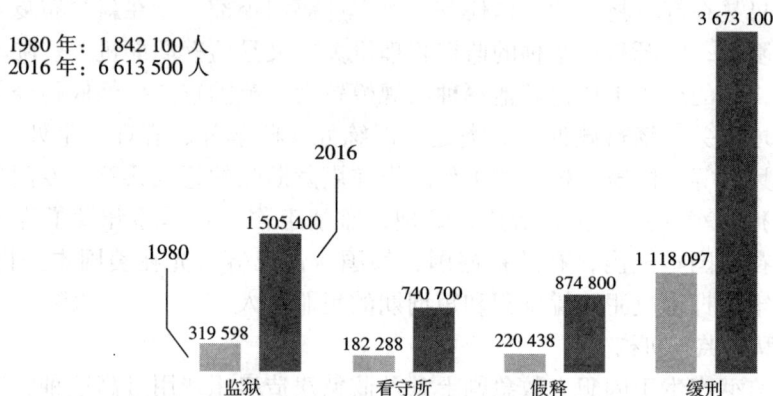

1980 年：1 842 100 人
2016 年：6 613 500 人

图 19-2　美国接受矫正人员总数（1980 年与 2016 年对比）[1]

美国人口仅占全世界的 5%，而囚犯总数占全球囚犯人数的 25%，居世界第一。每 10 万人口中的在监人数量美国居全球之首。（如图 19-3）

---

〔1〕 Kaeble，D，and Cowhig．M．（2018）．Conectional Populations in the United States，2016．Washington，DC：Bureau of Justioe Statistics，Key Statistics Total Conectional Population Washington，DC：Bureau of Justice Statics．Totals adjust for individuals with multiple correctional statuses to prevent double counting.

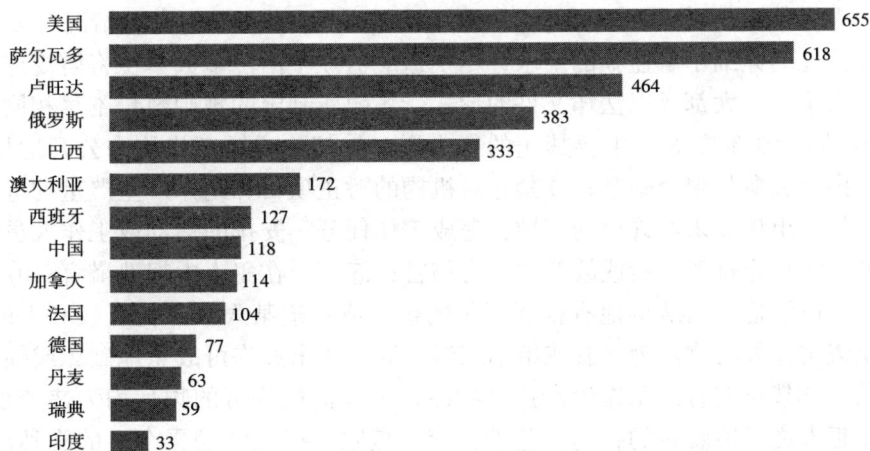

**图 19-3　每 100 000 人口中的在监人数量（按国别区分）**[1]

美国暴力案件多与枪支有关。美国联邦调查局 2012 年 9 月的统计显示，2011 年，美国共发生暴力事件约 12 万起，暴力抢劫占 29.4%，强奸占 6.9%，谋杀占 1.2%，使用枪支的案件在所有犯罪案件中占 21.2%，占抢劫案件的 41.3%，占谋杀案件的 67.7%。《2012 年美国人权报告》显示，美国是世界上人均拥有枪支最多的国家。美国有线电视新闻网 2012 年 7 月 23 日报道称，美国公民手中约有 2.7 亿支枪，然而美国在枪支管理方面少有作为。

**二、犯人行为准则**

美国监狱局规定的监狱工作目标为：确保在监狱设施内不发生逃跑和扰乱以保障公众的安全。通过消除暴力、掠夺行为、帮派活动、吸毒和罪犯持有武器，营造一个可控环境以满足每个罪犯的安全需求，保证所有罪犯的人身安全。通过提供医疗保健、心里、精神、职业培训等工作项目，使罪犯为回归社会成为一个对社会有益并远离犯罪的人做好充分的准备。但事实上美国监狱管理工作一直是联邦政府和州政府头痛的大问题，较高的重新犯罪率和监狱人满为患的现象，影响着美国在监狱矫正领域的威望，这与美国的监狱罪犯管理不无关系。

犯人的行为准则主要通过一系列的监规纪律来体现，对罪犯管理的一个重要任务是制定监规纪律并通过奖罚的形式来确保规章的遵守以维持矫正机关的正常

---

〔1〕 Walmsley, R. (2019), World Prison Brief. London：Institute for Criminal Policy Research. Available online：http：//www. prisonstudies. org/world-prison-brief.

秩序。大多数矫正机关在罪犯入监时将监规纪律以及监狱的有关情况分发给犯人，以便他们详细了解监狱的要求，尽快适应监狱生活。多数单位将监规纪律印制成犯人手册，大都是以法律文件的形式。各州所制定的规则数量不尽相同，一般在 20 条~50 条左右。主要禁止的行为有：①禁止在矫正机构中公开地提倡、鼓励、推动或参与聚众骚乱；②禁止对机构的矫正项目和纪律产生严重的危害行为；③禁止出现在未经许可的区域，完成工作任务、安排的活动或工作人员指定的除外；④禁止打架斗殴或故意的人身伤害；⑤禁止在犯人中捏造谎言；⑥禁止以威胁手段强迫某人从事他有权利不干的事，或强迫某人放弃他有权利干的事；⑦禁止盗用他人财物占为己有或给第三者；⑧禁止未经许可故意地破坏或损坏公私物品；⑨禁止拥有或制作生产违禁物品，未经监狱许可的物品均为违禁物品；⑩禁止犯人之间性刺激的行为，包括性交、接吻、搂抱和摆弄个人的隐私部位；⑪禁止与工作人员交往表现出敌意或私人的怨恨；⑫禁止不服从工作人员在紧急情况下的命令；⑬禁止故意欺骗工作人员；⑭禁止把有价值的东西作为比赛、游戏的赌注；⑮禁止参加一个已签订合同的活动或项目，但不按合同的规定办事；⑯禁止为逃避法律的监禁，实施一个成功的或不成功的脱逃尝试；⑰禁止犯人之间以物品、服务或任务作交易，或对一定的行为予以补偿等。[1]

犯人社会中也有一定的行为准则形成监狱的亚文化。由于犯人经历相同的剥夺和长时间居住在同样的环境中，他们对惩罚的环境和监禁的条件作出共同的反应，以避免或减少一些施加于他们的惩罚。在美国监狱社会中，犯人间的行为准则确实在不同程度地起作用，虽然事实上也常常有人违反。但是犯人如果遵守这一准则可以得到多数犯人的赞扬和肯定评价，而违反则会使自己的地位降至犯人社会结构的最底层，而被其他犯人看不起，并成为被攻击的对象。犯人社会中的行为准则内容无外乎包括以下几个方面：①不要影响其他犯人的利益，不要爱管闲事，不要告密；②不要与其他犯人争论或吵架，保持冷静；③不要为了个人利益欺骗其他的犯人，不要说话不算话、不履行自己的诺言；④要有人的自尊感，不要软弱，不要低声下气；⑤不要相信工作人员，不要和他们交朋友，他们是错的，犯人是正确的。犯人们把这些对犯人亚文化有重要影响的价值观念、行为规范及对狱警的态度植根于监狱，导致了犯人与监狱工作人员之间的对立。

---

　　[1] 潘国和、[美] 罗伯特·麦尔主编：《美国矫正制度概述》，华东师范大学出版社 2003 年版，第97 页。

### 三、罪犯惩戒制度

#### (一) 普遍使用泰瑟枪对付被监禁者

据大赦国际 2008 年报告称,自 2001 年以来已有 300 人死于泰瑟枪电击,其中 2008 年就有 69 人。泰瑟枪最早出现在 20 世纪初期的科幻小说中,也有人根据其原理称其为"电休克枪"。泰瑟枪没有子弹,它是靠发射带电"飞镖"来制服目标的。枪里面有一个充满氮气的气压弹夹。扣动扳机后,弹夹中的高压氮气迅速释放,将枪膛中的两个电极发射出来,命中目标后,倒钩可以勾住犯罪嫌疑人的衣服,枪膛中的电池则通过绝缘铜线释放出高压,令罪犯浑身肌肉痉挛,缩成一团。

#### (二) 给逃跑犯人戴"电子腰带"

据大赦国际调查报告称:在美国的一些州,为了防止犯人逃跑,监狱竟然给犯人戴上"电子腰带",一旦监狱管理人员发现犯人有"越轨行为",便按动手中的遥控器,电子腰带在接收到信号后释放高压电流,犯人立即被击倒在地。报告披露,在加利福尼亚州的一所监狱里,一些小偷小摸的犯人也难逃"电子腰带"刑具惩罚的命运。这种惩罚不仅伤害犯人的健康,也使犯人精神受到严重摧残。一位刑满释放者到家后,竟然连电视都不敢看。因为他只要一看到电视机的遥控器就会联想到在教育中的电子腰带。联合国禁止酷刑委员会认为,美国的这种做法是残酷的和不合人道的,几乎必然违反《联合国禁止酷刑公约》第 16 条的规定,故应予以废除。[1]

#### (三) 向犯人喷射化学制剂

美国弗罗里达州立监狱 2000 年到 2004 年分别对该监狱囚犯进行了 238 次、447 次、611 次和 277 次喷射化学制剂的虐待,致使 10 名囚犯身体被严重灼伤,并患上了精神方面的疾病。囚犯称这些喷射物质包括催泪瓦斯和胡椒粉等。[2]

#### (四) 超高安全监狱

超高安全度监狱(Super-Maximum-Security Prison),在美国联邦监狱系统中,有些人认为传统的最高警戒度监狱还不能满足关押最危险犯人的需要,还建有一种超高警戒度监狱。1978 年,联邦监狱系统在伊利诺伊州马里恩启动了第一所重罪监狱,成为联邦矫正系统中唯一的一所超高警戒度监狱。根据 2000 年 9

---

[1] Conclusions and Recommendations of the Committee against Torture: United States of America, 15/05/2000, A/55/44, para 180 (c).

[2] 国务院新闻办公室,"2006 年美国的人权纪录",载 http: www. scio. gov. cn/ztk/dtzt/2014/2013nmgdrgjl/2013nmgdrgili/Document/1365443/1365443. htm,最后访问时间:2020 年 7 月 24 日。

月 30 日的资料，马里恩监狱关押的全部是男犯，犯人数量为 336 人，工作人员为 360 人。[1] 这座监狱中关押着很敏感的一些间谍、严重的系列谋杀犯以及以暴力和逃跑行为对联邦监狱的囚犯和工作人员的安全造成巨大威胁的罪犯等。美国联邦矫正局建的另一所超高警戒度监狱是在科罗拉多州的佛罗伦萨监狱，这所监狱关押的囚犯进行了包括抢银行、谋杀、与毒品有关的犯罪、与武器和爆炸物有关的犯罪、绑架、强奸、持械抢劫等。另外，在南卡罗来那、科罗拉多、密西西比和密歇根州的监狱系统中，也建立了超高警戒度监狱机构。超高安全监狱是关押高度危险罪犯的特殊监狱。高度安全监狱由多层剃刀式丝带电网、探测运动和声音的电子监控仪、防直升机设施所环绕，囚犯被拘禁在分隔的小单元里，在单元里囚犯被戒备地锁着且隔离于可能帮助或参与图谋越狱逃跑阴谋的其他囚犯。"矫正"工作在较低警戒级别的监狱开展。隔离监禁，主要意味着与自由世界的分离，尤其在高度警戒监狱，监禁意味着惩罚、遏制犯罪行为。

（五）普通监狱行政隔离区

行政隔离区是在普通监狱里设置的惩戒区域，罪犯单独关押于该区域内，不参加监狱内的任何活动和劳动。对囚犯最大的危害是受到长期隔离这一精神上的虐待，这使他们惊恐莫名，许多囚犯变疯或者自杀，他们被隔离在狭窄的房间里，其中许多人显得很孤立。在美国监狱里，那些被隔离的囚犯隔离的时间大多超过了 5 年，有的甚至超过了 20 年。他们有的被关在"高度安全"监狱里，有的被关在普通监狱的"行政隔离区"。在德克萨斯州的麦康奈尔监狱里大约有 2806 名犯人，其中 504 人隔离在行政隔离区。德克萨斯州监狱里的行政隔离区分为三个档次，大多数刚入监狱的犯人都需要在第三档次的行政隔离牢房被杀杀威风，这是最为严厉的监狱区。第三档次牢房的犯人没有除臭剂、洗头剂和牙膏，只可得到一些小苏打来擦拭牙齿，其他物品被视为奖品奖励那些表现良好的犯人，在行政隔离区，表现良好几乎是没有的，许多人精神上受到困扰，痛不欲生。1999 年，一位联邦法官发现德克萨斯州的行政隔离区实际上是精神病的孵化器。它们导致了残酷和罕见的惩罚。刑法专家克雷格·哈奈（Craig Hannah）也有同样的看法：他把自己在德克萨斯州的所见所闻称为是犯人的空前绝望和歇斯底里，许多人用大便涂在自己的脸上，也有人将小便尿在自己的牢房里，地上全是尿水。哈奈试图与一些犯人谈话，但是他们都显得语无伦次，往往是咕哝或是尖叫，有些人显得富有敌意暴跳如雷，还有些人将手伸出墙壁，有的显得神经兮兮、不知所云，一会儿就让人打退堂鼓了，因此，无法再交流下去。有些犯人

---

〔1〕 "Supermax prison", See https：//en. m. wikipedia. org/wiki/Supermax_prison （2019. 8. 22）.

被称为"投掷手",他们往往用他们的粪便投向看守,而对投掷手的惩罚是非常严厉的。犯人将被扒光衣服,穿上纸衣,他们正常的饭餐将被停止发放一周。取而代之的是每天只提供一些大杂烩食物。哈奈在作证时说:"该州的行政隔离区实在是糟透了,是我迄今为止看到的最恶劣的,要多恶劣有多恶劣。"

在麦康奈尔监狱里,行政隔离牢房按字母顺序进行编号:A 座、B 座、C 座、D 座,以此类推,是根据每个犯人的种族和所依附的黑帮分类的。A 座大多关押着团伙领导人,相对来说比较平静。F 座大多是团伙里的低级成员,一走进 F 座就像进了一个灵长类动物的笼子。里面充满了大声的吵闹和嘶哑的叫声,让人感到危险和易受攻击。事实也正如此,监狱官每天要报告 10 起~12 起暴力袭击事件。看守们不得不戴上玻璃罩以免遭犯人们向他们投掷大小便和食物。抨击声和大喊声回荡在屋内,大多数的声音根本无法识别,有些声音是遭折磨的呻吟声,有些从屋内深处传出,好像是犯人们用脚有节奏地蹬踩牢房铁门的沉闷声,或者通过猛踢铁板,可以引起看守的注意,这样可以打断他在行政隔离区冗长乏味的生活。

美国囚犯的基本权利得不到保障。美国是世界上唯一在监狱里使用警犬恐吓囚犯的国家。使用警犬震慑、攻击甚至撕咬犯人,以迫使其服从。在康涅狄格州监狱,2005 年一共发生过 20 起用警犬对付囚犯的事例;在爱荷华州,2005 年 3 月至 2006 年 3 月间,一共发生了 63 次。美国监狱性侵犯事件不断。联合国禁止酷刑委员会 2006 年 5 月 19 日发表报告说,美国监狱至少有 13% 的在押囚犯曾遭受性侵犯,许多人"多次遭受性侵犯"。在美国各州和联邦监狱里,4.5% 的犯人曾受到过一次或者一次以上的性攻击,有 2.9% 的性侵事件与狱警有关。据美国司法部 2006 年 9 月 7 日公布的报告,美国监狱关押的犯人中一半以上有精神健康问题。其中全国各州囚犯的 56%、看守所犯人的 64% 和联邦囚犯的 45%、曾在 2005 年接受过严重的抑郁症、癫狂、幻觉或者错觉等精神疾病的治疗,或者有这些疾病的症状。[1]

〔1〕 "2006 年美国的人权纪录",载 https://baike.baidu.com/item/2006% E5% B9% B4% E7% BE% 8E%E5%9B%BD%E7%9A%84%E4%BA%BA%E6%9D%83%E7%BA%AA%E5%BD%95,最后访问时间:2019 年 10 月 6 日。

## 第三节 行刑社会化制度

### 一、美国行刑社会化的起源

在美国监狱制度正式建立的同时，行刑社会化也在美国悄然兴起。更确切地说，美国行刑社会化的萌芽甚至可以追溯到美国建国和正式的监狱制度建立之前。从时间和逻辑顺序上说，这似乎有点本末倒置，因为这与一般国家行刑社会化的发展过程截然不同。作为刑罚执行的一项基本原则，行刑社会化的主旨在于避免和克服监禁刑的弊端，促成罪犯的再社会化。因而行刑社会化产生发展的一般规律应该是先有监狱和监狱制度，之后才有行刑社会化思想和实践的萌生与发展。美国的实践应该说是行刑社会化发展史上的一个特例，这实际上是由美国自身的历史特点决定的。如前所述，美国在建国之前经历了很长时期的殖民地时期，当时执行的是英国的法律，矫正制度与管理模式也是英国的翻版，刑法的苛厉性、刑罚的残酷性和刑罚执行的不人道性是其主要的特点。在美国独立战争前夕欧洲资产阶级启蒙思想家如霍华德、贝卡利亚、孟德斯鸠、边沁等改革刑罚与监狱制度的主张也深深影响了当时北美洲的一些有识之士，使他们痛切地认识到当时刑罚和监狱制度的残酷性和不人道性，并在自己力所能及的范围内关注监狱问题，关心罪犯境遇并提供可能的帮助，这就是美国行刑社会化的最初的思想与实践萌芽。由于殖民地时期发端的行刑社会化与美国建国后的行刑社会化在时间上没有间断，在内容上浑然一体，因而我们对美国行刑社会化起源的追溯，只能从殖民地时期开始。我们认为，最能反映美国行刑社会化趋向的制度是出狱人保护制度、缓刑制度、假释制度。

一般认为，出狱人社会保护事业发源于美国费城。1776 年，美国费城慈善家理查德·怀斯德（Richard Wister），因其住所与费城矫正为邻，经常看到出狱者衣衫褴褛、面容憔悴、精神萎靡不振，便生恻隐之心，于是呼吁当地居民共同捐助巨额资金，创设费城出狱人保护协会（Philadelphia Society Assisting Distressed Prisoners），扶助出狱人生活及就业，这是世界更生保护制度的雏形，怀斯德因此而被尊为"更生保护之父"。该会于 1787 年更名为费城减轻出狱人悲惨协会（Philadelphia Society for Alleviating the Miseries of Public Prisoners），继续从事行刑改良及出狱人保护活动。其后，同样的组织在波士顿（1825 年）、新泽西（1833 年）、纽约（1846 年）等纷纷成立。但当时的出狱人保护组织基本上以民间或私人团体为主，并未引起政府的注意。随出狱人保护事业的发展，出狱人保护在防卫社会、预防重新犯罪等方面的作用引起了政府的注意。美国的麻省率先在各地成立官方保护机构，提供专门经费，以协助解决出狱人的生活与就业问题。20 世纪 20 年代，被誉为"希望之家"的重返社会训练所在纽约、爱荷华、加利福尼亚、佛罗里达等迅猛发展，后由于 20 年代末经济危机的冲击而解体。

从严格意义上讲，出狱人保护并非刑罚执行制度，其内容也超出了行刑社会化的范畴，将其作为行刑社会化的渊源似乎有牵强附会之意。但出狱人保护制度的理论前提是：罪犯在经历了长期的监禁生活之后，突然回到隔离多年的正常社会，必然产生种种不适，其在生活、就业、升学、婚姻等问题上经常陷于困境，因而极易产生挫败感，如不加以及时的引导和教育，其重新犯罪的可能性极大。这就要求国家和社会及时给予特别的关注，通过精神上的指导、督促和物质上的救济和帮助，扶持其渡过难关，顺利实现再社会化。因而出狱人保护的核心理念是促进、帮助刑满释放人员顺利实现再社会化，这与行刑社会化的终极目标不谋而合。同时，出狱人保护与行刑社会化在时间上相互衔接，在措施上层层递进，共同为了同一个目标而协同发挥作用，在实践中也很难将两者截然分开。正如日本有学者所指出的那样，若对刑满释放者不加以保护观察，那恰恰等于对再犯危险性高的犯人不附加保护观察。因此在立法中普遍存在对于刑满释放者采用一定期间的保护观察的制度，以至于在理论上把"刑满释放加保护观察当作一种刑罚形态"。[1] 虽然在理论上我们不应当混淆刑满释放后的保护观察与刑罚形态的区别，但将其作为行刑社会化的一个组成部分，在理论上和实践中也不至于引起很大的分歧。

**二、美国行刑社会化的发展**

以出狱人保护、缓刑制度的广泛推行为标志的美国行刑社会化运动在 20 世纪 30 年代以前虽然发展迅速，但基本上是处于初始阶段。而始于 20 世纪 20 年代末 30 年代初的经济危机则给刚刚兴起的行刑社会化兜头浇了一盆冷水。大萧条（Great Depression）导致大批工人失业，使得立法机关不得不通过立法取消了营利性的罪犯劳动，同时禁止再建新的监狱。假释制度首次受到批评，有人指责在一些州假释决定被腐化或至少没有正常的规范制度，并且犯人出狱后没有起码的监督。[2] 因而当时要求停止假释的呼声很高。在 1939 年弗兰克林·罗斯福（Franklin Roosevelt）总统主持召开的第一届全美假释大会上，芝加哥大学校长罗

---

〔1〕 〔日〕森下忠：《犯罪者处遇》，白绿铉等译，中国纺织出版社 1994 年版，第 59 页。

〔2〕 〔美〕大卫·E. 杜菲：《美国矫正政策与实践》，吴宗宪等译，中国人民公安大学出版社 1992 年版，第 561 页。

伯特·哈金斯（Robert Hutchins）在开幕词中也指出："假释这一制度在多数州由于管理体制问题、财政问题、政治上的原因、管理人员的不称职、腐化而受到损害。"[1] 在经济危机的冲击下，假释所需要的罪犯在释放前必须找到工作的条件无法得到满足，致使在司法实践中假释适用比率降低，也导致了被人们誉为"希望之家"的重返社会训练所的解体，美国行刑社会化经历了自产生以来的第一次严重挫折。而与此相伴而来的则是矫正关押罪犯的人数激增，在国家没有能力大量建造新的监狱的情况下，监狱爆满则变成不可避免的了。美国国家守法和执法委员会（National Commission on Law Observance and Law Enforcement）1931年的一份报告称，美国监狱拥挤的状况已到了令人难人置信的程度。例如，密歇根州监狱关押的犯人数已超过了其原始设计容量的78.6%，这个数字在加利福尼亚是62.2%，俄亥俄是54.1%，俄克拉荷马是56.7%。[2] 1923年，美国监狱中罪犯人数是81 959人，监禁率是74‰；1930年，监狱中的罪犯人数是120 496人，监禁率是98‰；到了1940年，监狱中的罪犯人数到了165 585人，监禁率为125‰。[3] 自20世纪20年代末由经济危机引发的大萧条开始至第二次世界大战结束，行刑社会化在美国一直处于徘徊、停滞甚至倒退的状态，没有多少令人注目的新发展。

第二次世界大战后，人们通过对战争期间人类所遭受的不幸和苦难的反思，对民主和人道的价值有了更深层次的认识，对个人权利的尊重和保护日渐成为各国法律的主题。在这种时代背景下，行刑社会化在美国也迎来了它的黄金时代。自二战以后到20世纪70年代中期以前，以"矫正"和"更新"为核心的行刑社会化思想倾向在行刑实践中占据了主导地位，这种倾向突出地表现在两方面：一是重返社会制度的复兴；二是社区矫正运动的兴起。20世纪50年代，曾被人们誉为"希望之家"的重返社会训练所在联邦和地方财政的强力支持下，再度兴起，拉开了新一轮行刑社会化运动的序幕。二次勃兴的重返社会训练制度与20世纪20年代的初始形态相比，内容更加丰富，包括释前训练、劳动释放、教育释放、归假制度、中途之家和社会扶助制度等。1950年，美国有三个州设立了劳动释放制度；1957年，北卡罗莱纳州通过了一项包括重罪犯和轻罪犯在内

〔1〕[美]大卫·E.杜菲:《美国矫正政策与实践》，吴宗宪等译，中国人民公安大学出版社1992年版，第561页。

〔2〕Howard Abadinsky, *Probation & Parole: Theory And Practice*, New Jersey: Prentice-Hall, Inc. pp. 172~173.

〔3〕Howard Abadinsky, *Probation & Parole: Theory And Practice*, New Jersey: Prentice-Hall, Inc. pp. 172~173.

的综合性劳动释放法，这一法令导致劳动释放制度在其他州迅速发展。1965 年美国国会通过了《犯人改造法》，授权联邦矫正局、哥伦比亚特区矫正部制定工作释放及休假计划；到 1966 年，有 27 个州、联邦政府和哥伦比亚特区都制定了工作释放法。而到了 70 年代末，除少数几个州外，所有的州都制定了劳动释放法。[1] 20 世纪 60 年代，美国确立了囚犯归假制，旨在让囚犯通过归假的 48 小时或 72 小时来逐步适应社会生活；20 世纪 70 年代，美国又采用了教育或学习释放制度，囚犯白天上学，晚上放学后回到监狱；当许多假释犯对保证就业和较好地适应社会生活的需要越发明显时，社区扶助活动在 70 年代开始发展起来。20 世纪 60 年代，以重新回归理论为基础的社区矫正开始盛行。社区矫正是与监内矫正相对应的一种矫正模式，意指利用社会资源改造罪犯，促使罪犯重新复归社会。1965 年，美国联邦《罪犯改造法》授权设计帮助罪犯改造的项目并同时减少矫正人口。1968 年，根据国会颁行的《综合犯罪控制与街道安全法》（*Omnibus Crime Control and Safe Streets Act*）成立了执法协助局（Law Enforcement Assistance Administration，LEAA）。在执法协助局的鼓励和财政支持下，各州矫正官员开始寻求在矫正以外改造罪犯的办法。他们的办法主要集中在如何使罪犯重新复归社会上，并逐渐发展为现在人们共知的"社区矫正"。[2] 虽然美国矫正理论与实务界对社区矫正的范围的认识大相径庭，但其社区矫正的形式丰富多彩却是得到公认的。一般而言，除了传统的缓刑、假释制度外，其他形式的社区矫正项目还包括审前释放、审前转处、社区服务、家庭监禁、电子监禁、中途之家、间歇监禁等。美国联邦政府为社区矫正提供了强有力的资金支持，从而使社区矫正在 20 世纪 60 年代到 70 年代中期在各州都得到了迅速而全面的发展。自 1967 年执法协助委员会为社区矫正项目拨款开始到 1975 年 7 月，联邦政府为实施《综合犯罪控制和街道安全法》共提供资金 23 837 512 美元，州和地方提供了 12 300 710 美元，专门用于成年犯释放后居住、就业辅导方案。[3]

**三、美国行刑社会化危机**

20 世纪 70 年代中期，第二次世界大战后蓬勃发展的美国行刑社会化运动遭遇了其萌发以来的第二次危机。这场危机的直接导火索是 1974 年马丁森报告（*Martinson Report*）的发表。"更新无效论"对美国当时的矫正思想造成了巨大冲

---

〔1〕［美］克莱门斯·巴特勒斯：《矫正导论》，孙晓雳等译，中国人民公安大学出版社 1991 年版，第 131~132 页。

〔2〕 Howard Abadinsky，*Probation & Parole：Theory and Practice*，*New Jersey*：Prentice-Hall, Inc. pp. 185。

〔3〕［美］克莱门斯·巴特勒斯：《矫正导论》，孙晓雳等译，中国人民公安大学 1991 年版，第 82 页。

击，并引发了一场关于矫正效果的长达数年之久的论战，马丁森的报告也被称为投向美国矫正领域的一颗重磅炸弹。虽然马丁森后来对他的"更新无效论"的观点进行了某种程度的修正，并认为某些矫治项目在重新犯罪率上可以收到看得见的效果，[1] 但是仍然导致了美国 20 世纪 70 年代以后刑事政策向主张惩罚和威慑效应的新古典主义转向，并逐渐主导了美国的刑事政策。

新古典主义的刑事政策在对待犯罪问题上采取强硬态度，新古典主义对待犯罪问题的强硬态度主要表现在：①青少年暴力犯应由青少年法庭转移至成年犯审判程序；②采用更多的剥夺自由的措施，监禁所有已判刑的重罪犯；③加强警方检视和检察工作的效果；④用确定刑取代不确定刑；⑤恢复死刑。[2] 这种强硬主义的立场也广泛地波及行刑领域，使行刑社会化的理念和实践都受到了巨大的冲击。在这场行刑社会化的危机中，适应新派刑罚理论主张的以复归社会为目的而产生的不定期刑首当其冲。加利福尼亚州是自第一次世界大战以来，在美国最彻底采用不定期刑的州，但在惩罚思想的影响下，率先废除了不定期刑。1977年到 1982 年，美国有 37 个州通过了强制下限判刑法，11 个州通过了定期判刑法。曾广泛适用的缓刑、居住方案、工作释放和假释等社会矫正制度受到不同程度的限制，尤其是限制假释适用的倾向尤为明显。迈阿密州在 1976 年首先取消了假释，其他有 9 个州在 80 年代和 90 年代，相继取消或对假释进行了极大的限制。[3] 其他废除假释的州是伊利诺伊、印第安纳、明尼苏达、缅因和墨西哥等5 个州。[4] 1984 年，美国国会通过了《综合控制犯罪法》，指明从 1992 年起对联邦监狱的犯人取消假释，加利福尼亚州在 20 世纪 90 年代中期通过立法，确立了三次暴力犯罪者终身监禁、不得假释的规定。[5] 在司法实践中，法官们也比较多地对罪犯判处监禁刑，而较少地判处缓刑，并且判处的刑罚都比较严厉。强硬主义刑事政策在矫正领域所导致的直接后果之一就是监狱爆满。据统计，1977年每 10 万人口中有犯人 135 名，1982 年则上升为每 10 万人口中有犯人 170 名。1973 年至 1982 年的 9 年间，仅州监狱人数就增长了 54%，使州监狱关押的犯人

──────────

〔1〕 ［美］理查德·霍金斯、杰弗里·P. 阿尔珀林：《美国监狱制度》，孙晓雳、林遐译，中国人民公安大学 1991 年版，第 250~256 页。

〔2〕 ［美］克莱门斯·巴特勒斯：《矫正导论》，孙晓雳等译，中国人民公安大学出版社 1991 年版，第 23 页。

〔3〕 刘强编著：《美国刑事执法的理论与实践》，法律出版社 2000 年版，第 218 页。

〔4〕 潘华仿主编：《外国监狱史》，社会科学文献出版社 1995 年版，第 206 页。

〔5〕 刘强编著：《美国刑事执法的理论与实践》，法律出版社 2000 年版，第 218 页。

人数达到 382 630 人，另外有 29 673 名犯人关押在联邦监狱。[1] 监狱人口爆满的危机又对强硬主义刑事政策指导下的矫正实践产生了巨大的影响。

美国自 20 世纪 80 年代以来，又扩大了缓刑和假释的适用，联邦和限制、取消假释的州又纷纷恢复了假释。最先取消假释的迈阿密州于 1983 年开始恢复假释，其他的州也相继得以恢复。虽然加利福尼亚州尚未改变三次暴力犯罪不得假释的规定，但对其他罪犯的假释比例有所增加。另据美国司法部公布的数据，截止 1997 年底，全美被判缓刑与假释的成年男女人数超过 390 万，其中，适用缓刑的有 3 261 888 人，适用假释的有 685 033 人。[2] 2007 年，美国缓刑人数达到历史新高，为 4 293 000 人，此后逐渐下降。[3]（如图 18-4）

表 19-4　美国矫正人员总数

| 年份 | 总人数 | 社区矫正 | | | 监部 | | |
|---|---|---|---|---|---|---|---|
| | | 合计 | 缓刑 | 假释 | 合计 | 地方监狱 | 联邦及州监狱 |
| 2000 | 6 467 800 | 4 564 900 | 3 839 400 | 725 500 | 1 945 400 | 621 100 | 1 394 200 |
| 2006 | 7 199 600 | 5 035 000 | 4 236 800 | 798 200 | 2 256 600 | 765 800 | 1 568 700 |
| 2007 | 7 339 600 | 5 119 000 | 4 293 000 | 826 100 | 2 296 400 | 780 200 | 1 596 800 |
| 2008 | 7 312 600 | 5 093 400 | 4 271 200 | 826 100 | 2 310 300 | 785 500 | 1 608 300 |
| 2009 | 7 239 100 | 5 019 900 | 4 199 800 | 824 600 | 2 297 700 | 767 400 | 1 615 500 |
| 2010 | 7 089 000 | 4 888 500 | 4 055 600 | 840 800 | 2 279 100 | 748 700 | 1 613 800 |
| 2011 | 6 994 500 | 4 818 300 | 3 973 800 | 855 500 | 2 252 500 | 735 600 | 1 599 000 |
| 2012 | 6 949 800 | 4 790 700 | 3 944 900 | 858 400 | 2 231 300 | 744 500 | 1 570 400 |
| 2013 | 6 899 700 | 4 749 800 | 3 912 900 | 849 500 | 2 222 500 | 731 200 | 1 577 000 |
| 2014 | 6 856 900 | 4 713 200 | 3 868 400 | 857 700 | 2 225 100 | 744 600 | 1 562 300 |
| 2015 | 6 740 300 | 4 650 900 | 3 789 800 | 870 500 | 2 172 800 | 727 400 | 1 526 600 |

〔1〕　潘华仿主编：《外国监狱史》，社会科学文献出版社 1995 年版，第 196 页。
〔2〕　周振雄编著：《美国司法制度概览》，上海三联书店 2000 年版，第 284 页。
〔3〕　Bureau of Justice Statistics："Annual Surveys of Probation and Parole, Deaths in Custody Reporting Program, and National Prisoner Statistics program"，2016，See https://www.bjs.gov/content/pub/pdf/cpus16.pdf（2019-10-6）.

#### 四、美国行刑社会化的实践

美国行刑社会化的实践具体表现在重返社会训练制度，目的在于为即将步入社会的罪犯提供接触社会的机会、条件与环境，避免因从监禁环境中突然进入社会而造成的不适应，也有利于罪犯职业训练和就业。美国一些犯罪学家认为，重返社会训练制度比直接将犯人假释更有利于使罪犯适应社会。美国重返社会训练制度的主要形式有中途之家、劳动释放、学习释放、归假制度、社区扶助计划等。[1]

##### （一）中途之家（Halfway House）

中途之家，也被称为出监训练所，中间监所或释前中心，是为即将释放的罪犯更好地适应社会生活而设立的位于社区内的过渡性的居住机构。中途之家是历史最为悠久的重返社会训练制度。1817 年，马萨诸塞州矫正委员会首次使用中途之家这一概念，建议为那些贫穷的释放者建造一些临时性的收容所，以安置他们直到其能在社会上重过稳定的生活。[2] 我国学者刘强指出，第一个在美国正式建立中途训练所的是 1817 年宾夕法尼亚州，但建议没有被采用；而马萨诸塞州则是于 1917 年才提出建立这种训练所。[3] 由于笔者手头外文资料有限，因而无法确定哪种说法更为准确，只好在此列出两者之不同，尚请读者注意辨析。中途之家在 20 世纪 20 年代曾兴盛一时，后由于经济危机的影响而趋于沉寂，20 世纪 60 年代，随着社区矫正思想的传播与发展，中途之家在全美又开始发展起来，推动中途之家进一步发展的最重要的事件是 1964 年芝加哥国际中途训练协会的成立，以此为契机，私人中途训练所的数量有了很大的增长。[4]美国的中途之家在性质上有的是公共机构，有的则是私人机构，因而在不同的司法管辖区，这一概念的含义及机构设置也是不相同的。一般情况下，犯人进入中途之家具有一定的强制性，但也有的是在自愿的基础上向当事人提供简单的住宿条件。在中途之家内部犯人享有较大的自由度，大多数犯人可在晚上和周末自由离去，但也有的被强制晚上必须住在中途之家。中途之家接收的对象主要是刑期将满者，也包括缓刑人员、提前释放人员和假释人员。

〔1〕 柳忠卫："美国行刑社会化的历史解读与现实启示"，载《云南大学学报（法学版）》2004 年第 3 期。

〔2〕 ［美］克莱门斯·巴特勒斯：《矫正导论》，孙晓雳等译，中国人民公安大学出版社 1991 年版，第 131 页。

〔3〕 刘强编著：《美国刑事执法的理论与实践》，法律出版社 2000 年版，第 230 页。

〔4〕 刘强编著：《美国刑事执法的理论与实践》，法律出版社 2000 年版，第 230 页。

中途之家根据当事人情况的不同提供不同的管理和矫正项目，其主要作用表现在三个方面：一是为犯人提供诸如食宿等生活方面的服务。二是提供相应的矫正项目。对于刚进入中途之家的犯人，一般是首先创造一种使其感到不是很适应的环境，要求他们参加不同的工作和训练项目，接受宵禁、不定期的毒品和酒精检查和其他技术上的测定。而对于准备进入社区的释放人员，则侧重于为当事人创造一个类似家庭的环境和氛围，目的是使罪犯尽快适应社会。三是对犯人进行职业指导、就业帮助和安置。

（二）劳动释放（Work release）

劳动释放，又称工作释放，是指让刑期将满的犯人到监狱外从事某种劳动，为获释后寻找工作创造机会；同时罪犯本人可以获得一定的经济收入，维护和强化与家庭、社区的联系，为顺利回归社会做准备。劳动释放始于 1906 年的佛蒙特州。1913 年，在参议员亨利·休伯（Henry Huber）的倡导下，威斯康星州通过了第一个全州范围的劳动释放法律。1959 年和 1960 年，北卡罗莱那州试行这种办法，无论是对轻罪犯还是重罪犯都取得了巨大的成功。1965 年美国国会通过《罪犯改造法》，授权联邦矫正局及哥伦比亚特区矫正部制定工作释放及休假计划。到 1967 年，有 24 个州通过了关于工作释放的立法。到 80 年代，除一个州外，其余各州均制定了有关这一计划的法律。

劳动释放有两种形式，即机构内的劳动释放和社区劳动释放。机构内的劳动释放一般在拘留所和矫正所内实施。囚犯一早带着午饭和车费离开监房，当天劳动结束后返回。一般情况下，机构内的劳动释放多由低度警戒矫正实施。社区劳动释放是指罪犯被安排在中途之家、社区处遇中心等社区扶助机构内住宿，劳动完毕不必直接回监狱。在美国的大多数司法管辖区内，参加劳动释放的犯人与一般工人在相同的条件下工作，矫正机关很少卷入对罪犯劳动的管理，而由雇主按正常工作管理。有的雇主与矫正局签订了长期的合同，并提供交通工具接送犯人上下班。到 1982 年 1 月，全美有 12 000 名犯人享受着劳动释放制。

（三）学习释放（Study release）

学习释放也称教育释放，是指允许犯人白天离开监狱到社会上的学校学习，晚上或非上课时间在监狱接受矫正的制度。同劳动释放一样，学习释放的目的也是加强罪犯的社会适应能力，同时提高罪犯的知识水平和职业技能。参加学习释放项目的犯人同时拥有两种身份：白天以学生的身份到学校上课，晚上以罪犯的身份回到监狱服刑。他们可以参加狱外各种学校的学习，从职业技术学校到普通中学直至大专院校，对他们的要求也与普通学校的学生一样，没有特殊。据统计，1971 年有 3000 名罪犯参加了学习释放项目，其中 45% 的犯人上职业学校，

25%的犯人上大学，其余 30%则分散于中学和夜校。[1]由于多数犯人的文化水平较低，需要在监狱内补习中学文化，社会上的大学经常在监狱内为有兴趣和有能力的罪犯开设课程，电视大学、函授大学也为罪犯在监内学习创造了方便条件，加上许多监狱与学校校园距离较远，因而在美国，学习释放并不像工作释放那样普及。

（四）归假制度（Holiday system）

归假制度是指监狱允许符合条件的正在服刑的罪犯暂时离开监狱，自由回家或休假的制度。该制度开始于 20 世纪 60 年代后期，其主要目的在于帮助罪犯保持或重建与家庭的联系，或帮助罪犯解决家庭困难，或为了方便罪犯出狱后的工作安排和居住。有资格享受归假待遇的一般是那些在监内表现好、人身危险性低、有良好的守法记录、刑期即将届满的罪犯。罪犯归假的时间从几小时到数周不等，一般为 48~72 小时，这主要取决于罪犯本人的表现和实际需要。归假制度在美国适用比较广泛，成功率较高，1973~1974 年，美国罪犯中享受归假的罪犯超过 25 万人次；据实施该制度的几个州的报告，其成功率是 91%~99%。[2]

（五）家庭监禁（Home confinement）

家庭监禁是指罪犯被判刑以后不必被关押在监狱内，而是在自己家里服刑。其是介于缓刑与监禁之间的一种限制自由的刑罚执行方法。家庭监禁在美国于 1971 年由圣路易斯市首先使用，开始主要适用于青少年罪犯，后来也适用于成年人。佛罗里达州于 1983 年采用家庭监禁，并通过了矫正改革的立法，允许对一部分罪犯实行家庭监禁。继佛罗里达之后，俄克拉荷马州在 1984 年对罪犯实行家庭监禁。此后许多州也采纳了不同类型的家庭监禁项目。1990 年，有 27 个州建立了这种项目。到 1996 年底，美国共有 23 000 犯人在家中被禁，这种监禁的数量目前仍在增大。[3]家庭监禁由法院适用，对象是人身危险性较小且有稳定的居住条件的非暴力罪犯。刑期一般是 6 个月到 3 年不等。有的罪犯全部刑期都在家中渡过，有的则先在家庭服刑，以后改用其他方法继续服刑。犯人在家庭服刑期间有一定的行为自由，如外出找工作、上教堂等。美国有学者马可·仁泽马（Marc Renzema）认为家庭监禁一词易于误导公众，因为该项目下的罪犯通常每周有 50 多个小时离家外出工作，参加矫正项目，执行社区服务，或完成管理机

〔1〕 ［美］克莱门斯·巴特勒斯：《矫正导论》，孙晓雳等译，中国人民公安大学出版社 1991 年版，第 137 页。

〔2〕 ［美］克莱门斯·巴特勒斯：《矫正导论》，孙晓雳等译，中国人民公安大学出版社 1991 年版，第 138~139 页。

〔3〕 刘强编著：《美国刑事执法的理论与实践》，法律出版社 2000 年版，第 224~225 页。

构规定的特别任务。佛罗里达州的矫正部门将家庭监禁称为社区控制，马可·仁泽马认为是对该实践项目更为准确的界定。[1]对实行家庭监禁的罪犯的监督办法有两种：一是电子监控。即在犯人的手腕或脚踝处戴上一只电子铐，如果犯人的活动范围超过了规定的界限，电子铐便自动发出报警信号，管理部门根据收到的信号，可以判定犯人违反了规则并采取相应的制止措施；另一种是由该辖区的缓刑监督机构进行监督，观察他们是否按照法院的规定服刑。监督机构还经常同犯人家属和雇主联系，随时检查犯人的情况。对于家庭监禁的行刑方式，美国矫正实务界看法不一。赞成者认为该种措施能够缓和矫正拥挤状况，有利于罪犯重返社会，反对者则认为该种行刑方式对犯人过于仁慈，不足以产生惩戒作用。目前这种方式仍处于试验阶段，社会效果如何，还有待于实践的检验。

（六）间歇监禁（Intermittent Imprisonment）

间歇监禁也称中间处遇或中间制裁，是从有期监禁刑演变而来的一种新的罪犯处遇形态。它是指罪犯在特定时间里（如周末或晚上）被监禁，而其他时间（如工作日或白天）则享有正常的社会自由的一种行刑制度。间歇监禁的适用对象主要是那些罪行较轻的非暴力初犯者，对累犯、惯犯和暴力犯一般不用。间歇监禁也是一种典型的缓刑替代方法，一般是代替以定期向缓刑机构报告自己的情况为条件的缓刑。处于间歇监禁中的罪犯，如果重新犯罪或违反法院规定的行为规则，法院则可易科普通监禁刑。间歇监禁的主要形式有周末拘禁、外部通勤和外出外宿等制度。

1. 周末拘禁。周末拘禁也被称为"假日服刑"，即罪犯在工作日（一般是周一到周五）在社会上进行正常的工作和学习，在休息日（周六、周日）则回到监狱服刑的一种自由刑执行制度。周末拘禁最初起源于欧洲，主要适用于少年犯，是对被判处短期自由刑的少年犯的一种行刑方式，后来美国的一些州将其作为对普通自由刑的分期执行方式使用。与周末拘禁类似的行刑方式还有夜间监禁（白天正常工作、生活，晚上在矫正服刑）、白日监禁（白天在矫正服刑、晚上回家住宿）等，具体采用何种监禁方式，由法院根据被告人的具体情况而定。

2. 外部通勤。外部通勤是允许正在矫正内服刑的罪犯到社会上参加工作或劳动，但下班后仍回矫正服刑的制度。外部通勤制度有两种具体形式，即司法上的外部通勤和行政上的外部通勤。司法上的外部通勤是一种刑罚方法，称为"通勤刑"，由法院在判决时宣告，其对象是被判处短期徒刑者。行政上的外部通勤

---

〔1〕 James M. Byrne, Arthur J. Lurigio, Joan Petersilia, Smart Sentenciny: *The Emergence of Interdiate Sanctions*, California: Sage Publications, Inc. pp. 41~42.

是一种罪犯处遇措施，由矫正当局或假释委员会等机构对刑期较长且已经执行了一定刑期的罪犯适用，目的是为罪犯回归社会做准备。外部通勤制度在 20 世纪初为美国率先采用，之后传到欧洲各地，外部通勤制度为罪犯提供了一个在正常的社会环境中从事劳动的机会，有利于罪犯理解正常社会劳动的意义和价值，培养罪犯的自律意识和责任感。

3. 外出外宿制度。外出制度是指在一天之内的某个时段，监狱允许罪犯自由外出的制度，包括工作外出、学习外出、暂行外出和释放前外出等形式。外宿，指在一定时间内允许罪犯在监狱外住宿。外出外宿制度有利于恢复和保持罪犯与家庭和社会的联系，避免和减少将来因突然进入社会所带来的不适感。

（七）社区服务（Community Service）

美国学者 M. 凯·哈里斯（M. Kay Harris）将社区服务定义为："社区服务是这样一种计划：判决罪犯在一个非营利性、靠税收维持的机构里，以一个限定的时间作为其行刑的选择或条件，从事规定数量时间的无偿劳动或服务。"[1] 美国最早的社区服务是 1966 年加利福尼亚州的阿拉姆达县，一项专门为不能付罚金的女交通肇事犯设计的劳役计划。现已被撤销的执法协助局对社区服役的发展起了主要的促进作用。1978 年~1981 年，该机构提供了 3000 万美元，建立了 85 个服役中心。现在美国大约有 1/3 的州用社区服务的判决作为监禁刑的替代形式，许多州用这种办法作为减轻监狱压力的措施之一，大多数被判处不超过 6 个月监禁的罪犯被转入社区服务。社区服务还可能是复合刑罚的一个组成部分，即在对罪犯判处缓刑的同时，附加判决其从事一定期限的社区服务。

社区服务的工作内容是多种多样的，但大多是非技术性的手工劳动。如芝加哥州库克县社区服务计划中的工种包括：收集垃圾、整修街道、刷街区线、修建交通灯、清理下水道、清扫擦洗工作、割草、一般的油漆工作、修补废罐、收集破碎物以及在日托所照顾孩子等。[2] 美国学者对社区服务性质的认识不是很一致，很多人认为它是一种赔偿方式，而克拉耶克则认为社区服务适用的增加同酗酒开车立法有密切的联系，其作为对酒后开车的刑罚显然出于报复的动机。英国社区服役问题专家皮斯则认为社区服役应被看成是一种纯粹的报应刑罚，罪犯通过完成规定时间的无偿劳动来回报社会。从上述库克县社区服务的内容看，大多

---

〔1〕 ［美］大卫·E. 杜菲：《美国矫正政策与实践》，吴宗宪等译，中国人民公安大学出版社 1992 年版，第 291 页。

〔2〕 ［美］大卫·E. 杜菲：《美国矫正政策与实践》，吴宗宪等译，中国人民公安大学出版社 1992 年版，第 293 页。

数工作是为社区公共项目服务，而不仅仅是为受害者服务，因而把社区服务仅仅看成是一种赔偿方式显然是不合适的。

**思考题：**

1. 美国的矫正机构有哪几种类型？
2. 美国最具特色的矫正制度是什么？

# 第二十章　德国矫正制度

## 第一节　德国矫正机构

### 一、监狱机构

由于德国是联邦制国家，刑罚执行属于各州的专属权，州司法部直接领导监狱，负责制定刑罚执行所必须遵守的规章制度，并根据州议会批准的财政预算向各州监狱提供经费。现在，德国有 190 所监狱，共 7.8 万个床位，在押犯 7.2 万人，万人监禁率为 8.8%。每所监狱的押犯规模不等，小型监狱 300 人左右，大型监狱 1000 人以上，平均押犯 380 人。一个犯人平均每天的费用为 78 欧元~100 欧元，一年的费用约 3.7 万欧元，包括监狱建设费、工作人员费用、犯人生活费、日常开支费。德国监狱按照警戒等级和管理方式进行分类，大体可分为两大类：开放式监狱和封闭式监狱。

（一）开放式监狱

根据德国《刑罚执行法》第 10 条的规定，符合开放式执行的特殊要求，尤其是不具有逃避自由刑的执行或滥用开放式执行重新犯罪之嫌的犯人，在经其本人同意的情况下，可交由开放式执行机关执行。开放式监狱没有或者仅有低等级的逃跑预防措施，建筑和技术安全防范设施特别是围墙、窗栅栏、安全门可以取消。管理相对宽松，在监狱内部一般取消持续直接的监视。犯人可以在监狱内根据相关规定自由活动，监舍楼的外门可以部分时间不锁，犯人牢房也可以在休息时敞开，允许犯人白天到社会上工作，晚上回监狱住宿。1998 年，30% 的已决犯在开放式监狱服刑。联邦各州的情况也不相同，以 1998 年为例，图林根 4%、巴伐利亚 7%、汉堡 30%、柏林 34%。目前，德国各州有一半以上的犯人在开放式监狱执行刑罚，在封闭式监狱执行的是例外。

（二）封闭式监狱

而封闭式监狱必须确保对犯人的安全关押，在建筑技术方面拥有安全预防措施，监狱执行官员的活动也是以安全为第一原则。被关押在封闭式监狱的犯人，其监舍无疑也是封闭的，如其离开监舍，将会受到非常严密的监视。对犯人在牢房外，特别是在大的公共房间聚集，在庭院和放风时间的活动，进行持续直接的监视。封闭式监狱主要关押以下犯人：①有明显危险倾向或严重暴力行为的，如剥夺自由时脱逃，暴动越狱，参与暴乱，对他人性自主的侵犯；②曾在上次假期或单独外出时非自愿地返回矫正，或实施了可受惩罚的行为；③对其的驱逐、引渡、侦查或刑事程序尚未结束的；④担心其产生不良影响，特别是会危害到其他犯人刑罚目的的实现的。由此可见，在封闭式监狱执行的大部分是重刑犯。德国法律规定，封闭式执行方式和开放式执行方式之间可以互相转换，在封闭式监狱执行的犯人服刑满2/3刑期以后，经过评估没有逃跑危险的，可以转至开放性监狱执行。

同样属于封闭式监狱，德国各州对警戒等级的划分也不尽一致，有的州分为高度警戒、中度警戒和低度警戒三级；有的州分为最高警戒、高度警戒、中度警戒、低度警戒四级。有的州并不对监狱的警戒等级作出明确规定，而是根据犯人的危险等级，在监狱内部区域管理上有所区别。如有的州的监狱设有高度安全监区，专门关押恐怖分子和暴力犯罪分子。

德国的罗斯·道尔福和柏林的夏洛滕监狱都属于封闭式监狱，但是，两所监狱的警戒等级和管理方式有明显差异。罗斯·道尔福监狱的牢房门为坚固的钢质安全门，外窗都有防护栅栏，犯人每天只有1个小时的户外活动时间，犯人由牢房区进入生产区或由生产区进入牢房区都要经过安全检查。监狱使用的玻璃为C级，能够防止犯人撞击和破坏。监狱管理人员每天点名三次，早晨起床、中午吃饭、晚上休息时各点名一次，参观人员不许与犯人接触，有犯人的牢房也不允许参观。相对而言，夏洛滕监狱比较宽松，犯人不用穿囚衣，在监狱内有较大的自由空间，在有人参观时，犯人可在参观人员身边穿行，并打招呼。但是夏洛滕监狱有一个高度安全监区，这个监区位于监狱的一个角落，是一个独立、封闭的小院，约200平方米，只有一间牢房，院内有树木、花草、水池和运动器材，主要用来关押特别危险的犯人或屡次违反监狱纪律的人。陪同参观的监狱官说，这个地方不是单纯的监禁，而是给犯人提供一个安静优美的环境让他们思考反省；也表示监狱更加关注和关心他们。

**二、社会治疗机构**

德国《刑罚执行法》第9条对将在封闭式监狱服刑的犯人移至社会治疗机构作出了原则性规定："如果社会治疗机构能对犯人重返社会提供特别治疗方法和社会帮助，经犯人同意，可将其转至社会治疗机构执行。"除此之外，社会治疗机构还关押为了保护社会免遭刑事犯罪危害的保安监督处分人员。改革后的刑法典第 65 条规定了命令矫正与保安处分的先决条件，可以将进行了下述四类犯罪行为的罪犯安置于社会治疗机构：①性犯罪者；②具有重大人格障碍、曾多次犯罪者；③不满 27 岁的仍有犯罪倾向的犯罪者；④如社会矫治比精神病治疗更为有效，且无责任能力和限制责任能力的犯罪者。安置于社会治疗机构的先决条件是适合社会治疗措施。

社会治疗机构对犯罪人实行医疗模式。根据该模式，大多数重新犯罪的行为人之所以又触犯法律，是因为没有教会他如何像其他公民一样正常地生活。人们认为这些人经历的社会化条件（家庭不完整、受歧视、贫困等）对其完全不利，他们在某种程度上错过了上学、就业和安定生活的机会。刑罚执行的任务不应该是再给犯人增加痛苦，而是通过治疗消除其社会化方面的缺陷，向其提供帮助和心理治疗措施，这种预防重新犯罪的活动后来被称为"医疗模式"。正是在这样的认识基础上才产生了治疗机构，并在德国运行良好。

## 第二节　狱政管理制度

### 一、安全管理

（一）建筑安全

德国监狱的建造风格安全、实用、牢固，监狱没有军警守卫，狱墙高度大约 6 米~8 米，监狱墙上没有电网、岗哨，只有一道锋利无比的剃刀网，狱墙内侧有一个宽约 5 米的隔离带，副警戒线是一道高约 3 米的钢丝网，上面也有一道剃刀网，监控报警系统完善。

中国前去参观的监狱长对德国监狱没有武装哨岗和高压电网感到惊讶，便问德国监狱长如果犯人从矫正墙上逃跑是否要承担责任。德方监狱长回答：如果真的发生犯人从墙上逃跑，说明这个监狱的设计有问题，或者监狱的建筑标准有问题，承担责任的是监狱的设计者和标准的制定者，监狱长并不承担责任。

德国没有统一的建筑标准，监狱标准由各州司法部制定，州司法部在制定标准时非常重视科学依据，狱墙的高度是依据人类的运动极限设计的，人类跳高的极限是 2.5 米，摸高的极限是 4 米，撑竿跳的极限男 6 米、女 5 米，狱墙的高度超过 6 米就是以防犯人越狱逃跑，过度的安全措施不仅是资源浪费，还是实现再社会化目标的一种障碍。2007 年 6 月 4 日，德国西部波鸿市监狱曾发生过一起越狱事件，一名重刑犯在越狱时被锋利的剃须网紧紧咬住，监狱管理人员叫来消防车，剪开剃刀网才把这个满身是血、动弹不得的犯人解救下来。罗斯·道尔福矫正在过去的10年里也有犯人企图越狱，但没有得逞。

　　德国监狱的牢房多为单人间，每间大约10平，牢房里有单独的厕所和洗漱间。若干年前，德国北部一所监狱发生过一起谋杀案：三个犯人住在一起，其中的两人合伙将另一人用残忍的方法折磨致死。这一案件引起犯人的抗议。犯人有要求住单间的权利被写进法律。德国所有监狱也都进行了单间改造，只有极少数的犯人在有疾病需要照顾的情况下通过申请才可以两人共同居住。牢房里除了有统一配置的单人床、橱子和简单的用品外，还允许犯人自己购置电视、电脑、收音机、厨具、书籍、杂志和纪念物，有的牢房里还有犯人的家庭照片、体育明星海报、裸体美女贴画等。实际上每位犯人都要求有独立牢房，但是那些在1977年之前建成的矫正里仍然是很多人住在一间牢房里。

　　（二）安全教育

　　《刑罚执行法》规定，刑罚执行及安全秩序的根本宗旨是：通过执行刑罚使罪犯在将来能够以对社会负责任的态度开始生活而不再犯罪以及由此而实现保护公众社会免受其继续犯罪的侵害。维护监狱的安全和秩序是维持监狱自身顺利运转的一个前提条件。只有在保障监狱安全和秩序的前提下，始可谈到其他目的的实现问题。因此，为保持犯人在狱内有秩序的集体生活，完成刑罚执行的内容（剥夺罪犯自由），《刑罚执行法》规定了犯人应履行的义务，以及对违背义务的犯人规定了惩戒处罚措施。

　　有秩序的共同生活需要犯人遵守一些共同准则，这就是说，某人必须忍受对其行为自由的限制，而该限制是为维系和促进共同生活所必需的。狱内犯人密切的和非自愿的共同生活要求犯人必须履行一些义务，目的是保障狱内的安全和秩序。德国监狱的安全管理理念与我们有较大的不同。我国监狱的安全管理以威慑性、压迫性的措施为主导，使犯人在被强制下接受监狱规则和命令。德国监狱的安全以唤醒和促进犯人对有秩序的监狱内共同生活的责任感为原则，通过培养罪犯的理性精神和自我责任意识来维持，通过谈话、教育、矫治犯人认识到监狱安全就是自己的安全，谁享有权利，谁就必须承认别人也享有同样的权利，就必须承担因其享受权利所生义务，遵守监狱的安全规则和命令就是对自己负责。只有在教育手段不能实现刑罚执行目的时，才可以对犯人施加预防性或者压迫性的措施以维护监狱的安全和秩序。

　　二、罪犯松散管理

　　《刑罚执行法》第11条第3款规定，当不必担心犯人从自由刑的执行中脱逃或是滥用从宽执行实施犯罪时，可以在犯人同意下实施从宽执行。根据《刑罚执行法》第十一章规定，符合条件的犯人可以在监狱工作人员的监视下或无监视下，在外从事工作。这被称为"松散管理"，是一种宽松处遇制度。德国监狱的宽松处遇共分为四个层次：①有监视下外出劳动；②无监视下外出劳动；③白天有监视下离监外出；④白天无监视下离监外出。为了防止罪犯在刑期内受到其他伤害，监狱会将他们安置在极度安全的场所，但对于他们在监狱内部的行动很少做出严厉限制，罪犯还可以外出工作、度假等。德国 2009 年在男子开放监狱对55893 名犯人中的 1037 人实行"松散管理"，包括度假、外出、监外工作，只有46 名犯人没有或者没有自愿返回。在女子开放监狱这一比例比男子监狱还低，在 2009 年对 9146 名犯人中的 172 人实施"松散管理"，只有 2 例失败。没有回来或者没有自愿回来的，会被认为不归，这种不归不是一种犯罪行为，在这种情况下取消"松散管理"，根据情况采取新的改造措施。罪犯外出制度主要包括两种情况：

1. 在监外从事雇佣劳动，此种情况又分受监督和不受监督两种处遇。狱外监督劳动，指在监狱附近的农场、社区，或指定的监外劳动场所，在监狱工作人员的监督下从事劳动。不受监督的自由外出，指犯人在与高校或监外的雇主缔结了正式的劳动关系或教育关系，并且给予其普通工资和教育补贴的前提下，允许犯人自由出去工作。

2. 白天一定时间离监外出。这也分受监督和不受监督两种处遇。受监督的外出，如在监狱工作人员的监视下参加法庭传讯；不受监督的单独外出，如与监外雇主见面，参加监外的学习和职业教育课程，外出看电影和参加体育活动等。无期徒刑犯的宽松处遇依法须由监狱联席会议决定。根据法律规定，以下罪犯绝对不得在监外从事雇佣劳动、自由外出或被带领外出：①服刑期间又因犯罪而受过惩罚的；②被宣布为待审、引渡和驱逐处理的；③被法院科以保安处分且尚未执行的。

**三、孩子母亲共同安置**

在一定前提下也存在这样的可能性，监狱会接受那些还要照顾的孩子的女犯和她们的孩子，并为她们设立特别空间。这种决定的中心是为了孩子的利益。因为无论如何监狱也不是一个适合孩子成长的环境。此外，女子监狱还和一些青少年主管部门保持联系，这些主管部门也有权决定让孩子在其母亲服刑期间待在监狱。正是基于这样的考虑，德国《刑罚执行法》设专节对怀孕的女犯和带有婴幼儿的女犯作出特别规定，允许学龄前儿童与其犯人母亲一起在女监共同生活，但有个限制条件，即必须有利于幼儿的健康成长。狱方应与少年福利局合作，对是否有利于幼儿的健康成长进行鉴定。如果该幼儿在其不完整的的家庭中已得到保护，则不需要再将其安置于女监与犯人母亲同住。另外，女监的设施必须适合于幼儿，也就是说，母婴设施必须与社会上的一样，应当符合教育学的要求。

法兰克福监狱是德国最初在狱内建成与其他监舍隔离的母婴监舍的一家监狱，后被当成建造和管理监狱的样板。法兰克福监狱的治疗计划一开始就比较科学并逐步加以发展。目前，法兰克福监狱又向前迈进了一步，它将母婴室改造成能够自由外出的监舍，这样一来就避免了一系列由于封闭式执行给儿童带来的不便和困难。由于女犯对其孩子的依恋关系，不存在女犯利用自由外出机会脱逃的危险，这一点已得到实践的证实。

**四、保障罪犯对外联系制度**

（一）保障罪犯对外联系的重要意义

联系不仅是维系人际关系的"粘合剂"，更重要的是它能完善人的社会性。《刑罚执行法》第23条规定，囚犯有权利与外面的人员保持联系，监狱有义务促进犯人与监外人员联系。第28条规定，囚犯与外界通信的内容和数量原则上不受任何限制。但在一些监狱对通信进行检查的做法十分常见。只有罪犯与律师和议会代表的通信可以免受检查。

如果断绝罪犯的对外联系或者罪犯本人缺乏联系能力，那他将承受因监禁而带来的额外负担。其结果是不仅使罪犯现存的各种联系逐渐消逝，而且还会进一步拉大罪犯与其联系人的距离和社会差距。

实践证明，很多罪犯经长时期的监禁生活，其看问题的角度会发生越来越大的错位，这与监狱这种与世隔绝的生活方式有直接联系。与世隔绝的后果是给罪犯处理现实生活的能力带来持久的消极的影响。因此，德国行刑界认为，帮助罪犯维系、巩固、甚至开辟新的社会联系途径是监狱消除因执行刑罚而给罪犯造成有害结果的重要措施。从另一角度来讲，帮助罪犯与外界联系的重要性还在于它至少可使罪犯过上一种最低限度的普通人的生活方式。这样更有助于通过培养罪犯的社会责任感使之最终融入社会。

（二）罪犯对外联系的途径

1. 探视制度。《刑罚执行法》明确规定：罪犯有定期接受探视的权利。罪犯被允许探视不是监狱当局所施舍的一种恩赐。德国现行法律对探视者的范围未作明确的规定，这就意味着原先仅限于近亲属的有关法律规定被禁止。因此，探视权不限于亲属或者特定的人，只要是服务于执行目的、有助于促进犯人矫治或适应社会，不论是法律上的、商业上的还是家庭事务上的都可以被允许，犯人亲属的会见不受任何条件限制。除顾问委员会成员探访他人不受监控外，其他人员探视犯人和与犯人谈话都要接受监视和监听。

《刑罚执行法》规定，犯人每月可以至少接受一小时的探视，当犯人不同意时，不得进行会见。会见环境比较宽松，犯人与会见人员之间没有隔音设施。没有危险的犯人经过监狱长特许，可以与妻子、孩子在长时间会见室相处最长5个小时，且不受打扰和监控，会见人员经过允许可以捎带少量的水果、巧克力、糕点、香烟给犯人，但不得私自向犯人传递物品、信件或消息。如有违反法律或条例的行为，可能被警告、罚款或禁止释放。[1]

2. 邮件、电报、电话制度。

（1）邮件。德国《刑罚执行法》第28条规定，犯人有权不受限制地收发信件。对罪犯的私人信件，监狱只进行一般性的监控和检查，犯人写给顾问委员会联邦会议及成员、欧洲人权委员会、欧洲人权法院、犯人辩护人的信件不受检查。监狱长在下列情况下可以停止信件：①当执行目的或矫正的安全秩序受到威胁时；②当其内容的转达符合刑罚或罚款的构成要件时；③当其包含对矫正极其不正确或是明确歪曲性的描述时；④当其包含极其粗暴的侮辱时；⑤当其包含威胁到其他犯人适应社会时；⑥当信件使用密码隐语，不可辨认或是不可理解或是没有必要的用另一种语言撰写而成时。罪犯先被允许在适当的时间间隔接受三次食品或嗜好的包裹。上述三次接受包裹的时间分别为圣诞节、复活节和罪犯自选一个时间（如生日），圣诞节的包裹重量毛重不得超过5公斤，其他两个包裹各不得超过3公斤。当局收到包裹时必须检查有无违禁品，如包内有清单必须检查是否相符，有无出入。

（2）电话、电报。根据《刑罚执行法》第32条的规定，允许囚犯向监狱外打电话。监狱允许犯人使用电话卡给监外人员打电话，电话交谈必须监听，打电话的次数和对象不受严格限制但每人每月的电话费用不得超过20欧元，电话费由犯人负担。移动电话因矫正无法监听不被允许使用。

**五、罪犯休假制度**

（一）离监休假的意义

德国《刑罚执行法》规定的行刑目的是，通过执行刑罚将罪犯改造成能够负责任生活并不再继续犯罪的人。为了实现这一根本目的，法律确立了三项行刑基本原则，其中之一是要求矫正当局在实施刑罚的过程中，须尽量消除因剥夺自由而给罪犯带来的有害成果。德国监狱的离监休假制度是在以下几个方面落实上述原则：其一，有助于罪犯与外界社会，尤其是与其家庭亲属保持联系。这种联系对稳定罪犯情绪，巩固家庭关系以及对释放后尽快融入社会具有重要作用。其

〔1〕 张全国："德国监狱制度"，载《现代监狱》（山东省监狱学会内部刊物）2012年第3期。

二，离监休假可以给罪犯一个完全自由的机会，这对他能否在不受约束的情况下正常生活是一个考验。其三，离监休假作为一种辅助性矫正措施，其作用是防止或减少因监狱的隔绝状态而给罪犯的自立能力带来的消极后果，是消除监狱化的有效措施。[1] 其四，在现代行刑的思想中，虽然有限权法定原则[2]，离监休假制度是对法律未作规定而实际上被限制权利的一个弥补措施。

（二）离监休假的形式

1. 例行休假。根据《刑罚执行法》的规定，如果罪犯不具有逃避自由刑的执行或借休假之机实施犯罪之嫌，服刑 6 个月之后，监狱当局每年可准许其最多 21 天的离监休假，例行休假计入刑期。例行休假不同于宽松处遇。关于休假的先决条件，除了上述必要的个人鉴定和法定服刑时间之外，《刑罚执行实施细则》还规定了几种不适宜休假的情况：①在封闭式监狱服刑且预计释放期仍有 18 个月以上的罪犯，一般不适于休假；②瘾癖（毒瘾、酒瘾）严重者不宜休假；③在服刑期间有逃跑经历、越狱未遂、参与暴乱等违法行为者不宜休假；④前次休假未按时自动返还或有充足证据证明在先前休假或外出期间有违法行为者不宜休假；⑤服刑期间继续犯罪且又受到刑事处分者绝对不宜休假。根据《刑罚执行法》的规定，被判处无期徒刑者至少服刑满 10 年后，才能申请休假。这在德国是比较严厉的规定。但是，法律也规定了从宽执行的条件，即如果罪犯被安置在开放矫正服刑，服刑未满 10 年的，在适当情况下也可准予休假。

2. 特别休假。《刑罚执行法》规定，罪犯释放前 3 个月之内可获得至多 1 周的特别休假。特别休假是为实现行刑目的而服务的。对于每个罪犯来讲，释放之前总有许多事情要处理，如找工作、找住房、办理各种证件以及与有关部门建立联系等。所以说，特别休假对于即将要释放的罪犯来讲是一种迫切需要。按照规定，7 天的特别休假应分几次休完。另外，对于享有宽松处遇的罪犯，在释放前几个月之内，可获得每月至少 6 天的特别休假。自由外出的罪犯享有特别休假，主要不是为释放做准备，而是通过休假考验其可信赖性、诚实性，使其在自由环境下接受锻炼，最终顺利回归社会。

3. 基于个人重要原因的休假。基于个人原因的休假主要体现的是人道主义精神，同时也有助于罪犯的改造。根据德国行刑实践，德国《刑罚执行法》中的"重要原因"是一个非确定性的概念，一般是指罪犯在家庭、职业、法律事

---

〔1〕 所谓罪犯的监狱化，是指因长期封闭性监禁而使罪犯养成被动适应矫正生活的惰性，并由此而造成出狱后一定时期内对社会生活无所适从的现象。

〔2〕 法律没有明确规定限制或剥夺的罪犯的许多权利在客观上受到限制。

务及个人隐私方面的特殊情况，必须是对其本人有重要影响的事件。此种假期每年不得超过 7 天，且不计入例行假期之内。如多个重要原因相继出现，矫正长可准予其超过 7 天的规定假期，超出部分计入例行假期。

**六、罪犯惩戒措施**

《刑罚执行法》第 103 条对犯人违背其应当履行之义务时的惩戒措施作出了具体规定：①警告。②限制和剥夺使用生活费和购买物品 3 个月。③限制和剥夺阅读报刊和杂志权利至少 2 周；限制或剥夺收听广播和收看电视权 3 个月；以上两种权利同时被剥夺的，剥夺时间最长为 2 周。④限制或剥夺至少 3 个月业余时间获得所需之物品的使用权或参加集体活动的权利。⑤隔离关押 4 周。⑥剥夺放风权 1 周。⑦剥夺分配给他的工作或活动 4 周，扣发本法规定的劳动报酬。⑧限制其与狱外人员交往 3 个月。⑨禁闭 4 周。

# 第三节 罪犯教育制度

德国刑罚的目标和任务在《刑罚执行法》第 2 条规定："通过执行自由刑罚将罪犯改造成在将来能够负责任生活并不再继续犯罪的人，同时自由刑也有预防犯罪的作用。"这是监狱存在的基础。

1977 年 1 月《刑罚执行法》颁布，确立了德国监狱的主导思想是：使罪犯能够重返社会，但监狱不是社会福利机构，而是国家对其国民最严厉的制裁。但作为弥补罪行的最强硬制裁的自由刑并不是对罪犯实行简单的封锁或粗暴的看管，相反，我们知道严厉的刑罚并不必然会使罪犯变好，反而这种监狱亚文化和野蛮会使其变糟。所以只有把人性、尊严作为努力中心的监狱才会对罪犯产生积极的影响，这种认识是人类文明的进一步发展。

**一、文化教育**

德国监狱中，并非所有适宜教育的罪犯都接受教育。有许多监狱，尽管教育设施齐备，也有能力开展对犯罪的文化教育技术，但往往无法动员罪犯参加。因为根据《刑罚执行法》的规定，要求罪犯参加学习，须与其协商，并征得本人同意。法律之所以规定监狱不得强制罪犯参加学习，是从学习过程的本质出发的，即只有在兴趣、爱好、自愿的基础上才能达到学习的目的。罪犯一旦同意参加学习，则不得随意撤回自己的决定。

罪犯教育如需占用劳动时间，监狱须废除受教育者相应的劳动义务。为了鼓励罪犯积极参加教育活动，德国《刑罚执行法》规定参加教育活动的罪犯可获得相应的培养补助，即可以得到与参加同样时间劳动的罪犯数目相当的补贴。德国《刑罚执行法》将教育与劳动视为同等重要的改造措施。《刑罚执行法》第37条第3款规定，凡是有能力的犯人，都应给予接受职业培训、职业进修、转学他业或参加其他培训和进修活动的机会。

犯人的职业培训由监狱、缓刑机构、管教营和劳工局根据犯人的服刑方式、个人选择分别组织实施。对监狱来说，由于受自身资源的限制，培养内容多是一些简单的项目，如打字、木工、电工、建筑、油漆、缝纫、绘画、厨师、护理、快递、清洁、维修、园林等。监狱不能提供的，犯人白天可以到社会上接受培训，晚上回监狱住宿。参加文化和职业教育的罪犯，在修完规定课目后，须参加由手工业、工业行会考试委员会主持的资格考试或者是与社会考生一起参加全国统考。考试合格者获得全国通用的毕业证书或资格证书。《刑罚执行法》第40条规定，毕业证书不得有表明受教育者为罪犯的任何痕迹，以影响其释放后的就业。获资格证书的犯人一般都能在出狱后3个月内找到工作。

**二、宗教教诲**

德国《基本法》允许犯人在监狱内从事宗教活动。德国《刑罚执行法》第53条规定了犯人不受干扰从事宗教活动的基本权利。德国61%以上的民众信仰罗马教（31%）和新教（30%）。

德国人看来，牧师是"拯救灵魂"的工程师，德国《刑罚执行法》规定，每所监狱必须聘用专职牧师为犯人服务。牧师在德国刑事执行活动中具有特殊的地位和作用。其主要工作是为犯人提供宗教上的精神安慰和良知上的帮助。根据宗教法律规定：牧师接受犯人的倾诉和忏悔，要遵守保密义务。即牧师有沉默义务，他们受到拒绝作证权的保护。

为了尊重犯人和宗教信仰，有的州在监狱里设有教堂，没有设立教堂的监狱，允许犯人在牢房里做祈祷，通过静思反省改过自新。犯人可以拥有宗教书籍、宗教用品，犯人有权参加礼拜及所信仰的其他宗教活动。宗教节日来临时，允许犯人举办庆祝活动。

**三、心理辅助**

在德国监狱里，从事犯人心理矫治工作的心理专家、精神病专家大都不是监狱工作人员，而是临床心理学家、精神病学家，他们或者是有关部门派来的志愿者，或者是应聘到监狱服务的。德国巴伐利亚州监狱聘用了三十多个心理专家专门从事犯人心理矫治工作。这些心理学家大都具有心理学博士学位，而且有比较丰富的实践经验。他们的主要工作是从心理学角度研究犯人的个性、犯罪心理形成的原因、制定个别化的治疗计划，对犯人进行教育帮助和心理咨询，矫正错误认知和不良习惯，促进犯人心理健康和重新融入社会。目前，德国矫正在犯人矫治的各个阶段都有心理学专家的介入和参与。心理矫治工作对帮助犯人确立积极的生活态度、树立恰当的生活目标、管理愤怒和冲动和其他消极情绪、学习恰当的问题解决技能、发展健康的生活习惯等方面产生了积极作用。

德国矫正对自杀犯采取电话干预方式进行治疗。该项目的研究人员经过调查发现：入狱 14 天之内，住单间牢房的犯人是自杀的高危人群，自杀事件集中在早 5 时至 9 时之间。针对这个特点，研究人员在夏克森州所属矫正里都开设了一个电话间，允许犯人夜间给专业人员打电话，倾诉自己的想法和感受；专业人员从心理学的角度帮助自杀者舒缓恐惧心理和消极情绪，使有自杀想法的犯人由 41% 下降到 4%，产生了很好的干预效果。

## 第四节　罪犯劳动制度

### 一、分配劳动

德国《刑罚执行法》第 44 条第 1 款规定，犯人有义务从事监狱分配给他的力所能及的劳动，进行劳动治疗或其他工作，但年满 65 岁的犯人、孕妇和正在哺育婴儿的女犯以及无工作能力的犯人不负劳动义务。德国司法人员和学者对犯人劳动均持赞成态度，认为犯人劳动能创造价值，劳动也是治疗的过程和手段，对培养犯人勤劳的品质，提高犯人释放后的求职任务有很多好处。劳动是有秩序和有效的刑罚执行的基础。

德国《刑罚执行法》的基本思想也是把罪犯参加劳动看作是主要的改造措施之一。该法一方面将罪犯劳动作为改造的基本手段，同时又强调必须完全抛弃传统的监狱罪犯劳动的思想。罪犯参加劳动应与自由人的劳动目的一样，即增强谋生能力和职业上不断完善；另外，罪犯参加劳动还需与社会条件相适应。因此，罪犯享有劳动假期及获得劳动报酬的权利和参加福利保险的权利。

《刑罚执行法》规定，监狱必须拥有用于罪犯劳动以及职业培训和劳动疗法所必需的企业和设施。监狱当局应尽量为罪犯创造营利性的生产劳动。《刑罚执行法》149 条规定，监狱企业、进行职业培训的机构以及其他场所必须与监外的企业和机构相同。职业培训和劳动疗法活动也可以在合营企业的适当机构进行。因此，德国的犯人主要是作为勤杂工在监狱内部劳动，或者在监狱企业，或合营企业劳动。《刑罚执行法》第41条3款规定，在合营企业工作必须征得有关犯人的同意。该规定体现了国际劳工组织的法律思想。国际劳工组织第29号协议——《强迫劳动公约》（德国1956年加入）第2条第2项规定，如犯人与执行机构以外的企业或人员签订劳务合同，强迫劳动或义务劳动，即使是根据法院判决也是不允许的。

**二、自由雇佣关系**

合营企业不需要国家投资，企业风险也不需要由国家承担。合营企业具备较好的劳动条件，有些特别能干的犯人在刑释后还会被该企业雇佣；就犯人的再社会化而言，在自由的雇佣关系情况下，狱外劳动还是有其积极意义的。

《刑罚执行法》第39条第1款规定，如有助于在执行计划范围内提供、保持或提高犯人释放后的谋职能力，且不妨碍刑罚执行的，应当允许犯人在狱外自由雇佣关系基础上从事劳动、职业培训、职业深造或转学他业。自由雇佣关系和职业培训关系将为犯人刑释后的求职提供更多机会。允许犯人自由外出并在自由雇佣关系基础上从事劳动和职业培训的做法，现已成为开放监狱开放执行的一个重要组成部分。自由外出通常情况下只适宜于从宽处理的罪犯。《刑罚执行法》第39条第2款规定，犯人可被允许自谋职业。自谋职业也可以获利为目的，如绘画和写作。

**三、劳动报酬**

（一）劳动工资

《刑罚执行法》第43条第1款规定，犯人从事分配的劳动的，应当给予报酬。劳动报酬的计算，依所有参加养老金保险的工人和职员平均劳动报酬的9%为基本工资。日工资为基本工资的1/250（2010年，德国各州犯人的年基本工资为2532.6欧元，日工资为10.13欧元，月工资为222.86欧元）。劳动报酬共分为五个等级，一级工资为工资基数的75%；二级为80%；三级为100%；四级为112%；五级为125%。

（二）免除劳动义务

《刑罚执行法》第42条规定，犯人从事分配给他的劳动达1年的，可要求从其劳动义务中免去18个工作日。犯人在免除劳动义务期间（18个工作日）可继续领取同等之报酬（王泰在《现代矫正》中有如下表述，罪犯每年有18天的劳动日可免除劳动义务，免除劳动义务的前提是罪犯必须完成矫正分配给的劳动量。罪犯在免除劳动义务期间可领取与劳动日平均报酬量相等的补偿）。监狱应当为免除劳动义务的犯人提供有益的业余活动，这种业余活动不需要犯人申请，而是完全由狱方组织和提供。

《刑罚执行法》第3条第1款的平等原则，要求尊重犯人的不同业余要求，包括睡觉和无所事事。那种认为如果不用一定的节目来束缚住犯人，则犯人会以危害矫正秩序的方式滥用免除劳动义务处遇的担忧，实践证明是没有根据的。

（三）休假

为了使正在服刑的犯人的生活尽可能与普通人的生活相同，在狱外从事雇佣劳动的犯人每年可获准休假21天。允许犯人休假的目的在于使参加劳动的犯人和社会上的雇工一样，使身心得到复原，这也是恢复体力所必须的。

**四、劳动产品**

在柏林克罗伊茨贝格区有一家名为"囚徒"的商店，这里销售的衬衫、内衣、夹克、公文包、拖鞋，都是由监狱里的犯人亲手制作出来的。而"囚徒"则是柏林北部泰格尔矫正的自创品牌。2003年斯特凡·佰勒的广告商在报纸上偶尔看到关于泰格尔监狱生产服装的介绍。当时佰勒的公司正要参加一个广告海报大赛，他本人正在为没有一个好的创意而苦恼，恰好，有关泰格尔监狱生产服装的报道给了他灵感。于是，佰勒马上与泰格尔监狱取得联系，双方一拍即合。在后来的参赛海报上，佰勒设计了一个模特打扮成囚徒模样的造型，上面写着"衬衫，29欧元"的牌子，于是，"囚徒"成了泰格尔监狱生产服装的品牌。泰格尔监狱也由此开始通过网上商店对他们制造的"囚徒"品牌服装进行销售，仅在第一个星期里，就接到了1500件商品的订单，火爆程度完全超出了监狱负责人的预想。仅在2003年下半年，只有50人的泰格尔监狱服装车间就赢利5.5万欧元。对于预算不足的监狱来说，这自然是个天大的好消息。有人甚至认为，这种做法有助于缩小监狱和社会之间的鸿沟，人们通过了解和使用"囚徒"品牌逐渐开始关注和理解"高墙里发生的事情"。对犯人来说，无论是精神上还是技能上，监狱内的工作都为他们日后重新融入社会提供了有利条件。有关人士称，"囚徒"服装的走俏会使犯人们感到自己的劳动得到了社会的承认，从而对生活抱有更积极的态度。

泰格尔监狱"商业化运营"成功后，越来越多的犯人加入"囚徒"品牌的生产中，巴伐利亚州的艾夏赫监狱准备让女囚犯生产女衬衫和夹克。目前，德国和瑞士有12所监狱开始承接"囚徒"加工任务，而佰勒正和奥地利、英国以及意大利的监狱联系合作，他还打算将分店开到美国的洛杉矶。

**思考题：**

1. 德国矫正制度的特色有哪几个方面？

2. 德国的宽松处遇制度与开放处遇是否等同？

# 第二十一章　荷兰矫正制度

在 16 世纪，荷兰就立足于监狱改革。在观念上，现代人习惯于将自由刑与监狱联系在一起，西方近代矫正的兴起，是伴随着自由刑而产生的，荷兰的阿姆斯特丹矫正院被认为是近代矫正和自由刑的开端。1881 年荷兰在欧洲各国中率先试用美国宾夕法尼亚州的分房制，其罪犯应单独监禁的制度，一直沿用到现在，并取得了良好的效果。但他们不是用这种制度将罪犯彻底隔离，而是因为荷兰矫正的囚犯人数少，经济基础好，使得他们能将这一制度保持到现在。

## 第一节　荷兰矫正机构

### 一、荷兰监狱设置

2007 年，荷兰有 20 个适用于成人的收押所，收押场所包括矫正机构和拘留所，其中很多收押所有一个或多个因犯拘留所或者矫正机构，全国共有 52 所矫正机构，分布在 20 个司法区内[1]，有 7 个收押场所为女犯开辟了专门区域。荷兰的收押场所相当小，最大的一种也仅能容纳 400 个囚室，全部场所总共能容纳成人 13 000 人左右。据称，矫正机构大概包括 3500 间囚室，拘留所大概可容纳 9500 个位置[2]。拘留所关押未决犯、短刑犯、剩余刑期不足 3 个月的长刑犯等。大多数拘留所 70% 关押的是未决犯。

荷兰是世界上犯人总数增加最快的国家之一，形成了监舍与押犯同步高速增长的趋势，每年大概有 5000 人进出荷兰的监狱。在 20 世纪 80 年代中期，荷兰每 10 万居民中有 20 人被判处监禁，而这时期的监舍拥有量为 3500 左右；到了 90 年代，每 10 万居民中有 40 人被监禁，单人监舍也达 7600 多个；在 2000 年每 10 万人中大概有 90 人因犯罪而入狱。在 1985 年到 2000 年之间，矫正机构的容量增加了 3 倍。在 1985 年和 2000 年之间，入狱率增长了 130%。尽管如此，荷兰的入狱率绝对比欧洲许多国家低很多。据历史数据显示，从 1840 年至 1980 年

---

〔1〕 张青、吴春："荷兰监狱制度及其特色"，载《中国监狱学刊》2006 年第 5 期。
〔2〕 Peter J. P. Tak："荷兰的监狱制度"，何萍译，载《华东政法大学学报》2007 年第 5 期。

的 140 年之间，荷兰囚犯的人数稳定在 3000 人~4000 人之间，每年判刑的人数维持在 1000 人~2000 人之间，他们所判刑期较短，很快便能恢复自由。与 20 世纪 80 年代相比，当今荷兰罪犯的构成发生了显著的变化。如今犯罪日益猖獗和严重。法院对那些极其严重的刑事案件判处监禁刑的频度更高，所判刑期比过去更长。而对犯罪情节较轻的案件，近年来，至少有两个方面的进展使得许多类型的犯罪不必再正式由刑事法庭审理。①在 1983 年，法律大幅度地扩展了协议解决的适用范围，现在一年以下的刑事案件都是由检察官处以警告形式结案，通常附带一定金额的赔偿。②在 20 世纪 90 年代，作为 6 个月以下监禁刑的替代措施，社区服务得到了广泛适用。现在，有人把社区服务称为"工作刑"，将来它还会再次得到规范，不再用来替代 6 个月以下的监禁刑，而是作为独立的刑种使用。

荷兰矫正机构里犯人的国籍大约有 80 个，从佛得角到澳大利亚或玻利维亚，其中绝大多数的外国犯人是苏里南人、摩洛哥人、土耳其人、哥伦比亚人，英国、德国犯人也很多，非本地犯人占犯人总数的一半多，外国籍犯人占到犯人人数的 1/3 以上，女性犯人大概 40% 是外国人，并且大部分是毒贩（女犯绝对数量不到 1000 人）。

**二、矫正机构的性质**

（一）日益淡化的惩罚属性

荷兰监禁制度中的惩罚属性进入 20 世纪后变得越来越淡化。在荷兰行刑界，不论在理论上还是实践上，对监禁处罚的本质有着一致的认识，即监禁处罚只是剥夺罪犯的人身自由。因此，所有附加的惩罚只要是不必要的，必须予以杜绝。荷兰以其刑罚温和以及行刑人性化、社会化而闻名于世。

（二）相对宽松的矫正制度

一般来讲，荷兰矫正制度一向是比较宽松的。在长期的历史发展过程中，形成了一个人道主义的传统，这也许是荷兰矫正制度的一个重要特征。就重刑犯矫正而言，也不是一个令人感到压抑的地方。

（三）对罪犯自新更生持怀疑态度

荷兰矫正工作的首要目标是：使囚犯出狱时不比入狱时变得更坏。荷兰的一位副监狱长约瑟夫·波尔曼说：我们努力使囚犯完整无损，至少在他们离开时不比他们进来时更糟，如果你使他们在监狱内待的时间过长，受压抑过甚，或者矫正机构内太过拥挤，你就会使他们在精神上垮掉，使他们进一步受到损害。

因此，在荷兰矫正的工作目标是：维护安全和良好的秩序，本着人道主义精神行刑，提供适当的教育，接触社会、创造能力和治疗的机会（不再抱着过时的自新更生的观念），尽可能减少关押引起的副作用。

（四）对矫正官员重点进行人道主义训练

荷兰 1953 年制定《监狱法》，1999 年 1 月 1 日起新的罪犯矫正法正式生效，这部新的基本法就是《荷兰监狱原则法案》。《荷兰监狱原则法案》涵盖了包括审前羁押在内的监禁刑执行的三个基本原则：重新社会化原则，判决生效后尽快执行原则，尽量减少对被监禁者的限制原则。

《监狱原则法案》的一个重要变化是引进了标准处遇制度：原则上囚犯每周有 26 个小时的工作时间（仅对已决犯是强制性的），6 个小时的娱乐时间，至少 1 个小时的时间接受探视，每天放风 1 小时。其他时间用于参加各种日常活动，如吃饭、看病、接受心理和社会辅导、上学以及去图书馆[1]。这个标准化的体制为每一个犯人提供了大量的有法律保障的活动。这个标准体系有两个方面的目的：它有益地补充了矫正中的日常活动。犯人们可以更有价值地安排自己的时间而不是无所事事；同时，它也有益于犯人出狱后更好地回归社会[2]。

这部法案的创新之处就是“康复项目”的设计。监禁刑执行的三个基本原则的核心原则是恢复性原则。恢复性原则对于已决犯，特别是那些刑期很长的已决犯非常重要。在这一原则指导下，如果囚犯有一定的主动性，他们可以进一步参加社会化活动。“康复项目”是为长刑犯服务的。长刑犯可以在一定条件下到监禁机构之外短时参加某些活动：①只有刑期 1 年及 1 年以上的囚犯在服刑过半时才有资格参与康复计划；②时间应当不少于 6 周，但不超过 12 个月；③囚犯需要明确表达参与这个项目的意愿，如果囚犯没有尽力参与这些项目，矫正可以将其从项目中剔除，这样他们就只能在监狱内度日了；④旨在教授囚犯们一些社会技能，改善他们释放后的工作前景，使他们接受更好的教育，为他们提供戒毒治疗或心理健康服务，或者提供上述全部服务；⑤康复活动时间一周 26 小时。

### 三、荷兰矫正机构的类型

在 1998 年《监狱原则法案》之前，囚犯的刑期长度和年龄是划分监禁机构类型的标准。刑期 6 个月以下和 6 个月以上的囚犯要在不同的监狱服刑。同时年龄 23 岁以下和 23 岁以上的囚犯分别在不同监狱服刑。

自从《监狱原则法案》实施以后，最主要的分类标准就是安全标准。根据矫正设施的目的以及防止罪犯脱逃的安全标准的不同，可以将监狱设施分为五

---

〔1〕 [南非] 德克·凡·齐尔·斯莱特、[德] 弗里德·邓克尔编著：《监禁的现状与未来——从国际视角看囚犯的权利和监狱条件》，张青译，法律出版社 2010 年版，第 372 页。

〔2〕 [荷] Peter J. P. Tak、何萍：“荷兰的监狱制度”，载《华东政法大学学报》2007 年第 5 期。

种：①非常严格的监狱设施；②严格的监狱设施；③标准的监狱设施；④宽松的监狱设施；⑤特别宽松的监狱设施。三种管理制度：①标准管理制度；②宽松管理制度；③特殊戒备级监狱的管理制度。

在1991年大规模的越狱事件之后，对于存在极大逃脱概率的犯人和高度危险的犯人就引进了高度安全戒备单位。这是对待"暴力犯罪"或因"逃跑过"或者"神经病"而被列入"危险性大"的囚犯要被隔离单独关押，分而治之。分而治之便于对囚犯实施管理，从而使矫正工作人员的工作相对容易一些，也较安全一些。在4个矫正机构中，每个矫正机构都建立了12个高度安全戒备囚室。部分拘留所中设有称为"清醒制度"的特殊区域。其中关押的对象主要是被捕的重罪嫌疑犯。囚犯在这种严格处遇制度下服刑时间不可超过3个月，每天只有8个小时的时间表，没有晚间活动安排，也没有专项的回归社会活动，他们除了每天1个小时的放风时间，剩余的更多时间实际上是在单独监禁中度过。这些囚犯的精神和身体状况都很差，他们甚至无法参加矫正中的那些劳动项目。他们在监禁期间没有机会接触其他囚犯，也没有机会与亲友通电话。这样的情况令人痛心。

（一）最高警戒矫正机构

截止到20世纪90年代，荷兰都没有最高警戒矫正机构。最初在各矫正机构设有高度警戒监区，用来关押那些存在极高逃跑风险的囚犯和对矫正机构的管理构成威胁的囚犯。后来，很多这样的监区被关闭，设立了一个超高度警戒监狱机构（Extra-Secure Prison，EBI）。囚犯在超高度警戒矫正机构中的关押期限最长为6个月，如果必要可再延长6个月。如果囚犯对此不服，可提交书面反对意见或向刑罚执行中央委员会提出上诉。高度警戒制度由部长通告加以规范。其中的限制极为严格，比如囚犯如果戴着手铐，他必须由看守护送通过走廊下来接受探视，探视需要隔着玻璃墙进行。必须要明确的是，荷兰矫正系统历来不愿执行过于严格的安全警戒规定，以前曾有一句名言是："最小程度的警戒即是最大的安全。"但在过去十年中，其主要精力都投入到了这一方面。

（二）开放式矫正机构

荷兰专门设有一些为即将刑满释放的长刑犯重返社会提供帮助的开放式矫正机构。这些囚犯白天在监狱外工作，周末回家与妻儿、父母或其他亲友团聚。对于长刑犯而言，这种特殊康复项目的引进是监狱制度在对外开放过程中迈出的重要一步。对长刑犯为了有利于其再社会化，还可以批准其提前释放，软禁在家中接受电子监控。将来会引入长刑犯分阶段服刑的做法，根据每个囚犯的具体情况，最终确定监禁刑的不同执行阶段。在提前释放之前，囚犯需要在开放式监狱中度过一段时间，供长刑犯刑期最后阶段的开放式监狱是一个特例，那里的囚犯白天在矫正机构外面工作，唯一的约束就是所谓的"心理"警戒。目前，荷兰正在开展在长刑最后阶段使用电子监控设施的试验，其前提条件是，囚犯必须拥有符合条件的住处和一部固定电话，并且经家中其他成员同意。囚犯的脚踝被绑上一根起传感器作用的带子，带子与一个可以向主控计算机发送信息的接受装置相连。如果囚犯离开接受器超过 50 米远的距离，主控计算机就会发出警报。为囚犯所设计的日程表包括每天至少 20 个小时的有益的室外活动，电子监控最长大约持续 3 个半月。

（三）半开放式矫正机构

半开放式矫正机构周围建有篱笆，并且没有警卫。"自己报到"型矫正机构和半开放式矫正机构在很大程度上是类似的，按照规定，这类矫正机构需要囚犯从外面来矫正机构报到。相比之下，拘留所关押的主要是可能逃跑的候审嫌疑犯，所以都有正常的警戒设施。

## 第二节 狱政管理制度

### 一、罪犯劳动制度

只有已决犯有劳动义务，劳动对未决犯来讲是权利，对于已决犯来讲是义务。因为根据国际标准，在无罪推定的原则下，未定罪的人没有义务参加劳动；而已判刑的犯人出于回归社会的需要，有义务参加劳动。犯人的社会项目很简单，包括简单的家具、汽车小零件、鸟巢等。现在每个监禁机构都为囚犯参加钢铁、木工、造纸、纺织、玩具生产等和种植蔬菜等劳动创造条件。生产项目由监狱自己联系，产品由政府采购或者卖给社会。犯人有劳动报酬，标准是每小时1.5 欧元，犯人可以用这笔钱租电视看，购买香烟及日常用品等。[1] 应当参加劳动的犯人如果拒绝劳动，他一般会受到纪律处罚，如被关禁闭或与其他犯人隔离，严重的还有可能禁止探望，甚至禁止出狱。没有劳动义务的犯人，如果他们愿意参加劳动的话，与已定罪的犯人享有同等待遇，如果不愿意参加劳动，在劳动时间内必须待在牢房里。如果不参加劳动，就意味着没有钱买香烟或小卖部的食品，没有钱租电视机、购买电话卡或邮票。因此，拒绝劳动实际上会影响犯人

---

〔1〕 张青、吴青："荷兰监狱制度及其特色"，载《中国监狱学刊》2006 第 5 期。

的生活质量。

从 1996 年起，狱方可以自己保留犯人工作带来的利润而不再需要上缴给国家财政部。保留的利润用来支付犯人的劳动所得，国家不再另外给予补贴。这也就意味着从 1996 年起，狱方必须自己支付犯人"工资"。1999 年 1 月 1 日，关于被羁押人报酬的最终法案开始实施。犯人每小时的工资是 0.65 欧元，监狱长可以自主决定增幅，最高工资不超过该待遇的 1 倍。假如没有工作或犯人因病无法参加工作，他们仍可获得平均日工资的 80%。犯人完成较高技能的工作，则适用于特殊的法案，但犯人每日所得工资总数不得超过 38 欧元。犯人的收入并不是按照社会正常水平支付的，不受《最低工资法案》（Minimum Wages Act）的限制，也不与市场供求挂钩，所以从性质上来说，这些收入并不是真正意义上的"工资"而是零用钱。新法案的本意也并不是希望通过强制劳动让犯人们获得比他们从前更高的待遇。

**二、罪犯违纪处罚制度**

只有监狱长有权决定使用违纪处罚措施。如果矫正机构的官员或其他工作人员看到囚犯有危害矫正机构安全或秩序的行为，应向监狱长提交书面报告，监狱长会尽快作出处罚决定。监狱长在作出决定之前，应该首先给予罪犯听证的机会，并尽力保证听证使用囚犯能够理解的语言。一旦有任何决定，监狱长应即刻书面通知囚犯。[1]

根据《监狱原则法案》第 51 条的规定，违纪处罚措施包括：①2 周以内的禁闭，惩罚牢房设在普通监区外面，里面除了一块泡沫橡胶板、一个床垫和一个抽水马桶之外别无他物。接受这种处罚的囚犯不参加劳动和娱乐活动，但有权利到外面放风、接收邮件和接受探视以及参加宗教活动；②2 周以内，不得参加一项或若干项活动，这意味着在劳动或者娱乐时间里囚犯有可能被关在牢房内；③如果违纪行为与探视有关，可以 4 周内不允许接受探视；④获准离监假的囚犯返监时如果酒醉或者过晚，它将被拒绝、撤销或限制下一次离监机会；⑤金额不超过囚犯周薪 2 倍的罚款。

监狱长有权下令对同一个行为处以一项或多项惩罚措施。根据刑法的一般规定，矫正的惩戒法规并不禁止加重处罚。

**三、监狱安全制度**

为了维护监狱的安全和秩序，监狱长有权决定某个囚犯不得参加一项或多项

---

〔1〕〔南非〕德克·凡·齐尔·斯米特、〔德〕弗里德·邓克尔编著：《监禁的现状与未来——从国际视角看囚犯的权利和监狱条件》，张青译，法律出版社 2010 年版，第 382 页。

活动，这样的禁令最长不得超过 2 周，如果情况需要可以延长 2 周。出于同样理由，监狱长可以决定对某个囚犯实施单独监禁，通常不超过 2 周，如果情况需要可再延长 2 周。鉴于这种惩罚措施的严重性，应该在执行后的 24 小时内通知监督委员会和监狱医生。

为了防止对监狱机构的安宁和秩序或囚犯的健康造成严重威胁，如果必要，监狱长可以决定对某个囚犯进行体内搜查。体内搜查比仅仅脱衣检查要严厉得多，体内搜查可以是彻底的肛门检查和移除里面秘密隐藏的可卡因等物品，也可能是 X 光检查或内窥镜探入食道或直肠进行检查。

为了防止一名囚犯或其他囚犯的健康或安全受到威胁，如果监狱医生认为有必要，监狱长可以命令对囚犯进行强制性体检。监狱长有权决定实行这种治疗的事实依据在于监狱中存在大量患有精神障碍的囚犯。所有这类决定的出发点都应当遵循辅助性原则。在每个个案中，都应当考虑是否可以通过侵犯性更小的方式实现预算目标，这一点很重要。比如是否可以用口服或注射药物取代漫长的单独隔离。

只有监狱长才有权决定的极端措施是将囚犯绑缚在"安全床"上，以防止罪犯对自身健康或他人安全造成危害。囚犯被绑在"安全床"上的时间不得超过 24 小时，如有必要可再延长 24 小时。但这项措施的持续时间越短越好，并且要在实施前咨询监狱聘请的医生和精神病学家。

**四、对外联系制度**

《监狱原则法案》规定了监狱的基本管理制度和被羁押犯人的法律地位。犯人所享有的最重要的权利就是和外界联系的权利，在业余时间参加矫正活动的权利和义务，参加宗教服务的权利，伙食、衣物、医疗、申诉等方面的权利。

（一）矫正机构探访

犯人每周至少有 1 个小时的探访。一般来说，犯人和访客之间是没有玻璃墙或塑料屏的，但是监狱长可以决定是否有必要设置这种隔离屏或通过对讲机让犯人与访客进行对话。访客必须携带身份卡，必须通过安检通道，访客不能递交给犯人任何物品。律师可以随时探访他们的当事人，但必须表明身份并且通过安检通道。长期刑犯人可能被赋予一项权利，就是所谓的"不受监督的探访"（No-Supervised Visit），这种情况适用于保护犯人的性权利。

（二）电话通讯

通常而言，每个被羁押人都有权通过电话与外界联络，每周至少 1 次，每次 10 分钟。被羁押人可以在矫正小卖部购买电话卡，购买电话卡的金额不得超过 23 欧元。

电子邮件、传真、移动电话超越了《监狱原则法案》第39条的范围，因此，这些设备是不允许使用的。

（三）信件和包裹

一般而言，被羁押人可以自由地收发邮件，费用自理。监狱长有权检查信件的封面和其他邮寄物品，并且有权检查是否有违禁品。监狱可以拒绝将有关信件或者其他邮寄物品交给被羁押人，这些物品会被相应地退回寄件人，或由狱方代为保管，或在寄件人同意后销毁，或转交警方以防止或调查犯罪。为了维护矫正机构的秩序和安全，监狱长也可以没收这些物品。在过圣诞和生日的时候，被羁押人可以接受一份价值不超过33欧元的礼物，但这个礼物要易于检查。

**五、休假制度**

荷兰矫正体制中有很多种形式的离监假，即因犯有很多可以暂时离开监狱的机会。监狱休假条例有四种：《普通休假条例》《制度性休假条例》《中止执行刑罚条例》以及《临时休假条例》。

（一）普通休假

1998年《普通休假条例》规定，监狱休假是为了正式释放的犯人做准备的。长刑犯在刑期的最后一年里可以休假6次，平均每2个月1次，每次休假可长达60个小时，包括交通时间。《普通休假条例》规定，对个人准许休假需要满足很多条件：刑期是确定的；余刑必须超过3个月；犯人已经服完了1/3的刑期；余刑不超过1年；提早释放的日期已经被确定。

（二）制度性休假

在所有开放性监狱机构服刑的犯人原则上每周周末都能休假；在半开放监狱机构服刑的犯人每4周获准1次离监假，允许休假52小时，假如周末公共假日或宗教节日可以休假76小时。

（三）中止刑罚的执行

如探访病重家属或死亡家属，参加葬礼或是探望新生儿的情况。甚至交房租、水费、电费、到劳工部申请失业金等都可以请假出狱。但请假的这一天是不计入刑期之内的，也就是说，你请多少天假，就要补回多少天。暑假也可以申请出去度假，但不得出国境。当然中止刑罚执行也只适用于开放性矫正的犯人，开放性监狱一般是轻犯、经济犯或是改造表现好的罪犯；也可以是长刑犯的最后阶段。

（四）临时性休假

临时性休假主要针对比较紧急的个人情况，例如突发疾病、亲属死亡、孩子出生或其他的心理、生理原因，以及参加考试或是职业培训或者接受雇主面试。

### 六、机构开放制度

通过以上几个方面我们可以看出，矫正机构的条件一直在朝着正常化的方向努力，也就是不断缩小监狱生活与外界活动的差距。因此，矫正机构对社会的开放程度越来越高。这从欧洲反酷刑委员会在 1998 年报告中，对荷兰监狱机构医疗状况所表现出的满意度可见一斑。在所有的监禁机构中，囚犯可以每周从监狱机构租用或者由监狱代为租用电视机。如果犯人坚持使用自己的电视机，监狱管理人员要对电视机进行仔细检查，以确定机身里面未藏有违禁品，检查费用（较为客观的一笔钱）由犯人负担。犯人每天放风 1 小时，每周至少有 6 个小时的娱乐活动。如果犯人有良好的表现，比如劳动积极，他们可以享有更长时间的娱乐时间，包括打乒乓球、下棋、看电视等。犯人每周可参加至少 2 次体育活动，每次 45 分钟。犯人每周至少可以去图书馆借阅一次书籍或期刊。犯人们可以自费订阅报纸、期刊和租电视设备，因为犯人们有权了解新闻和当前发生的事件。

除此之外，根据《宪法》第 6 条规定，囚犯有权坚持自己的宗教信仰，获得精神关怀。每个监狱都为不同宗教信仰的犯人设置专门的宗教活动室，供其从事相应的宗教活动。

荷兰有一些非政府组织（NGO）积极参与监狱犯人的矫治工作，帮助犯人回归社会。从 1999 年起，司法部允许非政府组织到监狱里参与犯罪的矫正工作，除了家属探视时间外，非政府组织可随时来监狱看望犯人，给犯人一些实际的帮助，如进行心理咨询、辅导或诵经、忏悔、祈祷等宗教帮助。包括动员教会来探访犯人，对犯人进行职业技能培训、帮助联系出狱后的工作，帮助犯人树立责任心、产生悔罪心理并建立信心等。[1] 每个矫正都设有社会服务办公室，负责协调这个领域的实践和行政工作。

全荷兰设有 50 个参与监狱工作的非政府组织。非政府组织的工作得到了监狱的重视和配合，他们之间普遍相处融洽，关系很好，同时也赢得了犯人们的欢迎和信任，在一定程度上提高了矫正效果，促进了回归社会的进程，降低了重新犯罪率。

在世界各国，矫正工作者的公众形象和社会地位都比其他公务员低，需要做大量努力予以改善，荷兰也正在提高矫正工作者的公众形象。在过去，监狱机构比较封闭，不向社会公开，公众形象不高，一些媒体报道的总是消极的、反面的事例，现在他们正在积极改善公共关系，尤其是与媒体的关系。为此，司法部将每年的 4 月 8 日定为"监狱开放日"，少年犯监狱、开放式的普通监狱、精神病

---

〔1〕　张青、吴青："荷兰监狱制度及其特色"，载《中国监狱学刊》2006 第 5 期。

犯监狱都向社会公众开放，每年都有成千上万的社会各界人士在这一天来到矫正机构参观。此外，在建新监狱时，正式使用前要邀请社会上的人来监狱住一晚。总之，荷兰矫正系统正采取许多措施，试图让监狱更加开放透明，让社会更加了解监狱及其工作者，借以改变公众形象，提高社会地位。[1]

**思考题：**

1. 如何看待荷兰对罪犯自新更生持怀疑态度？
2. 荷兰矫正罪犯的优势有哪些？

---

〔1〕 张青、吴青："荷兰监狱制度及其特色"，载《中国监狱学刊》2006 第 5 期。

# 第二十二章 日本矫正制度

日本在法律体系、刑罚制度的构建与发展过程中，先后模仿中国唐代律例和西方近现代各法系构建了自己的法律体系和模式。1881 年日本仿效德国的《图式监狱则》是日本近代矫正制度改革的真正起点，其序言中写道："监狱是施与仁爱而非虐待之地，是为了惩戒人而非施与人痛苦。"[1] "监狱"一词是日本明治时代"文明开放"的产物，是日本法制近代化的标志性语言之一。

## 第一节 日本矫正机构

### 一、矫正机构

日本矫正系统由设施内矫正和社会内矫正两部分构成，设施内的矫正工作由矫正局负责，社会内的矫正工作由保护局负责，两个局都隶属于法务省。日本矫正局负责刑事设施的保安警务、分类保护、作业、教育、医疗、卫生等，对被收容者的处遇进行适当的指导和监督。矫正局下设札幌、仙台、东京、名古屋、大阪、广岛、高松、福冈 8 个矫正管区分管地区事务，统辖管区内的刑事设施。

日本刑事设施有四种：惩役监、禁锢监、拘役场、拘置监。惩役、禁锢和拘役都是现行刑法上的自由刑，以剥夺自由为内容。惩役和禁锢二者的区别是：前者需要从事所规定的劳动，后者不科以劳动。不过被禁锢者请求从事劳动时，可以允许选择，称为请愿作业。"禁锢"是使刑事被收容者不从事劳动，使其无为徒食的制度，也有人将此译为"监禁"。惩役和禁锢都有有期徒刑和无期，有期的惩役和禁锢为 1 年以上 15 年以下，加重时还可以提高到 20 年。拘役是一种短期自由刑，轻于惩役、禁锢刑，刑期为 1 日以上不满 30 日。拘置监主要关押刑事被告人和被判处死刑的人，但也可暂时拘禁被判处惩役、禁锢或拘役的人。日本刑事设施的组织，根据设施的规模不同而有所不同。

### 二、矫正机构对罪犯分类

日本刑事设施的分类处遇包含了"分类"及"处遇"两个内容。刑事设施

---

[1] 潘华仿主编：《外国监狱史》，社会科学文献出版社 1995 年版，第 375 页。

对罪犯的分类是由设施分类审议室来执行的，实行被收容者待遇调查和再调查。行刑开始时的调查是对刑罚已经确定，初次进入到刑事设施的服刑者，时间约为一个月；再调查时根据被收容者在服刑过程中的环境变化和服刑者自身的变化，以及其他需要，定期或临时实施。调查以医学、心理学、社会学及其他专业知识和技术为基础，运用面谈、诊断、检查、行为观察等方法，对被收容者的精神状态、身体情况、学习、职业经历、前科、犯罪特征、家庭及其他生活环境，适合从事何种职业和所受何种教育、个人志向，将来的生活设计等事项展开调查，通过调查得出结论进行分类。以便确定该被收容者矫正待遇的种类及内容，制定待遇，实施移送，审查假释申请和确定释放采取的措施；等等。日本刑事设施对被收容者处遇实行累进级管理，即结合被收容者的作业成绩、生活态度和刑期执行情况，根据其努力程度，被收容者逐步从四级升到三级、二级和一级，从而增加他们的自觉性和积极性。在被收容者的处遇措施上，日本规定了个别处遇和集团处遇、开放式处遇、放宽限制和优待措施等。日本刑事设施为了充实强化矫正处遇，防止再犯罪从而恢复治安，在伴随着编制及财政改革大多数行政机关缩减定员的情况下，设施内职员的定编却比原来增加了很多。但是，近年来随着犯罪率的上升，大部分犯罪者虽被采取非监禁措施和假释，被收容者却呈急剧增长的趋势，设施运营的状况极为严峻。

三、矫正人员

为了进一步充实强化矫正处遇，日本《刑事收容设施及被收容者处遇法》明确规定实施矫正处遇的职员要具有专业性。职员除了从事被收容者处遇的刑务官外，还有从事刑务劳动指导的作业专门官，从事改善指导、教科指导的教育专门官，从事受刑者资质及环境调查的调查专门官，从事医师、药剂师、护师、一般行政事务的事务官。日本刑事设施内设机构全国统一，一般设置为：总务部、处遇部、教育部、医务部、分类审议室、刑事设施视察委员会，有关押外籍犯的另设国际对策室。总务部承担庶务课、会计课、用度课；处遇部由首席矫正处遇官担当处遇和作业；教育部由首席矫正处遇官担当教育和后生；医务部承担保健科和医疗课，刑事设施视察委员会是《刑事收容设施及被收容者处遇法》新增的一个机构，其由法务大臣任命十位人格高尚且对改善刑事设施运营有热情者组成，根据对刑事设施的视察和与被收容者的面谈把握刑事设施的运营状况，对刑事设施长提出意见，期待行刑运营的透明化，在改善刑事设施的运营状况方面谋求与地方的协作。日本刑事设施在押犯的结构比例，以 2015 年府中监狱为例：兴奋剂罪犯占 35.2%，外籍犯中兴奋剂犯罪占 67.8%；盗窃犯罪占 37.3%，诈骗占 6.7%，抢劫犯罪占 5.1%，伤害占 3.6%，性犯罪占 8.9%，恐吓犯罪占

0.9%，杀人占 0.9%，交通犯罪占 0.8%，其他占 6.8%。日本在押犯老龄化问题突出，府中监狱 2012 年统计 60 岁以上在押犯占 22.7%，最高年龄有 90 多岁。日本刑事设施建设先进、实用、齐全、突出安全性，技术含量高，所以很少发生逃跑现象。

## 第二节　日本的矫正制度

### 一、现代日本监狱行刑的理念

#### （一）矫正主义

虽然在《日本监狱法》中没有十分明确地规定矫正罪犯，但是无论在学界或在实务界，普遍确认矫正主义应当是监狱行刑的基本理念。在 1946 年颁布的《监狱法运用的基本方针》中提出："行刑过程必须以改造好罪犯并使之弃旧图新为目标而实施处遇工作。基于这个原理，在实施罪犯的处遇时，应采取一切有效的手段，使其养成对社会的适应性。为此，必须唤起罪犯肯于弃旧图新的主观要求。"[1] 然而，从实际方面看，矫正主义在事实上受到很大的挑战。首先，老年罪犯无意重返社会。随着日本社会急速进入老龄化，监狱的在押犯也出现了老龄化现象。2017 年日本警视厅发布的白皮书显示，在日本犯罪率连续 13 年下降的大背景下，监狱里"银发罪犯"却与日俱增，每 5 名罪犯中就有 1 名是 65 岁以上的"银发罪犯"。据东京警察厅的调查数据，截至 2016 年，在 60 岁以上的老年罪犯中，超过 40% 会在出狱后半年内再犯，"六进宫"的人数更高达 36%。[2] 究其原因，是日本社会底层独居老人问题，他们经济基础差，有病不能及时医疗，孤独处世，得不到社会关注。因此监狱内这些老年罪犯无意重返社会，亲属也很少关心和探望，假释后一般也无人照顾，在监狱内也很难施以教育。其次，反复罪犯比例高。虽然日本监狱把罪犯处遇的重点放在重返社会上，但是现实却是监狱内在押犯总数的 62% 为再入者，而且这个比率还有逐年上升的趋势。[3] 社会上很多犯罪案件都是由这些人所为。他们对刑务所的生活已经习以为常，有的甚至比社会生活还适应。对这些罪犯监狱也拿不出什么有效的改造手段，他们

---

〔1〕　王泰主编：《现代世界监狱》，中国人民公安大学出版社 1998 年版，第 6 页。

〔2〕　"日本：监狱养老，震撼"，载 https://baijiahao.baidu.com/s？id＝1605139132015624534，最后访问日期：2018 年 8 月 20 日。

〔3〕　王泰主编：《现代世界监狱》，中国人民公安大学出版社 1998 年版，第 22 页。

的改造欲望也很低。由于他们的犯罪经历，他们很难重新找到稳定的工作，没有人肯雇佣他们，就业的困难又增加了重新犯罪的可能性。2016 年，日本政府推出"再犯防止推进法"，尝试透过改善福利和社会服务系统，对出狱犯人给与支援。

（二）人权保障

在现代监狱行刑中，罪犯人权保障成为日本监狱非常重视的一个方面。他们认为，服刑作为自由刑的必然结果，不仅行动自由被剥夺，而且基于监狱管理工作和处遇方面的需要，有时将其基本人权限制在最小的范围，但是罪犯的生命、财产、身体、名誉等基本人权必须同普通人一样得到尊重。严禁对罪犯体罚、拷问、折磨、恐吓和虐待行为，不允许对罪犯持有偏见。基于这一原理，进而促进了刑罚谦抑主义的发展，排除了刑罚万能论，扩大了设施外矫正的适用范围，推动了非刑罚化和社区处遇的发展，而且在设施多样化、处遇开放化和多样化方面也得到了促进。

（三）行刑个别化

日本监狱为达到行刑个别化的目的，实行周密的分类调查制度，实行不同类型罪犯的不同处遇，从而提高了行刑的科学性。在对罪犯科学处遇、人道处遇的同时，还应当坚持罪犯自食其力的理念。日本监狱当局认为："因为受刑的生活费用要靠善良国民的税金来维持，因此不能允许罪犯不劳而食、坐吃闲饭，所以，应使他们的衣食住费用，靠罪犯的劳动收入来补偿，必须使罪犯参加劳动，这对他们返回社会也是重要的。"[1] 因此，日本监狱对罪犯劳动的看法与欧美国家监狱有很大的不同。

（四）更生保护与行刑一体化的"矫正共同体"

日本的更生保护在历史上曾经发挥过重大作用。日本的更生保护是由政府出面组织的，在法务省设有更生保护局，并且每年都有大笔的经费保证。在民间聘请"保护司"，协助政府开展大规模的设施外矫正和过犯康复工作。由于轻刑主义，使矫正和刑期出现了较大的矛盾，所以刑后措施已经离开了单纯救济和安置的慈善主义轨道而与设施内矫正密切相衔接，以"接茬矫正"成为预防再犯的重要环节，特别是假释的广泛应用使这种衔接更加紧密。由此而发展出监狱矫正和刑后保护一体化，共同展开预防犯罪工作的"矫正共同体"的现代行刑理念。

---

[1] 王泰主编：《现代世界监狱》，中国人民公安大学出版社 1998 年版，第 6 页。

### 二、基本的行刑矫正制度

（一）分类处遇制度

日本分类制度的特点在于将特质大致相同的罪犯相对集中到一起，创造有利于矫正这种特质的处遇条件，一方面能使罪犯的教育个别化，针对性强；另一方面，使刑务所"专门化""专业化"，便于集中优势力量，提高矫正效率。

新入监的犯人要经过 60 天的分类调查，确定收容分类级别以后，被移送到相应的刑务所去。收容分类完成后，罪犯到了不同的刑务所，再根据分类调查中确定的处遇分类和处遇方案决定给予罪犯不同的待遇。日本共设有九个分类中心，负责对新入监犯人进行分类调查工作。

（二）累进处遇制度

累进处遇的核心理念是以处遇的有条件分级改善，激励罪犯逐步达到矫正的目的。基本做法是将行刑的全过程分成若干个阶段或等级，各阶段或等级有不同的处遇内容相对应，罪犯从低级处遇开始，随着改善的程度，向着高级处遇累进。这样，可以提高罪犯的自律能力，调动自我矫正的积极性。日本于 1933 年颁布《行刑累进处遇令》，将累时制确定为日本监狱的基本行刑矫正制度。其基本内容包括以下几个方面：①累进制只适用于惩役罪犯，但其中刑期不足 6 个月的；65 周岁以上年老体弱的；孕产妇；因残疾或其他身心障碍而失去劳动能力的除外。②处遇分为四个等级，即第四、第三、第二、第一级。每一级都要佩带相应的标志。新入所的罪犯经过分类调查以后，先进入第四级，以后依照改善的表现逐级累进，原则上不得越级。第一级可以进入到开放性处所从事无戒护下的劳动，并且可以实行有限的自治制度。第二级每天可以自愿进行 2 小时收入归自己的劳动。第三、四级实行强制工种劳动。第四级只准接见直系亲属和监护人，第三级以上才可以接见"不影响教化的"其他人。第四级每月的零花钱为劳动报酬的 20%以下，第三级为 25%以下，第二级为 33%以下，第一级为 50%以下。日常用品的发放，也因其级别不同而有所不同。③累进考查的内容包括：劳动态度与劳动成绩；日常表现；思想观念的改进。④适用累进制后，执行刑期未满 8 个月的每 2 个月考查 1 次，其他每 6 个月考查 1 次。由刑务官负责把考查结果记入《行刑成绩考查表》，并提交刑务官会议审查是否升降级。升入新级要写誓约书。⑤刑务所所长可以决定"假进级"或"假退级"，对表现不够稳定的罪犯实行"假进（退）级"，即暂时进入（或退入）某一级，经过一段考验之后，再确定级别。

（三）更生保护制度

日本更生保护制度在广义上又称社会内处遇制度，其主要宗旨是不将违法或犯罪者收容于设施之内，而让其在社会上一边生活，一边用指导、援助等方法使其改过自新。日本更生保护的重要特色是"官民协作，以民为主"，具体承担保护观察职责的政府官员——保护观察官和具有奉献精神的民间志愿者——保护司，两者互相配合，形成了互补的合作模式。

（四）未成年矫正制度

未成年人作为人类社会的一个特殊群体，具有主体的特殊性。从生理上看，他们身体迅速发育；从心理上看，他们正处于人生中最不稳定的时期，在认知上具有一定片面性，情感上具有一定冲动性，意志上具有一定薄弱性；从人格发展上看，具有很强的可塑性特征。日本关于未成年犯的设施矫正和社区矫正制度相当完善。

# 第三节　更生保护制度

## 一、更生保护制度历史

（一）制度起源

更生保护制度起源于早期的出狱人社会保护活动。一般认为，出狱人社会保护的实践最早发端于18世纪后期的英国和美国。在英国，伊丽莎白·弗莱（Elizabeth Fry）女士不仅自己帮助出狱人，而且创办了出狱人保护团体；1772年，英国矫正改革家约翰·霍华德（John Howard）创立世界上最早的出狱人保护组织；美国慈善家理查德·怀斯德（Richard Wistar）于1776年呼吁并倡议创设了"费城出狱人保护协会"，成为世界更生保护组织的雏形。

日本是实行更生保护制度较早的国家。明治十六年（1883年）神道教的神职人员池上雪枝就在大阪开设了一所名为雪枝的感化院，即日本最初的非行少年感化院。作为成年人出狱保护设施的先驱，则是明治二十一年（1888年），金原明善氏设立静冈县出狱人保护公司，专门帮助从监狱释放后回到社会的人员。据传，该公司设立的起因是：明治时期，静冈县内的静冈监狱里关押着一名重罪囚犯，许多看守都对这名囚犯的矫正感到很棘手。然而，当时在任的副监狱长却始终坚持对该囚犯进行耐心细致的指导教育，终于收到良好的效果，使这名囚犯开始了真心的悔罪，临出狱前，他庄重地对副监狱长发誓"今后绝不再犯罪"后离开了监狱。但是，这名在监狱关押了十年的囚犯，回到家乡一看，父母已经离开人世，妻子也已经改嫁他人，其他亲戚或者不给他好脸色看或者将他赶走，于是他陷入生活、住宿无着的困境。但是，他不想背弃自己向副监狱长许下的不再犯罪的诺言，绝望之余，留下长长的遗书，便投水自杀了。当时正在静冈县负责整治山水的金原明善氏，听到这一事件后痛感："必须认真考虑在社会中如何切实保护弃恶从善的出狱者。"于是，他招募静冈县的民间人士，同心协力，设立了第一个成年出狱人保护公司，即现在"静冈县劝善会"的前身。从此，保护出狱者这样的运动，最初由民间，继而由政府设置官方机构。最初是针对刑满释放者，继而扩展到假释人员，并逐渐在日本全国推广开来。

（二）制度确立

日本的更生保护制度是在第二次世界大战后逐步确立的，其基本法律主要有：《恩赦法》《犯罪者预防更生保护法》《保护司法》《缓刑监督法》《更生保护事业法》等。1947 年的《恩赦法》对恩赦的权利、实施方法等有关基本事项做了规定，该法对那些因政令或个人申请恩赦的出狱者在更生保护方面具有重要的意义。

1949 年颁布的《犯罪者预防更生保护法》是罪犯更生保护的基本法律，确立了作为社会内处遇的保护观察制度。该法第 36 条规定，可以采取以下几种保护观察措施：①鼓励修养情操方面的学习训练；②确保一定条件的医疗保健；③确保住所安定；④就业辅导、帮助就业；⑤改善调整环境；⑥帮助到适合更生的地方居住；⑦为适应社会生活进行必要的生活指导；⑧采取为帮助本人更生有利的措施。该法第 40 条规定，"在对象受伤或者疾病，没有适当的临时住所、没有居所或者职业，可能妨碍更生的情况下，必须让该人住进公共卫生福利设施，或者其它设施进而接受医疗、食宿、职业方面的救助"。

1950 年的《保护司法》对保护司的选任产生、管理，包括培训及经费等加以规定。1999 年修改保护司法，规定保护司会及保护司联合会合法化。目前，日本全国共有保护司约 5 万名，活动在全国 904 个保护区。

1954 年的《缓期执行者保护观察法》规定了被判处缓刑而交付保护观察者在缓刑期间应遵守的事项，以及对这些人的保护观察方法等。依据该法，保护观察应当充分考虑被保护观察者本人的年龄、经历、职业、身心状况、家庭、交友及其他环境因素，为其设定一定的遵守事项，并由专门机构和人员对其进行监督、辅导和援助。

1995 年的《更生保护事业法》规定了从事更生保护事业的更生保护法人的设立及其组织的运行，以及国家对其的监督。此外，该法还对更生保护事业的内容及其保护对象的范围等作了规定。该法第 2 条规定，"更生保护事业"，指持续保护、临时保护以及联络助成之事业。"持续保护事业"指将目前有必要更生保护的以下人员收容在一定设施里，帮助提供住宿、教养、训练、医疗或者就职，进行生活指导，调整或改善环境等有助于更生必要的保护事业。①被处以保护观察者；②判处徒刑、禁锢或拘留，刑罚执行终止、免除刑罚执行，或被停止刑罚执行者；③判处徒刑或者禁锢缓刑执行者，根据刑事程序被解除人身拘禁者；④判处罚金或科料，根据刑事程序被解除人身拘禁者；⑤被允许从劳役场出场，或者临时出场者；⑥因没有追诉必要而接受不起诉处分，根据刑事程序被解除人身拘禁者；⑦被允许从少年院退院，或者临时退院者；⑧被允许从妇女辅导院退院，或临时退院者。"临时保护事业"是指对于前项规定者，帮助斡旋住处、医疗或者就职，贷给或给予费用，生活商谈等更生所必要的保护事业。"联络助成事业"是指帮助与持续保护事业、临时保护事业及相关的被持续保护者的更生为目的事业的开发、联络、调整或者协助进行的事业。

（三）制度完善

2002 年 5 月 29 日日本通过《更生保护事业法等部分法律修正案》，该修正案主要修正要点如下：①在持续保护事业的内容中新增了"指导就业，为使其适应社会生活进行必要的生活指导"，谋求充实的在更生保护设施内能够实施的保护内容；②作为在更生保护事业中放宽限制的事项，临时保护事业及联络助成事业由原来的认可制改为申报制；③制定了确保事业经营透明度的相关制度。

2007 年 6 月，将《犯罪者预防更生法》和《缓期执行者保护观察法》进行整合，制定了新的《更生保护法》，2008 年 6 月全面实施。[1]《更生保护法》继承了由官民协作构筑更生保护的理念和传统，充实了保护观察应遵守的事项，充实了为受刑者回归社会而调整生活环境，增加了犯罪被害人制度。

自 2007 年 12 月 1 日起，日本开始实施"更生保护犯罪被害人政策"制度。日本更生保护制度作为一种旨在改造罪犯、预防犯罪而不剥夺罪犯自由的制度，长期以来，其重点放在了预防和减少犯罪上面，而忽略了被害人的权益保障。为了有利于社会的和谐，日本专门制定了"更生保护犯罪被害人政策"制度，以在一定程度上救济因公诉而权益受到侵犯的被害人。该制度的具体内容有：①意见听取制度，即被害人有权就加害人的假释陈述自己的意见。②心情传达制度，即被害人有权将自己的情绪传达给保护观察中的加害人。③保护观察知情制度，即被害人有权了解加害人的保护观察状况，被害人可以直接用电话等提出申请。④商谈、接受咨询制度，即被害人有权向专门的负责人倾诉、咨询自己的不安和烦恼。另外，在制度执行的过程中，被害人的秘密保护将会得到严密遵守。

---

〔1〕 于阳："日本刑事司法制度改革新动向"，载《犯罪与改造研究》2014 年第 4 期。

近年来，日本法务省每年7月开展"使社会更加光明"这一全国性民众参与预防犯罪的活动。这是一项参加者超过450万人的大型国民集体活动。7月1日被命名为"更生保护日"，中央和各都道府县及街道都设置了"使社会更加光明实施委员会"。中央实施委员会由警察、自治体、教育、产业、媒体、体育等官民双方协作的八十多个机构组成。活动内容包括：①广泛的宣传活动。主要通过制作一些手册、大型广告牌、传单等，制作专题片，通过报纸、杂志、网络、橄榄球赛场电子广告板等手段介绍该项活动的宗旨及概况。②开展各类民间仪式。各地行政长官都举行传达法务大臣呼吁国民参加该项活动的动员仪式，与之相配合，各地保护观察所也积极开展各类宣传贯彻活动。总之，日本通过法务省有组织、有计划地开展号召全社会关注违法、犯罪人的复归社会的全国性活动，收到了极好的效果，极大地减少了因社会歧视而导致的重新犯罪现象。这使日本在社会上拥有七万左右被保护观察对象的情况下，长期保持着发达国家犯罪率最低的纪录。

**二、日本更生保护制度之组织机构**

（一）更生保护的官方组织

日本更生保护的官方组织主要有：法务省保护局、地方更生保护委员会、保护观察所。法务省保护局的职能为：①假释申请的审查和决定，为从刑务所或少年院假释的人员协调更生的环境；②对犯罪者与不良行为少年进行指导监督，使其养成责任心与遵守规范的意识，实施保护观察措施；③对被保护观察人员落实保护救援措施，对刑释或解除保护观察处分者实施紧急更生保护；④为被保护观察人员向政府内阁提出恩赦申请等事务；⑤扩大、引导、协助社区开展预防和矫正犯罪的活动；⑥负责对保护司候选人的推荐，对保护司的训练培养，对更生保护会及其他更生保护机关团体的监督指导等。

中央更生保护审查会是法务省的附属机关，其成员由法务大臣任免，任期3年，由1名委员长和4名委员组成。其职责是"向法务大臣提出有关特赦、对特定对象的减刑、免除刑罚执行或者对特定对象恢复权利等事项的申请报告"，"对地方更生保护委员会作出的决定，依据《日本犯罪者预防更生法》以及《行政不服审查法》的规定进行审查后裁定，以及法律规定的其他权限"。

地方更生保护委员会设在全国8个高等法院所在地，由3名至12名委员（专职的一般国家公务员）组成；掌管审查假释及取消假释和监督保护观察所的事务等。

保护观察所设在全国50个地方法院所在地，还有3个支部，28个派出机关。保护观察所的职能有：实施保护观察；引导舆论、协助民间活动共同预防犯罪，改善社会环境；调整在押犯人的复归环境、实施更生紧急保护、教育训练保护司、申请恩赦等其他事务。保护观察所中配有保护观察官和法务事务官。

（二）更生保护的实施者

1. 从事更生保护的政府官员。包括以下两类人员：

（1）保护观察官，是地方更生保护委员会事务局和保护观察所配备的国家公务员，作为专职的保护观察员，可以称为"案件管理者"，他们都具有一定程度的心理学、教育学、社会学及其他与更生保护相关的专业知识，从事并指导保护司针对各类社区保护观察对象进行的保护观察、人格调查及其他与犯罪人的更生保护及犯罪预防相关的工作。通常情况下，培养一名保护观察官的时间大约为3年，大体上包括3个月的研修，任地区担当官、更生保护设施担当官、更生保护振兴科业务等分别需要1年的时间。若计划5年的培养时间，就再增加担任直接处遇担当官、地方更生委员会的设施担当官等各1年的时间。保护观察官的日常工作主要是与被保护者面谈，阅读少年登记簿、少年调查登记簿、刑事记录等资料，和保护司交流，以及制作各种调查计划和处遇方案；等等。为实现"不让对象者再犯罪"的目标，适当的分类处遇制度是非常重要的。而发挥适当处遇作用的关键措施，就是确立"要求保护司精读每月的处遇报告"制度，并增强保护观察官与保护司之间协作机制。

（2）社区复归调整官，他们是运用医疗观察法对心神丧失者进行处遇的专业人士，是保护观察所配备的国家公务员，有"精神福利保健师"资格，从事促进精神障碍者回归社会的相关工作。

2. 从事更生保护的志愿者。包括以下三类：

（1）保护司，是具有社会奉献性质的民间志愿者，以净化社区环境、促进个人和公共利益为使命，协助犯罪者改善更生，努力开展预防犯罪的宣传活动。日本的保护司由各保护观察所听取保护司选考会意见后推荐选任，由法务大臣或委任给地方更生保护委员会的委员长任命，任期为2年。《日本保护司法》第3条规定了保护司的选任条件："人格和言行，具有社会信誉；有完成职务所必要的热情和时间；生活安宁；健康有活动能力。"由保护观察官对本地区内的保护司进行业务指导及管理。每年对初任保护司的人员进行培训，内容包括如何对待保护观察对象、人际关系说、心理学、谈话技巧等，保护司协会也定期举行案例的讲解分析培训活动。保护司没有工资，但可以接受执行职务所花费的全部或部分费用。实际上，日本的保护司开展工作一般是在自己家里与矫正对象进行交流，不受工作时间的限制。矫正工作中若有不清楚的事项可以随时听取保护观察官的意见。一般而言，最初先由保护观察对象带着保护观察所的介绍信，在家人的陪同下首次拜访保护司，以后，原则上每一个月交流一次，往往也是在保护司家里面谈，喝茶或一起吃饭，边吃边谈，进行生活做人准则的引导。

（2）更生保护法人，是以《更生保护事业法》为依据，由法务大臣许可从事更生保护的民间团体。更生保护事业包括持续保护、临时保护以及联络助成之事业。"国家为更生保护事业顺利且有效地行使保护观察、更生紧急保护等其他国家责任的更生措施基础上发挥重要的机能，确保更生事业适当公正地运营，以及为谋求健全充分地育成而采取措施。""地方公共团体，基于更生保护事业是为帮助犯了罪的人更生，由此来预防犯罪，提高区域社会的安全以及驻地居民福利的考虑，应对该地区进行的更生保护事业予以必要的协助。""经营更生保护事业者，在实施该事业的过程中，考虑被保护者人权的同时，有效地协助国家行使更生措施以及社会福利、医疗、保健、劳动及其他相关连带的措施，在该地区进行有创意性的开发，并应当为得到本地区居民的理解和协助而努力。""更生保护法人，应当具备为经营更生保护事业所必备的资产。""更生保护法人，在没有妨碍经营更生保护事业的前提下，可以经营以公益为目的的事业或者将其收益用于更生保护事业。有关公益事业或者收益事业的会计，应当从各种各样符合经营更生保护事业的会计中相区分，作为特别会计管理。"[1]

（3）民间协助组织，是纯粹由民间人士组成的帮助更生保护的组织，包括兄姐会、更生保护妇女会、帮助雇用业主会等。目前，日本有保护司5万名左右，女性1万多名，平均年龄64岁，活动在全国904个保护区；更生保护设施104个，兄姐会共有将近600个，会员人数约为5000名；更生保护妇女约1400个，会员人数约20万名；帮助雇佣业主会包括个体和法人共约9000家。

**三、日本更生保护制度之保护观察**

日本矫正制度中保护观察的理念，最初渊源于英美少年法院对少年的保护处分，但最终构成刑罚基础的理论和制度，则是仿效大陆法系的德国刑法而形成的。"保护观察"是日本更生保护制度实施的具体措施，它是通过政府强有力的组织推动，形成由层层政府机关领导民间志愿者——保护司结合开展社区矫正工作，以指导监督被保护观察者遵守相关事项，以及辅导援助使该人认识到本来就存在自助的责任，谋求其改善和更生为目的。

（一）保护观察工作的分类和对象

目前，日本越来越多的学者开始承认保护观察的独立性，日本学者小川太郎

---

[1]　中国监狱学会、司法部监狱管理局编：《外国监狱法规汇编》（五），中国政法大学出版社2002年版，第455～456页。

博士认为：保护观察是分离于主刑的独立处分，这是由保护观察本身所具有的社会性功能所决定的。保护观察最初是应避免传统刑罚弊端的社会要求而产生的，在执行方式上与传统刑罚有着明显的不同。作为附加于缓刑的保护观察，从立法考虑上也是同刑罚分离的，保护观察有其独自的运行组织和独立的处遇方式。通常情况下，保护观察既是附加于缓刑者或假释者的一种处遇措施，也可以是针对非犯罪化的违法者、犯罪青少年的社会内处遇措施。

日本的保护观察按对象分为五个实施类别：一号观察对《少年法》第24条规定的应保护观察人实施；二号观察对从少年院中假释出来的人实施；三号观察对被假释的人实施；四号观察对被判处缓刑、根据《刑法》第25条第2款规定附加保护观察的人实施；五号观察对从妇女辅导院中假释的人实施。上述类型中，一号是终局型的保护观察，二号、三号、五号是假释型的保护观察，四号是缓刑型的保护观察。

（二）保护观察工作的原则和方法

保护观察的基本原则包括：①必要且适当原则；②个别化处遇原则；③相互信赖原则。保护观察的工作方法分为指导监督和辅助援助保护两类。指导监督主要是和对象保持适当接触以观察其活动，传达适当的指示督促其遵守纪律，采取必要的措施帮助其成为善良的社会成员。对违反纪律者可采取收监的严厉措施，因此是具有心理强制的权力性措施。辅导援助保护方法是为了支持其复归社会，因而在性质上体现出非权力性保护观察这一社会福利内容。被保护观察的对象较之一般的社会人有社会适应性障碍，在就职方面存在困难，但若全面保护便容易养成过分依赖的心理，因此，在给予帮助的同时更强调其自助责任：①确保住所安定，帮助其到适合更生的地方居住；②帮助其接受医疗及疗养；③就业辅导、帮助就业；④帮助其获得教养情操方面的学习训练；⑤改善调整生活环境；⑥为其适应社会生活而进行生活指导；⑦确保有利于本人更生的建议等其他措施。

保护观察的工作流程大体是每月做互访两次，了解其生活状况，修正处遇计划。对于不太遵守访问保护观察官规定的人员，要从基本的守约着手，培养其持之以恒的耐力。保护观察对象应遵守的规定：在保护观察期间，被监督者必须遵循一定的注意事项。通过适当的接触并进行督促指导，使其感受到可能被取消保护观察的心理强制作用。《更生保的法》第50条规定"一般应当遵守的事项"为：①保持不再犯罪或不再有不良行为的健康的生活态度；②诚实接受保护观察官和保护司的指导和监督，应保护观察官和保护司的要求而会面，如实报告自己的劳动、学习、收支、家庭环境交友关系及其他生活状况，或提供相关资料；③交付保护观察时，要尽快确定住所，并向该地区保护观察所长报告；④要在申报的住所居住，迁居或 7 天以上的旅行之前，必须获得保护观察所所长的允许。《更生保护法》第 51 条规定的"特别遵守的事项"是必须要遵守的，若违反就会受到更生保护法、刑法、少年法相关规定的处分：①不与有犯罪之虞的人员交往，不出入可疑的场所，不过度游乐，不允许过度饮酒，不允许从事与犯罪或非行有关的活动；②从事劳动和学习时，不再犯罪或出现不良行为，为保持健康的生活态度而采取必要的善行；③有关不足 7 天的旅行、离职、身份变动等其他需要事先进行指导监督的事项，除非紧急情况，要向保护观察官或保护司申报；④为了基于医学、心理学、教育学、社会学等专业知识改善其特定的犯罪倾向，接受法务大臣的规定进行系统化的程序处遇；⑤法务大臣指定的设施、保护观察对象及其监护者的住所及对其改善更生有必要的特定的场所，在为其提供住宿期间内接受指导和监督。[1]

（三）保护观察的性质和功能

对保护观察对象的保护观察是一项颇具科学性的活动，应该能够唤起被保护者的人性、自尊和良知，保护观察作为更生保护的处遇方式，改变了刑罚原有的报应性、惩罚性为主的特性。保护观察的对象不再是受惩罚的客体，而是需要医疗帮助的对象，因此处遇的内容依对象具体情况的不同，实施处遇的个别化，心理学、医疗学、教育学等多种知识或技术被应用在保护观察过程中，保护观察实施的场所，不是封闭性的监狱，而是正常的社会环境，同时在对象接受处遇的过程中，执行主体与保护观察对象双方互动。它是由国家主导的旨在使实施了犯罪或者非行的人，在平常的社会环境中作为健全的社会人，通过接受指导、帮助实现新生的制度。其目的是帮助犯罪人逐渐适应或改善生活环境，而不是像自由刑那样将犯罪人从正常的社会生活中隔离出去。

虽然大量适用非拘禁制度引起部分社会层面的不满，但毕竟社会内处遇较之监禁刑有许多优势，创造了一个良好的适于犯罪者改过的环境。从长远来看是防止重新犯罪的最佳途径和选择。从国民对犯罪人的反应上来看，保护观察的福祉体现在对犯罪人痛苦处境的关注。从保护观察的内容和方法来看，保护观察的目标是实现犯罪人或越轨行为人的社会回归，针对接受保护观察的人员对社会生活不适应的问题点，进行辅导、援助、教育和训练。从犯罪人的社会地位来看，犯罪人及其家属朋友的人格和人权受到尊重，社会所努力营造的氛围不是漠视和冷遇犯罪人，而是尽量保持和恢复被犯罪所破坏的社会关系，犯罪人及其家属正常交往社会活动，个人隐私受到尊重，接受保护观察的对象不是被监视的对象，在

---

〔1〕 史景轩、张青主编：《外国矫正制度》，法律出版社 2012 年版，第 391~392 页。

一定程度上是受保护的对象。

保护观察的功能具体有：①再犯防止功能。保护观察作为防止再犯的措施，表现为家庭访问，帮助受保护观察人员安置合适的住宿，帮助就业，对特定类型犯罪人，如服用兴奋剂吸毒人员定期进行尿检等体检等。其中，家庭访问是保护观察最基本的防止再犯的方式，它是通过与对象人的接触来防止再犯，接触的方法除了直接的会见以外，还可通过电话、邮件等保持与对象人的联系，在实践中，以对象人的来访为中心，保护观察官的去访相对较少。②教育功能。日本教育学家细谷恒夫曾指出教育的三种类型：命令式、说服式和感化式。日本在保护观察过程中，感化与说服教育方式运用得更多，并取得了良好的效果，这一切主要取决于日本保护观察制度的根基——无私奉献的保护司。保护司通过与对象本人近身接触——"会见指导"，持续性关注其改善更生情况，与对象之间建立信赖关系，指导对象用实际行动证明其自尊心及作为守法公民的愿望，帮助对象远离犯罪的生活。在日本，无论是在保护司岗位上工作四十多年的老人，还是仅仅才参加5年左右的中年人，都对自己能够从事保护观察工作感到无限光荣。总是听他们说：只要获得了对象的信任，能够进行交流，就感到很愉快、感到成功乃至幸福。而一旦有对象再次违法或犯罪，保护司就感到极其难过、郁闷，感到自己很失败，没有尽到身为保护司的职责。如此具有使命感、责任心，仅仅奉献却不领取工资的保护司队伍造就了日本保护观察工作教育的成功。

## 第四节　未成年犯矫正制度

### 一、未成年犯矫正机构

日本未成年犯设施内的矫正工作由隶属于法务省的矫正局负责，矫正局下设8个矫正管区分管地区矫正设施。截至目前，日本未成年犯矫正设施共有7所少年刑务所、52所少年鉴别所、还有52所少年院及学园等。

#### （一）少年鉴别所

1922年在制定旧《少年法》时，部分有识之士，已经深刻地认识到在少年审判中对少年素质进行鉴别的重要性。该法第31条第1项规定，对"提交少年审判所审判的少年，在考虑审判时，应调查与事件有关的情况及本人的品质、操行、环境、经历、身心状况、教育程度等"。但就实际体制来说，尚不能说明鉴别制度已达到完备程度，因为同条第2项中仅制定了"对身心状况要尽可能地让医师诊断"的规定。直到 1933 年《少年教育保护法》中规定"在少年教育保护院内，可以设置鉴别机关"，从而提出了"鉴别"这一用语。战后，由于少年法及少年院法的制定，给少年保护制度带来变革，制定了观察保护措施，在全国设置了属法务厅所管的作为收容机关的少年观护所。同时在该观护所附属设立了作为鉴别机关的少年鉴别所。但是，这两个机构在组织上分开设置，在圆满实现两个功能方面存在问题，1950 年，将少年院法及组织令做了修改，把两者合并改为少年保护鉴别所。1952 年，伴随法务省保护局的设立，其形式上名称发生变化，变成现在的少年鉴别所。

少年鉴别所鉴别的对象，通常分成四种，各种鉴别的目的和方法存在若干不同，包括：①根据《少年法》第 17 条第 1 项第 2 号规定的观护处置，被解送到少年鉴别所的收容者——收容的鉴别对象。②虽然身体没被收容，但在构成家庭裁判所进行调查和审判对象中，要求鉴别其素质者——在家鉴别对象。③根据少年院、地方更生保护委员会及保护观察所负责人的要求进行素质鉴别者——委托鉴别对象。④根据《少年院法》第 16 条第 2 项的规定，由家庭裁判所、少年院、地方更生保护委员会及保护观察所负责人以外的人员，提出要求进行素质鉴别者——一般少年鉴别对象。

在少年鉴别所的观护期间，即收容少年的期间，原则上为 2 周以内。少年鉴别所的处遇大纲，依据少年鉴别所处遇规则所示，其基本原则在于使少年在明静的环境中安心地接受审判，同时掌握少年的真实状态，对其素质进行充分的鉴别。少年按男、女分别收容，并考虑性格、经历、入所次数、年龄、同犯关系、审判的进行状况等分别安排寝室。鉴于他们是发育成长中的少年，要充分注意身体、衣类、寝室等的清洁和其他环境卫生，同时还要照顾给养和健康管理。在安排每天的活动时间表时，为了缓和收容少年的不安情绪和紧张感，除了考虑实施读书、运动以及其他适当的娱乐活动外，也要有效地利用收音机、电视机，收听和收看一般的播放节目和矫正局计划的教育广播内容。

（二）少年院

少年院是属于法务大臣管理的国立设施，收容由家庭裁判所解送的受保护处分者，对他们施以矫正教育。现行少年院制度的直接起源，可追溯到 1922 年公布的旧少年法和矫正院法。此法从 1923 年开始实施。与此同时，建立了多摩、浪速两个少年院，以后至 1934 年，漱户少年院开始成立，接着少年院逐渐在各地建立起来。1942 年旧少年保护制度终于成为全国性的法规。

战后，为了强化新宪法下的少年人权的保障和适应少年劣迹现象的变化等，基于少年保护的新观念，1948 年对少年法作了全面修改。与此同时，矫正院法改称少年院法，成为新的起点，两个法律从 1949 年 1 月 1 日起同时施行。1949 年新制度开始实施时，全国有少年院 12 所，以后依据社会的形势和少年不良行为的倾向等也在逐年进行设备的扩充，现在全国共设置 60 所少年院。少年院法规定，为适应少年的身心状况实施适当的处遇，将少年院分为初等、中等、特别及医疗四种。初等少年院的对象：身心没有明显障碍，年龄在 14 岁以上至未满 16 岁者；中等少年院的对象：身心没有明显障碍，年龄在 16 岁以上至未满 20 岁者；特别少年院的对象：虽然身心没有明显障碍，但存在犯罪倾向，年龄约在 16 岁以上至未满 23 岁者；医疗少年院的对象：身心有明显障碍，年龄在 16 岁以上至未满 26 岁者。男性与女性原则上分别设立设施。

随着时代的发展，为了适应少年不良行为的变化及施以保护处置多样化的要求，在决定解送少年院的范围内，分为短期处遇和长期处遇并制定了处置及处遇的类别。短期处遇的对象是，虽然存在某种程度的不良行为倾向，但因少年具有的问题性质单纯或比较轻微，早期改善的可能性很大，通过短期的连续的集中指导和训练，可以得到改正而重返社会。把他们适当地编成半开放处遇和开放处遇小组，进行有规律的集体生活，以使他们体会正常的规范意识。这种短期处遇的收容期间，分为 6 个月以内的一般短期处遇和主要是不良行为的汽车驾驶者或摩托车的驾驶者、收容期间为 4 个月以内的交通短期处遇。再有，上述的收容期间是作为最高限度目标而制定的。一般短期处遇以 4 个月到 5 个月为期，交通短期处遇以 2 个月到 3 个月为目标开展处遇工作，在此期间内，以尽量使其早日出院，向设施外处遇转移为目的。截至 1981 年 3 月末，在全国实施一般短期处遇的少年院有 21 所，在各矫正管区有交通短期处遇各 1 所，共计 8 所。

长期处遇是以利用短期处遇不能充分取得矫正效果的少年为对象，明确指出形成不良行为原因的问题性质和今后应发扬的优点，综合研究身心的发育状况、素质特点、将来的生活规划等情况，尽可能地针对各少年的具体情况，促使少年本身主动地进行自我改善，以努力提高自己，为此订立生活指导、职业训练、学科教育、特殊教育及医疗措施等 5 个处遇课程，以期能够进行有效的处遇。收容期间规定为 2 年以内，在此期间内，也要努力争取早日出院，所以长期处遇的收容期间为最短 6 个月，最长 24 个月，与以前相比有分散化的倾向，可以看到处遇的个别化和收容期间的弹性化正在积极地推行中（平均为 12 个月的期限）。

综上所述，现在的少年院在运用上规定了收容期间的最高限度，一般短期处遇为 6 个月，交通短期处遇为 4 个月，长期处遇为 2 年，但这始终是作为上限标准而定的。在此期间内尽可能地使其早日出院，以向设施外的处遇转移为前提。另外，根据少年的院内成绩和品行，在此期间内不能出院时，经过少年鉴别所的再鉴别及征求家庭裁判所的意见，取得主管该少年院所在地的矫正管区长的批准，可以延长收容期间。但这种延长只限于一般短期处遇和长期处遇的对象，延长期间也定为长期处遇在 1 年以内，一般短期处遇在 6 个月以内，但延长的情况是极少的。

少年院施行阶段性的处遇，阶段有 1 级、2 级和 3 级 3 种。1 级和 2 级又各分上和下两个档次。通常新入院的少年被编入 2 级下档，以后经过各阶段依次进级。特别是成绩优秀的在院者允许进级两个阶段。相反，成绩特别不好的可以降低一个阶段。在有特别事由时，也可以降低两个阶段以上，直到降到 3 级。阶段的升降，通过审查在院者平素的成绩来决定。这种审查规定每月必须进行 1 次以上。在个别处遇的计划中，要制定每个人的教育目标，进而将目标在新入院教育、期中教育、出院前准备教育等各个阶段，作为不同阶段的目标，使之具体化，并为达到其目标选择有效的教育内容和方法。而且，对以上教育目标达到的程度，每月进行 1 次以上的评价，按阶段逐渐进行教育，以使其出院。在此期间，为使少年能够顺利地重返社会，要注意同保护者之间的联系，求得他们的协助，开展有效的指导。

对于临近出院的少年，为了使他们能够顺利地重返社会生活而实施出院前教育，通常在 1 个月左右的期间，将其转到开放性的宿舍，按照一定的计划进行处遇。处遇的内容是作为在院生活的总结写出反省书，研究出院后生活的具体计划，并利用社会参观、返家和外宿，融洽与家属的感情，和预定就业单位的负责人进行会面等，根据设施的情况，增加各种内容的活动。经过院内处遇审查会的讨论，院长认为适合假出院时，应向地方更生保护委员会提出假出院的申请，并且对于达到矫正目的的少年，必须提出出院的申请。另外，对于已满 20 岁的少年，原则上院长应让其出院。

**二、未成年人社区矫正**

为了使从少年院期满或年满出院的，从少年刑务所刑满出所的和被假释的未成年人更快、更好地适应社会正常生活并成为健全的社会成员，防止他们重新违法犯罪，日本很重视对他们的更生保护工作，并且由官方专门机关与民间群众组织相结合，齐抓共管，形式多样，方法灵活，成效显著。

（一）地方更生保护委员会的保护

归法务省更生保护局管理的地方更生保护委员会，是从事更生保护工作，防止违法犯罪者重新走上违法犯罪道路，使他们成为健康的社会成员的政策的执行机关。

日本《犯罪者预防更生法》第 13 条规定："地方更生保护委员会由 3 人以上

12 人以下委员组成。"最大的关东地方更生保护委员会配备了 12 人;最小的四国地方更生保护委员会只配备了 3 人。地方更生保护委员会的工作对象既包括成年犯罪人也包括未成年犯罪人。地方更生保护委员会的职责包括:①对在少年院收容的未成年人,认为他已改造好重新成为健全的社会成员的,决定让其出院;对在少年刑务所服不定期刑的未成年人,认为他已改好可重返社会时,决定终止不定期刑将其释放。②对在少年院、少年刑务所等矫正设施收容的违法犯罪未成年人决定假释。对于一般的被假释未成年人,交付保护观察所予以保护观察;对于刑期在 8 年以上入少年刑务所时还是未成年人的罪犯,在被批准假释后返回原籍前,首先要到地方更生保护委员会报到,并在这里待 3 个月的时间,以便恢复适应社会生活的能力,由该委员会提供食宿并进行就业指导,期满后还要交保护观察所予以保护观察。③对在假释期间表现不好的作出撤销假释决定,并重新收入少年院或少年刑务所。

（二）发动志愿者从事未成年人更生保护工作

未成年人的违法犯罪活动是在一定的社会环境中发生的,更生保护方针政策是要在社会上施行的,所以要将违法犯罪者真正改造成为新人,单纯依靠国家机关力量取得充分效果显然是极其困难的,只有使地区居民理解这一工作的意义并取得他们的支持,才能卓有成效地完成这一工作。因此,日本在未成年人更生保护方面同样广泛吸收各种志愿者组织帮助工作,参加到该活动中去。

1. 更生保护妇女会。更生保护妇女会是由作为家庭主妇和母亲的妇女志愿者组成的民间团体,全国会员总数有 20 多万人。它的作用是参与社区内的违法犯罪尤其是未成年人违法犯罪的预防,帮助违法犯罪未成年人和其他违法犯罪者改过自新。它在为违法犯罪未成年人和具有前科者解决工作问题以及帮助未成年人进行其他更生保护工作中,得到了雇主和各类志愿者的大力支持,因而工作成效显著。

2. 更生保护会。更生保护会是经法务大臣批准从事违法犯罪者更生保护事业的民间团体。全国有 100 多处由它经营管理的收容保护设施,也称更生保护帮助旅社。可收容 2000 多人,其中有 70 多处是专为不满 23 岁的未成年人设置的。

3. 兄姐会。兄姐会是已改邪归正的未成年男女与陷入违法犯罪或者可能陷入违法犯罪的未成年人结交成为好友,通过现身说法,鼓励其更生,引导他们走上正确道路的民间团体,兄姐会成员与保护对象之间的年龄相仿,经历相似,这给该团体对未成年犯进行保护工作提供了绝对的优势地位,从而取得的效果也大于其他的官方或民间组织。

**思考题：**

1. 日本的更生保护制度有什么特色？
2. 日本的未成年犯保护有什么特点？

# 第二十三章　新西兰矫正制度

## 第一节　新西兰矫正机构

新西兰（New Zealand）是一个位于太平洋西南部的岛国，地处澳大利亚东南方约1600公里处，和澳大利亚同属于大洋洲，面积27万多平方公里，专属经济区120万平方公里，大小与英国或日本相近。总人口488万（截至2018年6月统计数字）。其中，欧洲移民后裔占74%，毛利人占15%，亚裔占12%，太平洋岛国裔占7%（因为在新西兰人口普查时有人选择多项族裔，所以出现了超过100%的情况）。官方语言为英语、毛利语。48.9%的居民信奉基督教、新教和天主教。新西兰由北岛、南岛、斯图尔特岛及其附近一些小岛组成，南岛和北岛是新西兰最重要的组成部分，库克海峡将两岛分开。经济中心奥克兰与政治中心、首都惠灵顿都在北岛。

新西兰矫正机构的主管部门是新西兰矫正局，现任矫正局长是凯尔文·戴维斯（Kelvin Davis）。矫正机构的职责，一是确保监狱和社区矫正工作顺利进行；二是提供罪犯矫正项目，包括教育、就业培训等，帮助罪犯复归社会，并减少他们再次犯罪的可能性，当前的目标是减少25%的重新犯罪率。

矫正人员的具体工作包括：监管在监狱、社区服刑的罪犯，为有再犯危险的罪犯制定实施矫正项目，改善监管设施，向法院和假释委员会提供信息以帮助他们对罪犯假释做出准确的决定。总体上，矫正工作所做的一切都是为了保护社会的安全。

**一、与矫正局密切合作的政府司法部门**

1. 警察局，逮捕和起诉违法者。
2. 严重欺诈办公室，调查和起诉严重金融犯罪。
3. 法庭，审判罪犯并收取罚金。
4. 假释委员会，决定假释申请。
5. 皇家律师事务所，代表矫正局到法院出庭参与相关案件庭审。

6. 监察委员会，审议罪犯投诉并监督罪犯处遇。

新西兰矫正局管辖全国 18 所监狱和 148 个社区矫正机构。矫正工作人员共 9000 名，其中 91% 是一线矫正人员。另外非在编人员包括 480 名医务人员和超过 1700 名注册志愿者，这些工作人员于 2017 年进行了超过 18 000 次监狱探访服务。截至 2018 年，新西兰全国的矫正机构涵括了超过 10 200 名罪犯和 30 000 名社区矫正人员。监狱的总人数比 2017 年增长了 700 人，相当于新增了一个中型监狱。自 2014 以来没有发生过越狱事件，罪犯严重袭击事件已经大幅度减少。2016 年，监狱里仅发生一起罪犯自杀事件，显示出监狱中非正常死亡人数的显著减少，比 2015 年减少了 11 起非正常死亡事件。

**二、2017 年新西兰矫正机构主要的工作成就**

1. 确保了监狱的安全，没有发生越狱事件。
2. 帮助 7197 名罪犯完成了矫正项目。
3. 帮助 3287 名社区罪犯完成了矫正项目。
4. 帮助 6267 名罪犯重返社会。
5. 在新西兰假释委员会规定的时间内，提供了全体罪犯的心理报告。
6. 配合假释委员会在监狱召开了 7733 场听证会。
7. 将 1364 名罪犯转到社会就业支持服务机构。
8. 帮助 1 万多名罪犯找到了较为稳定的工作。
9. 在公立监狱中，实现了 91% 的罪犯参与生产劳动、心理治疗、教育培训等矫正活动。

## 第二节　矫正机构人员

新西兰矫正机构雇用了近九千名员工，其中 90% 以上是一线矫正工作人员。根据雇员人数计算，这是新西兰最大的组织之一，也是除新西兰警察和新西兰国防部队以外最大的核心政府机构。

矫正工作人员中有 54% 是男性，46% 是女性。其中 1/5 的员工是毛利人，1/10 的员工来自太平洋岛国。

**一、前线工作人员**

矫正机构第一线工作意味着这些工作人员每天都要与罪犯面对面地工作，包括在监狱和社区矫正机构里工作。这些机构每天 24 小时不停止地运转，目标是减少再犯和保障公众安全。前线工作人员包括，监狱警察、缓刑监督官、矫正项目管理员、个案管理员、罪犯生产指导员、心理学家、护士、服务经理、社区劳动监督官、侦缉犬训练员。

这些岗位都是高度专业化的矫正职位，需要在前期和持续的培训上投入大量资金。矫正局对员工进行投资，以帮助他们更有效地履行自己的职责，并确保他们拥有适当的技能，以应对直接管理罪犯工作的挑战。工作人员的培训和发展方案包括专业技能训练和矫正项目执行训练、管理和有效决策训练、安全训练（包括战术反应）等。

1. 监狱警察。监狱警察负责监管安全和直接管理控制罪犯。他们与罪犯相处的时间往往比其他任何人都多，因此他们在鼓励罪犯参加和完成矫正项目、生产劳动培训等方面发挥了关键作用。监狱警察在监狱内的不同区域轮班工作，并执行与其所在单位有关的日常例行监管工作，如管理罪犯入狱和释放，看押罪犯参加生产劳动、教育改造和矫正项目，以及接受医疗服务等。

2. 缓刑监督官。缓刑监督官要确保罪犯遵守法庭的判决和命令。这包括定期与罪犯见面，无论是在矫正场所还是罪犯的住所，以确保他们符合刑罚执行的要求，并提供他们需要的支持。缓刑监督官还负责向法院和新西兰假释委员会提交假释报告和建议。缓刑犯监督官也帮助罪犯在他们的矫正活动中做出积极的改变，这需要经常与罪犯的朋友、家人、矫正项目协调员和社区矫正监督官以及其他志愿机构如救世军等密切合作。

3. 矫正项目管理员。矫正项目管理员执行的矫正方案旨在帮助罪犯了解导致他们犯罪的因素，帮助罪犯学会为他们的犯罪行为承担责任，激励他们改变思想和行为，并教他们学习新的工作生活技能，这将有效预防重新犯罪。项目通常以团体形式进行，但也可能涉及与罪犯一对一的工作。这需要设计、准备和提供各种矫正项目，并监测参与者的进度，以确保他们能充分利用矫正项目的时间，达到预期效果。

4. 个案管理员。个案管理员从罪犯入狱的那一刻起就直接与他们打交道，以确保他们在正确的服刑阶段、在合适的矫正康复水平上接受所需的治疗和项目。个案管理员定期与罪犯会面，了解他们的案情，并与他们一起制定矫正计划，以减少他们出狱后再次犯罪的可能性。这些计划包括参加毒品、药物滥用和酗酒等矫正项目，就业培训或教育课程。个案管理员与其他矫正人员以及外部合作伙伴如新西兰假释委员会等密切合作。他们保存着所管理的囚犯的档案，并撰写报告和建议。

5. 罪犯生产指导员。罪犯生产指导员指导罪犯的生产劳动，帮助他们在劳动中获得新的职业技能和资格，以提高他们获释后找到工作的概率。罪犯生产指导员为罪犯开设职业技能课程，在生产场所指导罪犯进行实践训练。虽然指导员的日常工作与监狱警察不同，但矫正法令规定他们与警察同属罪犯管理职位类别，因此他们需要与监狱警察完成同样的技能训练。罪犯生产指导员还接受矫正管理培训，学习如何以新西兰国家特定标准评估每个罪犯的生产技能学习情况。

6. 心理学家。矫正机构心理学家在新西兰各地特定的办公地点或特殊的治疗场所工作，为罪犯提供优质的心理服务，包括为罪犯提供心理咨询、心理健康教育、制订实施心理矫治方案、心理危机风险评估以及心理治疗服务，并在必要时转介至适当的机构。另外，他们还负责研究开发心理矫治项目，对监狱和社区矫正机构的矫正人员进行培训，与其他服务机构、团体发展合作关系，走访罪犯家庭。其中的资深心理学家也负责对其他心理学家进行成长督导。

7. 护士。护士为罪犯提供普通的医疗服务，同时配合监狱警察对高危罪犯实施特殊的管理措施。具体职责是：向罪犯提供优质的初级卫生保健，包括在护理服务合同范围内进行评估和治疗，并在必要时转诊至适当的机构；协助制定和实施针对高危罪犯的管理计划；协助推行改善监狱医疗服务的措施；为矫正工作人员和罪犯提供紧急治疗等。

8. 服务经理。服务经理的职责是通过带领服务小组进行刑期的质量管理及提供矫正资讯，协助其他矫正工作人员实现减少再次犯罪及保障公众安全的矫正目标。

9. 社区劳动监督官。社区劳动监督官管理社区劳动项目，并监督被分配到社区劳动的违法者。具体职责包括：按照社区劳动的处罚规定，监督违法者进行社区劳动，补偿对社会造成的损害；协调社区居民，创造一个有利于违法者矫正的社区环境；通过社区劳动项目的设计与实施，为违法者提供改善工作技能和社交技能的机会。

10. 侦缉犬训练员。侦缉犬训练员在减少监狱内的毒品和其他违禁品方面发挥了积极作用。他们的职责是训练侦缉犬，在监狱的区域内部署侦缉犬进行巡查，以发现监狱中的可能存在的毒品和其他违禁品。

**二、矫正服务志愿者**

来自各行各业成千上万的志愿者来到监狱，帮助罪犯学习新技能，帮助他们与社会重新建立联系。志愿者为罪犯提供广泛的重返社会服务，如识字、美术、戏剧、编织、缝纫、烹饪、会计、健身、计算技术和生活技能培训等。

作为新西兰"全国志愿者周"的一部分内容，2017年6月，矫正局在全国四个大区颁发奖项来表彰志愿者的矫正服务工作。例如，识字导师贝弗利·艾里蒙格（Beverly Iremonger）是基督城女子监狱和男子监狱青年小组的霍华德联盟扫盲志愿者，每周要拿出 5 个小时的时间去教授罪犯的识字课程。凡妮莎·克莱门茨（Vanessa Clements）是基督城女子监狱的志愿咖啡师老师，作为一名咖啡馆老板，凡妮莎分享她丰富的咖啡知识，帮助罪犯获得咖啡师的技能，以便将来在咖啡馆里找到工作。安娜是一个农场的经理，业余时间她帮助经营社区矫正机构的菜园，每周都会去教违法者如何种植、收割蔬菜，还教他们如何把蔬菜进行包装和储存。贝弗利、凡妮莎与安娜只是 1700 名志愿者中的 3 名，这一千余名志愿者都对罪犯的矫正生活产生了积极的影响。

在惠灵顿，志愿者每周 2 次来到矫正网站办公室，帮助维护网站视听访问功能。这使得罪犯可以与他们的家庭成员顺畅地进行视频会见，节省他们的家庭成员驱车前往监狱会见的时间。志愿者坐在视频会见室相邻的房间中，如果网站访问存在任何技术问题，可以随时通知他们进行维护。

## 第三节　狱政管理制度

新西兰法院依据法律可以判令两种违法者进入监狱关押。一类是罪犯，被判有罪并被判处有期徒刑的违法者，另一类是缓押犯，在等待审判结果前的被拘留的违法者。

### 一、入监制度

在法庭宣判刑期以后，罪犯通常当天仍然会被关押在法庭牢房。然后，一组押送人员将罪犯送往监狱，在那里监狱的入狱接收办公室将会办理罪犯入狱手续。

（一）搜身、身份验证和罪犯财产处理检查

查罪犯身份是为了确认他们依照法律应当被关押在监狱里，然后搜查每名罪犯是否携带违禁品。罪犯携带的财物，会在入狱接收办公室记录和处理。监狱警察根据物品的种类不同，采取不同的处置方式，有可能将物品返还给罪犯，也可能储存或处理，罪犯也可以将他们的财物从监狱里寄出去。如果罪犯有现金，将存入他们的监狱账户。罪犯可以用这个账户在监狱里购买被批准的生活用品。监狱会发放囚服，但是有些监狱可能会允许罪犯穿自己的衣服，但不允许穿有帮派特征的衣服。

（二）身体健康检查及心理评估

监狱会对罪犯进行初步的健康检查。专业人员会对罪犯进行心理评估，建立详细的罪犯心理档案。

（三）分配监室

入监评估的目的之一是确定罪犯监室的分配。大部分新西兰监狱设有新入监罪犯的监室区，新入监罪犯将在那里度过他们入监的第一天。然后，监狱会给新罪犯分配监区并分配一个监室，可能是一个单人监室或双人监室。在分配监区后不久，监狱将会安排一次新入监面谈。内容包括告知监狱的规章制度和所在监区的规定，与家人或朋友会见通讯的方式，使用医疗卫生服务的方式和联系社会帮教人员如社会工作者或牧师的方法；等等。

（四）罪犯安全等级分类

在罪犯入狱 14 天内，进行罪犯风险评估，对每一名罪犯进行安全分类。监狱将根据罪犯安全等级分类的结果，再次分配罪犯监区。

（五）未成年犯

如果新入监罪犯在 17 岁或以下，将会被分配在未成年犯监区。而针对 18 岁和 19 岁的新入监罪犯，需要进行评估，评估如果把他们分配在未成年犯监区，对其他的未成年罪犯是否有利。

（六）缓押犯

缓押犯的入狱过程与已判刑的罪犯大致相同，但也有一些细微区别。例如，缓押犯有专门的羁押监区，与已决犯监区分开。缓押犯通常被允许在监狱里穿个人的衣服。

**二、个案管理制度**

每一名罪犯在入狱后，监狱都会为其指派一名个案管理员和一名专管警察。

个案管理员每天都会与罪犯见面，帮助他们适应监狱生活，参加矫正项目，确保罪犯顺利服刑、获得缓刑或直接重返社会。个案管理员与每名罪犯一起努力，开发一个适合其本人的矫正康复和重返社会计划。首先，个案管理员进行多次的罪犯综合评估，以确定犯因性需要。利用这些信息，个案管理员与罪犯协商，共同开发出一个适合该罪犯的矫正计划。然后，个案管理员在整个刑期过程中都主动管理调整矫正计划，确保罪犯能够完成所需的矫正干预，经常需要帮助罪犯进行犯罪障碍康复或联系监狱外部服务者来满足他们的矫正需求。

专管警察是罪犯天天面对的监狱警察，他们会激励和支持罪犯努力实现矫正计划中的目标。

**三、医疗卫生制度**

新西兰监狱向罪犯提供初级医疗卫生服务，包括全科医生（GP）服务、护理服务、基本牙科诊疗和一些残疾支持服务。每个监狱都有一个健康中心，全科医生和牙医由矫正局签合同聘请来为罪犯提供医疗和牙科保健服务，而注册护士都是矫正局正式招聘的员工，隶属监狱管理。提供二级和三级医疗服务是地方健康委员会下属医院的职责。罪犯如果需要获得二级或者三级的医疗服务，监狱健康中心将会按照与其他社会公众相同的就医要求及资费标准，转介到相应的医院。

监狱会对每一名罪犯进行健康评估，掌握信息以后在罪犯需要的时候给予照顾和治疗。监狱为罪犯提供的大部分医疗服务都是免费的，比如为吸烟成瘾的罪犯提供的尼古丁替代疗法。研究发现，在新西兰监狱的罪犯中，精神健康障碍和疾病的发病率是普通人群的 5 倍。因此，所有 18 岁以上的罪犯在入监时都要接受精神健康检查，以评估他们是否需要治疗。如果他们有轻度到中度的精神健康障碍，监狱医生将会进行心理咨询或者治疗，比如认知行为疗法等。所有具有严重精神障碍的罪犯都需要与当地的法医精神卫生中心合作管理。出现急性病例时，监狱会把罪犯转移到具有安全警戒设施的法医精神卫生中心中进行治疗，这些卫生中心由地区健康委员会管理。有身体残疾的罪犯在监狱里可以获得像在社会上一样的支持和帮助，残疾设施设备都是由当地健康委员会提供的。例如，监狱里有专门为残疾人设计的监室，还为残疾罪犯提供如轮椅等相关的辅助设备。

**四、通讯联络制度**

罪犯在监狱里无法接触到具有互联网功能的电脑，因此不能使用电子邮件。他们可以与监狱外的朋友和家人收发信件，矫正局提供了信纸和信封，并支付了标准邮资，每一名罪犯每周至多可以邮寄三封信。如果想寄快信或包裹，则罪犯必须本人支付费用。

**五、存款管理制度**

监狱里的所有罪犯都有一个账户，他们可以用这个账户每周购买监狱许可的食品杂货，批准的物品包括：食品杂货、化妆品、电话卡、邮票、糖果零食等。账户的最高限额为 200 新西兰元，罪犯每周消费不能超过 70 新西兰元。罪犯的家人或朋友可以把钱存入罪犯的账户。

存款方式包括电汇到监狱或在会见的时候存入支票、现金或汇票。

**六、文化娱乐管理制度**

监狱会在罪犯矫正活动之余，鼓励罪犯参加教育、体育、文化娱乐活动。监狱鼓励罪犯参与教育活动，特别是那些因为缺乏教育而导致犯罪的罪犯。如果是通过聘请外部教师提供的教育活动，罪犯需要自己支付学费。

一些低安全警戒监狱允许罪犯参加业余爱好活动，但需要得到监狱长的批准。批准需要考虑一些因素，如监狱的安全等级和监狱的位置。有助于减少罪再犯的活动会优先于业余爱好活动获得批准。监狱里的一些流行的业余爱好活动如木雕、骨雕、艺术等，如果罪犯需要专业工具（如钻头或凿子）参与活动，他们也需要获得监狱长的特别批准。监狱有专门的工作人员负责发展和协调文化娱乐活动。监狱在押罪犯不能观看娱乐录像或 DVD。

### 七、个人物品管理制度

监狱允许罪犯在他们的监室里拥有某些被批准的物品。每个监狱都有一份核定物品清单，其中包括：收音机/CD 或磁带播放机、电水壶、水杯、风扇、限量的书籍杂志和宗教材料。许多物品的大小和数量都有限制，因此罪犯需要在朋友或家人给他们带来任何东西之前，先向监狱工作人员报告以核对是否符合规定。罪犯应当填写《物品需求表》，交由监狱物品管理办公室审批。如果该表格被批准，罪犯就将此表格寄给提供给他们物品的亲属或朋友，任何物品都必须附有此表格才能送达监狱罪犯。所有的监狱都有指定的时间接收物品，罪犯亲属或朋友一般会在交付任何物品之前查看监狱网站。

监狱的操作手册中列明了监狱违禁物品清单，如手机、武器、毒品、烟草制品和色情制品都是违禁物品，罪犯亲属或朋友不得送进监狱。如果罪犯想要接收电子产品，监狱将安排一个合格的技术人员在事先对产品进行检查，检查费用由罪犯账户支付。只要符合一定的标准，罪犯可以拥有少量的个人化妆用品，但是监狱里不允许罪犯持有气溶胶、喷雾、玻璃容器化妆品、含有酒精的化妆品等。一般来说，罪犯应当穿囚服，有些监狱允许罪犯穿个人服装。但不允许罪犯穿有帮派色彩的衣服和带补丁的衣服。

### 八、饮食管理制度

监狱菜单是与执业营养师协商制定的，以确保菜单符合法律规定和卫生部规定的罪犯食品营养标准。每名罪犯每天的餐饮标准是 5.3 新西兰元，监狱实施集中采购，降低了食品成本。监狱可以按照医生推荐的菜单提供医疗餐，这些饮食是用于特殊罪犯的饮食控制或医疗治疗的要求。监狱可以根据规定或者特殊的申请程序提供素食餐。罪犯也可以通过监狱网上的每周购物系统购买一些额外的食品杂货。除非得到监狱管理人员的书面许可，罪犯的朋友家人和志愿者都不允许携带食物给罪犯。

### 九、女犯管理

新西兰有三所女子监狱。奥克兰地区妇女矫正所（ARWCF）拥有 286 张床位，位于惠灵顿以北的阿若黑塔女子监狱拥有 88 个床位，而位于基督城南部 20 公里的基督城女子监狱则拥有 140 个床位。

女子监狱的设施通常与男子监狱相同，但会有一些适应女犯需求的母婴监区。部分女犯在判刑时或者服刑期间生育子女。这些婴儿在成长到 24 个月之前，有资格跟母亲生活在特殊的监区。母婴监室里面的设施模拟了一个家庭，设有浴室、小厨房和婴儿卧室，还有一个外部庭院。女犯妈妈们可以每天花 12 个小时和孩子在一起。设立母婴监区的目的是：协助女犯发展和维持与孩子的功能性关系，减少女犯再犯的可能性。

**十、罪犯死亡管理制度**

监狱发生罪犯死亡后立即通知监狱医生，监狱长通知警察局、死因裁判官和矫正局地区办事处。

矫正人员封锁现场，配合其他部门人员进行调查。警察局调查现场，通知罪犯亲属，并负责将尸体移走进行尸检。如果罪犯的死亡可能涉嫌犯罪，警察局会介入调查。监狱也可以进行内部调查。如果死者是在工作场所发生意外，劳工部也会介入调查。调查小组一般会与死者家属联络，问询他们所遇到的任何问题。

死因裁判官是独立的司法官员，其职责是调查死因。死因裁判官在聆讯所有证据后，会就死因作出独立的裁定。死者亲属也可以在死因裁判官服务网站上查询更多关于死因裁判的信息。

监察员办公室的申诉专员定期视察监狱，并对罪犯投诉进行独立监督。在死因裁判官完成调查后，申诉专员会审核监狱提交的报告。如果确认监狱的调查是彻底的和公平的，会认可这个报告，否则他们可以进行独立调查。死者家属可随时与申诉专员联络，提出他们的意见。

每所监狱都有一个宗教志愿者名单，他们可以根据死者及其家属的宗教信仰提供精神帮助。某些情况下，为死者举行的葬礼可以在监狱举行，葬礼由监狱牧师和地区毛利组织顾问主持。

死亡罪犯尸体尸检后，交给家人埋葬。监狱对死者的个人物品进行鉴定、保管，保管期限最长为 3 个月。有时罪犯家人或朋友可能希望看到罪犯死亡的地点，经监狱长批准，他们可以进行探访。

## 第四节　矫正项目的类型

新西兰矫正局在全国筛选出重新犯罪可能性高的罪犯，对他们展开研究，试图发现预防再犯的方法。研究表明，仅仅通过监禁罪犯或增加对罪犯处罚的严厉程度，并不能减少再次犯罪。精心设计、实施的矫正项目可以对预防再次犯罪产生明显的影响。

新西兰矫正局对罪犯进行评估，并根据再犯风险、犯因性需求和对矫正项目的耐受力提供相应的方案。矫正项目包括改变动机、认知行为干预和提高罪犯重返社会的一般技能——如养育子女和实际生活技能。

## 一、动机类项目

### （一）改变动机项目

短期的动机改变项目旨在提高罪犯理解犯罪行为的动机，并增加他们参与其他干预措施的兴趣，以减少他们再次犯罪的可能性。

### （二）毛利矫正项目

该项目是团体矫正的方案，由毛利专业矫正机构提供。项目利用毛利的哲学、价值观和社会实践经验来促进毛利身份和价值观的更新，以鼓励罪犯改变动机，调整他们的犯因性需求。毛利是新西兰最大的土著民族，但是犯罪率一直居高不下，平均有近50%的毛利人在全国的各类矫正机构内关押服刑，所以此类矫正项目具有广泛的推广价值。

### （三）育儿技能项目

育儿技能项目旨在提高罪犯的育儿技能，并提高他们对社会人际关系的认知，使他们获得育儿知识的同时，了解如何获得家庭支持、帮助他们养育子女。这类团体矫正方案有助于发展罪犯良好的亲社会价值观和行为。

## 二、根据犯罪类型或犯罪人设计的矫正项目

### （一）性侵儿童犯罪者短期干预项目

短期干预项目是对低风险性侵儿童犯罪者进行为期12周的心理干预，针对高危性侵儿童罪犯的治疗将送往特殊治疗中心进行。

### （二）心理治疗项目

这种一对一的心理干预项目主要对象是高风险的性犯罪和暴力犯罪的罪犯。心理学家提供专家建议、评估和治疗，以降低罪犯再次犯罪的风险。

### （三）未成年犯项目

未成年犯项目是为20岁以下的重新犯罪风险中等的罪犯而设计的矫正项目，项目的目的是教会他们如何改变个人的态度和行为。

### （四）女犯矫正项目

这是一个团体矫正项目，对象是本人有明确矫正需求的女性罪犯。内容是帮助女犯认识导致犯罪的态度和行为，并教授她们社会技能和新的思维方式。

### （五）毛利图派矫正项目

以团体为基础的毛利图派项目针对中等再犯危险罪犯，在全国的毛利重点监

狱进行。它是为有一系列犯因性需求的男性毛利罪犯设计的，它教会罪犯改变导致犯罪行为的动机、态度和行为的技巧。

（六）帕西菲卡矫正项目

矫正局太平洋岛民罪犯研究小组为帕西菲卡血统的男性罪犯设计的团体矫正项目，这些罪犯因暴力犯罪而服刑，再次犯罪的风险中等。项目传授一系列的技能，帮助参与者改变认知和行为，从而减少他们再次犯罪的可能性。它还邀请家庭和社区团体参与项目，帮助罪犯重新融入社会。

（七）中等强度矫正项目

中等强度的矫正项目针对有中等重犯危险的男性罪犯。它指导参与者如何改变导致他们犯罪的认知和行为，并帮助他们制定策略来保持这种改变。

（八）维持矫正项目

为已完成矫正项目的中等危险罪犯设计维持计划。项目指导罪犯练习他们学习到的新认知和技能，力图确保他们不会产生重新犯罪的动机。

有些矫正机构还设计了其他有针对性的矫正项目，如性罪犯矫正项目或暴力犯矫正项目等。

**三、毒品和酗酒干预项目**

直到2014年，监狱里的毒品和酗酒干预项目只由专门的矫正机构提供，这意味着当时新西兰许多监狱里罪犯的酗酒或毒品问题没有得到解决，因此矫正局实施一项综合措施，通过以下方式解决罪犯的毒品和酗酒干预需求：确保每一个有毒品和酗酒干预需求的罪犯都能得到适当的治疗干预，无论罪犯的关押地点、再犯风险和刑期长短；为罪犯提供持续的帮助，因为他们解决毒品和酗酒问题需要时间。到2014年底，新西兰全国的矫正机构都实施了毒品和酗酒干预项目。这些项目包括：

（一）筛查和简短干预

所有进入监狱的囚犯都将接受酒精和毒品检查。根据结果，监狱对罪犯进行简短的干预，鼓励他们在必要时接受进一步的治疗——无论是在监狱还是社区矫正机构。

（二）酗酒及毒品短期激励计划

这项激励计划，旨在帮助那些对改变酗酒和毒品问题犹豫不决的罪犯，这些罪犯类型主要为短期监禁和还押监禁的罪犯。

（三）酗酒和其他药物滥用中间支持方案

这个方案是为那些想要改变他们酗酒及其他药物滥用问题的罪犯提供的入门课程。该方案探讨了有关参与者可能做出哪些改变和如何作出改变的策略。这一方案特别适用于有中度酗酒和其他药物滥用问题以及刑期短无法在监狱接受长期治疗的罪犯。

（四）强化治疗方案

该方案指导参加者学习相关知识和技能，以帮助他们从酗酒和其他药物成瘾中康复。该方案在预防复发、减少危害和建立社会支助系统方面效果明显。

（五）药物滥用矫正项目

项目目的是通过协助参与者解决他们对酒精和其他药物的依赖来减少再犯。项目传授关于上瘾、改变、复发以及行为对他人的影响等方面的知识。项目以小组为单位、在特殊设计的治疗环境中进行。

**思考题：**

1. 新西兰矫正人员有哪些？
2. 新西兰狱政管理制度有何特色？

# 参考文献

**一、著作类**

1. 王志亮译著：《美国矫正制度概要》，苏州大学出版社 2014 年版。

2. 李贵方：《自由刑比较研究》，吉林人民出版社 1992 年版。

3. 王志亮：《刑罚学研究》，苏州大学出版社 2016 年版。

4. 邱兴隆、许章润：《刑罚学》，群众出版社 1988 年版。

5. 吴宗宪：《西方犯罪学》，法律出版社 2006 年版。

6. 刘强编著：《美国刑事执法的理论与实践》，法律出版社 2000 年版。

7. 周振雄编著：《美国司法制度概览》，上海三联书店 2000 年版。

8. 邱兴隆：《刑罚的哲理与法理》，法律出版社 2003 年版。

9. ［意］恩里科·菲利：《犯罪社会学》，郭建安译，中国人民公安大学出版社 1990 年版。

10. ［美］理查德·霍金斯、杰弗里·P. 阿尔珀林：《美国监狱制度》，孙晓雳、林遐译，中国人民公安大学出版社 1991 年版。

11. 柳忠卫：《监禁刑执行基本问题研究》，中国人民公安大学出版社 2008 年版。

12. 王泰：《现代监狱制度》，法律出版社 2003 年版。

13. ［美］克莱门斯·巴特勒斯：《矫正导论》，孙晓雳等译，中国人民公安大学出版社 1991 年版。

14. 吴宗宪：《西方犯罪学史》，警官教育出版社 1997 年版。

15. ［日］大谷实：《刑事政策学》，黎宏译，法律出版社 2000 年版。

16. 张明楷：《外国刑法纲要》，清华大学出版社 2007 年版。

17. 刘豪兴、朱少华：《人的社会化》，上海人民出版社 1993 年版。

18. 柳忠卫：《假释制度比较研究》，山东大学出版社 2005 年版。

19. ［美］大卫·E. 杜菲：《美国矫正政策与实践》，吴宗宪等译，中国人民公安大学出版社 1992 年版。

20. 翁岳生：《法治国家之行政与司法》，台湾月旦出版公司 1994 年版。

21. ［法］卡斯东·斯特法尼等：《法国刑法总论精义》，罗结珍译，中国政法大学出版社 1998 年。

22. 陈兴良：《本体刑法学》，商务印书馆 2001 年版。

23. 吴宗宪等：《非监禁刑研究》，中国人民公安大学出版社 2003 年版。

24. ［意］贝卡里亚：《论犯罪与刑罚》，黄风译，中国大百科全书出版社 1993 年版。

25. ［意］杜里奥·帕多瓦尼：《意大利刑法学原理》，陈忠林译，法律出版社 1998 年版。

26. 吴宗宪：《当代西方监狱学》，法律出版社 2005 年版。

27. 王云海：《监狱行刑的法理》，中国人民大学出版社 2010 年版。

28. 邵雷主编：《中外监狱管理比较研究》，吉林人民出版社 2015 年版。

29. 于爱荣等：《矫正技术原论》，法律出版社 2007 年版。

30. 连春亮等：《罪犯矫正形态论》，群众出版社 2014 年版。

31. ［南非］德克·凡·齐尔·斯米特、［德］弗里德·邓克尔编著：《监禁的现状与未来——从国际视角看囚犯的权利和监狱条件》，张青译，法律出版社 2010 年版。

32. ［日］森下忠：《犯罪者处遇》，白绿铉等译，中国纺织出版社 1994 年版。

33. James A. Inciardi, *Criminal Justice*, Harcourt Brace & Company, 1993.

34. Howard Abdinsky, *Probation & Parole*, New Jersey: Prentice-Hall, Inc. 1991.

35. Laura M. Maruschak, Thomas P. Bonczar, *Probation and Parole in the United States*, Buerau of Justice Statistic December 2013.

36. Howard Abadinsky, *Probation & Parole: Theory and Practice*, New Jersey: Prentice-Hall, Inc. Publishers, 1993.

37. IraJ. silverman &Manuel Vega, *Corrections: A comprehensive view*, Minneapolis/St. Paul: West Publishing Company, 1996.

38. James M. Byrne, Arthur J. Lurigio, Joan Petersilia, *Smart Sentenciny: The Emergence of Interdiate Sanctions*, California: Sage Publications, Inc.

二、**教材类**

1. 潘华仿主编：《外国监狱史》，社会科学文献出版社 1995 年版。

2. 许崇德、张正钊主编：《人权思想与人权立法》，中国人民大学出版社 1992 年版。

3. 萧榕主编：《世界著名法典选编》（刑法卷），中国民主法制出版社 1998 年版。

4. 王增铎等、[加] 杨诚主编:《中加矫正制度比较研究》,法律出版社2001年版。

5. [俄] H. Φ. 库兹捏佐娃、и. M. 佳日科娃主编:《俄罗斯刑法教程》(总论)下卷,黄道秀译,中国法制出版社2002年版。

6. 邵雷主编:《中英监狱管理交流手册》,吉林人民出版社2014年版。

7. 储槐植主编:《外国监狱制度概要》,法律出版社2001年版。

8. 郭建安主编:《西方监狱制度概论》,法律出版社2003年版。

9. 杨诚、王平主编:《罪犯风险评估与管理:加拿大刑事司法的视角》,知识产权出版社2009年版。

10. 宋行、朱洪祥主编:《循证矫正理论与实践》,化学工业出版社2013年版。

11. 史景轩、张青主编:《外国矫正制度》,法律出版社2012年版。

12. 王泰主编:《现代世界矫正》,中国人民公安大学出版社2000年版

13. 《日本刑法典》,张明楷译,法律出版社1998年版。

14. 《意大利刑事诉讼法典》,黄风译,中国政法大学出版社1994年版。

15. 《法国刑事诉讼法典》,余叔通、谢朝华译,中国政法大学出版社1997年版。

16. 《阿尔巴尼亚人民共和国刑事诉讼法典》,文英麟、刘晋棠译,法律出版社1957年版。

17. 《蒙古人民共和国刑事诉讼法典》,黄永魁译,法律出版社1957年版。

18. 《美国模范刑法典及其评注》,刘仁文等译,法律出版社2005年版。

19. 《法国刑事诉讼法典》,罗结珍译,中国法制出版社2006年版。

20. 《德国刑法典》,徐久生、庄敬华译,中国方正出版社2004年版。

21. 《德国刑事诉讼法典》,李昌珂译,中国法制出版社1995年版。

22. 宋烈等编译:《美国联邦监狱局工作透视》,法律出版社2013年版。

三、论文类

1. 梁根林:"欧美'轻轻重重'的刑事政策新走向",载赵秉志主编:《和谐社会的刑事法治》(上卷:刑事政策与刑罚改革研究),中国人民公安大学出版社2006年版。

2. 冯殿美:"刑罚轻缓化之理性思考",载赵秉志主编:《和谐社会的刑事法治(上卷:刑事政策与刑罚改革研究)》,中国人民公安大学出版社2006年版。

3. 李恩慈:"论缓刑的矫正制度",载《论刑事法学的当代展开》,中国检察出版社2008年版。

4. 冯卫国:"在我国刑罚体系中引入社区服务刑的思考",载《和谐社会的刑事法治》(上卷),中国人民公安大学出版社 2006 年版。

5. 杜强:"监狱行刑社会化:比较与探讨",载《中国监狱学刊》1998 年第 6 期。

6. 胡伟:"美国社区发展的 CDBG 计划",载《国外社会科学》2001 年第 1 期。

7. 丁元竹:"美国社区建设的几个问题",载《宏观经济研究》2002 年第 3 期。

8. 侯玉兰:"非营利组织:美国社区建设的主力军——美国非营利组织的调查与思考",载《北京行政学院学报》2001 年第 5 期。

9. 蒋学基等:"美国社区非政府组织的运行情况及其启示",载《浙江社会科学》2002 年第 4 期。

10. 孟庆海:"鸟瞰澳大利亚社区建设",载《社区》2001 年第 11 期。

11. 李建国:"澳大利亚'大社区'印象",载《社区》2003 年第 19 期。

12. 王珏、鲁兰:"日本更生保护制度",载《中国司法》2007 年第 11 期。

13. 张婧:"国外减刑、假释制度的发展现状及其对我国的启示",载《犯罪与改造研究》2014 年第 6 期。

14. 柳忠卫:"对假释适用的例外性规定和禁止性规定的理性剖析",载《政法论丛》2006 年第 1 期。

15. 李黔豫:"我国减刑制度司法实践的反思和探讨",载《中国监狱学刊》2003 年第 3 期。

16. 陈瑞华:"司法权的性质——以刑事司法为范例的分析",载《法学研究》2000 年第 5 期。

17. 邵名正、于同志:"论刑事执行权的性质及理性配置",载《中国监狱学刊》2002 年第 5 期。

18. 王志亮、王俊莉:"美国的社区矫正制度",载《法学》2004 年第 11 期。

19. 梁根林:"非刑罚化——当代刑法改革的主题",载《现代法学》2000 年第 6 期。

20. 田骏:"我国移植社区矫正的前景展望及本土化构建",载《山东公安专科学校学报》2004 年第 4 期。

21. 王琼等:"行刑社会化(社区矫正)问题之探讨(上)",载《中国司法》2004 年第 5 期。

22. 谢望原:"西欧探寻短期监禁刑替代措施的历程",载《政法论坛》2001

年第 2 期。

23. 吴宗宪:"关于社区矫正若干问题思考",载《中国司法》2004 年第 7 期。

24. 司法部基层工作指导司:"英国社区矫正制度",载《中国司法》2004 年第 11 期。

25. 林礼兴:"社区矫正在澳大利亚——澳大利亚考察随笔(上)",载《检察日报》2005 年 6 月 4 日,第 4 版。

26. 李冰:"澳大利亚的社区矫正制度",载《中国司法》2005 年第 7 期。

27. 张苏军:"在全国监狱信息化建设应用工作座谈会上的讲话",载《中国监狱学刊》2012 年第 3 期。

28. 张全国:"德国监狱制度",载山东省监狱学会内部刊物《现代监狱》2012 年第 3 期。

29. 张青、吴青:"荷兰监狱制度及其特色",载《中国监狱学刊》2006 第 5 期。

30. 李豫黔、周折、闫国:"澳大利亚女犯待遇问题考察报告",载《犯罪与改造究》2014 年第 8 期。

31. [荷] Peter. J. P. Tak、何萍:"荷兰的监狱制度",载《华东政法大学学报》2007 年第 5 期。

32. 杨诚译:"加拿大联邦矫正系统的概况",载《上海警苑》2000 年第 3 期。

33. [日]吉永丰文:"累进制与分类制",载中华人民共和国司法部编:《外国监狱资料选编》(下),群众出版社 1988 年版。